高等院校精品课程系列教材

物流学
LOGISTICS

|第2版|

舒辉 编著

本书是在借鉴与吸收国内外物流理论和新近研究成果的基础上，密切结合我国物流产业发展与高校教学的实际情况，突出现实性与可操作性等内容特色。本书结构完整，形式活泼，分四篇十二章，系统地介绍了物流与物流学、物流系统、物流主体作业、物流辅助作业、物流支持作业、配送、第三方物流、物流金融、企业物流、供应链管理、国际物流和当代物流前沿等。每章均以开篇案例为导引，通过对物流基础知识和基本理论的介绍，逐步引导读者了解、熟悉和学会利用物流理论、分析方法及相关工具，分析、解决现实中的物流问题。

本书可作为高等院校工商管理、市场营销、电子商务、物流管理、物流工程、信息系统与信息管理等专业的本科生和研究生的教材，也可作为物流从业人员以及制造企业和物流企业经营管理人员的参考用书。

图书在版编目（CIP）数据

物流学 / 舒辉编著 . —2 版 . —北京：机械工业出版社，2023.3（2024.11 重印）
高等院校精品课程系列教材
ISBN 978-7-111-72602-9

I. ①物… II. ①舒… III. ①物流 – 高等学校 – 教材 IV. ① F252

中国国家版本馆 CIP 数据核字（2023）第 024055 号

机械工业出版社（北京市百万庄大街 22 号　邮政编码 100037）
策划编辑：吴亚军　　　　　　　责任编辑：吴亚军
责任校对：梁　园　张　薇　　　责任印制：郜　敏
中煤（北京）印务有限公司
2024 年 11 月第 2 版第 4 次印刷
185mm×260mm · 22.5 印张 · 557 千字
标准书号：ISBN 978-7-111-72602-9
定价：59.00 元

电话服务	网络服务
客服电话：010-88361066	机　工　官　网：www.cmpbook.com
010-88379833	机　工　官　博：weibo.com/cmp1952
010-68326294	金　书　网：www.golden-book.com
封底无防伪标均为盗版	机工教育服务网：www.cmpedu.com

前言 PREFACE

在全球供应链与产业链分工深化、物流发展内外部环境发生显著变化的背景下,《推进运输结构调整三年行动计划(2018—2020年)》《国家物流枢纽布局和建设规划》《国家物流枢纽网络建设实施方案(2019—2020年)》《关于推动物流高质量发展促进形成强大国内市场的意见》《中华人民共和国国民经济和社会发展第十四个五年规划和2035年远景目标纲要》等政策文件随之发布,要求以融合有效需求、提升供给主体、补齐设施短板、推进数智升级、优化政策环境等五个方面工作为着力点,通堵点、破难点,使实招、见实效,推进现代物流体系建设,增强物流企业活力,提升行业效率效益水平,畅通物流全链条运行,支撑构建新发展格局。

《物流学》第2版的修订工作,正是在国内外社会经济环境已发生巨大的变化,以及我们在教学使用过程中发现上一版有待进一步完善的基础上展开的。以习近平新时代中国特色社会主义思想为指导,融入党的二十大精神,"坚持守正创新",为广大学生和教师提供一部有价值的、内容与时俱进的、编写得体的物流学教材是本次修订工作的目标与准则。为此,我们对本书重新进行了整体策划,包括结构调整、内容优化、课程思政设计等,同时对上一版保留的内容逐页进行了修改、更新与完善。在第2版修订的过程中,本书广泛吸收了新的物流研究成果和新鲜的物流实践案例。在案例方面,本书力求案例的契合性,要求案例与相应的理论阐述密切联系。我们还为每个案例设计了引导性的讨论题,以帮助学生准确理解并有效掌握本书中需要掌握的知识点与工具方法。经过本次修订,本书的内容更加丰富新颖,兼具理论性和实践性,既可作为高等院校工商管理、市场营销、电子商务、物流管理、物流工程、信息系统与信息管理等专业的本科生和研究生的教材,也可作为物流从业人员以及制造企业和物流企业经营管理人员的参考用书。

本书对上一版的内容进行了全面的梳理、校勘和纠正。此外,为了与本人所主编的《物流经济学》第3版的内容相辅相成,我们还对全书逻辑结构和各章内容进行了必要的增加、删减与调整,力求实现《物流经济学》从经济的视角探讨物流的本质,《物流学》则从管理的视角探讨物流的本质的目标。这样既让本书内容设计更有针对性,内容更加充实得体,又使本书的逻辑结构和行文表述更为清晰顺畅。本书有关细小环节的增加、删减与调整在此无须赘述,重要内容的变化主要体现在以下四个方面。

第一,第 2 版按四篇 12 章的结构布局。第一篇为基础篇,主要介绍物流与物流学、物流系统等内容;第二篇为运营篇,主要讨论物流主体作业、物流辅助作业、物流支持作业、配送等内容;第三篇为综合篇,主要阐述第三方物流、物流金融、企业物流、供应链管理、国际物流等内容;第四篇为发展篇,主要探讨当代物流前沿等内容。上一版中的"物流市场""物流产业"等内容则因《物流经济学》中已有论述而在第 2 版中被删除。

第二,根据广大教师的使用意见和建设性反馈,本书调整优化了多个章节的内容,以更好地支持教学过程的连续性、递进性、针对性和可操作性,具体如下。

(1)在"物流系统"这一章,对上一版中的"物流系统的内涵"这节内容进行了增加、删减与优化,删除了"物流系统的作用机制",增加了"物流系统的要素",重写了"物流系统的一般模式"。

(2)将上一版中"物流信息系统"这一章的章名改为"物流支持作业——物流信息系统",同时对"物流信息系统的总体构成""物流信息系统的业务流程""物流信息技术"这三节的内容进行了适度的精练、修改、调整和补充。

(3)在"第三方物流"这一章,将上一版中"第三方物流的内涵"和"第三方物流的价值和效益源泉"两个小节合并调整为"第三方物流的内涵与价值",同时对"第三方物流的运作模式及选择""第四方物流"的内容进行了适度的精练、修改、调整和补充。

(4)在"物流金融"这一章,对"物流金融概述"小节的内容进行了适当的精练、修改和调整。

(5)在"企业物流"这一章,对上一版中"企业物流系统的输出:销售物流""企业物流系统的循环:回收物流与废弃物物流"这两节的内容进行了适度的精练、修改、调整和补充。

(6)在"国际物流"这一章,对"国际物流概述"小节的内容进行了全面的调整与补充;将上一版中"国际物流系统的要素及运行方式"的小节标题改为"国际物流系统",并对相应内容进行了一定的精练、修改、调整及补充;对上一版中"国际物流的发展趋势"这一节的内容进行了重写。

(7)根据新发布的《中华人民共和国国家标准:物流术语》(GB/T 18354—2021)(以下简称《物流术语》(GB/T 18354—2021))的内容,对本书所涉及的物流术语进行了全面修订与更新,以确保与新标准的术语表述相一致。

第三,本书调整与增加了一些新的内容,主要如下。

(1)经过本次修订,全书从上一版的 16 章压缩为 12 章。第 2 版删除了上一版中的第一章"导论"、第二章"物流的基本概念"、第三章"物流学的学科体系"、第六章"物流作业系统"、第十一章"物流服务"、第十二章"物流市场"、第十三章"物流产业"、第十四章"区域物流与城市物流"等内容;新增了第一章"物流与物流学"、第三章"物流主体作业——运输、仓储"、第四章"物流辅助作业——包装、装卸搬运、流通加工"、第六章"配送"等内容。

(2)新增的第一章"物流与物流学",主体内容来自上一版的第一章"导论"、第二章

"物流的基本概念"、第三章"物流学的学科体系",经过内容的整合、精练、新增而形成。

（3）新增的第三章"物流主体作业——运输、仓储"、第四章"物流辅助作业——包装、装卸搬运、流通加工"、第六章"配送"等内容,是在对上一版第六章"物流作业系统"的内容进行全面细化并补充新的内容的基础上形成的。

（4）在第十章"供应链管理"中,新增了"集成化供应链管理"和"供应链管理的策略"两节内容,同时删除了上一版"供应链的集成管理"这一节,并对其他小节的相关内容进行了精练、修改、调整和补充。

（5）在第十二章"当代物流前沿"中,新增了"智慧物流"和"物流数字化"两节内容,同时删除了上一版"物联网技术在物流中的应用"这一节;对"绿色物流""应急物流""电子商务物流"的内涵及相关内容进行了优化。

第四,全面更新了各章的引例、阅读材料、案例分析等栏目,并进一步提升了它们的契合性、针对性和指导性。

经过此次修订,《物流学》第 2 版的结构与内容更加符合现代物流活动的基本规律,同时新增与调整的各章节内容,在我看来也是十分必要和有意义的。

第 2 版的修订工作由舒辉教授总体组织策划、统筹协调、撰写、修改、审校并定稿。在第 2 版的修订过程中,孙黎宏（第六章、第十二章）、詹丽珍（第三章、第四章）、林琳（第七章、第八章）、王雅琴（第二章）、韩磊（第十一章）、张艳婷（第五章）、王炜（第九章）、张佳星（第十章）承担了相应章节的初稿修订工作。此外,参与第 1 版工作的朱力、林晓伟、吴晟承、刘芸、蒋明琳、杨文俊的工作成果在第 2 版中仍有所体现。

在修订过程中,我力求严谨、新颖,突出本书的特色,还参阅、汲取和引用了大量国内外有关物流管理的书刊资料和业界的研究成果,并尽可能地在书中加以引注。在此,对有关专家一并表示感谢,同时对机械工业出版社的大力支持表示感谢。

由于编者水平有限,书中难免存在疏漏与不足之处,恳请读者批评、指正。

舒辉

教学建议
SUGGESTION

教学目的

"物流学"作为物流管理、物流工程等专业的基础性课程,它所阐述的内容主要是导引性的、入门性的知识,是对物流学科总体性构成的综合体现。而作为物流管理与工程类专业的大类基础课,"物流学"主要起着引导学生(读者)专业学习的作用,希望通过本课程的学习,让学生(读者)了解现代物流学科的基本理论体系、主体内容和研究方法,从而为进一步深入学习其他物流专业知识提供导引,也为解决企业物流的一些现实问题提供有效的理念、技能及方案。

前期需要掌握的知识

经济学、管理学等课程相关知识。

课时分布建议

学习内容	学习目标	课时	
第一章 物流与物流学	1. 了解物流学的研究领域与内容 2. 了解物流学的学科性质 3. 理解物流与商流之间的关系 4. 熟悉物流的分类方式 5. 熟悉物流的效用与作用 6. 掌握物流的基本定义和基本功能要素	2	2
第二章 物流系统	1. 了解物流系统的一般模式 2. 理解物流系统分析的原则 3. 理解区域物流节点的层次 4. 熟悉物流系统的特征、要素 5. 熟悉物流系统分析的步骤 6. 掌握物流系统、物流网络、物流节点的基本内涵和特点 7. 掌握物流信息网络、物流节点的功能	2	3

（续）

学习内容	学习目标		课时
第三章 物流主体作业——运输、仓储	1. 了解运输作业流程 2. 理解运输管理系统的基本功能、仓库管理和库存管理的相关内容 3. 熟悉运输的内涵、功能和分类，以及各种运输方式的运营特点 4. 熟悉仓储作业流程 5. 掌握运输方式的选择决策与运输合理化的思路 6. 掌握仓储的内涵与功能特点	3	4
第四章 物流辅助作业——包装、装卸搬运、流通加工	1. 了解包装技术和方法、装卸搬运设备的类型与选择、流通加工的类型和技术 2. 理解包装系统设计的要点、流通加工合理化的问题 3. 熟悉包装管理的基本内容、装卸搬运合理化的途径 4. 掌握包装的内涵、功能和分类 5. 掌握装卸搬运的内涵、特点与分类 6. 掌握流通加工的内涵、内容与作用	3	4
第五章 物流支持作业——物流信息系统	1. 了解主要的物流信息技术 2. 理解物流信息系统的业务流程 3. 熟悉物流信息系统的构成 4. 掌握物流信息的基本概念、分类、特点，以及物流信息系统的基本概念、分类、功能与特征 5. 通过案例掌握分析实际问题的能力	2	3
第六章 配送	1. 了解配送的技术经济指标 2. 理解配送中心的作业流程 3. 熟悉配送管理的主要内容 4. 掌握配送的内涵、要素、分类和模式 5. 掌握配送中心的概念、分类和功能 6. 掌握配送的工作步骤和方法，以及提高配送经济效益的方法	2	4
第七章 第三方物流	1. 了解物流外包的优势与风险及实施物流外包的条件 2. 理解第三方物流的价值 3. 理解第四方物流的功能、运作模式 4. 熟悉物流外包模式 5. 熟悉第四方物流的相关概念、服务目标及对象、特点 6. 掌握第三方物流的运作模式及选择 7. 掌握第三方物流的内涵、特征	3	5
第八章 物流金融	1. 了解物流金融的发展趋势 2. 理解物流金融所产生的效用 3. 熟悉各类物流金融模式及其运作思路、物流金融的风险 4. 掌握物流金融的内涵、特点 5. 掌握物流金融风险防范措施	3	5
第九章 企业物流	1. 了解生产物流的计划与控制 2. 理解生产物流的类型、组织形式 3. 理解回收物流和废弃物物流的特点、物流技术及方式 4. 熟悉销售物流的活动环节、服务要素和模式 5. 掌握供应物流的合理化思路 6. 掌握企业物流、供应物流、生产物流、销售物流、逆向物流的内涵、特点、功能和分类	3	5
第十章 供应链管理	1. 了解供应链网络设计的影响因素和步骤 2. 理解集成化供应链管理的理论模型和实施步骤 3. 熟悉供应链、供应链管理的相关概念、特征，以及供应链的主要类型 4. 掌握供应链管理的基本思想和主要内容 5. 掌握供应链管理的三种策略	4	6

（续）

学习内容	学习目标	课时	
第十一章 国际物流	1. 了解国际物流的发展历程和发展趋势 2. 理解国际物流节点的概念、功能，以及国际物流网络的概念与建设 3. 熟悉国际物流的业务 4. 熟悉国际物流系统的目标、要素、构成和运作流程 5. 掌握国际物流的内涵及特征 6. 掌握国际物流系统的构成要素	2	3
第十二章 当代物流前沿	1. 了解电子商务物流、智慧物流的发展趋势 2. 了解应急物流系统、智慧物流的体系结构、物流数字化的关键技术 3. 理解发展绿色物流的意义、应急物流系统的保障机制 4. 理解物流数字化的解决方案、物流数字化转型的关键 5. 熟悉绿色物流的实施措施、电子商务物流的主要模式 6. 熟悉智慧物流的概念和基本功能 7. 掌握绿色物流、应急物流、电子商务物流、智慧物流和物流数字化的内涵、特点	3	4
合计		32	48

学习建议

在安排《物流学》的学习规划时，学生（读者）最好能按照以下几点建议进行，以提高自己的学习效率和学习效果。

（1）在学习顺序上，最好能遵循本书编排的体系有序地进行，这样有助于学生（读者）更好地把握《物流学》的体系结构。

（2）在章节学习内容安排上，建议学生（读者）最好能以每章的"学习目标""关键概念"为导引，特别是将每章引例的讨论题作为学习本章内容、引导思考的起点，重点放在各章节所提出的需要"掌握"和"熟悉"的相关内容上，这些方面的内容将是学生（读者）正确学习和掌握章节核心知识要点的主体内容；同时还需要牢记掌握各章的"关键概念"。若需要对书中某些章节的内容进行更深入的了解与掌握，则可以选择相应的专题书籍来补充学习。例如，若需要全面学习第七章"第三方物流"中的"第四方物流"方面的知识，可以选择"第四方物流"方面的专题书籍；若想深入了解第三章"物流主体作业——运输、仓储"中的"运输"方面的知识，则需要参考学习有关"运输"方面的专题书籍。

（3）在时间安排上，物流管理与工程类专业的本科生可以安排32个课时或48个课时，非物流管理与工程类专业的本科生建议安排32个课时；同时建议学生（读者）可针对各章学习目标，按照"掌握＞熟悉＞理解＞了解"的优选层级安排学习时间。由于内容不同，各章需要花费的具体阅读时间因人而异，本书所提供的学习时间建议仅供学生（读者）参考。

（4）在自我训练上，建议学生（读者）在通篇阅读完每章内容之后，应先行完成每章"复习与思考"中的各种类型的作业；再针对"案例分析"中的讨论题，根据案例所提供的基本背景情况，进一步收集与此相关的素材，并应用已经学习过的理论知识进行解析。对"案例分析"的集体性探讨，将更有助于学生（读者）进一步加深对所学章节内容的理解与掌握。

（5）如果有条件的话，学生（读者）在学习过程中最好能以本书的基本脉络为线索，根据相关章节内容的需要，到物流企业参观、体验，甚至进行岗位综合模拟和顶岗实习，从中领会现代物流理论的应用价值。

（6）在各章的"复习与思考"中，按"名词解释、单选题、多选题、判断题、简答题、论述题"的结构提供了大量的复习题，学生（读者）可以以此为基础进行自我练习。在练习过程中，学生（读者）最好能闭卷答题，从而更好地理解与巩固所需掌握的知识要点。为了更好地帮助读者提升学习效果，本书配套提供"名词解释、单选题、多选题、判断题、简答题"的电子参考答案，如有需要可向出版社索取。

（7）"物流学"课程如何开展课程思政建设，是一个值得深入探索的问题。针对《物流学》教材，寻找其中的思政教育素材是开展课程思政教育的有效切入点之一，作者尝试给出了如下参考要点和建议。

具体章节	教学内容	课程思政的参考要点和建议
第一章	物流与物流学	1. 讨论一些电影或视频中与物流相关的内容，如《智慧物流：天猫配送（上、下）》《厉害了，我的国》等，对我国物流业的高质量发展有怎样的影响 2. 启发学生从"不忘初心、牢记使命"主题教育联系到专业学习，物流服务的核心是对待客户，也需要"不忘初心、牢记使命"
第二章	物流系统	1. 讲述我国"物流实践"源远流长，如京杭大运河（南北交通大动脉）、驿运与八百里快递（古代快递）、张骞出使西域及丝绸之路（经济全球化最早的物流通道和范围最广的物流交通网络） 2. 在实现"两个一百年"奋斗目标的进程中，现代物流系统扮演着什么样的角色，物流系统应该怎么设计与选择
第三章	物流主体作业——运输、仓储	1. 结合节能减排、绿色环保等生态保护理念和文明社会发展理念，分析运输、仓储管理在实现碳达峰、碳中和的国家战略目标中的促进作用 2. 从中国高铁速度、高速公路的发展历程入手，分析运输、仓储
第四章	物流辅助作业——包装、装卸搬运、流通加工	1. 从采用对环境无污染或可循环利用的包装技术、包装材料、绿色加工技术入手，探讨在"物流辅助作业——包装、装卸搬运、流通加工"环节中，物流从业者在建设生态文明进程中应承担的社会责任 2. 良好的 5S 管理意识、作业成本意识、作业安全意识，以及团结协作精神
第五章	物流支持作业——物流信息系统	1. 从物流信息技术与国家网络安全构建相契合的角度，引导学生在运用现代物流信息技术与电子商务时，树立正确的网络安全观，形成牢固的网络安全意识 2. 在把中国建成社会主义现代化强国的进程中，现代物流信息技术扮演着什么样的角色 3. 从国际标准、专利技术、工程能力三个指标分析中国 5G 技术为什么全球领先
第六章	配送	1. 时间观念（批判性分析外卖小哥送餐延迟被骂事件） 2. 统合综效（综合考虑人、货、场的因素并合理配置） 3. 精益求精（线路优化精确到每厘米，配装配载精确到每平方厘米） 4. 隐私保护（有效保护客户配送单据和数据的隐私）
第七章	第三方物流	1. 结合党的十九大报告提出的"打铁必须自身硬"的理念，强调第三方物流和第四方物流也需如此，只有加强自身的学习，才能为客户提供专业服务 2. 树立科学发展观、创新创业精神与意识、民族自信、商业自信、技术自信、文化自信
第八章	物流金融	1. 社会主义核心价值观、核心素养、职业道德 2. 通过讲解物流金融风险案例，提高学生的物流金融风险意识

（续）

具体章节	教学内容	课程思政的参考要点和建议
第九章	企业物流	1.通过分析典型企业物流实践案例（如天津港爆炸事件暴露出的物流操作规范问题），引导学生树立相关理念：诚实守信、规范守纪、协作共赢、履行职业道德、作业安全、服务意识、工匠精神、竞争精神和合作意识 2.在党和国家提倡的经济高质量发展、实施乡村振兴战略的背景下，企业应该如何做好物流工作
第十章	供应链管理	1.进一步的改革开放对供应链管理产生的积极影响，以及供应链安全问题 2.针对华为"被断供"事件，分析供应链管理的价值
第十一章	国际物流	1.国家探索建设自由贸易港、加强对外贸易等举措给国际物流发展带来的机遇和挑战 2.通过我国"一带一路"倡议下的全方位对外开放政策，了解国际物流与国家发展理念，培养学生的开放意识和国际视野
第十二章	当代物流前沿	建设生态文明社会、设立国有自然资源资产管理和自然生态监管机构与绿色物流之间的内在关系

目 录
CONTENTS

前　言
教学建议

第一篇　基础篇

第一章　物流与物流学 ………………… 2
引例　小艾饺子馆的物流困境 …………… 2
第一节　流通与物流 ……………………… 4
　　一、流通 ………………………………… 4
　　二、物流 ………………………………… 6
　　三、物流与商流 ………………………… 8
第二节　物流的功能要素与分类 ………… 9
　　一、物流的功能要素 …………………… 9
　　二、物流的分类 ………………………… 13
第三节　物流的效用与作用 ……………… 14
　　一、物流的效用 ………………………… 14
　　二、物流的作用 ………………………… 15
第四节　物流学的研究对象与内容 ……… 16
　　一、物流学的研究对象 ………………… 16
　　二、物流学的研究领域与内容 ………… 19
第五节　物流学的学科性质 ……………… 23
　　一、物流学的性质 ……………………… 23
　　二、物流学的属性 ……………………… 24
第六节　物流学理论的主要观点 ………… 25
　　一、商物分离学说 ……………………… 25
　　二、成本中心学说 ……………………… 26
　　三、利润中心学说 ……………………… 26
　　四、服务中心学说 ……………………… 27
　　五、战略中心学说 ……………………… 27
　　六、效益背反学说 ……………………… 27
　　七、供应链学说 ………………………… 28
本章小结 …………………………………… 29
复习与思考 ………………………………… 29
案例分析　顺丰智慧物流管理揭秘 ……… 32

第二章　物流系统 ……………………… 34
引例　京东物流的"地下物流系统" ……… 34
第一节　物流系统的内涵 ………………… 35
　　一、物流系统的特征 …………………… 35
　　二、物流系统的要素 …………………… 36
　　三、物流系统的一般模式 ……………… 37
第二节　物流网络 ………………………… 39
　　一、物流实体网络 ……………………… 40
　　二、物流信息网络 ……………………… 40
第三节　物流节点 ………………………… 42

一、物流节点的概念及种类 …… 42
　　二、区域物流节点的层次 …… 44
第四节　物流系统分析 …… 50
　　一、物流系统分析的概念 …… 50
　　二、物流系统分析的原则 …… 51
　　三、物流系统分析的步骤 …… 52
本章小结 …… 53
复习与思考 …… 53
案例分析　大数据成就亚马逊的智能物流系统 …… 55

第二篇　运营篇

第三章　物流主体作业——运输、仓储 …… 58

引例　蒙牛的乳品运输 …… 58
第一节　运输 …… 60
　　一、运输的功能与分类 …… 60
　　二、运输作业流程 …… 62
　　三、运输管理系统 …… 64
　　四、运输方式的选择决策 …… 68
　　五、运输合理化 …… 71
第二节　仓储 …… 73
　　一、仓储的功能与分类 …… 73
　　二、仓储作业流程 …… 76
　　三、仓库管理 …… 80
　　四、库存管理 …… 81
本章小结 …… 84
复习与思考 …… 84
案例分析　中国物流股份有限公司的主体作业 …… 86

第四章　物流辅助作业——包装、装卸搬运、流通加工 …… 88

引例　阿迪达斯的流通加工 …… 88
第一节　包装 …… 89
　　一、包装的分类与功能 …… 89
　　二、包装技术和方法 …… 91
　　三、包装管理 …… 93
　　四、包装系统设计的要点 …… 95
第二节　装卸搬运 …… 95
　　一、装卸搬运的特点与分类 …… 96
　　二、装卸搬运合理化 …… 98
　　三、装卸搬运设备 …… 100
第三节　流通加工 …… 102
　　一、流通加工的内容与作用 …… 102
　　二、流通加工的类型和技术 …… 105
　　三、流通加工合理化 …… 108
本章小结 …… 109
复习与思考 …… 110
案例分析　振华货运公司在装卸搬运中存在的问题 …… 112

第五章　物流支持作业——物流信息系统 …… 114

引例　沃尔玛的成功经验 …… 114
第一节　物流信息与物流信息系统 …… 115
　　一、物流信息的内涵 …… 115
　　二、物流信息系统的内涵 …… 117
第二节　物流信息系统的总体构成 …… 120
　　一、物流信息系统的组成要素 …… 121
　　二、物流信息系统的结构 …… 121
第三节　物流信息系统的业务流程 …… 125
　　一、订单输入和接受订货信息系统 …… 125
　　二、仓库管理信息系统 …… 128
　　三、运输和配送信息系统 …… 130
第四节　物流信息技术 …… 131
　　一、物流信息技术的组成 …… 131
　　二、几种主要的现代物流信息技术 …… 133

三、物流信息技术对物流发展的作用 …… 135

本章小结 …… 137

复习与思考 …… 138

案例分析　华润物流的杜邦物流管理信息系统方案 …… 139

第六章　配送 …… 142

引例　美团的配送服务策略 …… 142

第一节　配送概述 …… 143
　　一、配送的内涵与特点 …… 143
　　二、配送的要素 …… 145
　　三、配送的分类 …… 146
　　四、配送的模式 …… 149

第二节　配送中心及其业务 …… 150
　　一、配送中心概述 …… 150
　　二、配送中心的工作步骤 …… 153
　　三、配送的方法 …… 154

第三节　配送管理 …… 157
　　一、配送管理的内容 …… 157
　　二、配送的技术经济指标 …… 160
　　三、提高配送经济效益的方法 …… 163

本章小结 …… 165

复习与思考 …… 165

案例分析　商超力推即时配送 线下门店变身物流"前置仓" …… 167

第三篇　综合篇

第七章　第三方物流 …… 170

引例　顺丰同城——疫情下永辉超市的第三方物流 …… 170

第一节　物流外包 …… 171
　　一、物流外包的优势与风险 …… 172
　　二、物流外包模式 …… 173
　　三、实施物流外包的条件 …… 174

第二节　第三方物流的内涵与价值 …… 176
　　一、第三方物流的概念 …… 176
　　二、第三方物流的特征 …… 178
　　三、第三方物流的价值 …… 179

第三节　第三方物流的运作模式及选择 …… 181
　　一、第三方物流的运作模式 …… 182
　　二、企业物流决策：自营与第三方物流 …… 183
　　三、第三方物流企业的选择 …… 184

第四节　第四方物流 …… 185
　　一、第四方物流概述 …… 185
　　二、第四方物流的功能 …… 187
　　三、第四方物流的运作模式 …… 189
　　四、第四方物流服务提供商 …… 190

本章小结 …… 191

复习与思考 …… 192

案例分析　中国第四方公路物流平台——天地汇 …… 194

第八章　物流金融 …… 196

引例　满帮物流金融业务 …… 196

第一节　物流金融概述 …… 197
　　一、物流金融的概念与特点 …… 198
　　二、物流金融服务的效用 …… 199

第二节　物流金融的模式 …… 200
　　一、资产流通模式 …… 201
　　二、资本流通模式 …… 202
　　三、综合模式 …… 206

第三节　物流金融风险及防范 …… 207
　　一、物流金融风险分析 …… 208
　　二、物流金融风险防范措施 …… 210

第四节　物流金融发展趋势 …… 213
　　一、从动产质押到物流银行 …… 214

二、从物流金融到供应链金融 … 215
本章小结 … 216
复习与思考 … 217
案例分析　安得智联的物流金融服务 … 219

第九章　企业物流 … 221

引例　"优衣库"新零售的销售物流
　　　模式 … 221
第一节　企业物流概述 … 222
　　一、企业物流的概念 … 222
　　二、企业物流的特点 … 223
　　三、企业物流活动的内容 … 224
　　四、企业物流的功能 … 226
第二节　企业物流系统的输入：供应
　　　物流 … 227
　　一、供应物流的概念 … 227
　　二、供应物流的功能 … 228
　　三、供应物流的合理化 … 228
　　四、准时制采购 … 229
　　五、供应商管理 … 231
第三节　企业物流系统的转换：生产
　　　物流 … 232
　　一、生产物流的特点 … 233
　　二、生产物流的作用 … 233
　　三、生产物流的类型 … 234
　　四、生产物流的组织形式 … 234
　　五、生产物流的计划与控制 … 236
第四节　企业物流系统的输出：销售
　　　物流 … 238
　　一、销售物流的基本内涵 … 238
　　二、销售物流的活动环节 … 240
　　三、销售物流服务要素 … 241
　　四、销售物流的模式 … 242
第五节　企业物流系统的循环：逆向
　　　物流 … 243

　　一、逆向物流 … 243
　　二、回收物流 … 246
　　三、废弃物物流 … 248
本章小结 … 249
复习与思考 … 249
案例分析　鞍钢的采购物流变革 … 251

第十章　供应链管理 … 253

引例　天津华宇：综合物流跨境电商的
　　　供应链管理 … 253
第一节　供应链及供应链管理概述 … 254
　　一、供应链的概念及特征 … 254
　　二、供应链管理的概念 … 257
第二节　供应链管理的内容 … 257
　　一、供应链管理的特点 … 257
　　二、供应链管理的基本思想 … 258
　　三、供应链管理的主要内容 … 258
第三节　供应链网络设计 … 260
　　一、供应链的主要类型 … 261
　　二、供应链网络设计的影响
　　　因素 … 262
　　三、供应链网络设计的步骤 … 264
第四节　集成化供应链管理 … 267
　　一、集成化供应链管理的理论
　　　模型 … 267
　　二、集成化供应链管理的实施
　　　步骤 … 268
　　三、集成化供应链管理的实施
　　　基础 … 271
第五节　供应链管理的策略 … 272
　　一、供应链延迟化策略 … 272
　　二、供应链管理的业务外包
　　　策略 … 276
　　三、"牛鞭效应" … 279
本章小结 … 281

复习与思考 …………………………… 281
案例分析 准时达的供应链管理理念 …… 283

第十一章 国际物流 ………………… 285
引例 "一带一路"成就中国国际物流
新机遇 …………………………… 285
第一节 国际物流概述 ………………… 286
一、国际物流的内涵及特征 …… 287
二、国际物流的发展历程 ……… 288
三、国际物流的业务 …………… 289
四、国际物流的作用 …………… 293
第二节 国际物流系统 ………………… 294
一、国际物流系统的目标 ……… 294
二、国际物流系统的要素 ……… 295
三、国际物流系统的构成 ……… 296
四、国际物流系统的运作流程 …… 299
第三节 国际物流节点和网络 ………… 300
一、国际物流节点 ……………… 300
二、国际物流网络 ……………… 303
第四节 国际物流的发展趋势 ………… 306
本章小结 ……………………………… 308
复习与思考 …………………………… 308
案例分析 索尼集团的国际物流运营 …… 310

第四篇 发展篇

第十二章 当代物流前沿 …………… 314
引例 "大数据"构建智慧物流
"新供应链" ……………………… 314

第一节 绿色物流 ……………………… 315
一、绿色物流的内涵与特点 …… 315
二、发展绿色物流的意义 ……… 317
三、绿色物流的实施措施 ……… 318
第二节 应急物流 ……………………… 320
一、应急物流的概念和特点 …… 320
二、应急物流系统 ……………… 320
第三节 电子商务物流 ………………… 323
一、电子商务物流的内涵与
特点 ……………………… 324
二、电子商务物流的主要模式 … 326
三、我国电子商务物流的发展
趋势 ……………………… 327
第四节 智慧物流 ……………………… 329
一、智慧物流的概念、特点和
基本功能 ………………… 329
二、智慧物流的体系结构 ……… 332
三、智慧物流的发展趋势 ……… 334
第五节 物流数字化 …………………… 335
一、物流数字化的内涵 ………… 335
二、物流数字化的关键技术 …… 336
三、物流数字化的解决方案 …… 338
四、物流数字化转型的关键 …… 339
本章小结 ……………………………… 340
复习与思考 …………………………… 341
案例分析 中移物流的物流数字化解决
方案 ……………………………… 342

参考文献 ……………………………… 344

第一篇

基 础 篇

第一章　物流与物流学
第二章　物流系统

第一章
CHAPTER 1

物流与物流学

▍学习目标

- 了解物流学的研究领域与内容
- 了解物流学的学科性质
- 理解物流与商流之间的关系
- 熟悉物流的分类方式
- 熟悉物流的效用与作用
- 掌握物流的基本定义和基本功能要素

▍关键概念

流通　物流　实物配送　商流　物流学

▍引　例

小艾饺子馆的物流困境

三年前,小艾在南区开了一家饺子馆,周围小区的住户常来光顾小店,如今生意还算火爆。小艾说:"别看现在生意还不错,开业到现在,我最头疼的就是每天怎么准备原料,很多利润都被物流吃掉了。"

刚开始卖出 10 个饺子,定价为 6 元钱,直接成本为饺子馅、饺子皮、佐料和燃料,每个饺子成本大约 3 角钱。虽然存在价差空间,可是小艾的小店老赚不了钱,原因在于每天都会有不少剩余原料,这些原料不能隔天使用,算上人工、水电、房租等经营成本,饺子的成本都接近 4 角 5 分钱了。如果一天卖出 1 000 个饺子,同时多余 300 个饺子的原料,相当于亏损了 90 元左右,每个饺子的物流成本最高时有 1 角钱,加上主材每年年初的涨价,利润越来越薄。

从小艾饺子馆的经营费用分析中可以看出,问题的关键在于控制数量,准确供货。然而,如何精准掌握做饺子的数量是道难题:做少了吧,有时人家来买没有,也等不及现做,眼看着要到手的钱飞走了;做多了吧,就有剩余,而头天剩余的饺子不能放到第二天卖。

从理论上说，一般有两种供应方式：一种是每天定量供应，这样饺子馅、面粉等原料的需求量都可以固定，但这样可能会损失客流量；另一种就是根据饺子的历史销售记录做分类预测。面粉每天的用量比较大，不管是包什么馅儿都需要，其需求量相对比较固定；而饺子馅的原料则可根据前一天的用量进行每日预测，然后根据原料清单进行采购。一日采购两次，下午根据上午的消耗进行补货，晚上采购第二天的需求量。

对经营规模有限的小店来说，根本问题是波动的顾客需求和有限的生产能力之间的冲突。所以，有人建议想办法调整顾客的需求以配合有限的生产能力，用物流专业术语说，就是平衡物流。

例如，小艾饺子馆每天的用餐高峰期大概在 12:00～13:00 和 19:00～20:00 这两个时段。为此，小艾在 13:00～13:45 和 20:00～20:45 时段，适当调整市场策略，推出 10% 的优惠计划，以吸引部分对价格比较敏感的顾客，有效分散了需求。如果碰到需求波动比较大的情况，也就是说某一种饺子的需求量非常大的时候，比如客户要的白菜馅儿没有了，小艾就要求店员推销牛肉馅儿或者羊肉馅儿，同时改进店面环境，安上空调，提供杂志报纸，使顾客在店里的等待时间平均从 5 分钟延长到 10 分钟。

通过不断调整经营策略，小艾饺子馆的生意，从最初每个饺子分摊大约 1 角钱的物流成本，到去年的 5 分钱，而今年成本就更低了。由于做饺子的时间长了，需求的种类和数量相对固定下来，每个饺子的物流成本得到有效控制，在 3 分钱左右，主要就是采购、人工、运输车辆的支出。

资料来源：马克. 饺子馆里的对话 [J]. 城乡致富，2007（9）：54.
赵杨. 饺子馆的供应链困境：物流中的瓶颈管理 [J]. 中国商贸，2003（12）：75-77.

讨论题

1. 小艾饺子馆的"现代物流"理念是什么？是如何落实到物流服务中的？
2. 简要分析小艾饺子馆是如何进行物流管理的。

随着人们在物流和供应链等相关领域研究和实践的发展，物流科学也逐渐发展和完善。物流科学是当代最有影响的新兴学科之一，它以物的"动态"与"静止"的运动过程为主要研究对象，揭示物流活动的内在规律，使物流系统在经济活动中从潜隐状态显现出来，成为独立的研究领域和学科范围。

|阅读材料 1-1|

不同视角对物流内容的诠释

视角	定义
库存	运动或静止中的物料管理

（续）

视角	定义
客户	在正确的时间、正确的地点、以正确的成本向正确的消费者提供正确数量、正确状态的正确商品
属性	物流是"物"和"流"的组合，是一种建立在自然运动基础上的高级的运动形式，其互相联系是在经济目的和实物之间，在军事目的和实物之间，甚至在某种社会目的和实物之间，寻找运动的规律
效用或价值	为支持组织目标提供物资和服务的时间与空间效用或价值
生产支持	为工厂进行的供应管理（进货物流）与为企业客户进行的配送管理（出货物流）
职能	根据实际需要，将运输、储存、装卸、搬运、包装、流通加工、配送、信息处理等基本功能实施有机结合，使物品从供应地向接收地进行实体流动的过程
战略	以满足消费者的需求为目标，把制造、运输、销售等市场情况统一起来考虑的一种战略措施

▶ **请思考**

物流学究竟是以什么内容为主要研究对象的？

第一节　流通与物流

社会经济分为生产和流通两大领域，物流是属于流通领域的一种经济活动。在改革开放前，我国长期"重生产、轻流通"，严重压制了经济增长的内在活力，制约了我国经济的健康发展。在改革开放后，流通产业受到重视，为我国经济的持续稳定增长做出了重要贡献。

一、流通

社会再生产由生产、交换、分配、消费等要素按照某种方式交错联结而成，从经济学的研究对象看，这些要素所代表的关系分布于生产与流通两大领域。

|阅读材料 1-2|

流通的基本概念

流通是商品的运动过程。广义的流通是商品买卖行为以及相互联系、相互交错的各个商品形态变化所形成的循环的总过程，它使社会生产过程永不停息周而复始地运动。狭义的流通是商品从生产领域向消费领域的运动过程，由售卖过程（W—G）和购买过程（G—W）构成，它是社会再生产的前提和条件。

流通是社会分工和生产社会化引起的。原始社会末期，由于社会生产力的发展，出现了农业和畜牧业的分工，从而产生了以物易物的商品交换（W—W）。接着，又出现了手工业和农业的分工，产生了直接以交换为目的的商品生产，使得商品交换经常化，进而产生了货币，商品交换就变成了以货币为媒介的交换（W—G—W），即商品流通。商品流通将交换过程分解为两个独立的阶段：售卖过程（W—G）和购买过程（G—W），从而将交换过程分解为卖和买两个独立的行为。商品流通两个阶段的任何一个环节中断或受阻，都会使经济活动之间的联系无法实现，从而潜藏了经济危机的可能性。在商品流通的进一步发展过程中，当社会上出现了独立的社会经济部门——商业部门时，商品售卖的业务开始由商业部门来承担。这时，商品流通发展到了发达阶段。

流通不创造价值，却是创造和实现价值的必要条件。经过流通领域，货币资金才能转化为生产资金，商品资金才能转化为货币资金；流通反映了资金形态转化和资金不断循环的总过程。

在商业经济学中，流通指的是商品流通，即以货币为媒介的商品交换，包括商品买卖行为以及相互联系、相互交错的各个商品形态变化所形成的循环的总体。作为一种经济形式而存在的流通，是联结生产和消费之间的纽带，它是伴随着商品生产和交换的历史而产生和发展的。纵观其发展历程，流通承接着以下两大使命。

一是沟通生产与消费之间的社会间隔。在生产者和消费者之间为所有权的转让架设桥梁，产生所有权的功效，如买卖活动，实现将产制品从出产者方转变为用户方，即对象物"权"转移的活动，是处置"权"的更迭问题，是属于商业或贸易的流通，亦称为商流。

二是联结场所、时间的间隔，即处置对象物从出产地转移到使用地以完结其使用价值的问题，创造场所性价值和时间性价值，如运输和保管，属于物的流通，称为物流。

商流与物流一起构成了传统流通活动的全部内容。

随着时代的进步，商品经济的开展，流转领域也在不断地扩大。扩大的结果，是使得当今的流通领域已不能再简略地用"商流＋物流"来概略。现代流通已成为包含物流、商流、信息流、资金流四大支柱流的领域。

1. 物流

现代流通领域中的物流（Logistics）包罗"物流"与"后勤"两层含义，它是和传统物流相区别的现代"大物流"。它既要通过运输、搬运来完成物品的空间位置变化，又要通过储存保管来调节供需双方在时间节奏方面的差异，还有可能通过流通加工来改变物品的物理或化学性质。

2. 商流

商流（Product Flow）是指商品通过交换而实现价值形态的变换和所有权转移的经济运动过程，它是商品流通过程的一种运动形式，反映了商品价值运动的本质要求。由于商流是以价值形态变换为基础产生的商品所有权转移，因此，商流运行的结果是商品价值补偿和创造所有权效应。

3. 信息流

信息流（Information Flow）是指伴随商品由生产领域向消费领域转移过程中产生的所有信息之和。它贯穿整个商品流通的全过程，是商品流通过程中一切经济活动内容的客观反映。因此，完整的信息流包括信息收集、加工、储存、传递等各环节的信息活动。信息流的运行使商品流通过程的各环节更加紧密、更具有目的性与针对性。

4. 资金流

资金流（Fund Flow）是指在供应链成员间随着业务活动而发生的资金往来。在营销方面，资金流就是指在营销途径成员间跟着商品什物及其一切权的转移而发作的资金来往流程。

物流、商流、资金流和信息流是流通过程中的四大支柱,"四流"构成一个完整的流通过程。"四流"互为存在、密不可分、相互作用,既是独立存在的单一系列,又是一个组合体。将物流、商流、资金流和信息流作为一个整体来考虑和对待,会产生更大的能量,创造更大的经济效益,特别是在现代网络经济时代更是如此。

（1）商流是物流、资金流和信息流的起点。商流是物流、资金流和信息流的前提,没有商流一般不可能发生物流、资金流和信息流。反过来,没有物流、资金流和信息流的匹配和支撑,商流也不可能达到目的。

（2）商流是动机和目的,资金流是条件,信息流是手段,物流是终结和归宿。需求产生购买,购买的理由就是商流的动机和目的；想购买或决定购买时,才会考虑购买资金的问题。不付款商品的所有权就不归你,这就是条件；因为决定购买,也有了资金,才会有行动,此时买主就会向卖主传递信息,或去商店向售货员实施购买行为,或电话购物、网上购物,这些都是信息传递的过程,但这种过程只是一种手段；当商流、资金流和信息流产生后,必须有一个物流的过程,否则商流、资金流和信息流都没有意义。

（3）"商流、物流、资金流、信息流"之间有时互为因果关系。考察现实交易情况,可以发现商流、物流、资金流、信息流之间有时存在着互为因果的关系。例如,A 企业与 B 企业经过商谈,达成了一笔供货协议,确定了商品价格、品种、数量、供货时间、交货地点、运输方式等,并签订了合同,即商流活动开始。要认真履行这份合同,自然要进入物流过程,将货物进行包装、装卸、保管和运输,同时伴随着信息的传递活动。如果商流和物流都顺利进行了,接下来是付款和结算,即进入资金流的过程。无论是买卖交易,还是物流和资金流,这三大过程中都离不开信息的传递与交换,没有及时的信息流,就没有顺畅的商流、物流和资金流。没有资金支付,商流不会成立,物流也不会发生。

总之,商流、物流、资金流、信息流四方面统一于商品流通过程之中,"四流"之间相互制约、相互促进,推动商品流通过程的不断发展。

二、物流

物流的概念的正式形成经历了漫长的道路,从 20 世纪初美国最先提出物流的概念至今,人们对物流活动和物流管理的认识几乎经历了一个世纪。

小故事1-1

在某大学物流学课堂上,张老师在简要介绍物流的发展历程后,让同学们一起讨论什么是物流。张同学说："我父亲单位有一个大众仓库,现改名为大众物流,我想物流业就是仓储业。"李同学说："不对,我哥哥单位的运输公司现改名为物流公司,我想物流业就是运输业。"陈同学说："不对,我搬家时找的一家搬家公司现改名为物流公司,我想物流业就是装卸搬运业。"

那么,物流到底是什么？

随着物流理论与实践的不断发展,物流的相关概念与内涵也在不断变化,世界上不同国家、不同学术团体、不同学派，出自不同的角度和观点对物流概念给出了各种定义。至今为止，人们对物流的理解仍然存在差异，尚未形成一个统一认识。以下是三个具有代表性的定义。

1. 美国市场营销协会的定义

1935年，美国市场营销协会（American Market Association，AMA）对实体配送的定义为：实体配送（physical distribution）是包含于销售之中的物质资料和服务，与从生产地到消费地点流动过程中伴随的种种经济活动。这是传统意义上的物流定义，它从销售的角度出发，针对物质分配过程，强调物流是功能性活动，是流通过程中的商品实体运动。

传统意义上的物流的特点包括：①只重视商品的供应过程，忽视了与生产有关的物质流通；②是一种单向的物质流通过程，没有考虑回收与废弃物的流通；③是生产销售的附属行为，只着重商品的传递，忽视了物流的能动作用。

2. 美国物流管理协会的定义

2002年，美国物流管理协会（Council of Logistics Management，CLM）对物流的定义："物流是供应链过程的一部分，它是对商品、服务及相关信息在起源地到消费地之间有效率和有效益的正向和反向移动与储存进行的计划、执行与控制，其目的是满足客户要求。"

该定义的要点包括以下几方面。

（1）强调"物流是供应链过程的一部分"，并从"反向物流"的角度进一步拓展了物流的内涵与外延。

（2）不仅把物流纳入了企业间互动协作关系的管理范畴，而且要求企业在更广阔的背景上来考虑自身的物流运作，即不仅要考虑自己的顾客，还要考虑供应商的顾客；不仅要考虑顾客的顾客，还要考虑供应商的供应商。

（3）不仅要致力于降低单项物流作业的成本，还要考虑使供应链运作的总成本最低。

2005年，美国物流管理协会（CLM）正式更名为美国供应链管理专业协会（Council of Supply Chain Management Professionals，CSCMP）。这次更名体现了物流向供应链概念的转化，也标志着现代物流全面进入供应链时代的开始。这些变化充分体现了现代物流的核心价值，反映了物流界对物流认识的深入以及物流内涵和外延的变化。

3.《物流术语》（GB/T 18354—2021）的定义

物流是根据实际需要，将运输、储存、装卸、搬运、包装、流通加工、配送、信息处理等基本功能实施有机结合，使物品从供应地向接收地进行实体流动的过程。

对以上物流定义的理解包括以下几个方面。

（1）物流是物品物质实体的流动，而不是物品社会实体的流动；物流只实现物品物质实体的转移，而不发生物品所有权的转移；物品社会实体的流动是商流。

（2）物流是一种满足社会需要的经济活动，不属于经济活动的物质实体流动，不属于物流范畴。

（3）物流包括空间位移、时间变动和形状、性质变动，从而创造物品时间和形态效用。

（4）有物品就有物流，因而物流具有普遍性。

三、物流与商流

物流是基于交换即产品实体在空间位移中形成的经济活动,过程的结果是按一定时间要求完成社会再生产过程的物质补偿的实物替换。解决大生产引起的空间上、时间上的矛盾,与之相对应的是社会生产中的专业化分工。这也就决定了物流中包含大量的技术问题或技术经济学问题。

商流是基于交换主体在经济利益上的原因所形成的经济运动过程,过程的结果是按一定方式在等价交换基础上完成交换客体在所有权上的转移。因此,商流中涉及大量社会经济问题和物质利益问题。

(一)物流与商流的关系

商流和物流是商品流通过程的两个方面。它们既相互联系又相互区别,既相互结合又相互分离。

物流和商流之间的联系体现在以下两点:①它们都属于流通领域,是商品流通的两种不同形式,在功能上互相补充。②通常是先发生商流后发生物流,在商流完成以后再进行物流;它们都是从供应者到需求者的流动,具有相同的出发点和归宿。

物流和商流之间的区别体现在以下3点。

(1)流动的实体不同。物流是商品的物质实体的流动,商流是商品的社会实体的流动。

(2)功能不同。物流创造商品的空间效用、时间效用、形质效用,而商流创造商品的所有权效用。

(3)发生的先后和路径互不相同。在特殊情况下,没有物流的商流和没有商流的物流都可能存在。

总之,先有商流,后有物流。商流是物流的上游,没有上游就没有下游,所以是商流带动物流。但是没有物流,商流也无从实现,商流越兴旺,则物流愈发达;反之物流服务滞后也会影响商流的发展。因此,两者之间是相辅相成、相互促进的。

(二)物流与商流的分离

商流与物流分离是指商流与物流在时间、空间、规模上的分离。在企业实务中,是指企业通过建立两套不同的分支体系,分别处理商流与物流业务。

1. 物流与商流分离的基础

物流与商流产生分离的最根本原因是物流运动的实体——物品,与商流运动的基础——资金,两者具有相对独立性。物品的运动是通过资金的运动来实现的,即资金的分配是物品运动的前提。但是,商品实体的运动受到实物形态的限制,其运动形式、运动渠道与资金流存在很大的不同。资金的运动是通过财政、信贷、价格、工资等形式进行的,资金的转移可以由银行间的结算系统通过划账方式瞬息到位,从而完成交易,实现所有权的转让。而物品的运动则是通过空间位移来实现的,其空间移动必须经过运输、存储、配送等一系列相对漫长的过程来实现。

2. 物流与商流分离的形式

物流与商流的互相分离，一般有以下几种形式。

（1）商流在前，物流在后。物流是在商流之后完成的，商品的预购就是如此。实行商品预购，首先是买卖双方的一系列交易活动，如商务谈判、签订合同、交付订金或预付货款等。这时商品可能还没有生产出来，当然也不会有物流，经过一定的时间，等商品生产出来以后，才从产地运送到销地的购买者那里，从而这时也有商品的包装、装卸、运输、保管等物流活动。

（2）物流在前，商流在后。商品的赊销就属于这种情况。在商品赊销的条件下，买者不是先付贷款，而是先取得商品。商品实体首先发生包装、装卸、运输、储运等物流活动。过一段时期，才实行付款和结算，商流是在物流之后完成的。

（3）商流迂回，物流直达。如在商流中，产品的所有权多次易手，但产品实体可从最初的售卖者直接送达最终的购买者，此时，商流是曲线迂回进行，物流则是直达供货。

（4）只有商流，没有物流。只有商流没有物流，至少有两种情况：第一种情况是建筑物、房产的买卖。一所大楼可以经过许多卖主与买主的交易，反复地进行"所有权"的转移，但大楼岿然不动，不存在"物"的流通；第二种情况是商品的投机活动。在投机活动中，由商品变为货币和由货币变为商品可多次重复，由一个投机者转移到另一个投机者，商流不断进行，但商品却可沉睡在仓库里。

（5）只有物流，没有商流。在实际的流通过程中也会存在只有物流而没有商流的典型情况，如搬家、自有物品的保管等。

第二节　物流的功能要素与分类

一、物流的功能要素

物流的功能要素指的是物流系统所具有的基本能力。基本能力的有效组合、联结，形成物流的总功能，从而能合理、有效地实现物流系统的总目的。根据对物流功能供给与需求的实际情况分析，物流的功能要素可以分为基本功能要素和增值功能要素两部分。

（一）物流的基本功能要素

物流的基本功能要素是任何一个物流系统必须具备的功能，主要包括运输、储存、包装、装卸搬运、流通加工、信息处理6项功能要素。

1. 运输

运输（Transportation）是指"利用载运工具、设施设备及人力等运力资源，使货物在较大空间上产生位置移动的活动"（《物流术语》GB/T 18354—2021）。

运输是物流各环节中最重要的部分，是物流的关键功能要素。没有运输，物品只能有存在价值，却没有使用价值；没有运输连接生产和消费，生产就失去意义。

一般认为，所有商品的移动都是运输，运输可划分为两段：一段是生产厂到流通据点之间的运输,批量比较大、品种比较单一、运距比较长,这样的运输称为"输送";另一段是流通据点到用户之间的运输,一般称为"配送",就是根据用户的要求,将各类商品按不同类别、不同方向和不同用户进行分类、拣选、组配、装箱,按用户要求的品种、数量配齐后送给用户,其实质在于"配齐"和"送达"。

运输方式有公路运输、铁路运输、船舶运输、航空运输、管道运输等。

2. 储存

储存(Storing)是"保护、管理、贮存物品"(《物流术语》GB/T 18354—2021)。它是生产加工、消费、运输等活动之前或在这些活动结束之后的物品停滞状态,具有以调整供需为目的的时间调整和价格调整的双重功能。

在物流活动中,运输承担了改变商品空间状态的重任,储存则承担了改变商品时间状态的重任。而库存是与储存既有密切关系又有区别的一个概念,它是储存的静态形式。产品离开生产线后到最终消费之前,一般都要有一个存放、保养、维护和管理的过程,也是克服季节性、时间性间隔,创造时间效益的活动。库存主要分为基本库存和安全库存。

基本库存是补给过程中产生的库存。在订货之前,库存处于最高水平,日常的需求不断地"抽取"存货,直至该储存水平降至为零。实际上在库存没有降至零之前就开始启动订货程序,并在发生缺货之前完成商品的储存。在订货过程中必须保持的库存量就是基本库存。

为了应对不确定因素对物流的影响,如运输延误,商品到货但品种、规格、质量不符合要求,以及销售势头好,库存周转加快或紧急需要等,需要企业另外储备一部分库存,即安全库存。

3. 包装

包装(Packing)是"为在流通过程中保护产品、方便储运、促进销售,按一定技术方法而采用的容器、材料及辅助物等的总体名称,也指为了达到上述目的而采用容器、材料和辅助物的过程中施加一定技术方法等的操作活动"(《物流术语》GB/T 18354—2021)。

包装可大体划分为两类。一类是工业包装,或叫运输包装、大包装;另一类是商业包装,或叫销售包装、小包装。工业包装是为保持商品的品质,商业包装是为使商品能顺利抵达消费者手中,提高商品价值、传递信息等。可见,包装的功能和作用不可低估,它既是生产的终点,又是企业物流的起点。包装的作用是按单位分开产品,便于运输,并保护在途货物。包装是保证整个物流系统流程顺畅的重要环节之一。

4. 装卸搬运

装卸(Loading and Unloading)是指"在运输工具间或运输工具与存放场地(仓库)间,以人力或机械方式对物品进行载上载入或卸下卸出的作业过程";搬运是指"在同一场所内,以人力或机械方式对物品进行空间移动的作业过程"(《物流术语》GB/T 18354—2021)。装卸搬运就是在物流过程中对货物进行装入、卸出、堆垛、取货、理货分类或完成与之相关的作业。

装卸、搬运是物流各环节连接成一体的接口,是运输、储存、包装等物流作业得以顺利实现的根本保证。装卸和搬运质量的好坏、效率的高低是整个物流过程的关键所在。装卸搬运工具、设施、设备不先进，搬运装卸效率低，商品流转时间就会延长，商品就会破损，就会增大物流成本，影响整个物流过程的质量。装卸搬运的功能是连接运输、储存和包装各个系统的节点，该节点的质量直接关系到整个物流系统的质量和效率，而且又是缩短物流移动时间、节约流通费用的重要组成部分。装卸搬运环节出了问题，物流其他环节就会停顿。

5. 流通加工

流通加工（Distribution Processing）是指"根据顾客的需要，在流通过程中对产品实施的简单加工作业活动的总称。简单加工业活动包括包装、分割、计量、分拣、刷标志、拴标签、组装、组配等"（《物流术语》GB/T 18354—2021）。

流通加工是在产品从生产者向消费者流动的过程中，为促进销售，维护产品质量，实现物流的高效率所采取的使物品发生物理和化学变化的功能。通过流通加工，可以节约材料、提高成品率，保证供货质量和更好地为用户服务。所以，对流通加工的作用同样不可低估。流通加工是物流过程中"质"的升华，使流通向更深层次发展。

6. 信息处理

物流信息（Logistics Information）是指"反映物流各种活动内容的知识、资料、图像、数据的总称"（《物流术语》GB/T 18354—2021）。信息处理是对与商品数量、质量、作业管理相关的物流信息，以及与订货、发货和货款支付相关的商流、资金流信息的收集、加工、整理与传递，其目的在于保证情报信息的可靠性和及时性，使物流活动能够有效地进行。

物流信息是连接运输、储存、装卸、包装各环节的纽带，没有各物流环节信息的通畅和及时供给，就没有物流活动的时间效率和管理效率，也就失去了物流的整体效率。通过不断地收集、筛选、加工、研究、分析各类与物流活动相关的信息，并把精确信息及时提供给决策人员，就能使物流活动有效、顺利地进行。

（二）物流的增值功能要素

一般认为，增值服务是指根据客户需要，为客户提供的超出常规服务范围的服务，或者采用超出常规的服务方法提供的服务。创新、超出常规、满足客户需要是增值性服务的本质特征。

物流增值服务（Logistics Value-Added Service）指"在完成物流基本功能的基础上，根据客户需求提供的各种延伸业务活动"（《物流术语》GB/T 18354—2021）。它是针对特定客户或特定的物流活动，在基本物流服务基础上提供的定制化物流服务。以满足客户特定要求，显著增加客户价值，围绕物流服务而开展的创新性的增值物流服务，包含以下四个方面的关键点。

（1）满足客户特定要求。
（2）显著增加客户价值。
（3）围绕物流开展的服务。
（4）增值服务是创新性的服务。

物流增值服务是相对于常规物流服务而言的，主要是借助于完善的信息系统，根据客户的需要，提供除基本物流服务以外的、个性化、创新的、融信息和知识一体化的物流服务，主要是依托人员的经验、技能和智慧等"软"件来实现的。因此，它是企业的闪光点，能够满足更多的顾客期望，为客户提供更多的利益和不同于其他企业的优质服务。从当前竞争不断加剧的市场环境来看，物流增值服务可从以下四个方向展开。

1. 增加便利性的服务

一切能够简化手续、简化操作的服务都是增值性服务，简化是相对于消费者而言的，并不是服务的内容简化了。而是为获得某种服务，以前需要消费者自己做的一些事情，现在改由物流服务提供商以各种方式代替消费者做，从而使消费者获得的服务变得更加简单、更加方便，这自然增加了商品或服务的价值。

增加便利性服务的关键是必须树立起以顾客为核心的服务理念，在提供物流服务时，以满足客户对物流服务的要求为目的，提供各种可供选择的物流服务方式。例如，推行一条龙门到门服务、提供完备的操作或作业提示、免费培训、维护、省力化设计或安装、代办业务、24小时营业、自动订货、传递信息和转账、物流全过程追踪等都是对客户有用的增值性服务。

2. 加快反应速度的服务

快速反应是指物流企业面对多品种、小批量的买方市场，不是储备了"产品"，而是准备了各种要素，在客户提出要求时，能以最快的速度抽取要素，及时"组装"，提供所需的各种类型的物流服务或产品。它是以时间为核心的、基于准时化理念的物流增值服务模式，其主要的一个特征就是排除不必要的仓库设施和重复劳动，以便能最大限度地提高服务速度。基于时间的物流战略是竞争优势的一种主要形式。

快速反应已成为现代物流发展的动力之一。传统观点与做法是将加快反应速度变成单纯对快速运输的一种要求；而现代物流的观点却认为，可通过两条途径使物流服务过程变快。

一是速度保障途径，即通过提高运输基础设施和设备的效率来实现，如修建高速公路、铁路提速、制定新的交通管理办法、将汽车本身的行驶速度提高等；但在需求方绝对速度的要求越来越高的情况下，它则变成了一种约束。

二是实施以时间为核心的、基于准时化理念的增值性物流服务方案，即通过优化配送中心、物流中心网络，重新设计适合客户的流通渠道，以此来减少物流环节、简化物流过程，提高物流系统的快速反应能力。

3. 降低成本的服务

通过提供增值物流服务，寻找能够降低物流成本的各种物流解决方案，主要思路有：一是提高物流运作的效率和效益，如降低直接的运输及配送费用、实施"零库存"等；二是降低风险成本；三是优化资金流，提高企业的资金效率。

一般而论，可考虑的具体方案有：采用第三方物流服务商；采取物流共同化计划；采用比较适用但投资较少的物流技术和设施设备；推行高效的物流管理技术，如运筹学中的管理技术、单品管理技术、条形码技术和信息技术等。

4. 延伸性服务

延伸性服务是基于以顾客为中心，以物流服务产业链为延展路径的物流服务模式，向上可以延伸到市场调查与预测、采购及订单处理；向下可以延伸到物流咨询、物流系统设计、物流方案的规划与选择、库存控制决策建议、货款回收与结算、教育与培训等。

以下几类延伸性服务是最具有增值性的，但也是最难提供的服务。能否提供此类增值服务目前已成为衡量一个物流企业是否真正具有竞争力的标准。

关于需求预测功能，物流服务商应该负责根据物流中心商品进货、出货信息来预测未来一段时间内的商品进出库量，进而预测市场对商品的需求，从而指导订货。

关于物流系统设计、咨询功能，第三方物流服务商要充当客户的物流专家，为客户设计物流系统，代替它选择和评价运输网、仓储网及其他物流服务供应商。

由于目前对于物流增值功能的界定还很模糊，因而物流的增值功能还没有固定的组成要素。笼统地说，只要在物流过程中进行的，不属于基本功能的都可算作是增值功能。值得注意的是，一项增值性物流服务不可能成为永久性的增值服务，一旦该项增值性物流服务成为物流产业普遍实施的、标准性的服务时，它就失去了增值性服务的功用，而成为基本的物流服务功能。

二、物流的分类

社会经济领域中物流活动无处不在，许多有自身特点的领域都有其自己特征的物流活动，它们的基本要素是共同的，但由于物流对象不同、目的不同、范围范畴不同，因而形成了不同的物流类型。

1. 按照物流系统的性质分类

按照物流系统的性质，可将物流分为社会物流、行业物流、企业物流三类。

（1）社会物流。社会物流属宏观范畴，它是指流通领域发生的物流，是全社会物流的整体，所以有人也称之为大物流或宏观物流。社会物流的一个标志是：它是伴随商业活动发生的，也就是说与物流过程和所有权的更迭相关。

（2）行业物流。行业物流属中观物流，它指在一个行业内部所发生的物流活动。在一般情况下，同一行业中的企业往往在市场上是竞争对手，但为了共同的利益，在物流领域中却常常互相协作，共同促进行业物流系统的合理化。

（3）企业物流。企业物流属微观物流的范畴，它是从企业角度上研究有关的物流活动，即在企业经营范围内由生产或服务活动所形成的物流系统。

2. 按照物流的作用分类

按照物流的作用可将物流分为供应物流、生产物流、销售物流、回收物流和废弃物流五类。

（1）供应物流。它是指生产企业、流通企业或用户购入原材料、零部件或商品的物流过程，也就是物资生产者、持有者到使用者之间的物流。

（2）生产物流。它是指从工厂的原材料购进入库起，直到工厂成品库的成品发送为止的全过程的物流活动，它包括生产计划与控制、厂内运输（搬运）、在制品仓储与管理等。

（3）销售物流。它是指从物品的生产者或持有者到用户或消费者之间的物流活动，包括产成品的库存管理、仓储发货运输、订货处理与顾客服务等活动。它是生产企业、流通企业售出产品或商品的物流过程。

（4）回收物流。它是指不合格物品的返修、退货以及周转使用的包装容器、装卸工具及其他可再用的旧杂物等，从需求方返回到供应方所形成的物品实体流动。

（5）废弃物物流。它是指将经济活动中失去原有使用价值的物品，根据实际需要进行收集、分类、加工、包装、搬运、储存等，并分别送到专门处理场所时所形成的物品实体流动。

3. 按照从事物流的主体分类

按照从事物流的主体不同，可将物流分为第一方物流、第二方物流、第三方物流三种类型。

（1）第一方物流。它是指需求方（生产企业或流通企业）为满足自己企业在物流方面的需求，由自己完成或运作的物流业务。

（2）第二方物流。它是指供应方（生产厂家或原材料供应商）专业物流企业，提供运输、仓储等单一或某种物流服务的物流业务。

（3）第三方物流。它是指由物流的供应方与需求方以外的物流企业提供的物流服务。

此外，按照物流活动的空间范围，还可将物流分为地区物流、国内物流和国际物流三类；按照物流研究的范围大小，还可将物流分为宏观物流、中观物流和微观物流三类。

第三节　物流的效用与作用

物流在国民经济增长中起到了基础性支撑作用。在国民经济和地区经济中能够发挥带动作用和支持作用，能够成为国家或地区财政收入的主要来源和创造就业的领域，能够成为现代科技的应用领域。

一、物流的效用

物流作为一种社会经济活动，对社会生产和生活生产的效用主要表现为创造时间效用和空间效用两个方面。

1. 物流创造的时间效用

"物品"从供给者到需求者之间存在一段时间差，由于改变时间差而创造的价值称为"时间效用"。物流创造的时间效用有以下几种。

（1）缩短时间。缩短物流时间，可获得多方面的好处：减少物流损失，降低物流消耗，提高物的周转率，节约资金等。所以，从全社会物流的总体看，加快物流速度、缩短物流时间是物流活动必须遵循的一条经济规律。

（2）弥补时间差。在经济社会中，需求与供给之间普遍存在时间差的问题，正是有了时间差，商品才能取得自身最高价值，才能获得十分理想的效益，才能起到"平丰欠"的作用。但是商品本身不会自动弥合这个时间差，只有通过物流活动，才能克服季节性生产和经常性消费的时间差，从而实现其使用价值。这就是物流创造的时间效用。

（3）延长时间差。尽管加快物流速度，缩短物流时间是普遍规律，但是在某些具体物流中也存在人为地、能动地延长物流时间来创造效用的情况。囤积居奇便是一种有意识地延长物流时间增加时间差来创造效用的例子。

2. 物流创造的空间效用（场所效用）

"物品"的供给者和需求者之间存在一段空间差，它们往往处于不同的场所，由于改变场所差别而创造的效用称为"场所效用"，也称"空间效用"。物流所创造的场所效用是由现代社会产业结构、社会分工所决定的。主要原因是商品在不同地理位置有不同的价值，通过物流活动将商品由低价值区转到高价值区，便可获得场所效用或者空间效用。物流创造的空间效用有以下几种。

（1）从集中生产场所流入分散需求场所创造效用。现代化大生产的特点之一往往是通过集中的、大规模的生产以提高生产效率，降低成本。通过物流将产品从集中生产的低价位区转移到分散于各处的高价位区有时可以获得很高的利益。例如，"西煤东运、北煤南运、北粮南调、南矿北运、西棉东送"就是物流创造的场所效用（空间效用）。

（2）从分散生产场所流入集中需求场所创造效用。与上述情况相反，将分散在各地乃至各国生产的产品通过物流活动将其集中到一个小范围的需求有时也可以获得很高的利益。例如，一些大家电的零配件生产分布得非常广，但集中在一起装配。这种分散生产、集中需求也会创造场所效用（空间效用）。

（3）从当地生产流入外地需求创造效用。现代人每日消费的物品几乎都是在相距一定距离甚至十分遥远的地方生产的。这么复杂交错的供给与需求的空间差都是靠物流来弥合的，物流也从中取得了利益。

二、物流的作用

在市场经济条件下，经济社会发展离不开物流，市场经济越发达，物流的作用，无论从微观经济的运行上还是从宏观经济的运行上，都显得更为重要。

1. 物流在微观经济运行中的作用

企业是国民经济的细胞。在市场经济下，企业是市场的主体，其生产经由供应、生产和消费三个阶段完成。在这种经济运行中，物流的作用主要表现在以下几个方面。

（1）物流是企业生产连续进行的前提条件。在现代企业生产经营中，物流贯穿于从生产计划到把产成品送达顾客手中的整个循环过程之中，并紧紧围绕着物品使用价值形态功能的更替和价值实现的转移。不论是供应物流、生产物流还是销售物流，如果出现阻塞，企业整个生产经营系统的运行就必然要受到影响。因此，可以说，物流是企业生产连续进行的必要前提条件。

（2）物流是实现商品价值和使用价值的条件。无论是生产资料商品，还是生活资料商品，在进入生产性消费和生活消费之前，其价值和使用价值始终是潜在的。为了能把这种潜在的变为现实的，物品必须借助于其实物运动即物流来得以实现。在这个过程中，产品可能会淋雨受潮、水浸、生锈、破损、丢失等。物流的使命就是防止上述现象的发生，保证产品从生产者到消费者转移过程中的质量和数量，顺利实现商品价值和使用价值的转移。

（3）物流是保证商流顺畅进行的物质基础。在商品流通过程中，一方面要发生商品所有权的转移，即实现商品的价值（商流）；另一方面要完成商品从生产地到消费地的空间转移，即发生商品的实体流动（物流），以便实现商品的使用价值。商流引起物流，物流为商流服务，而且物流能力的大小，直接决定着整个流通的规模和速度。

（4）物流信息是企业经营决策的重要依据。物流信息在整个经济信息系统中占有越来越重要的地位，许多生产企业和流通企业都建立了设备先进的物流信息中心，以便及时掌握企业内部和外部的物流信息，作为企业生产经营决策的重要依据。

（5）增强企业竞争力，实现企业战略。在当今经济全球化、消费需求多样化的时代，企业必须在更大的范围内组织供应、生产、销售等阶段的物流，以获得产品、价格、服务等竞争优势。因此，物流已不仅仅是实现价值、降低成本、促进销售的手段，而是直接决定产品、价格与销售，从而直接参与价值创造过程，是决定企业经营成败的战略问题。

2. 物流在宏观经济运行中的作用

如果把整个经济社会看作一个大系统的话，那么物流仅是这个大系统中的一个子系统。这个系统对整个宏观经济的运行发挥着重要作用。

（1）物流是社会经济大系统的动脉系统，是联结社会生产各个部门成为一个有机整体的纽带。任何一个社会（或国家）的经济都是由众多的产业、部门、企业组成的，它们互相依赖又互相竞争，形成极其错综复杂的关系。物流就像链条一样把众多不同类型的企业、复杂多变的产业部门以及成千上万种产品联结起来，成为一个有序运行的国民经济整体。

（2）物流的发展对商品生产的规模、产业结构的变化以及经济发展速度具有制约作用。一方面，流通规模必须与生产发展的规模相适应，而流通规模的大小在很大程度上取决于物流效能的大小；另一方面，物流技术的发展，能够改变产品的生产和消费条件，从而为经济的发展创造重要的前提。

（3）物流的改进是提高经济效益的重要源泉。物流组织的好坏，直接影响着生产过程能否顺利进行，决定着物品的价值和使用价值能否实现。因此，通过采取合理组织运输、减少装卸次数、提高装卸效率、改进商品包装和装卸工具来减少物品损耗等措施，降低物流费用，将能真正成为企业"第三利润"的源泉。

第四节　物流学的研究对象与内容

物流学是研究生产、流通和消费领域中的物流活动规律，寻求创造最大时间和空间效益的科学，是研究生产、流通和消费的重要通道。因此，以物的运动与静止作为主要研究对象，是物流学区别于其他学科的最根本的特点之一，也是物流学之所以能够成为一门独立学科的前提。

一、物流学的研究对象

关于物流学的研究对象，学术界主要有两种看法：一是物流学的研究对象是"物的运动与静止的动态流转过程"，二是物流学的研究对象是"物流系统"。

物流系统是一个包括原材料供应物流系统、生产物流系统、销售物流系统、回收物流系统、废弃物物流系统等的非常复杂的系统。研究"物流系统"就是对从原材料采购到生产、流通直至消费的供应链全过程中"物"在时间和空间转移规律的研究。从本质上讲，这还是对"物的运动与静止的动态流转过程"的研究。所以，物流学的研究对象是"物的运动与静止的动态流转过程"。

"物的运动与静止的动态流转过程"是一个非常复杂的过程，它贯穿于流通领域和生产领域，经历着从原材料采购到生产、流通直至消费的供应链全过程，涉及"物"在时间和空间的转移。从把物流作为一种具有经济目的的"流"来分析，可以发现"物的运动与静止的动态流转过程"的本质特征可以用"流体、载体、流向、流量、流程、流速、流效"七个组成要素（或称流动要素）来描述。同时，任何物流系统都有这七个要素，因此物流学科的研究对象主要应该包括这七个方面。

1. 流体

流体是指物流中的"物"，一般是指物质实体，有时也可能是指无形对象，如服务、信息以及军队运输中的"人"。

流体的价值特性可用单位流体所含的价值来体现。它既可反映商品的贵贱，也可反映生产过程的技术构成。这对物流运作部门确定物流作业方案、对货物保险条款的确定都有重要参考价值。

流体的结构是经营者比较关心的事情，比如连锁超市、百货商店等都在商品结构的确定与调整上大做文章。物流渠道中流动的是各种各样的流体，但是特定的经营者必须根据其经营目标定位来合理确定其流体的规模和结构，物流运作部门研究流体的结构就可以为经营者优化商品生产和经营品种结构提供依据。

2. 载体

载体指流体借以流动的设施和设备。它分成以下两类。

一是设施。它主要是指各类固定基础设施，如铁路、公路、水路、港口、车站、机场等基础设施；它们大多是需要高额投资的、使用年限较长，对物流的长远发展具有战略性意义。

二是设备。它是以设施为基础，直接承载并运送流体的设备，如车辆、船舶、飞机、装卸搬运设备等，它们大多是可以移动的，使用年限较短，而且必须依附于固定基础设施才能发挥作用。

物流载体的状况，尤其是物流基础设施的状况，直接决定物流的质量、效率和效益，也决定着物流系统中物流网络的形成与运行。

3. 流向

流向是指流体从起点到终点的流动方向。物流的流向有"正向"与"反向"两类：一类起点在供应链的上游，终点是同一供应链的下游或者是沿着下游方向的流向，称之为"正向物流"，是物流的主要流向；另一类起点在供应链的下游，终点是同一供应链的上游或者是沿着上游方向的流向，是"反向物流"，属物流的特例情况，一般是由发货错误、收货错误、贸易壁垒、用户退货、商品维修、产品召回、包装回收、废物处理、托盘周围、车辆回空等原因导致的。

4. 流量

流量是指通过载体的流体在一定流向上的数量表现。

鉴于实际统计工作的需要，结合流量本身的特点，可以将流量按实际流量与理论流量分类。实际流量就是指在物流运作过程中实际发生的物流数量。按不同分类标准又可细分为很多种，其中按照最基本的分类可分为五种：一是按流体统计的流量；二是按载体统计的流量；三是按流向统计的流量；四是按发运人统计的流量；五是按承运人统计的流量。理论流量，即从物流系统合理化角度来看应该发生的物流流量。

流量统计的单位可视具体统计目的确定，如吨、立方米、元等。

流量与流向是不可分割的，每一种流向都有一定流量与之相对应。

5. 流程

流程是指通过载体的流体在一定流向上实现空间位移（行驶路径）的数量表现。它的大小对物流成本水平及载体形式的选择等有着重大的影响。

物流流程可分为实际流程与理论流程。实际流程可按五种口径来统计：一是按流体统计；二是按载体统计；三是按流向统计；四是按发运人统计；五是按承运人统计。理论流程则往往是可行路径中的最短路径。路径越长，运输成本越高，如果要降低运输成本，一般应设法缩短运输里程，但这涉及是否具备可适用的载体。

流程与流向、流量一起构成物流向量的三个数量特征，流程与流量的乘积还是物流的重要量纲，如吨、公里。

6. 流速

流速是指流体通过载体在一定流程上的速度表现，即单位时间内流体在空间距离上转移的大小。流速由两部分决定，一是流体的空间转移距离，即流程；二是进行这种转移所花的时间。可见，流速就是流程除以时间所得到的值。

流体在空间转移过程中总是处于两种状态之一：要么是处于运动状态，即在运输过程中，此时流体的流速大于零。要么是处于静止状态，即在储存过程中，此时流体的流速为零。这意味着流体并不发生空间位移，而只是在花费时间。因此，要提高商品的周转速度，就必须提高物流的速度，这可从决定流速的两个方面着手进行合理规划，即选择正确的流体运作方式，减少不必要的静止状态。

7. 流效

流效即物流的效率（Efficiency）和效益（Effectiveness）。物流的目的是用最少的物流成本完成物品从起源地到需求地的转移，并满足客户的其他物流要求。这集中体现在物流的效率和效益上。

物流效率是指单位人力、资本、时间等要素的投入所完成物流量大小。可用物流的反应速度、订货处理周期（Order Cycle Time）、劳动生产率、物流集成度、物流组织化程度、第三方物流的比重等一系列的定量和定性指标来衡量。

物流效益是指单位人力、资本、时间等要素的投入所完成物流收益的大小。可用成本、收益、服务水平等定量和定性指标来衡量。

七个要素之间的关系如下。

物流的流体、载体、流向、流量、流程、流速和流效七个要素之间有极强的内在联系。

流体的自然属性决定了载体的类型和规模，流体的社会属性决定了流向和流量；载体对流向和流量有制约作用，载体的状况对流体的自然属性和社会属性均会产生影响；流体、载体、流向、流程、流量决定流速；而流体、载体、流向、流量、流程、流速六个要素的具体运作决定了流效。流体、载体、流向、流量、流程、流速更多地考核物流的"自然属性"，包括设施、设备的要素，技术的要素等；而流效则更多地考核物流的"社会属性"，包括人的要素、组织的要素、资金的要素、信息的要素等。

物流七个要素横跨整个供应链，既存在于原材料采购、制造、销售、消费、废弃物回收等任何类型的物流环节中，也存在于运输、储存、包装、装卸、流通加工、物流信息等各种物流活动中，还存在于公路运输、铁路运输、水路运输、航空运输以及管道运输等各种运输系统中。不管是什么层次、类型、规模、环节、行业中存在的物流系统，都存在这七个要素，因而可以从七要素的角度进行分析。当然，也存在一些特殊的情况，比如货运汽车空驶、空置的仓库、回程的空集装箱等具体的物流活动在实践中也不在少数，不过，可以将其视作流体为空、流量为零的物流状况，这是物流中必然存在的一种特殊状况。就如生产线总有更换零件的时候一样，这是在一定条件下完成物流活动所必需的。同时，物流七要素是从"物的流动"的角度抽象出来的最基本要素，这些要素是"物流"区别于其他"流"的最根本的要素。因此，分析物流七要素，可以帮助我们更好地认识物流系统，对于物流学科体系的建设以及物流产业的发展可以起到重要的促进作用。

二、物流学的研究领域与内容

物流活动存在于供应、生产、流通和消费四大环节中，因而物流学的研究领域也相应地体现在供应、生产、流通和消费这四个领域中。在每个领域中均存在着能够用流体、载体、流向、流量、流程、流速、流效七要素体现的物流系统。

由于物流学的研究对象主要是物流的七要素，所以物流学的研究主要围绕物流七要素及其相关问题展开。

抽象地说，研究内容主要是围绕以下几个方面。

（1）物流作为新兴学科要研究一些基本问题。

（2）围绕对物流的认识要研究的问题。

（3）围绕物流要素或具体功能要研究的问题。

（4）围绕建立物流系统要研究的问题。

从本质上讲，物流学是对"物的运动与静止的动态流转过程"的研究，这就必然要涉及：

（1）在保证服务质量的前提下，有效地管理"物"流的全过程，使其消耗的总费用最小，经济指标成为衡量"物"流全过程的基本尺度。这就意味着研究物流必然要涉及经济学的有关内容，特别是近代兴起的数量经济学和物流研究有密切关系。

（2）在对物流活动七个要素实施计划、组织、协调与控制的管理过程中，会涉及诸如工程管理、企业管理、信息管理、财务管理等方面的内容，必然需要以管理科学的理论、方法和技术来指导物流管理实践。

（3）在对作为物流要素的对象"物"，以及对"物"产生的时间维和空间维物理性变化的方法、手段的研究中，将涉及工程技术科学的许多领域，如在运输技术、仓储技术、搬运技术、包装技术中需要融合机械、电气自动化等学科的成果。

（4）在对物流系统进行定性和定量的分析时，必须以数学特别是应用数学、运筹学等为基础，也需要计算机作为手段来实现分析和控制的目的。

（5）在将物流作为一个产业来研究时，物流业是一个实务性、操作性和服务性很强的产业，物流活动的复杂性和广泛性决定了物流学研究内容的综合性。

鉴于此，可将物流学的研究内容进一步划分为物流的基础理论、物流经济、物流管理、物流工程四个领域。物流的基础理论所涉及的研究内容是物流学研究中的最根本的、共性的理论知识，是支撑物流经济、物流管理、物流工程三个领域展开研究的基础。

1. 物流的基础理论

基础理论是指研究社会经济运动的一般规律或主要规律，并为应用研究提供有指导意义的共同理论基础。物流的基础理论是指在物流学科体系中起基础性作用，并具有稳定性、根本性、普遍性特点的理论原理。

物流的基础理论主要涉及物流的基本理论、基本方法、物流系统的基本概念和基本假设，包括物流的内涵、本质、职能，物流的功能要素（运输、储存保管、包装、装卸搬运、流通加工、信息处理等），物流发展历史，物流学的基本原理与方法，物流学的基本体系、内容与目标，物流系统，物流需求预测理论与方法，物流标准化等基础性内容。

2. 物流经济

鉴于物流活动普遍存在于供应、生产、流通和消费四大环节之中，那么必然要涉及商品在物理性流动中的经济活动问题，如流资源优化配置、物流市场的供给与需求、物流产业的发展与增长等，而解决这些问题靠的是经济学理论。所以，物流经济主要围绕着物流产业的经济运行、资源配置等问题进行。

在宏观层面上，以研究宏观物流发展趋势及宏观物流产业发展政策为特色，重点探讨物流产业理论、区域物流（城市物流）、物流金融等，致力于探索和建立国民经济发展中的宏观物流经济理论体系。

（1）物流产业理论。物流产业理论主要探讨涉及物流业自身发展方面的产业结构、产业组织、产业政策等，诸如物流业的产业内涵和界定、物流业自身发展及其在产业结构中的地位（产业生命周期理论、经济成长阶段理论、主导产业理论、产业结构软化等）、权属结构、物流业内部组织结构分析、行业结构（关联分析、供应链、兼并一体化）、单个行业分析（SCP、博弈、模块化）、物流产业集群分析、物流产业竞争力分析、物流园区规划、物流产业政策分析（扶植与管制、区域发展战略与协调、发达国家的借鉴）、物流产业核算制度及统计核算指标体系等。

（2）区域物流（城市物流）。一是区域物流与区域经济发展的互动关系，主要包括物流业与区域经济增长的互动（供求角度）、物流业与区域产业结构的互动（产业关联分析、产业结构优化）、物流业与区域产业组织的演进（产业分工与专业化、交易费用与纵向一体化、供应链等）、物流业与区域产业布局变化、物流业与区域竞争力的提升（区域产业竞争力理论、区域经济综合评价指标体系）；二是物流与区域间经济合作、发展，主要包括物流与区域间产业分工（区域差异和地域分工理论、不平衡增长理论）、物流与区域间贸易理论（区域开放度、新贸易理论)、物流与区域间产业转移(区域经济发展阶段理论、梯度转移理论)等。

(3)物流金融。物流金融主要包括物流金融服务管理、物流金融风险评价与控制、物流金融产品定价等。

在微观层面上,研究内容主要集中在物流市场的供给与需求、物流生产理论与决策、物流成本分析、物流的效益分析(时间效益分析、空间效益分析、创新效益分析等)、物流市场组织,与企业问题有关的物流企业制度、物流项目评估、物流市场需求预测等方法和理论的问题。

因此,从本质上说,物流经济是从经济学的角度对宏观和微观的物流发展问题进行理论探讨。

3. 物流管理

物流学强调的重点之一就是对物流系统的管理。这是西方物流理论强调物流学研究的重点。美国物流管理协会定义物流为：高效、低成本地将原材料、在制品、产成品等由始发地向消费地进行储存和流动,并对与之相关的信息流进行规划、实施和控制,以满足用户需求的过程。我们从中可以得到明确的答案。

物流活动是由组织来完成的,而管理是一切组织的根本,诸如物流系统的规划与设计、物流业务的具体运作、物流过程的控制等都是管理。所以,物流管理主要是围绕着由生产、流通和消费过程中物的运动与静止所构成的物流系统展开研究,核心是社会经济活动中物品实体运动的客观规律,包括物品运动时间的及时性、路径的合理性、速度的经济性等。它是以经济效益为目标,运用现代管理的理论、方法和手段来分析、处理物流活动,设计并建立物流系统,以及对物流问题进行决策等,从而使各项物流活动实现最佳的协调与配合,以降低物流成本,提高物流效率和经济效益。

物流管理的研究内容一般包括三方面：一是对物流活动要素的管理,包括运输、储存保管、包装、装卸搬运、流通加工、信息处理等环节的管理；二是对物流系统要素的管理,即对其中人、财、物、设备、方法和信息等六大要素的管理；三是对物流活动中具体职能的管理,主要包括物流经济管理(物流计划管理、物流统计管理、物流费用成本管理、物流设施管理等)、物流质量管理、物流技术管理(物流硬技术及其管理、物流软技术及其管理)等方面的管理。

物流管理的研究视角极其广泛,一般可从企业管理的角度研究企业物流战略,物流与企业竞争力、生产物流、物流作业管理、物流组织管理、人事(行为)管理等；从市场营销角度研究销售物流、供应物流等；从商品学角度研究商品储运与包装、商品标准化与物流、重要产品的物流渠道等；从会计学角度研究企业物流成本核算方法等。

所以,物流管理实际上是对物流活动及物流系统的管理,它将管理科学的理论、方法和技术应用于物流管理的实践领域,研究发展适合宏观管理和企业管理特点的物流管理理论、方法和技术。

4. 物流工程

物流工程是由物流七要素组成的综合体,它是从工程角度研究对多目标决策的、复杂的动态物流系统的规划、设计、实施与管理的全过程进行研究。设施设计是工程的灵魂,规划设计是物流系统优劣的先决条件，物流工程为物流系统提供软件和硬件平台。一个良好的物流系统不能仅留在规划阶段，还需要通过具体的工程建设来实现，工程的实施过程就是完成系统的硬件设计、制造、安装、调试等过程，同时也需要规划软件的功能。

从本质上分析，物流工程是从技术和技术应用的角度去研究物流问题，科学地对复杂物流系统进行分析、设计和实施，以实现提高物流技术水平和运作效率，降低物流成本的目标。因此，物流工程的内容主要包括技术系统和管理系统两大部分。

物流工程的技术系统方面的内容，主要是针对在物流活动中所使用的各种工具、设备、设施以及方法、技能和作业程序等，包括物流中心、站、场、线路、建筑、公路、铁路、港口等物流设施，仓库、货架、加工、运输、装卸等物流装备，包装、维护、保养、办公等物流工具，以及信息技术及网络等的调整、运行、维护、保养、修理、改造、建设。这涉及运输技术、仓储技术、装卸搬运技术、包装和集装技术、分拣和配货技术、流通加工技术、管理技术等种类物流技术。

物流工程的管理系统方面的内容，主要包含两个方面：一是按现代商业的要求，应用各种管理技术与工具，实现供应链企业运作的同步化，信息的准确传递、反馈、共享，解决低成本准时采购和供应、快速准时交货，保证物流系统的敏捷性和灵活性等；二是对技术系统的管理问题。

从总体上说，物流工程实质上是运用自然科学中常用的科学逻辑推理与逻辑计算，以及系统模型化、仿真与技术经济分析等方法，研究解决复杂物流系统规划、设计、实施与管理的理论、方法和技术。

|阅读材料 1-3|

物流学科的四层次框架体系

第一层：物流学科体系的核心

物流学科体系的核心是物流系统的基本概念，这是由一组最关键的核心概念组成的，比如物流、配送、物流中心、配送中心等。要理解物流，必须借助于这些概念，物流学科体系的所有其他组成部分都是通过这些概念来表现并且由此而展开的。这些概念是人类在总结几千年的社会实践的基础上抽象出来的，当这些概念的内涵和外延能够被准确地表达时，表明以这些概念体系为基础演绎出一个学科的时机已经成熟。这一层是物流学科体系的基本内核。

第二层：物流学科体系的四大支柱

基本假设、基本原理、基本理论和基本方法是物流学科体系的四大支柱。它们与物流学科体系的核心概念一起演绎出物流学科体系的基本框架。物流的核心概念和这四大支柱组成了物流学科体系的主要理论，共同构成物流学科体系的基本内涵。

第三层：物流学科体系的理论基础

物流学科的建立是在其他成熟学科理论的基础上发展起来的。与物流相联系的学科很多，它们本身分成不同的层次，与物流学科构成最紧密联系的理论主要有四类：理学、工学、经济学和管理学。理学提供物流学科的最根本的思维方法和逻辑；工学提供实现物流系统优化的技术与工具；经济学提供物流系统资源配置的基本理论，物流系统的资源配置服从经济学的假设、原理和规律；管理学提供物流系统具体运作的基本假设、原理和规律。除这些理论外，物流学科体系还以其他一些学科理论为支撑，但其他理论同这些理论相比，与物流学科理论体系的距离要远一些，因此作为第四个层次。

第四层：物流学科体系的相关学科

现代物流的运作和管理都依赖于现代化的技术手段和条件，研究这些技术手段和条件的学科就成为物流学科体系的相关学科，比如电子、电气及信息类学科对现代物流的作用越来越显著，这些学科对其他许多学科都起类似的作用，因此作为物流学科的相关学科来处理。

以上四个层次形成的物流学科体系框架与供应、生产、流通和消费四大环节具有紧密的联系，所以，物流学科的研究对象就是供应、生产、流通和消费活动中的物流问题。

▶ **请思考**：你认为应该如何构建物流学的学科体系？

资料来源：汝宜红. 物流学 [M]. 北京：高等教育出版社，2010：75-76.

第五节　物流学的学科性质

物流学是在现代科学技术的基础上，研究社会经济活动和人们生活中各类物质资料在生产、流通和消费过程中的流动和综合集成的规律，以及相应系统的规划、设计、运营、组织与管理规律的综合性、应用性的学科。

一、物流学的性质

从学科性质上来看，物流学是一门综合性交叉学科，既是理论学科，又是应用学科。

1. 物流学是一门交叉学科

物流是系统工程，从采购、制造、运输、仓储到营销涉及很多部门，物流学要指导许多部门协作或跨部门服务；同时，物流学的产生就是从"解决社会经济活动中的矛盾——流通成本上升"开始的，其研究需要解决人类社会物流实践活动中带有普遍性的问题。为此，它既需要社会科学知识（如管理学、经济学），又需要自然科学知识（如工程技术、信息技术）。因此，物流学是一门交叉学科。

2. 物流学是一门综合性学科

物流学是一门包括众多分支学科的综合性学科。物流涉及的各类社会活动各有自身的内在规律性，物流学必须吸收其他相关学科的知识来充实自己。在吸收其他学科知识时，不是对各门学科的知识予以简单加总，而是吸纳、重铸与整合其他各门学科的有用知识，将不同学科的概念、方法和技术手段相互交叉融合，形成物流学的独立学科体系。物流学并不消极被动地依赖原有的母体学科，而是有自身的发展进程和独立的体系结构。物流学涉及管理学、经济学、交通运输学、工程学、法学等众多学科的交汇融合，是分工基础上的高度综合。因此，物流学是一门综合性学科。

3. 物流学既是理论学科又是应用学科

物流学来源于人类的物流实践活动，是人类物流实践经验的概括和总结，而不是纯粹空想思辨、形而上学的抽象结果。物流学既包括基础研究，也包括应用研究，其基础研究也属于应用基础研究。物流学是一门基础性理论学科，对物流性质、规律的研究属于纯理论性研究，认识本质、探索规律是人们认识物流活动的重要手段，也是构建物流学科体系的基石。物流学更是一门实践性应用学科，其研究的出发点和归宿都在于社会实践需要，对物流的经营服务等诸多实际问题进行研究，解决物流实际工作中提出的具体技术问题，具有可操作性，这些都是物流学科具有强大生命力的根本所在。

二、物流学的属性

从物流学的研究对象、研究内容可以看出，物流学科属于管理学、经济学、工学和理学等相互交叉的新兴学科，是一门兼有社会科学和自然科学多重属性的综合性应用学科。

1. 管理学属性

物流活动是由组织来实现的，而"管理是一切组织的根本"，无论是制造业、服务业还是物流业的物流战略的制定、物流系统的规划与设计、物流业务的具体运作、物流流程的控制、物流效益的考核与评估等都是管理学研究的内容，需要管理学理论的指导。物流与许多管理学类专业有关，如工商管理、企业管理、市场营销、会计学、财务管理、信息管理、管理科学与工程、工程管理、工业工程等，由此可见，物流学与管理学的关系最为密切，它属于泛管理类学科。

2. 经济学属性

物流学研究大量的物质资源配置优化、物流市场的供给与需求、物流企业制度、物流项目评估、政府对物流产业的管制、物流产业的发展与增长等问题，而解决这些问题靠的是经济学理论在物流中的具体运用。物流涉及许多经济学类专业，如经济学、产业经济学、数量经济学、统计学、金融学、贸易经济等。

3. 工学属性

现代物流是一个技术含量很高的产业，各类物流的设施（如铁路、公路、水路、港口、车站、机场等）、设备（如车辆、船舶、飞机、装卸搬运设备等），以及信息网络与平台等的规划、设计、制造、建设和管理都需要有大量的工程技术作为支撑，建设前需要大量的工程技术人员进行分析和设计，投产后需要大量的工程技术人员进行维护和管理。因此，物流学涉及工学类的许多专业，如机械、电子、信息、建筑、材料、交通运输等。

4. 理学属性

物流的流体是商品，各种商品的物理、化学、生物特征不完全相同，提供让顾客满意服务的根本之一就是要按顾客所需配送商品的特性选择正确的物流方式，这就需要有诸如数学、物理、化学等知识的指导；同样在商品的检验、养护、鉴定、储存、流通加工等作业环节中也都需要有诸如数学、物理、化学等知识的指导。此外，研究流体的理学属性，可为设计、制造和选择承载流体的载体，为用户正确使用商品提供依据和指导。

然而，就学科整体而言，不能轻率地说物流学主要属于哪一种属性。研究的侧重点变化，学科的属性可能发生变化。一般而论，从企业管理层面探讨，物流学的学科属性主要是管理学属性；从宏观管理层面探讨，物流学的学科属性主要是经济学属性；从运作层面探讨，物流学的学科属性主要是工学属性；从商品管理层面探讨，物流学的学科属性主要是理学属性。

第六节 物流学理论的主要观点

物流理论研究起始于20世纪30年代，随着物流在经济发展中的地位不断提高，人们对物流的认识和关切程度也日趋深入。有关物流理论研究所涉及的问题明显增多，研究的视角也不断扩大，物流理论研究逐步形成了独立运动，并产生出了许多新理论和新学说，其中有相当多的学说先后被人们所接受，并形成了一定的共识。

一、商物分离学说

商物分离学说是物流科学赖以生存的先决条件。所谓商物分离（Separation of Deal and Physical Distribution），即商物分流，是指流通中的两个组成部分——商业流通和实物流通各自按照自己的规律和渠道独立运动。

"商"，指"商流"即商业性交易，实际是商品价值运动，是商品所有权的转让，流动的是"商品所有权证书"，是通过货币实现的。"物"即"物流"，是商品实体的流通。本来，商流、物流是紧密地结合在一起的，进行一次交易，商品便易手一次，商品实体便发生一次运动，物流和商流是相伴而生并形影相随的，两者共同运动，经历同样的过程，只是运动形式不同而已。在现代社会诞生之前，流通大多采取这种形式，甚至今日，这种情况仍不少见。

实际上，商流和物流有着其不同的物质基础和不同的社会形态。从马克思主义政治经济学角度看，在流通这一统一体中，商流明显偏重经济关系、分配关系、权力关系，因而属于生产关系范畴。而物流明显偏重工具、装备、设施及技术，因而属于生产力范畴。所以，商物分离实际上是流通总体中的专业分工、职能分工，是通过这种分工实现大生产式的社会再生产的产物。这是物流科学中重要的新观念，物流科学正是在商物分离的基础上才得以对物流进行独立的考察，进而形成的科学。

但是，商物分离也并非绝对的，在现代科学技术有了飞速发展的今天，优势可以通过分工获得，也可以通过趋同获得，"一体化"的动向在原来许多分工领域中变得越来越明显，在流通领域中，发展也是多形式的，绝对不是单一的"分离"。事实上，国外已经有学者提出商流和物流在新基础上的"一体化"问题，欧洲一些国家对物流的理解本来就包含企业的营销活动，即在物流中包含着商流。物流中的一个重要领域——配送已成为许多人公认的既是商流又是物流的概念。

二、成本中心学说

成本中心是指物流在整个企业战略中，只对企业营销活动的成本产生影响，物流是企业成本的重要产生点。因而，解决物流问题，重点并不在于物流的合理化和现代化，而应该主要通过物流管理的方式来控制和降低成本。所以，成本中心学说意味着物流既是主要的成本产生点，又是降低成本的关注点，"物流是降低成本的宝库"等说法正是这种认识的形象表达。

"黑暗大陆说"是美国管理学家彼得·德鲁克在1962年4月提出的，主要是指人们尚未认识和了解物流，它包含着两层意思：一是这个领域未知的东西很多，其理论和实践还不太成熟；二是该领域内有很多可供开发的东西。由于当时物流的"模糊性尤其突出"，实践中可探索的东西更多，如果理论研究和实践探索能够照亮这片"黑暗大陆"，那么摆在人们面前的可能是一片不毛之地，也可能是一片宝藏。"黑暗大陆说"实际上是对物流运动所做出的理论评价，因为在物流领域中未知的东西确实存在而且还很多，理论和实践都不够成熟。

"冰山说"是日本早稻田大学的西泽修教授提出的，其含义是说人们对物流费用的了解实际上是一片空白，甚至有很大的虚假性，物流费用就像冰山一样，人们所提到的物流费用仅仅是露出海面的冰山一角，而潜藏在海里的大部分冰山却看不见，海水中的冰山才是物流费用的主体部分。也就是说，现行财务会计制度和会计核算方法都不能掌握物流费用的实际情况，财务报表只是把支付给外部运输、仓库企业的费用列入成本，这只能反映物流成本的一部分犹如冰山的一角。因为物流基础设施建设费用和企业利用自己的车辆运输，利用自己的库房保管货物，由自己的工人进行包装、装卸等费用都没有列入物流费用科目内，而这一部分企业内部发生的物流费用才是真正的物流费用的大头。

物流的"成本中心学说"指出"黑暗大陆"或"冰山的水下部分"正是尚待开发的领域，是物流的潜力所在。它强调的是物流的成本机能，认为改进物流的目标是降低成本。

三、利润中心学说

"利润中心学说"是对物流潜力及效益的描述。它说明物流可以为企业提供大量直接和间接的利润，是形成企业经营利润的主要活动。同时，对国民经济而言，物流也是国民经济中创利的主要活动。它是对物流价值（或物流职能）的理论评价，从一个侧面揭示了现代物流的本质，使物流能在战略和管理上统筹企业生产、经营的全过程，推动物流现代化发展。

"第三利润源说"是该学说的主要表述方式，最初是由日本早稻田大学教授西泽修在1970年提出来的。因为一般把依靠技术进步降低原材料消耗而增加的利润称为"第一利润源"；把依靠技术革新提高劳动生产率，降低人力消耗而增加的利润称为"第二利润源"。按时间顺序排列，则把在物流领域内采取各种措施降低物流成本进而增加的利润称为"第三利润源"。

"利润中心学说"认为物流作为"经济领域的黑暗大陆"虽然没有被完全照亮，但经过几十年的实践探索，物流领域绝不会是一个不毛之地，肯定是一片富饶之源。在经历了1973年的石油危机之后，物流"第三利润源"的作用已经得到证实，物流在企业管理中的地位得到巩固。

四、服务中心学说

"服务中心学说"代表了美国和欧洲一些学者对物流的认识。他们认为,物流活动的最大作用并不在于为企业节约了成本或增加了利润,而在于提高了企业对用户的服务水平,进而提高了企业的竞争力。因此,在使用描述物流的词语上选择了"后勤"一词,特别强调物流的服务保障,企业以其整体能力来压缩成本,增加利润。

服务中心学说起源于第二次世界大战(以下简称"二战")时期形成的"后勤工程说"。当时,为保障军需品供应,美国对军火等物质的运输、补给等活动进行了全面管理,并随之把军事装备、军火等物资的供给、运输称为"后勤",继而提出了"后勤工程"的概念。"二战"以后,经济形势发生了很大变化,企业管理日趋强化,后勤工程理论与管理方法的适用范围随即伸延到了生产领域和商业领域,随后又形成了诸如"后勤管理""商业后勤"等许多新概念。美国后勤工程学会在解释企业后勤概念时说:"企业后勤是企业为了满足客户的要求,在使用原材料、半成品、成品和相关信息在原产地与消费地之间实现高效且经济的运输和储存过程中必须从事的计划、实施和控制等全部活动。"可以看出,"后勤工程说"与前期的"实物分销"或实物流通的说法相比较,两者的本质是基本一致的,但两者的范围(或外延)却不尽相同。从某种意义上说,"后勤说"是建立在更广阔的领域基础上的一种理性认识,其外延不仅包括企业产后的实物分销的营销领域,还包括企业产前的供应领域。

服务中心学说特别强调物流的服务保障功能,借助于物流的服务保障作用,企业可以通过整体能力的加强来压缩成本,增加利润。

五、战略中心学说

战略中心学说是当前非常盛行的说法,学术界和产业界已越来越多地认识到,物流更具有战略性。对企业而言,物流不仅是一项具体的操作性任务,还应该是发展战略的一部分。这一学说把物流提升到了相当高的位置,认为物流会影响到企业总体的生存与发展,而不是在哪一个或哪几个环节搞得合理一些,节省了多少费用的问题,应该站在战略的高度看待物流对企业长期发展所带来的深远影响。将物流与企业的生存和发展直接联系起来的观点,对促进物流的发展具有重要意义。

战略中心学说强调,企业不能再刻意追求物流一时一事的效益,而是应该着眼于总体、着眼于长远,应该将物流的战略性发展提上议事日程。该学说认为物流的战略整合是一个企业成功的基础。为了实现领先优势,物流管理的重点应从预估为基础转移到以反应为基础的运作理念上来。领先优势的地位成就通常意味着一个公司能够同时使用各种物流战略去满足特定的主要客户的要求。

六、效益背反学说

在经济学中,"效益背反"(Trade Off)是指"对同一资源的两个方面处于相互矛盾的关系中,要想较多地达到其中一个方面的目的,必须使另一个方面的目的受到部分损失"。"效益背反"是物流领域中很普遍的现象,是这一领域中内部矛盾的反映和表现。

效益背反学说表明在物流系统中的功能要素之间存在着损益的矛盾,也即物流系统中的某一个功能要素的优化和利益发生的同时,必然会导致系统中的另一个或另几个功能要素的利益损失,这是一种此涨彼消、此盈彼亏的现象,往往导致整个物流系统效率低下,最终会损害物流系统的功能要素的利益。例如,运输成本与库存成本,增大运输批量,可以降低运输成本,但会使库存水平提高,从而导致库存成本增加;包装成本与运输成本、库存成本之间,如果提高包装材料的强度,会导致包装成本增加,但能够降低运输和装卸过程中商品的破损率,从而降低运输和库存成本。

在认识到物流系统存在"效益背反"的规律之后,物流科学就迈出了认识物流功能要素,寻求解决和克服物流各功能要素"效益背反"现象这一步。系统科学的广泛应用为此提供了新的视野,人们不仅可以将物流系统细分成运输、储存、包装、装卸搬运、流通加工、物流信息处理等功能要素来认识,而且可以将这些功能要素的有机联系寻找出来,作为一个整体来认识,进而有效地解决"效益背反",追求总体的效果。这种思想在不同的国家、不同的学者中有着不同的表述,如美国学者用"物流森林"的概念来表述物流的整体观点,指出对物流的认识不能只见树木不见森林,物流的总体效果是森林的效果,即使是和森林一样多的树木,如果各棵树木孤立存在,那也不是物流的总体效果,这可以用一句话表述:"物流是一片森林,而不是一棵棵孤立的树木。"

七、供应链学说

关于供应链管理最早的论文是 1983 年和 1984 年发表在《哈佛商业评论》上的两篇论文。供应链管理更早的起源可追溯到迈克·波特 1980 年出版的《竞争优势》一书中提出的"价值链"的概念。其后,供应链的概念、基本思想和相关理论在美国开始迅速发展。到 20 世纪 90 年代,关于供应链管理的文献大量出现,相关的学术组织也开始涌现。

关于供应链管理定义的表述各不相同,但有一点认识却是共同的:供应链包括多种功能要素,供应链是由生产、流通等几个经济环节(或功能要素)集合而形成的。供应链管理的基本思想是要把由原材料零部件供应商、生产商、批发经销商、零售商、运输商等一系列企业组成的整条"供应链"看作一个集成组织,把"链"上的各个企业都看作合作伙伴,对整条"链"进行集成管理。其目的主要是通过"链"上各个企业间的合作与分工,致力于整个"链"上的商流、物流、信息流和资金流的合理化和优化,从而提高整条"链"的竞争能力。

目前,对供应链管理理论的研究呈现出多样性,有的人从管理的角度来研究和阐述供应链管理的理论,也有的人是从流通企业发展和物流运动的组织形式、组织模式等角度出发来探索供应链理论。当前形成了以下几种观点。

(1) 供应链管理是物流管理的超集。其思想的出发点是整条供应链上所有企业总成本最低,运用系统论的观点对链中的所有企业的物流活动进行管理和优化。

(2) 物流是供应链管理的一部分。这种观点认为:"在企业普遍接受供应链管理理念来组织生产和营销以后,企业的物流管理就必须置于更高层次的供应链管理的大系统当中去统筹安排。"同时还指出:"物流管理与供应链管理是不同层次的企业经营管理理念。供应链管理是企业的生产和营销组织方式,而物流管理则是为企业的生产和营销提供支持服务的。企业可以有物流管理而没有供应链管理。但只要企业采取供应链管理方式来组织生产和营销，就一定要有物流管理的支持。"

（3）供应链物流。它是以用户满意度最大化为目标，以供应链一体化为基础，充分即时的信息共享，通过即时、快速地响应市场需求来达到减少不必要的物流活动，降低库存从而降低成本，实现用户的价值应对。同时，它提出了供应链管理架构的三个要点：基于原材料供应商、生产商、销售商和顾客的供应链体系，信息的即时共享以及生产对需求的快速响应。

（4）物流供应链。由于来自速度、灵活性、全球性等的压力，工商企业对物流服务的要求越来越高，它们希望物流服务公司能够提供从方案规划到组织实施的一体化综合物流服务。因此，这种观点认为从供应链的角度，整合社会物流资源形成集成化物流就成为解决这种物流需求的必然选择。物流战略联盟、第四方物流就是基于这种观点所形成的物流供应链整合的新形式。

现代物流的观点是建立在经济发展和科学进步的基础上，除了上述主要观点外，还包括物流系统化观点、精益物流观点、绿色物流观点和"7R"理论等，这些观点也得到许多学者的认同。

本章小结

本章通过对流通内涵的分析，指出商流与物流一起构成了传统流通活动的全部内容，而现代流通领域则包含商流、物流、信息流、资金流四大支柱流。同时，对实物配送、美国物流管理协会和《物流术语》（GB/T 18354—2021）做了重点介绍，并重点对物流与商流的关系以及物流和商流分离的基础和形式进行了分析。

在对物流的基本功能要素（运输、储存、包装、装卸搬运、流通加工、信息处理）和增值功能要素进行介绍的基础上，从物流系统的性质、物流的作用、从事物流的主体三方面对物流进行了分类。物流作为一种社会经济活动，对社会生产和生活生产能够产生时间效用和空间效用，因而既能在微观经济运行方面，又能在宏观经济运行方面发挥出独特的作用。

从探讨物流学的研究对象出发，指出从宏观视角看物流学的研究对象是"物的运动与静止的动态流转过程"，而从"物的运动与静止的动态流转过程"的本质特征来分析，则可用"流体、载体、流向、流量、流程、流速、流效"七个要素来描述物流系统。在此基础上，将物流学的研究内容进一步划分为物流的基础理论、物流经济、物流管理、物流工程四个领域。继而对物流学的性质与属性进行论述，指出物流学是一门交叉学科、是一门综合性学科，同时既是理论学科又是应用学科，是属于管理学、经济学、工学和理学等相互交叉的新兴学科，是一门兼有社会科学和自然科学多重属性的综合应用型学科。

从物流学理论发展角度，阐述了商物分离学说、成本中心学说、利润中心学说、服务中心学说、战略中心学说、效益背反学说、供应链学说七个物流学研究中出现的主要观点。

复习与思考

一、名词解释

流通　物流　实物配送　商流　时间效用　空间效用　物流学　物流经济　物流管理　物流工程

二、单选题

1. 商物分流是指流通中的两个组成部分——（　　）通和实物流通各自按照自己的规律和渠道独立运动。
   A. 商业流　　　　B. 资金流
   C. 物流　　　　　D. 信息流

2. 流通加工实际上是（　　）在流通过程的延续。
   A. 采购过程　　　B. 流通过程
   C. 生产过程　　　D. 销售过程

3. 运输的主要功能有两个：一是实现物品的（　　）；二是降低运输费用。
   A. 时间位移　　　B. 空间位移
   C. 速度提升　　　D. 距离投送

4. 物流中的"物"，一般是指（　　）。
   A. 流体　B. 载体　C. 流向　D. 流量

5. 随着时代的前进，商品经济的开展，现代流通领域已不能再简略地用"商流+物流"来概略，它已包含四大支柱流：（　　）。
   A. 商流、物流、信息流、价值流
   B. 商流、增值流、信息流、资金流
   C. 商流、物流、信息流、资金流
   D. 工作流、物流、信息流、资金流

6. 按照从事物流的主体，可将物流分为（　　）。
   A. 供应物流、销售物流、生产物流
   B. 第一方物流、第二方物流、第三方物流
   C. 宏观物流、中观物流、微观物流
   D. 地区物流、国内物流、国际物流

7. （　　）是指从物品的生产者或持有者到用户或消费者之间的物流活动。
   A. 生产物流　　　B. 销售物流
   C. 供应物流　　　D. 逆向物流

8. （　　）就是物资生产者、持有者到使用者之间的物流。
   A. 生产物流　　　B. 销售物流
   C. 供应物流　　　D. 逆向物流

9. 就物流学的学科整体而言，不能轻率地说物流学主要属于哪一种属性。一般而论，从企业管理层面探讨，物流学的学科属性主要属于（　　）属性；从宏观管理层面探讨，学科属性主要属于（　　）属性；从运作层面探讨，主要属于（　　）属性；从商品管理层面探讨，主要属于（　　）属性。
   A. 管理学、理学、经济学、工学
   B. 管理学、经济学、工学、理学
   C. 管理学、经济学、理学、工学
   D. 经济学、管理学、理学、工学

10. 按照物流系统的性质，可将物流分为（　　）。
    A. 供应物流、销售物流、生产物流
    B. 第一方物流、第二方物流、第三方物流
    C. 社会物流、行业物流、企业物流
    D. 地区物流、国内物流、国际物流

11. 物流的"黑暗大陆说"是由（　　）在1962年4月提出的。
    A. 西泽修　　　　B. 西蒙
    C. 泰勒　　　　　D. 彼得·德鲁克

12. "物流是一片森林，而不是一棵棵孤立的树木"是针对哪一个学说的诠释（　　）。
    A. 供应链学说　　B. 效益背反学说
    C. 战略中心学说　D. 服务中心学说

三、多选题

1. 商物分流是指流通中的两个组成部分——（　　）通和（　　）通各自按照自己的规律和渠道独立运动。
   A. 商业流　　　　B. 资金流
   C. 实物流　　　　D. 信息流

2. 流体在空间转移过程中总是处于（　　）和（　　）两种状态之一。
   A. 运动　B. 发展　C. 变化　D. 静止

3. 物流的流体、载体、流向、流量、流程、流速和流效七个要素之间有极强的内在联系，流体的自然属性决定了（　　）的类型和规模，流体的社会属性决定了（　　）和（　　）。
   A. 载体　B. 流向
   C. 流程　D. 流速　E. 流量

4. 物流学的研究内容可进一步划分为（　　）

等若干领域。
A. 物流的基础理论　B. 物流经济
C. 物流管理　　　　D. 物流工程
E. 商业流通
5. 物流经济在宏观层面上重点探讨（　　）等，致力于探索和建立国民经济发展中的宏观物流经济理论体系。
A. 物流产业理论　　B. 区域物流
C. 物流金融　　　　D. 物流市场组织
6. 物流是物品从供应地向接收地的实体流动过程，并根据实际需要，将（　　）、（　　）、装卸、搬运、包装、（　　）、（　　）等基本功能实施有机结合。
A. 运输　　　　　　B. 储存
C. 流通加工　　　　D. 信息处理
E. 增值服务
7. 随着时代的前进，商品经济的开展，现代流通领域已不能再简略地用"商流+物流"来概括，它已包含以下几大支柱流：（　　）。
A. 商流、物流　　　B. 增值流、信息流
C. 信息流、资金流　D. 工作流、资金流
E. 价值流、物流
8. 按照物流活动的空间范围，可将物流分为（　　）。
A. 国内物流　　　　B. 国际物流
C. 宏观物流　　　　D. 地区物流
E. 微观物流
9. 物流管理的研究内容一般包括（　　）等方面。
A. 物流活动要素的管理
B. 物流系统要素的管理
C. 物流活动中具体职能的管理
D. 国民经济要素的管理
10. 从学科性质上来看，物流学是一门综合性交叉学科，既是（　　），又是（　　）。
A. 社会学科　　　　B. 理论学科
C. 应用学科　　　　D. 经济学科
11. 物流的"成本中心学说"指出（　　）或（　　）正是尚待开发的领域，是物流的潜力所在。
A. 第三利润源　　　B. 冰山的水下部分
C. 物流森林　　　　D. 黑暗大陆
E. 不毛之地

四、判断题

1. 物流活动克服了供给方和需求方在空间和时间方面的距离。（　　）
2. 商流主要进行运输和储存，实现物资实体空间和时间转移，而物流过程主要进行商品交换，实现物资所有权的转移。（　　）
3. 商流与物流一起构成了现代流通活动的全部内容。（　　）
4. 当一项增值性物流服务已经成为物流产业普遍实施的、标准性的服务时，它依然具有增值性服务的功用。（　　）
5. 按照物流的作用可将物流分为第一方物流、第二方物流、第三方物流、第四方物流四种类型。（　　）
6. 按照从事物流的主体可将物流分为供应物流、销售物流、生产物流、回收物流和废弃物流五类。（　　）
7. 流体、载体、流向、流程、流量决定流速，而流体、载体、流向、流量、流程、流速这六个要素的具体运作决定了流效。（　　）
8. 物流的"冰山说"表明现行的财务会计制度和会计核算方法能够有效地掌握物流费用的实际情况。（　　）
9. "第三利润源"说明物流可以为物流企业提供大量直接和间接的利润，是形成物流企业经营利润的主要活动。（　　）

五、简答题

1. 简述物流与商流的相互关系。
2. 简述商流、物流、资金流和信息流之间的关系。
3. 简述物流增值服务功能的发展方向。
4. 简述物流创造的时间效用有几种。
5. 按照物流的作用和从事物流的主体，物流一般分为哪几种？

6. 简述物流创造的空间效用有几种。
7. 简述物流学的研究对象。
8. 简述物流学的研究内容。

六、论述题

1. 如何理解现代物流的观念或理念？试用某一观点说明或解释所看到的物流问题。
2. 如何理解"四流合一"是电子商务快速发展的必然选择？
3. 为什么物流与商流可以分离？
4. 如何理解物流学的性质与属性？
5. 如何理解物流的增值服务可以从四个方向展开？
6. 如何理解"经济越发展，物流就越重要"？
7. 在今天，物流对社会经济的各行各业的发展有何影响？请针对某具体行业进行讨论。

案例分析

顺丰智慧物流管理揭秘

顺丰是中国领先的综合快递服务提供商，也是一个具有网络规模优势的智能物流运营商。经过多年的发展，公司建立起为客户提供综合物流解决方案的能力，能够为客户提供仓储管理、销售预测、大数据分析、财务管理等一系列解决方案。

1. 智慧物流体系管理

智能化升级是物流行业的必然趋势，大数据、人工智能、物联网等技术的发展和应用，将为物流行业带来新一轮的产业革命，成为物流行业降本增效、技术创新的关键利器。近年来，顺丰着力打造智慧物流体系，其科技实力已成为核心竞争力。截至2019年报告期期末，顺丰申报和获得各项专利1 645项，发明专利649项。

2019年6月，顺丰与华为智慧园区达成合作，期望通过华为和顺丰研发团队对智慧物流园区项目的探索和实践，为顺丰自身及其客户的多个智慧园区的建设提供经验指引。项目组前期精心运作，通过双方领导高层互动，签署合作协议。顺丰的成功实践是"华为云通用园区方案＋物流行业园区"的一次跨界、融合和创新，可为行业带来很好的示范作用，鼓励更多行业客户勇于实践，做出适合自己行业特色的园区实践。其中，顺丰智慧物流体系主要包括综合安防场景、便捷通行场景、资产管理场景和停泊位管理四个场景。

2. 仓储管理

由于产品生产和消费的不一致性，商品在再流通过程中存在滞后和滞留问题。如何在生产与消费或供求时间差的条件下保持货物的良好状态，是仓库在物流过程中面临的一个问题。基于此，顺丰在全国建成并投入使用仓库14个，包括北京、上海、广州、深圳、武汉等重点城市，旗下四千多个自营的快递服务网点已经与仓储配送仓库进行对接，形成标准化仓储管理体系。在仓储作业环节，顺丰可进行商品的整理、包装、质检、分拣、贴标签、再加工等工作。通过仓储环节，对流通商品进行检验，加强商品进入市场前的质量检查工作，可以最大限度地防止不合格商品流入市场。

3. 服务质量管理

通过对大数据分析和云计算能力的不断应用和优化，顺丰能够准确地预测各地区、各行业的业务量，甚至能提高城市、行政区域及每个配电网络和每个调度员的准确度，有效地实现了更加合理、高效的资源总体配置。其中，准确预测"大数据＋AI"是顺丰极有效的前期生产产品的核心竞争力。这是前端服务的第一步，也是最重要的一步。顺丰拥有自己的快速基因，拥有非常有效的前端服务的天然优势，加上其独特的人力、货运及货场硬件支援以及全面的物流电子地图支援，使顺丰成为业界分销能力的领导者。

截至 2019 年年底，顺丰快递员已达 300 000 人，全国自营门店 13 万多家，丰巢智能快递门店 150 000 家，各种品牌的线下门店均可作为"前端门店"。智能地图的应用有助于顺丰预先计算物流站点、中转站、配送点等信息，大大提高了分拣、运输和配送的效率。2019 年"双 11"物流测试的逐步推出，使得顺丰极其有效的前期生产产品的优势越来越明显。从品牌端的角度来看，核心城市两小时内到达全国各地的高标准物流服务将给消费者带来更多的极端体验，有效降低售前退款率，提高顾客的品牌黏性；从供应链的角度来看，极其有效的预交付有效地缓解了生产压力，减少对临时仓库租赁和临时就业的需求，减少额外劳动力投入，提高平均效率，改善快递服务体验。

资料来源：中原网视台. 顺丰 DHL 智慧物流园区是如何炼成的 [EB/OL].（2019-12-19）[2022-06-20]. http://biz.ifeng.com/c/7sWoyrgjkC7.

讨论题

1. 顺丰的物流管理与同行业物流公司相比，具有哪些方面的优势？
2. 请结合案例，探讨顺丰智慧物流管理成功的基础是什么。

第二章
CHAPTER 2

物流系统

学习目标

- 了解物流系统的一般模式
- 理解物流系统分析的原则
- 理解区域物流节点的层次
- 熟悉物流系统的特征、要素
- 熟悉物流系统分析的步骤
- 掌握物流系统、物流网络、物流节点的基本内涵和特点
- 掌握物流信息网络、物流节点的功能

关键概念

物流系统　物流网络　物流节点　物流系统分析

引　例

京东物流的"地下物流系统"

智能将开启快递物流的数字化升级新阶段，物流也将与城市发展共振。从平面到立体，从地上到地下，物流向城市的深处下沉，共同配送物流（以下简称共配物流）减少车辆投入，一套全新的京东物流的"地下物流系统"正在雄安初见雏形。

1. 建地下物流网，缓解道路资源矛盾

智能物流、数字物流、空间物流在城市规划与建设中扮演着举足轻重的角色。随着消费市场的繁荣，快递量呈倍数增长，为了满足配送需求，地面车辆、车次、货运量持续增加，城市交通愈发拥堵。与此同时，无论是货物周转量、车辆载重，还是在途车次、运输平均距离，都在不断地增加。

2018年8月，京东物流开始开展地下物流系统的研究。目前，有关"未来城市智能地下物流系统"正在进行架构规划，对案例地区进行了两种城配网络的仿真,地下空间的环境建设也进入规划阶段。在快递电商末端提出针对地下物流的具体解决方案,这意味着将来快递包裹可能会从地下专属物流通道里,通过电梯直接到达用户家门口。

2. 构想共配物流,车辆投入将减少50%

城市发展的核心问题是资源有效配置,物流是天然具有资源共配条件的行业。有研究认为,共配物流将成为未来城市社会资源合理分配利用的绝佳方案,能够大幅减少城市基础设施的重复建设、有效降低对环境的污染与破坏、为人们营造更好的生活品质,并带来社会效率的显著提升。

经测算,采用共配物流模式,仅在车辆投入方面就能减少50%,缓解交通运力压力的效果非常突出,为城市提供更多的绿化和生活空间。

京东物流城市规划业务部总经理赵斌认为,"通过共享物流资源、统一模式标准实现物流资源优化配置,可以有效提高物流系统效率、减少重复建设、降低物流成本、推动物流系统变革,未来城市物流共同配送一定会朝着全链路物流共享的方向发展"。

3. 城市设施互通,降低成本、提高安全性

地下物流系统可实现对城市地下物流系统进行的独立规划设计和货运网络的耦合。相比于单独的地上道路运输或地下物流系统,耦合网络的运输费用分别下降近30%和10%,货运安全事故风险成本下降近45%。

城市地下物流系统一旦付诸实施,将很好地解决城市配送的瓶颈问题。智能化、无中断的运输方式,可以使运输有效衔接,保障运输的时效性和高效性。直接配送至小区、企业、写字楼,甚至送货入户的形式,可以减少人员安全事故的发生,为用户带来便捷体验。

资料来源:东方财富网. 从地上到地下:京东"地下物流系统"讲述一座新城的未来[EB/OL].(2021-05-01)[2022-06-20].https://finance.sina.com.cn/stock/relnews/us/2019-05-01/doc-ihvhiewr9360988.shtml.

讨论题

1. 地下物流系统的出现将对物流系统的规划产生怎样的影响?
2. 地下物流系统的建设给我国物流节点的建设带来哪些启示?

第一节 物流系统的内涵

物流活动的完成需要配置相应的功能要素。根据系统理论,系统是指为了达到某种共同的目标,由若干相互作用的要素有机结合构成的整体。物流系统是由能够完成运输、存储、包装、流通加工、配送、信息处理活动或功能的若干要素构成的具有特定物流服务功能的有机整体。系统中所消耗或使用的劳务、设备、资源等即为物流系统的输入,经过若干子系统的处理或作业环节,最终以物流服务的形式输出物流系统。其目的与作用是将物品按照规定的时间、规定的数量,以最合适的费用,准确无误地送达目的地,完成物品使用价值的物理转移,最终实现物品的社会价值。

一、物流系统的特征

物流系统具有一般系统所共有的特点,即目的性、整体性、适应性和可分性,同时还具有规模庞大、结构复杂、目标众多等大系统所具有的特征。

（1）目的性。物流系统具有明确的目的性，更加注重通过各要素的权衡和协调，合理配置，按照物流系统的功能需要，在满足所需要的服务水平的同时，使系统的总成本最小。

（2）整体性。物流系统的整体性是指物流系统的功效是以物流系统整体为依托，通过各要素的有序运动，形成物流系统的总体功能。整个系统的功效并不等于各要素的功效的代数和，它取决于各要素按系统总目标的合理组合。

（3）适应性。物流系统与外界社会经济环境存在着多层次的联系，受外界社会经济环境众多因素的影响，外界社会经济环境对物流系统的结构、发展、功效起着极为重要的作用。

（4）可分性。物流系统可分解为若干个相互联系的子系统，子系统的多少和层次的阶数，是随着人们对物流系统的认识和研究的深入而不断扩充的。但系统与子系统之间、各个子系统之间，存在着总目标、成本与效益方面的联系。

二、物流系统的要素

物流系统的要素可以从不同的侧面、层次进行分类，这些分类不会改变物流系统的结构，但会影响人们对物流系统结构的认识。物流系统要素反映了整个物流系统的能力，增强这些要素，使之更加协调、可靠，能够提高物流运作的水平，从而提高物流系统的水平。

1. 一般基本要素和功能要素

物流系统由一般基本要素和功能要素所构成。一般基本要素由人的要素、资金要素和物的要素构成。

（1）人是物流系统的主要因素，是物流系统的主体，也是保证物流活动得以顺利进行和提高管理水平的最关键因素。提高人的素质是建立一个合理化的物流系统并使之有效运转的根本。

（2）资金是物流活动不可或缺的资源。交换是以货币为媒介的，实现交换的物流过程实际上也是资金运动的过程，同时物流服务本身也需要以货币为媒介。物流系统建设是资本投入的一大领域，离开资金这一要素，物流不可能实现。

（3）物是物流中的原材料、成品、半成品、能源等物质条件，包括物流系统的劳动对象，即各种实物以及劳动工具、劳动手段，如各种物流设备、工具等。

物流系统的功能要素指的是物流系统所具备的基本能力，这些基本能力有效地组合、连接在一起，就构成了物流的总功能，就能合理、有效地实现物流系统的目标。物流系统的功能要素一般认为有运输、储存、包装、装卸搬运、流通加工、配送、物流信息等。

2. 结构要素

物流系统的结构要素有三个：方式、节点、连线。

（1）方式（Mode）。方式是在物流过程中实现物品流动的运输手段，主要有汽车、火车、船舶、飞机、管道等。

（2）节点（Node）。节点是在物流过程中供流动的物品储存、停留以便进行相关后续物流作业的场所，也是各种运输手段进行换载的基地，如货站、仓库、配送中心、港口、机场、码头等；一般地说，节点是物流基础设施比较集中的地方。

(3) 连线（Link）。在物流网络中，连接各节点的路线称为线，或者称为连线，如公路、铁路、航空线、航海线、管线等。物流网络中的线是通过一定的资源投入而形成的。线是矢量，有正向与反向之分。一般来说，物流正向是指从供应链的上游经过连线到下游，而物流的反向则是指从供应链的下游经过连线到上游。

3. 物质基础要素

物流系统的建立和运行需要大量技术装备手段，这些手段的有机联系对物流系统的运行有决定意义。这些要素对实现物流和某方面的功能也是必不可少的，主要有以下几种。

（1）物流设施。它是组织物流系统运行的基础物质条件，包括物流站、场、港、物流中心、仓库、物流线路等。

（2）物流装备。它是保证物流系统开动的条件，包括仓库货架、进出库设备、加工设备、运输设备、装卸机械等。

（3）物流工具。它是物流系统运行的物质条件，包括包装工具、维护保养工具、办公设备等。

（4）信息设施。它是掌握和传递物流信息的物质手段，包括通信设备及线路、计算机及网络等。

4. 支撑要素

物流系统的建立需要许多支撑手段，尤其是处于复杂的社会经济系统中，要确定物流系统的地位，要协调与其他系统的关系，这些要素必不可少。这些要素主要有以下几种。

（1）信息和信息技术。信息和信息技术是实现物流系统各个要素之间的协调、反馈、连接的重要因素。从某种意义上讲，没有信息的支撑，各种复杂的要素不可能连接成物流系统。

（2）标准化。标准化是各种系统形成的主要联系力量，但是对于物流系统来讲，标准化的重要性程度更高，主要原因在于：一方面，物流系统更为广泛、复杂，只有标准化，才能使本来就不相干的要素实现"对接"；另一方面，物流系统中的一些重要的要素，也是其他系统纵向组成的一部分，只有依靠标准化，才能够实现和其他系统的连接。

（3）物流平台。物流平台包括物流设施平台、物流装备平台、物流信息平台、物流政策平台等几部分，这些都是物流系统基本支撑的结构。物流平台的实体，又可归纳成线路、节点两部分。

（4）物流运作企业。在支撑平台上运作的是各种类型的物流企业，可以说，企业是使整个物流系统运动起来的主导力量。

三、物流系统的一般模式

现代物流系统是信息化、现代化、社会化和多层化的物流系统。它主要是针对物流的需要，采用网络化的计算机技术及先进的管理手段，严格地进行一系列物流作业活动，定时、定点、定量地将货物交给各类不同的用户，满足其对商品的需求。

物流系统和其他系统一样，具有输入、转化、输出三大功能，通过输入与输出实现系统与社会环境的交换，使系统与环境相互依存，而转化则是系统所具有的特定功能。此外，由于物流系统是人参与的人工系统,人是系统结构中的主体,直接或间接地影响着系统的形成与运作,因此物流系统还具有反馈功能和调控功能,可通过相关反馈与调控机能实现系统的预期目标。

物流系统的一般模式可用图 2-1 表示。

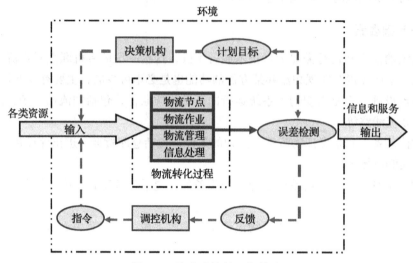

图 2-1　物流系统的一般模式

（1）输入功能。输入功能是将原材料、协作件、产品、商品,生产或销售计划、需求订货计划,资源、资金,物流合同信息等输入系统,并将它们有效地组织起来。

（2）转化功能。它是指从系统输入到输出之间所进行的供应、产生、销售的物流业务活动过程,是物流系统调节与控制的对象。转化过程的具体形式因物流环节不同而有很大的差异,如运输环节的转化过程是产生空间性效应,而储存环节的转化过程则是产生时间性效应。

（3）输出功能。它是以增值后的产品、商品或空间性效应、时间性效应、方便性效应及其他服务形式表现出来的。

（4）反馈功能。它是将物流系统的输入以信息反向输送方式输送给决策（业务）机构。反馈信息包括各种物流活动的有关数据显示的系统目标值与实际输出值之间的差异,典型调查和各类物流分析报告等。

（5）调控功能。它是依据外部环境变化及有关限制,如需求变化、运输能力、仓库容量、生产能力、价格变化、政策规定等各种变化因素的影响,对物流系统施加一定的调节器与控制措施,如在重大节庆日增大运输车辆的投放数量等。

阅读材料 2-1

刚柔并济的物流系统

优秀的物流系统设计既要从客户的生产模式和业务需求出发,也要在投资规模、发展远景及当前的业务模式下寻求最佳的柔性化方案。刚柔并济的物流系统能较好地平衡物流系统投资与远期回报之间的平衡问题。

物流系统的柔性化表现为不追求一个物流中心对变化莫测的业务的广泛适应性或通用性，因为这在很多情况下是很难做到的。但是，可以通过标准化、模块化的产品使物流系统具备更为广泛的适应性和拓展性。

柔性物流系统包含两方面的内涵：一是物流工艺及设备配置的柔性；二是信息处理系统的柔性。在设备方面，代表性的解决方案有智能物流系统（AGV）。在制造业中，AGV在智能物流仓储上的应用被称为物流自动化系统中最具有柔性化的一个环节，也是物流领域中首选的简单有效的自动物流运输方式。它被广泛地应用于产线物流搬运、成品输送到库、原材料输送到产线等场景。

在软件层面，仓库管理系统（WMS）、仓库控制系统（WCS）对于柔性化的体现也至关重要。WMS可以帮助企业实现从产品入库到出库的精细化管控，与上位ERP系统对接，实时跟踪仓库业务的物流和成本管理全过程，同时与WCS对接，实现与自动化设备的无缝对接，追溯物流各个环节的数据采集，实时了解各环节作业状况。WCS自动分配WMS的生产任务，并且可以柔性化地协调各种物流设备，如输送机、堆垛机、穿梭车以及机器人、自动导引小车等物流设备之间的运行。软件是仓库的"大脑"，"大脑"通过对业务流程及数据等信息的精准掌握，最终才能进行正确的逻辑管控，实现柔性作业。

第二节　物流网络

根据《物流术语》（GB/T 18354—2021）的定义，物流网络（Logistics Network）是指通过交通运输线路连接分布在一定区域的不同物流节点所形成的系统。

从现实的角度看，物流网络可分为广义的物流网络、狭义的物流网络两种。广义的物流网络是从宏观角度进行探讨，包括物流基础设施网络和物流信息网络。物流基础设施网络，如全球运输网络（包括全球航空网、全球海运网等）、全国性运输网络（如全国性铁路网、全国性公路网、全国性航空网等）、地区性物流网络；物流信息网络是指伴随物流基础设施网络而相应传递各类信息的通信网络，如全球性的物流信息网络、全国性的物流信息网络、地区性的信息网络等。

狭义的物流网络主要是指物流企业经营过程中所涉及的物流运输网络、物流信息网络、物流客户网络。其中物流客户网络是指由物流企业所服务的对象组成的一个虚拟网络，用户越多，物流用户网络越大。

如果按物流运动的程度即相对位移大小观察，物流的过程是由许多运动过程和许多相对停顿过程组成的。所以，物流网络结构是指由执行物流运动使命的线路和执行物流停顿使命的节点两种基本元素所组成的网络结构。

|阅读材料 2-2 |

"包邮区"的物流网络正在变身"数智"基础设施

享有"包邮区"之称的长三角地区，其物流网络在疫情防控期间经受住了考验，发挥了巨大的作用。这张物流网络正在变身为像水电煤一样的"数字化、智能化"基础设施，并逐步向全国延伸推广。

最高增速 34.2%，长三角快递业务量稳步增长

国家邮政局的统计数据显示，2020年1月至7月，全国快递业务量累计完成408.2亿件，同比增长23.7%。在长三角三省一市中，增速最快的安徽省前7个月完成快递业务量10.6亿件，同比增长34.2%。

10公里送货只用16分钟无人机加速应用

2020年8月中旬，一架由韵达快递研制的无人机从浙江省桐庐县分水镇的网点起飞，将一份桐庐特产——雪水云绿茶叶送到了桐庐张家坞村。无人机全程飞行距离约10公里，最大飞行高度120米，耗时仅16分钟。

为发展无人机载货服务，2020年上半年，韵达与各方沟通，取得了分水镇及周边空域的试飞资格，第一期规划了5条航线，后续计划航线覆盖桐庐全域。除了韵达，顺丰、京东等企业也在探索无人机在快递物流中的应用，以解决部分偏远山区和其他农村地区"配送难"的问题。

新开洲际航线快递物流"飞起来"

无论是稳外贸还是保产业链、供应链稳定，都离不开全球物流的支撑。阿里巴巴的最新财报显示，为了稳外贸，阿里旗下的菜鸟网络近两个季度密集新开洲际航线，每周使用的货运包机从40架次增加到近150架次。据相关方表示，未来三年内，菜鸟网络将把跨境包裹时效提升1倍，为众多的中小企业提供跨境贸易通道。

资料来源：何欣荣."包邮区"的物流网络正在变身"数智"基础设施[EB/OL].(2020-08-30)[2022-06-22]. https://www.sohu.com/a/415664660-115402.

一、物流实体网络

物流实体网络包括物流线路和物流节点。

从广义上讲，物流线路是指所有可以行驶和航行的陆上、水上、空中路线；从狭义上讲，物流线路是指已经开辟的，可以按规定进行物流经营的路线和航线。物流线路有四种类型：铁路线路、公路线路、海运线路、空运线路。

物流节点是物流网络中连接物流线路的结节之处，所以又称为物流节点。物流节点的种类很多，在不同线路上节点的名称也各异，这是受物流学科形成之前，交通运输、外贸、商业等领域各自发展的影响，从而形成的行业性叫法。

在铁路运输领域，节点的称谓有货运站、专用线货站、货场、转运站、编组站等。在公路运输领域，节点的称谓有货场、车站、转运站、枢纽等。在航空运输领域，节点的称谓有货运机场、航空港等。在商贸领域，节点的称谓有流通仓库、储备仓库、转运仓库、配送中心、分货中心等。

二、物流信息网络

物流组织网络的协同运作需要相关技术做支撑，因此建立物流信息网络是实现物流网络化的关键。物流信息网络主要负责基础数据采集、信息共享、信息传输等。

物流信息网络是指一个物流企业建立的有关用户需求信息、市场动态、企业内部业务处理情况等信息共享的网络,是依靠现代信息网络技术建立起的运输节点间的信息网络。

1. 物流信息网络的特点

(1)网络专业性强。与国家信息网络相比,物流信息网络主要应用于流通领域,属专业性强的商用信息网。物流信息网络担负着对运输、储存、包装、装卸、流通加工过程中生成信息的处理、传输、发布职能。

(2)信息来源的广泛性。与一般专业信息网络相比,物流信息网络传递的信息来源广,有来自商品采购、生产、流通、供应、销售、消费等环节上的物流信息。

(3)地域的广泛性。与地区信息网络相比,物流信息网络跨部门、跨地区,甚至跨国界,覆盖面较大,适宜建设成区域网或广域网。

(4)网络信息实时性、动态性强。物流信息直接影响着生产企业、商业企业的生产经营活动,对网上物流信息传递与交换的时效性、准确性要求高。

2. 物流信息网络的主要功能

物流信息网络是物流网络运行的重要技术支撑,企业通过物流信息网络可以实现货物在物流网络内的实时跟踪、电子订货、物流服务咨询,进行信息的采集与传输、业务管理、客户查询及业务跟踪,有效地减少物流中间环节和费用,大幅度提升客户服务水平。因此,物流信息系统有以下几个主要功能。

(1)物流系统的全面信息化管理。物流信息网络的构建,首要的是实现物流系统内部的全面信息化管理,有效地采集与传递系统的物流资源信息、业务信息、客户信息等,以方便系统内部物流信息的共享和沟通交流。

(2)客户需求与客户信息整合。客户需求即能方便地满足客户在系统中进行仓库信息查询、物流服务咨询、网上下单、实时跟踪在途货物等活动。客户资源的整合主要是根据客户的价值和需求为其提供差异化的服务,在满足客户的基础上与客户建立长期的合作伙伴关系。从企业的角度考虑,则是不断地创建并维护良好的客户关系,提供优质的物流服务以增强客户的市场竞争力。

(3)物流资源与物流能力的整合。物流资源整合是指通过建立统一的物流资源平台,可对物流系统内部的物流资源进行统一管理,以方便客户和企业系统内部成员根据权限查询相关的物流资源信息和客户信息。而物流能力的整合则是对物流服务所需要的技能资源,如货运组织方式和库存控制能力等的整合。

(4)物流任务分配与跟踪。物流任务的分配与跟踪实际上就是在整合物流资源与客户资源的前提下,根据客户的个性化需求,在企业内部各个节点之间形成一种协同的效果,根据物流任务的要求分配相应的物流资源和物流能力来完成相应的任务。

3. 物流信息网络的构成

物流信息网络主要由以下几个方面构成。

(1)综合信息网络。它包括物流费用管理信息系统、综合信息系统、进销存综合信息系统等。

（2）运输信息系统。运输信息系统主要处理各种运输问题，它应当支持多网点、多机构、多功能作业的立体网络运输，特别对于网络机构庞大的运输体系，运输管理信息系统能够协助管理。

（3）库存信息系统。库存信息系统是物流信息系统中应用较为广泛的系统，也可以说是各类型物资及物流管理信息系统的基础系统。无论进行何种管理，库存信息都是首先要掌握和收集的。

（4）配送信息系统。配送信息系统有一定的综合性，同时配送信息系统也是物流信息系统的重要功能，配送的成败决定着企业和经营部门对市场的占有和控制的多寡。

（5）订单处理系统。一个企业从发出订单到收到货物的时间称为订货提前期，而对于供货方，这段时间称为订货周期。在订货周期中，企业要相继完成5项重要活动：订单准备、订单传输、订单录入、订单履行、订单状况报告，这就是订单处理的流程。

第三节 物流节点

物流节点又称物流结点，是物流网络中连接物流线路的结节之处。物流的过程是由许多运动和停顿的过程组成的。与之相对应，物流网络是由执行运动使命的线路和节点两种基本元素所组成的。线路与节点的相互关系、相对配置以及其结构、联系方式的不同，形成了不同的物流网络。物流网络水平的高低、功能的强弱取决于网络中两个基本元素的配置和两个基本元素本身。

一、物流节点的概念及种类

根据《物流术语》（GB/T 18354—2021）的定义，物流节点（Logistics Node）是指具有与所承担物流功能相配套的基础设施和所要求的物流运营能力相适应的运营体系的物流场所和组织。

全部物流活动都是在线路和节点上进行的。其中，在线路上进行的活动主要是运输，包括集货运输、干线运输、配送运输等。物流功能要素中的其他所有功能要素，如货物储存、分拣、理货、配货、分放、倒装、分装、装卸搬运、简单加工等活动，都是在节点上完成的，并且物流线路上的活动也是靠节点进行组织和联系的。所以，从这个意义来讲，物流节点是物流系统的核心，如果脱离了节点，物流线路上的运动必然陷入瘫痪。

（一）物流节点的特点

（1）物流节点是大批量货物的物流储运、集散场所。物流中心或仓库一旦建立，就会面对整个地区的各个企业开展业务，将有许多企业的物资在这里储运，从各地运到这里来或从这里运出去。

（2）物流节点是物流作业活动和工作量集中的地方。大量物资在物流节点集散，要储存、装卸、搬运、包装、流通加工及运进运出，要有信息处理等活动，几乎所有的物流活动都会在这里发生，工作量特别大。

（3）物流节点设施建设费用高，需要较大的投资。物流节点一般是比较大型的物流仓库、场站或物流中心，有配套齐全的起重、装卸机搬运设备，甚至还有专业铁路线路，其投资少则几百万元，多则上千万元。

（4）运行费用高，而且运行时间持续久远。物流节点建成后，就会有大量的物资在这里集散，有许多物流作业在这里进行，需要延续几十年甚至更久远，则要相当数量的人、机器、设备和物料消耗，必然会产生很高的运行费用。

（5）关系到地区的经济发展和生态环境。物流节点投入使用后，必然牵扯到本地区各企业和单位的利益。其运行成本的高低直接影响着本地区的经营效益，从而对地区经济产生良性或负面影响。物流节点每天有大量货物吞吐，汽车等交通工具进出会造成交通拥挤、噪声、尾气、灰尘等，它们会破坏生态环境，给社会和人们的生活带来影响。

（二）物流节点的功能

物流节点是物流系统中非常关键的部分。物流节点和物流线路构成了物流网络的两个基本组成要素，节点的选择和线路的优化构成了物流规划的两个主要内容，物流线路的运行又是靠物流节点组织和联系的，它不仅执行一般的物流职能，而且越来越多地执行指挥调度、信息处理等神经中枢的职能，是整个物流网络的灵魂所在。总的来说，物流节点一般至少具有以下四大基本功能。

（1）物流处理功能。物流节点是物流网络的重要组成部分，是仓储、保管、物流集疏、流通加工、配货、包装等活动的基地和载体，是完成各种物流功能、提供物流服务的重要场所。

（2）衔接功能。物流节点不仅将各个物流线路连接成一个系统，使各个线路通过物流节点形成相互贯通的网络，而且将各种物流活动有效地联系起来，使各种物流活动通过物流节点的整合实现无缝链接。

（3）信息功能。物流节点是整个网络物流信息收集、处理、传递的集中地。在现代物流网络中，每一个节点都是物流信息的一个节点，若干个这种类型的信息点和物流信息结合起来便形成了管理整个物流活动的信息网络。

（4）管理功能。物流网络的管理设施和机构基本集中设置于物流节点之中。物流节点是集管理调度、信息和物流处理为一体的物流综合设施，整个物流系统运转的有序化、合理化、效率化都取决于物流节点的管理水平。

（三）物流节点的分类

物流节点具有范围广、跨度大、多样化的特征，按不同的标准，物流节点可以划分为不同的类型，划分的标准不一样，划分的结果也将不一样，根据物流节点的不同划分标准，可将其分成以下几类。

1. 按节点功能划分

按物流节点的功能进行划分，物流节点可以分为以下四类。

（1）转运型节点。它是以接连不同运输方式为主要职能的节点。例如铁道运输线上的货站、编组站、车站，不同运输方式之间的转运站、终点站，水运线上的港口、码头，空运中的空港等都属于此类节点。一般而言，由于这种节点处于运输线上，又以转运为主，所以货物在这种节点上停滞的时间较短。

（2）储存型节点。它主要有储备仓库、中转仓库、营业仓库、货栈等，是以存放货物为主要职能的节点。

（3）流通型节点。它是以组织物资在系统中运动为主要职能的节点，在社会系统中则是以组织物资流通为主要职能的节点。流通仓库、流通中心、配送中心就属于这类节点。

需要说明的是，转运型节点、储存型节点和流通型节点除了能承担其主要功能外，都可以承担其他职能，如在转运型节点中，往往设置有储存货物的货场或站库，从而具有一定的储存功能。

（4）综合型节点。它是现代物流系统的主要发展方向，主要是在一个节点上集中实现两种以上节点功能并且各功能并非独立运作的，而是将若干功能有机集合于一体，相互配合，共同协作，形成有效链接和充分协调的集约型节点。

2. 按地理区域划分

按物流节点的地理区域进行划分，物流节点可以分为以下三类。

（1）区域物流节点。区域物流节点是以某一区域为主要物流服务对象的物流节点城市。这里所谓的区域并不是按照"行政区域"来划分的，而是按照"经济区域"进行划分的，是超越行政格局划分的物流节点。

（2）城市物流节点。城市物流节点一般都是以某一核心城市区域为主要服务对象的物流节点。此类物流节点一般都是根据每个城市自身的功能定位而建立起来的，围绕着整个城市来运行，从而为特定区域内的居民生产、生活和消费提供特殊服务。

（3）国际物流节点。国际物流节点主要是指那些从事与国际物流相关活动的物流节点，是一个国家或地区在其关境以外单独设立并划出的给定范围内，允许构建或扩充仓库、厂房、码头等物流基础服务设施，同时实行免除关税的特殊优惠政策，吸引外国企业来从事进出口加工贸易等业务活动的物流政策优惠区域。这类物流节点主要包括口岸、港口、出口加工区、保税区、保税物流园区、自由贸易区等。

二、区域物流节点的层次

在同一经济区域内，由于各地区的经济发展水平、社会经济条件各不相同，物流节点在区域物流体系中的地位也就因之而异。这些地位、规模、功能、物流水平、服务范围各不相同的物流节点就构成了一个等级比较分明的区域物流节点体系。从宏观的角度，可以根据各个节点的规模的大小、辐射能力的强弱以及其功能的复合程度，划分为物流基地、物流中心、物流园区、配送中心。

（一）物流基地

物流基地是集约了多种物流设施、起到综合功能和指挥、基础作用的特大型物流节点，是集约化的、大规模的物流设施集中地和物流线路的交汇地。因为物流基地具有交通便利、信息畅通、辐射半径长、工农商业发达、经济实力雄厚等综合优势，能够完成任何类别的复杂的物流综合服务过程，所以，物流基地往往是物流流程的关键环节。在实践中，许多物流企业在选择区域分销中心时也是立足于物流基地，以实现最低的物流成本。

物流集聚区是由若干物流基地组成的，物流基地以各自的物流腹地为发展基础，在集聚区内，尽可能地享有共同的集聚效益；物流的发展与地区经济发展密切相关，往往形成物流集聚区的地方也是在该区域内形成了经济联系密切的产业区以及伴随的较大规模的人口集聚。与我国三大经济聚集区相适应，我国目前已经呈现三大物流集聚区：环渤海物流集聚区、长江三角洲物流集聚区、珠江三角洲物流集聚区。目前，物流学术界对物流基地的概念还没有确切的定义，大多数学者认为"物流基地"是在"物流中心"概念的基础上发展而来的，是规模更大、综合程度更高、面向对象更广、功能更加齐全的物流中心。

（二）物流中心

物流中心是现代物流网络中的物流节点，它不仅执行一般的物流职能，而且越来越多地执行指挥调度、信息处理、作业优化等神经中枢的职能，是整个物流网络的灵魂所在。因此，又被称为物流中枢或物流枢纽。根据《物流术语》（GB/T 18354—2021）的定义，物流中心（Logistics Center）是具有完善的物流设施及信息网络，可便捷地连接外部交通运输网络，物流功能健全，集聚辐射范围大，存储、吞吐能力强，为客户提供专业化公共物流服务的场所。它应基本符合下列要求：主要面向社会服务，物流功能健全，完善的信息网络，辐射范围大，少品种、大批量，存储、吞吐能力强，物流业务统一经营、管理。

1. 物流中心的功能

（1）基本功能。基本功能主要指的是运输、储存、装卸、包装、流通加工、信息处理与传递等功能。

运输功能。物流中心首先应该负责为客户选择满足客户需要的运输方式，然后具体组织网络内部的运输作业，在规定的时间内将客户的商品运抵目的地。

储存功能。物流中心需要有仓储设施，但客户需要的不是在物流中心储存商品，而是要通过仓储环节保证市场分销活动的开展，同时尽可能降低库存占压的资金，减少储存成本。因此，公共型物流中心需要配备高效率的分拣、传送、储存、拣选设备。

装卸功能。这是加快商品在物流中心的流通速度必须具备的功能。公共型的物流中心应该配备专业化的装载、卸载、提升、运送、码垛等装卸搬运机械，以提高装卸搬运作业效率，减少作业对商品造成的损毁。

包装功能。物流中心的包装作业目的不是要改变商品的销售包装，而在于通过对销售包装进行组合、拼配、加固，形成适于物流和配送的组合包装单元。

流通加工功能。流通加工的主要目的是方便生产或销售，公共物流中心常常与固定的制造商或分销商进行长期合作，为制造商或分销商完成一定的加工作业。物流中心必须具备的基本加工职能有贴标签、制作并粘贴条形码等。

信息处理与传递功能。向货主提供各种作业明细信息及咨询信息，这对现代物流中心是相当重要的。

（2）延伸功能。从一些发达国家物流中心的具体实践来看，物流中心还具有以下几种延伸性功能。

结算功能。物流中心的结算功能是物流中心对物流功能的一种延伸。物流中心的结算不仅仅是物流费用的结算，在从事代理、配送的情况下，物流中心还要替货主向收货人结算货款等。

需求预测功能。自用型物流中心经常负责根据物流中心商品进货、出货信息来预测未来一段时间内的商品进出库量，进而预测市场对商品的需求。

设计咨询功能。公共型物流中心要充当货主的物流专家，因而必须为货主设计物流系统，代替货主选择和评价运输商、仓储商及其他物流服务供应商。

教育培训功能。物流中心的运作需要货主的支持与理解，通过向货主提供物流培训服务，可以培养货主与物流中心经营管理者的认同感，可以提高货主的物流管理水平，可以将物流中心经营管理者的要求传达给货主，也便于确立物流作业标准。

2. 物流中心的类型

物流中心按功能、商品等进行划分，有如下几种形式。

（1）按功能分类。物流中心的主要功能有集散、周转、保管、分拣、配送和流通加工等，根据其侧重点不同，大致可分为如下几种。

储存型物流中心。此类物流中心拥有较大规模的仓储设施，具有很强的储存功能，从而可以把下游的批发商、零售商的商品储存时间及空间降至最低程度，实现有效的库存调度。

流通型物流中心。一般来说，流通型物流中心主要以随进随出方式进行分拣、配货和送货，其典型方式是"整进零出"，商品在物流中心仅做短暂停滞。

加工型物流中心。加工型物流中心的主要功能是对产品进行再生产或再加工，以强化服务为主要目的，提高服务质量和服务水平，为消费者提供更多的便利。例如，食品或农副产品的深加工，木材或平板玻璃的再加工，水泥、混凝土及预制件的加工等。

多功能物流中心。此类物流中心集储存、流通加工、分拣、配送、采购等多种功能于一体。从现代物流发展的实践来看，为加速商品流动，提高流通效率，更好地顺应市场需求，多功能物流中心所占的比例比其他类型物流中心的高得多。

（2）按商品分类。物流中心可分为综合型物流中心和专业型物流中心。

综合型物流中心是指那些储存、加工、分拣与配送多种商品的物流中心，这类物流中心的加工、配送品种多、规模大，适合各种不同需求用户的服务要求，应变能力较强。

专业型物流中心是指专门服务于某些特定用户或专门从事某大类商品服务的物流中心。

现代物流中心有可能是多功能、多种类商品的综合型物流中心，也可能是区域性的"综合型多功能区域物流中心"。

（三）物流园区

根据《物流术语》（GB/T 18354—2021）的定义，物流园区（Logistics Park）是指由政府规划并由统一主体管理，为众多企业在此设立配送中心或区域配送中心等，提供专业化物流基础设施和公共服务的物流产业集聚区。它是在城市周围集中建设的配送中心、货物中转站、仓库保管区、批发中心及流通加工厂等与流通相关的设施群，是具有一定规模和综合服务功能的物流集结点。物流园区是一个空间概念，与工业园区、科技园区等概念一样，是具有产业一致性或相关性且集中连片的物流用地空间。物流园区的建设有利于促进第三方物流的发展，推进物流产业的社会化、信息化、网络化、现代化、集约化、专业化的发展，营造物流产业的优良环境。

物流园区的建设对城市货运交通、城市生态环境、城市用地布局及地区经济的发展都会产生积极作用，主要体现在减轻物流对城市交通的压力，减小物流对城市环境的不利影响，促进城市用地结构调整，提高物流经营的规模效益和满足仓库建设大型化发展趋势的要求等方面。

|阅读材料 2-3|

京东物流建设国内首个 5G 智能物流示范园区

2019 年 3 月，京东物流宣布率先建设国内首个 5G 智能物流示范园区，依托 5G 网络通信技术，通过 AI、IoT、自动驾驶、机器人等智能物流技术和产品融合应用，打造高智能、自决策、一体化的智能物流示范园区。

据了解，首个 5G 智能物流示范园区位于上海嘉定，在 2019 年内逐步建成并落地运营，其中包含智能人员管理与智能车辆管理系统的一期工程已经上线交付使用。除此之外，京东物流还将同时在北京亚一、物流全链路可视化监控、机器人智能配送等多个物流场景进行 5G 应用部署。

京东物流 5G 智能物流园区将实现高智能、自决策、一体化，推动所有人、机、车、设备的一体互联，包括自动驾驶、自动分拣、自动巡检、人机交互的整体调度及管理，搭建 5G 技术在智能物流方面的典型应用场景。

以 5G 智能物流园区为开端，京东物流还将联合国内各大 5G 运营商一同继续推动更多场景的 5G 技术落地，实现物流全环节人员、设备、数据的互联和园区、仓储、站点、车辆、末端设备等全流程基础设施的互通，逐步形成 5G 在物流行业的应用和技术标准。

资料来源：界面．京东物流建设国内首个 5G 智能物流示范园区 [EB/OL]．（2019-03-18）[2022-06-20]. https://finance.sina.com.cn/roll/2019-03-18/doc-ihsxncvh3547517.shtml.

物流园区的功能是指其业务功能，是它能够提供给客户的各种物流服务的总称。需要说明的是，这一功能是就物流园区作为整体而言的，并不局限于物流园区本身。

1. 物资集散功能

物流园区是一个节点，节点的两侧往往呈两个扇面。物资集散功能，一方面接收通过各种运输方式到达的货物，并进行分拣、储存；另一方面将本地区发出的货物进行集中，通过直接换装方式向外发运。通过建立专业商品批发市场，形成强大的商品批发交易与集散能力，促进商贸流通业快速增长，提高商贸流通业的总体效益。

2. 存储保管功能

物流园区可以发挥仓库的集中储存保管功能，通过与企业建立供应链联盟，还可以为企业提供集中库存功能和相应的调节功能，从而减少客户对仓库设施的投资和占用。按照物流园区所在地的实际物流需求相应地建造普通仓库、标准仓库、专用仓库甚至建立自动化立体仓库（如医药仓库、电子仓库、汽车仓库等）。

3. 中转和衔接功能

作为现代化的物流节点，物流园区对各种运输方式的有效衔接是其最基本的功能之一，主要表现在实现公路、铁路、海运、空运等多种不同运输形式的有效衔接上。同时，提供中转服务也是物流园区的基本功能之一，特别是对于枢纽型的物流园区这一功能更为重要。由于物流园区的特殊性，它们大都建在交通枢纽，是国家与国家、地区与地区、城市与城市商品运输的节点和中转地，大批量的货物从这里中转流通，所以物流园区具有明显的中转功能。

4. 流通加工功能

物流园区并不是一个简单的只提供单纯中转、物资集散、配送等功能的物流节点，它还为各方面的功能提供加工服务，以增加商品的价值，其内容主要包括商品的包装、整理、加固、换装、改装，条码的印刷、粘贴等。

5. 配送功能

配送是一种现代流通方式，集经营、服务、社会集中库存、分拣、装卸、搬运于一身，通过配货、送货形式最终完成社会物流活动。这一活动主要包括两个直接连接的过程，即"配"和"送"，对物流园区而言，既可以由入驻企业自己实现这一功能，也可以通过引进第三方物流企业来实现这一功能。

6. 信息咨询功能

物流园区作为一种现代化的物流节点，高科技和高效率是其基本特征。它可以通过高科技，高效率地向各需求方提供信息咨询服务，其提供的信息包括交易信息、仓储信息、运输信息、市场信息等。物流园区是物流信息的汇集地，能够提供订货、储存、加工、运输、销售的服务信息，以及客户需要的物流服务相关信息；物流园区还可以通过物流作业信息，控制相关的物流过程，实施集成化管理。

7. 辅助功能

一方面，物流园区在政府支持下可以为园区内运营单位提供一体化运作的物流公共支持系统服务，如设立综合服务中心、维修保养厂、加油站、清洗站等设施，并提供保安、车辆、设施维护、设备维修、加油、物流废料处理等配套服务；另一方面，物流园区内的运营单位可以开展诸如通关、保税、法律、结算、需求预测、咨询、培训、技术开发等增值服务。同时，根据需要，物流园区入驻企业可以设展览室展示样品，客户可以看样、订货；物流园区内可设海关、"三检"、工商、金融、税务、保险等相关机构；物流园区还可提供住宿、餐饮、邮政、购物、图书阅览、健身、娱乐、汽车维修、加油、停车等配套服务。

总之，由于物流园区种类较多，在物流网络系统中的地位和作用也不尽相同，因此每个物流园区的功能集合也不尽相同，某些物流园区可能只具备上述部分服务功能。

物流园区与物流中心间既有联系又有区别。物流园区是物流中心发展到一定阶段的产物，是多个物流中心的空间集聚载体。两者的区别主要体现在建设和运营两方面。从规划建设的角度来看，物流园区的规划是一种政府行为，其规划和开发建设是统一进行的，物流企业可以以租赁或参股等形式与物流园区的管理者进行合作开发与经营；而物流中心的建设则是一种企业行为，由企业自行负责。从运营的角度看，物流园区不是物流的管理和经营实体，而是多个物流管理与经营企业的集中地，与工业园区、科技园区一样，是具有产业一致性或相关性、集中连片的城市功能区域；物流中心则是物流经营和管理的实体，由企业自主经营。

（四）配送中心

配送中心是物流领域中社会分工、专业分工进一步细化之后产生的，主要承担着"送"与"配"的职能。根据《物流术语》（GB/T 18354—2021）的规定，配送中心（Distribution Center）是指具有完善的配送基础设施和信息网络，可便捷地连接对外交通运输网络，并向末端客户提供短距离、小批量、多批次配送服务的专业化配送场所。它应具备下列条件：主要为特定的用户服务；配送功能健全；完善的信息网络；辐射范围小；多品种，小批量；以配送为主，储存为辅。

在实际运转中，配送中心可划分为以下几个类别。

（1）专业配送中心。专业配送中心大体上有两个含义，一是配送对象、配送技术属于某一专业范畴，在某一专业范畴有一定的综合性，综合这一专业的多种物资进行配送，如多数制造业的销售配送中心；二是以配送为专业化职能，基本不从事经营的服务型配送。

（2）柔性配送中心。它是指在某种程度上和第二种专业配送中心对立的配送中心，这种配送中心不向固定化、专业化方向发展，而能随时变化，对用户要求有很强的适应性，不固定供需关系，不断向发展配送用户和改变配送用户的方向发展。

（3）供应配送中心。它是指专门为某个或某些用户（如联营商店、联合公司）组织供应的配送中心。例如，为大型连锁超级市场组织供应的配送中心；代替零件加工厂送货的零件配送中心，使零件加工厂对装配厂的供应合理化。

（4）销售配送中心。它是以销售经营为目的，以配送为手段的配送中心。销售配送中心有三种类型：第一种是生产企业把本身产品直接销售给消费者的配送中心；第二种是流通企业作为本身经营的一种方式，建立配送中心以扩大销售；第三种是流通企业和生产企业联合的协作性配送中心。比较起来看，国内外的发展趋向都是向以销售配送中心为主的方向发展。

（5）城市配送中心。它是以城市范围为配送范围的配送中心。由于城市范围一般处于汽车运输的经济里程，这种配送中心可直接配送到最终用户，且采用汽车进行配送。所以，这种配送中心往往和零售经营相结合，由于运距短，反应能力强，因而从事多品种、少批量、多用户的配送较有优势。

（6）区域配送中心。它是以较强的辐射能力和库存准备，向省（州）际、全国乃至国际范围的用户配送的配送中心。这种配送中心配送规模较大，一般而言，用户和配送批量也较大,而且往往是配送给下一级的城市配送中心,也配送给营业所、商店、批发商和企业用户,虽然也从事零星的配送,但不是主体形式。

(7) 储存型配送中心。它是指有很强储存功能的配送中心。一般来讲,在买方市场下,企业成品销售需要有较大库存支持,其配送中心可能有较强储存功能;在卖方市场下,企业原材料、零部件供应需要有较大库存支持,这种供应配送中心也有较强的储存功能。大范围配送的配送中心,需要有较大库存,也可能是储存型配送中心。例如,美国赫马克配送中心建立一个拥有16万个货位的储存区,可见存储能力之大。

(8) 流通型配送中心。流通型配送中心基本上没有长期储存功能,仅以暂存或随进随出方式进行配货、送货的配送中心。这种配送中心的典型方式是,大量货物整进并按一定批量零出,采用大型分货机,进货时直接进入分货机传送带,分送到各用户货位或直接分送到配送汽车上,货物在配送中心里仅做少许停滞。

(9) 加工配送中心。配送中心中附带加工职能,称为加工配送中心。上海市和其他城市已开展的配煤配送,配送点中进行配煤属于这一类型的中心。

第四节 物流系统分析

一、物流系统分析的概念

物流系统分析是指从对象系统整体最优出发,在优先系统目标、确定系统准则的基础上,根据物流的目标要求,分析构成系统各级子系统的功能和相互关系,以及系统同环境的相互影响,寻求实现系统目标的最佳途径。

企业在进行物流系统分析时要运用科学的分析工具和计算方法,对系统的目的、功能、结构、环境、费用和效益等,进行充分、细致的调查研究,收集、比较、分析和处理有关数据,制订若干个拟订方案,比较和评价物流结果,寻求系统整体效益最佳和有限资源配备最佳的方案,为决策者最后抉择提供科学依据。

物流系统分析的内容广泛。在经济管理中,主要有以下五个方面的应用。

(1) 制定经济发展规划。对于各种资源条件、统计资料、生产经营目标等方面,在运用规划论的一致的前提下,对物流系统的输入和输出进行权衡,从这些优化方案中选择一个比较满意的规划方案。对企业而言,此类分析工作常见于企业初期规划时,根据企业的发展计划分析与之相适应的物流系统,如扩建后的企业的物流系统整体规划分析。

(2) 重大物流工程项目的组织管理。对于工程项目的各个部分,运用网络分析的方法,进行全面的计划、协调和安排,以保证工程项目的各个环节密切配合,保质保量地如期完成。在企业物流系统分析中最常见的是仓库、配送中心等物流设施的选址和规划。

(3) 厂址选择和建厂规划。新建一个工厂应对各种原材料的来源、技术条件、交通运输、市场状况、能源供应、生活设施等客观条件与环境因素,运用物流系统分析的方法论证技术上的先进性、经济性上的合理性、建设上的可行性,以选择最佳的建设方案。

(4) 组织企业的生产布局和生产线。企业在生产组织方面为求得人员、物质和设备等各种生产设施所需要的空间,进行最佳的分配和安排,并使相互间能有效地组合和安全地运行,从而使得工厂获得较高的生产率和经济效益。

（5）生产调度。运用投入产出分析法，搞好各种零部件的投入产出平衡与生产能力平衡，确定最合理的生产周期、批量标准和制成品的储备周期，并运用调度管理安排好加工顺序和装配线平衡，实现准时生产和均衡生产。

二、物流系统分析的原则

物流系统由许多要素组成，要素之间相互作用，物流系统与环境之间互相影响，这些问题涉及面广且又错综复杂。因此，进行物流系统分析，必须处理好各类要素相互之间的关系。物流系统分析应当遵守的基本原则如下。

1. 外部条件与内部条件相结合

一个系统不仅受到内部因素的影响，同时也受到外部条件的制约。系统环境的变化，对系统有直接或间接的影响，企业要格外注重外部条件与内部条件的相互影响，了解物流活动的内在和外在关联，正确处理好它们之间的转换与相互约束的关系，促使系统向最优化方向发展。例如，一个企业物流系统，不仅受到生产类型、物流形式、厂内运输与搬运等内部因素的影响，而且与周围环境紧密联系，既有输入又有输出。企业物流经过生产系统的转换处理，一方面向外界输送产品，另一方面又向外界吸收原材料以保障企业生产过程的不断进行。

2. 当前利益与长远利益相结合

企业在进行物流系统方案的优选时，既要考虑目前的利益，又要兼顾长远的利益。如果所选方案对当前和长远的利益都有益，当然最为理想。如果只顾当前利益而不顾长远利益，会影响企业和社会的发展后劲；只顾长远利益而不顾当前利益，会挫伤企业的发展积极性。只有选择的方案对当前和将来都有利，才能使得系统具有生命力。

3. 子系统与整个系统相结合

企业在分析物流系统时常常会出现这种情况，物流子系统和整体系统效益并不统一。其原因在于物流系统的"效益背反"规律，即某一子系统效益增长可能带来另一子系统效益的减少。物流系统是由多个子系统组成的复杂的综合性系统，并不是所有的子系统都达到最好，整个系统才是最优的，而是以整体系统最好作为评价标准，只有当子系统都发挥最大功能并组合在一起使整个系统最优时才是最佳的选择。

4. 定量分析和定性分析相结合

定量分析是指用数量指标分析，可用数量来表示。定性分析是指那些不能用数量表示的指标，如政策因素、环境污染对人体健康的影响等，对这些因素只能根据经验、统计分析和主观判断来解决。物流系统分析不仅要进行定量分析，而且要进行定性分析。物流系统分析总是遵循"定性——定量——定性"这一循环往复的过程，不了解物流系统各个方面的性质，就不可能建立起探究物流系统定量关系的数学模型。定性分析和定量分析两者结合起来综合分析，才能达到优化的目的。

三、物流系统分析的步骤

物流系统分析的步骤，通常包括提出物流问题、收集有关资料、建立物流模型、对比可行性方案的经济效果、判断方案是否满意以及建立可行性方案等，如图2-2所示。

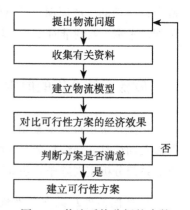

图 2-2　物流系统分析的步骤

1. 提出物流问题

进行系统分析时，首先应明确问题的性质，划定问题的范围。问题是在一定的外部环境作用和系统内部发展的需要中产生的，这不可避免地带有一定的本质属性并限定了其存在的范围。只有明确问题的性质，系统分析才能更可靠。其次还要研究问题要素间的相互关系以及同环境的关系等，把问题界限进一步划清。

为了解决问题，要确定出具体的目标。目标通过某些指标来表达，而标准则是衡量目标达到的尺度。例如，物流系统的目标包括物流费用、服务水平，即以较低的物流费用获得较高的物流服务水平，以确保物流系统整体效益最大。在有多个目标的情况下，要考虑各项目标的协调，防止顾此失彼，同时还要注意目标的整体性、可行性和经济性。

2. 收集有关资料

建立模型或拟订方案，都必须有资料作为依据，方案的可行性论证更需要有精确的数据，为系统分析做好准备。搜集资料通常多借助于调查、实验、观察、记录以及引用国内外资料等方式。

3. 建立物流模型

所谓建立模型就是找出说明系统功能的主要因素及其相互关系。由于表达方式和方法的不同，模型有图式模型、模拟模型、数学模型之分。通过建立模型，可以确认影响系统功能和目标的主要因素及其影响程度，确认这些因素的相关程度、总目标和分目标的达成途径及其约束条件。

4. 对比可行性方案的经济效果

对比可行性方案是运用最优化的理论和方法，对若干替代方案的模型进行仿真和优化计算，求出几个替代解。

根据最优化所得到的有关解答，在考虑前提条件、假说条件和约束条件后，结合已有经验和知识的基础上决定最优解，从而为选择最优系统方案提供足够的信息。

5. 判断方案是否满意

根据对比方案的评价结果，判定所选定的最佳方案是否达到满意要求。若达到满意要求，则进入下一流程，否则将返回到第一个程序，即重返"提出物流问题"，进行重新评估。

6. 建立可行性方案

当物流系统运行到一定程度时，它要面临新的环境和新的发展趋势，这时我们应该重新确定物流系统的目标，以便对物流系统进行改进。

在新目标确定的基础上，又要进行新一轮物流系统的分析。正是这种循环，使物流系统的功能不断完善，使其与环境相适应，与企业发展的方向相适应。

对于相对复杂的系统，系统分析并非进行一次即可完成。为完善修订方案中的问题，有时需要根据分析结果对提出的目标进行再探讨，甚至重新界定问题后再做系统分析。

本章小结

物流系统是由能够完成运输、存储、包装、流通加工、配送、信息处理活动或功能的若干要素构成的具有特定物流服务功能的有机整体。物流系统具有一般系统所共有的特点，即目的性、整体性、适应性和可分性，同时还具有规模庞大、结构复杂、目标众多等大系统所具有的特征。物流系统的要素主要包括基本要素和功能要素、结构要素、物质基础要素、支撑要素四大类要素。物流系统的典型模式由输入、转化、输出、反馈、调控五大功能模块组成。

物流网络由执行运动使命的线路和节点两种基本元素组成。物流网络分为广义的物流网络、狭义的物流网络两种。广义的物流网络从宏观角度进行探讨，包括物流基础设施网络和物流信息网络。狭义的物流网络主要是指物流企业经营过程中所涉及的物流运输网络、物流信息网络、物流客户网络。物流实体网络包括物流线路和物流节点。物流信息网络则是指一个物流企业建立的有关用户需求信息、市场动态、企业内部业务处理情况等信息共享的网络，是依靠现代信息网络技术建立起的运输节点间的信息网络。物流节点是物流网络中连接物流线路的结节之处，它是物流系统的核心。物流节点一般至少具有物流处理、衔接、信息和管理等四大基本功能。根据物流节点的不同划分标准，物流节点具有多种不同的类型。从宏观的角度，区域物流节点可划分为物流基地、物流中心、物流园区、配送中心，它们各自承担着不同的物流使命，适用不同的物流环境。

物流系统分析是从对象系统整体最优出发，在优先系统目标、确定系统准则的基础上，寻求实现系统目标的最佳途径。在进行物流系统分析时，应当遵守外部条件与内部条件相结合、当前利益与长远利益相结合、子系统与整个系统相结合、定量分析和定性分析相结合的四个基本原则。物流系统分析的流程一般包含有提出物流问题、收集有关资料、建立物流模型、对比可行性方案的经济效果、判断方案是否满意、建立可行性方案七个步骤。

复习与思考

一、名词解释

物流系统　物流网络　物流节点
物流系统分析　物流中心　物流园区
配送中心

二、单选题

1. 以下选项中（　　）不属于物流中心的延伸功能。
   A. 结算功能　　　B. 信息处理传递
   C. 需求预测　　　D. 设计咨询
2. 以下选项中（　　）不属于物流平台。
   A. 物流流转平台　B. 物流设施平台
   C. 物流装备平台　D. 物流信息平台
3. 下列不属于物流系统功能要素的是（　　）。
   A. 储存　　　　　B. 包装
   C. 运输　　　　　D. 物流技术

4. 下列属于转运型节点的有（　　）。
   A. 储备仓库　　　　B. 码头
   C. 流通加工中心　　D. 营业仓库
5. 物流园区的流通加工功能不包括（　　）。
   A. 商品的包装　　　B. 整理
   C. 改装　　　　　　D. 分拣
6. （　　）是指以较强的辐射能力和库存准备，向省（州）际、全国乃至国际范围的用户配送的配送中心。
   A. 城市配送中心　　B. 区域配送中心
   C. 储存型配送中心　D. 流通型配送中心
7. 物流系统的物质基础要素不包括（　　）。
   A. 基础设施　　　　B. 物流装备
   C. 资金　　　　　　D. 物流工具
8. 中央粮库属于哪种类型的节点？（　　）
   A. 储存型　　　　　B. 转运型
   C. 流通型　　　　　D. 综合型

三、多选题

1. 物流信息网络的特点包括（　　）。
   A. 网络专业性强
   B. 信息来源的广泛性
   C. 地域的广泛性
   D. 网络信息实时性、动态性强
2. 以下哪些系统属于物流信息网络的子系统？（　　）
   A. 运输信息系统　　B. 资源信息系统
   C. 库存信息系统　　D. 配送信息系统
3. 物流节点的主要功能包括（　　）。
   A. 管理功能　　　　B. 增值功能
   C. 衔接功能　　　　D. 信息功能
   E. 转换功能
4. 按照商品类型划分，物流中心的类型有（　　）。
   A. 储存型物流中心　B. 综合型物流中心
   C. 加工型物流中心　D. 专业型物流中心
5. 物流系统的要素包括（　　）主要组成部分。
   A. 物质基础要素　　B. 物流设施要素
   C. 支撑要素　　　　D. 劳动者要素
   E. 功能要素
6. 下列属于流通型节点的有（　　）。
   A. 码头　　　　　　B. 集货中心
   C. 流通加工中心　　D. 物流园区
   E. 车站
7. 物流中心按照功能划分为（　　）。
   A. 储存型物流中心　B. 流通型物流中心
   C. 加工型物流中心　D. 城市物流中心
   E. 多功能物流中心
8. 下列关于配送中心描述正确的是（　　）。
   A. 主要为特定的用户服务
   B. 完善的信息网络
   C. 辐射范围小
   D. 少品种，大批量
   E. 多品种，小批量

四、判断题

1. 物流平台是使整个物流系统运动起来的主导力量。（　　）
2. 口岸、港口、出口加工区、保税区、保税物流园区、自由贸易区属于国际物流节点。（　　）
3. 按照地理区域划分，物流节点可分为区域物流、城市物流、国际物流。（　　）
4. 转运型节点、储存型节点和流通型节点只能承担其所对应的主要功能。（　　）
5. 物流系统是一个复杂、动态的系统，系统各种要素之间相互作用、相互配合才能有效地完成物流功能，提高物流系统的整体效益。（　　）
6. 物流中心是指具有完善的配送基础设施和信息网络，可便捷地连接对外交通运输网络，并向末端客户提供短距离、小批量、多批次配送服务的专业化配送场所。（　　）
7. 物流网络是由物流实体网络和物流信息网络构成的。（　　）
8. 配送中心是指具有完善的物流设施及信息网络，可便捷地连接外部交通运输网络，物流功能健全，集聚辐射范围大，存储

吞吐能力强,为客户提供专业化公共物流服务的场所。(　　)

5. 简述物流园区的功能。
6. 简述物流系统分析的原则。

五、简答题

1. 简述物流信息网络的主要功能。
2. 简述配送中心应具备的条件。
3. 简述物流园区可发挥的作用。
4. 简述物流节点的功能。

六、论述题

1. 试述物流园区与物流中心之间的关系。
2. 试述物流系统分析可应用于哪些方面。
3. 试述物流系统的一般模式。
4. 试述物流系统分析的步骤。

案例分析

大数据成就亚马逊的智能物流系统

作为电商巨头的亚马逊,率先在业内使用大数据,利用人工智能、云技术进行仓储管理,建立起全球跨境云仓,以推出预测性调拨、跨区域配送、跨国境配送等服务。而大数据技术的应用则是其提升物流系统效率、应对供应链挑战的关键。

一、引领电商物流的技术优势

亚马逊物流系统的强大之处在于,把仓储中心打造成全球最灵活的商品运输网络,通过强大的智能系统和云技术,将全球所有仓库整合在一起,以做到快速响应,精细化运营。智能入库、智能存储、智能拣货与订单处理、预测式调拨、精准库存、全程可视成就亚马逊物流系统的智能化。

(1) 智能入库。智能预约系统通过供应商预约送货,能提前获知供应商送货的物品,并调配好到货时间、人员支持及存储空间。收货区将按照预约窗口进行有序作业,货物也将根据先进先出的原则,按类别存放到不同区域。

入库收货是亚马逊大数据采集的第一步,为之后的仓储管理、库存调拨、拣货、包装、发货等操作提供数据支持。这些数据能在全国范围内共享,基于此,系统可以在商品上架、存储区域规划、包装等方面提供指引,提高整个流程的运营效率和质量。

(2) 智能存储。亚马逊开拓性地采用了"随机存储"的方式,打破了品类之间的界限。亚马逊按照一定的规则和商品尺寸,将不同品类的商品随机存放到同一个货位上,不仅提高了货物上架的效率,还能最大限度地利用存储空间。

此外,在亚马逊运营中心,货架的设计会根据商品品类而有所不同,所有存储货位的设计都是基于后台数据系统收集和分析数据后产生的。例如,系统会基于大数据的信息,将爆款商品存储在距离发货区比较近的地方,从而减少员工负重行走的路程。

(3) 智能拣货与订单处理。在亚马逊的运营中心,员工的拣货路径经过后台大数据的分析后得到优化,系统会为其推荐下一个要拣的货在哪儿,确保员工永远不走回头路,而且所走的路程是最少的。

此外,大数据驱动的仓储订单运营非常高效,在中国亚马逊运营中心,最快可以在30分钟之内完成整个订单的处理,从订单处理、快速拣选、快速包装到分拣等都由大数据驱动。亚马逊后台的系统运算和分析能力非常强大,因此能够实现快速分解和处理订单。

(4) 预测式调拨。智能物流系统可以根据消费者的购买行为,通过后台系统记录客户的浏览历史,提前对库存进行优化配置,将顾客感兴趣的商品提前调拨到离消费者最近的运营中心,即"客未下单,货已在途",

这便是亚马逊智能分仓的魅力。

（5）精准库存。智能物流系统能够通过自动持续校准来提升速度和精确度，通过连续动态盘点，让企业客户实时了解库存状态。

（6）全程可视。实现精细化物流管理的精髓是运营管理过程中的可视性。全程可视的难点在于确保产品在任何时间、任何状态下，包括在途中都是可视的，而亚马逊物流通过精细化管理为全程可视提供了保障。

二、打赢高峰期物流大战

作为电商物流开创者的亚马逊，不但在全球物流系统布局上有建树，而且在物流供应链的准备方面也领先一步，特别是在应对高峰期的物流需求方面更有策略。

（1）"超强大脑"的神机妙算。亚马逊智能系统就像一个"超强大脑"，可以洞察到每小时、每个品类甚至每件商品的数量变化，使数据预测能细分到全国各个运营中心、每条运输线路和每个配送站点，以提前进行人力、车辆和产能的安排。同时，系统预测还可以随时更新，并对备货方案进行实时调整。正是因为早已实现了供应链采购和库存分配的高度自动化、智能化，才使得亚马逊拥有了从容应对高峰期物流大战的能力。从某种程度上说，供应链前端的备货是保证高峰期后端物流高效、平稳的基础。

（2）从仓储到末端配送，每一步都精打细算。在亚马逊运营中心内部，借助于亚马逊智能系统"超强大脑"的妙算，系统会基于大数据的信息，结合近期促销、客户浏览和下单情况对仓库存储区域进行及时优化，将热卖商品存储在发货区附近的地方，以便接到客户下单时能直接进行包装出库，从而能缩短库内操作的时间，这对高峰期的运营效率来说至关重要。

针对"最后一公里"的末端配送的难点，智能物流系统会基于对高峰期数量的分布情况进行分析，并据此优化配送路径，更科学合理地安排每个配送员的派单工作。通过智能系统的辅助，提升了配送员的工作效率，缩短了送达时间。

（3）精准才是核心生产力。亚马逊智能物流系统具备全年365天、每天24小时连续自动盘点的能力。亚马逊标准化的运营体系会基于大数据运算提供拣货、包装、分拣指引，即使是刚刚上岗的操作人员也只需简单培训即可根据系统指引进行操作，员工不用花太多精力就能迅速学习和上手，系统的纠错和学习能力减少了人工犯错的可能，从而大幅度提高了生产力。

资料来源：掌链传媒．亚马逊：如何借助大数据给物流降本增效 [EB/OL].(2018-08-06)[2022-06-20]. http://info.jctrans.com/newspd/synthetic_trans/2018862403652.shtml.

讨论题

1. 结合案例，谈谈大数据对电商企业物流系统的运营效果的影响。
2. 结合案例，试述如何借助大数据提升和优化物流系统的应用效果。

第二篇

运营篇

第三章　物流主体作业——运输、仓储
第四章　物流辅助作业——包装、装卸搬运、
　　　　流通加工
第五章　物流支持作业——物流信息系统
第六章　配送

第三章

物流主体作业——运输、仓储

学习目标

- 了解运输作业流程
- 理解运输管理系统的基本功能、仓库管理和库存管理的相关内容
- 熟悉运输的内涵、功能和分类,以及各种运输方式的运营特点
- 熟悉仓储作业流程
- 掌握运输方式的选择决策与运输合理化的思路
- 掌握仓储的内涵与功能特点

关键概念

运输　运输作业流程　运输合理化　仓储　入库管理　出库管理

引例

蒙牛的乳品运输

蒙牛乳业股份有限公司成立于1999年8月,是中国领先的乳制品供应商,拥有集奶源建设、乳品生产、销售、研发为一体的产业链。2019年,蒙牛乳业的家庭用户同比增长2.7%,渗透率达90.1%。蒙牛乳业正努力完成品牌"最后一公里"建设,打造全产业链模式。

运输是乳品企业的重大挑战之一。乳制品具有鲜活易腐、保质期较短的内在特性,从生鲜乳收购到乳品加工企业,从产成品到分销商,从分销商到最终消费者,都需要及时冷藏、保鲜运输,否则都会影响乳制品的质量。而乳制品奶源主要集中在北方,市场主要在南方,这就给物流运输提出更高要求,从原奶收购、加工存储到消费者之间都需要全程冷链运输,运输的任何一个环节都可能隐藏产品质量风险。为能在最短的时间内、有效的存储条件下,以最低成本将牛奶送到超市,蒙牛采取了以下措施。

1. 缩短运输半径

对酸奶这样的低温产品，由于其保质期较短，加上消费者对新鲜度的要求很高，一般产品超过生产日期3天以后送达超市会被拒绝接收。因此，对低温产品，蒙牛要保证在2~3天内送到销售终端。

为保证产品及时送达，蒙牛尽量缩短运输半径。成立初期，蒙牛主打常温液态奶，因此奶源基地和工厂基本上都集中在内蒙古，以发挥内蒙古草原的天然优势。当蒙牛产品线扩张到酸奶后，蒙牛生产布局也逐渐向黄河沿线以及长江沿线伸展，以使牛奶产地尽量接近市场，保证低温产品快速送达卖场、超市。

2. 合理选择运输方式

蒙牛产品的运输方式主要有两种：汽车和火车集装箱。在保证产品质量的原则下，蒙牛尽量选择费用较低的运输方式。

对路途较远的低温产品运输，蒙牛往往采用成本较高的汽车运输。如北京销往广州等地的低温产品全部使用汽车运输，虽然成本较铁路运输高出很多，但时间上能有保证。

为更好地掌控汽车的运行状况，蒙牛在车辆上安装了 GPS，方便管理人员随时查看所有车辆的情况，从而避免有些司机在途中长时间停车而使货物未及时送达或产品途中变质等情况的发生。

像利乐包、利乐砖等保质期较长的产品，蒙牛则尽量依靠内蒙古的工厂供应，因为这里有最好的奶源。产品远离市场的长途运输问题就依靠火车集装箱解决。与公路运输相比，更能节省费用。

在火车集装箱运输方面，蒙牛与中铁集装箱运输公司开创了牛奶集装箱"五定"班列的铁路运输模式。"五定"即定点、定线、定时间、定价格、定编组。"五定"班列定时、定点，一站直达，有效地保证了牛奶运输的及时、准确和安全。

3. 全程冷链保障

低温奶产品运输的全过程都必须保持在2~6°C之间，这样才能保证产品的质量。蒙牛产品在"奶牛—奶站—奶罐车—工厂"的运行序列中，采用低温、封闭式的运输。蒙牛的冷藏运输系统能保证将刚挤下来的原奶在6小时内送到生产车间，确保牛奶新鲜的口味和丰富的营养；出厂后，采用冷藏车保障低温运输；零售终端配备有冰柜，以确保低温产品的质量。

4. 使每一笔单子做大

物流成本控制是乳品企业成本控制的一个非常重要的环节。蒙牛减少物流费用的方法是尽量使每一笔单子变大，形成规模，从而在运输环节上得到折扣。如利乐包产品的铁路运输量达到一定规模后，在配箱等方面就能获得较大的折扣；而利乐枕产品的公路运输，运量5吨的车和3吨的车在成本上相差很多。

资料来源：锦程物流网. 蒙牛物流管理：打造快速物流系统[EB/OL]. （2008-08-05）[2022-06-27]. http://info.jctrans.com/xueyuan/czal/200885669849.shtml.

讨论题

1. 蒙牛公司是怎样合理选择运输方式的？请对这些运输方式进行比较分析。
2. 请结合案例，分析乳品企业的物流有何特殊要求，分析蒙牛公司的应对策略是否具有借鉴意义。

第一节 运 输

在现代物流概念诞生之前，甚至在物流业已经颇具发展规模的今天，不少人看到物流活动中相当一部分任务都是由运输承担的，从而简单地认为物流就是运输。实际上，运输是物流系统中的一个重要环节，也是物流合理化的关键。物流企业的竞争力离不开运输方面的管理和运营，以期实现零库存、零距离、零流动，构建良好的运输链条，提高为用户服务的能力。

一、运输的功能与分类

运输是人和物的载运及输送。在物流过程中，运输是运用各种设备和工具，将物品在不同地域范围间进行运送的活动，以改变"物"的空间位置。

（一）运输的功能

1. 产品位移

运输的主要功能是将产品从原产地转移到目的地。实现产品在空间上的移动。运输通过改变产品的地点与位置而创造价值，这就是空间效应。另外，运输使得产品在需要的时间到达目的地，这就是时间效用。运输的主要目的就是以最少的时间和费用完成物品的运输任务。

2. 短暂储存

对产品进行短暂储存也是运输的功能之一，即将运输工具作为暂时的储存场所。如果转移中的产品需要储存，而在短时间内产品又将重新转移的话，卸货和装货的成本也许会超过储存在运输工具中的费用，此时便可以将货物暂存在运输工具上。不过此时产品是移动的，而不是处于闲置状态。

（二）运输方式的分类

1. 按照货物运营方式分类

（1）整车运输，是指托运人一次托运货物的数量、性质、形状和体积在3吨以上的货物运输。

（2）零担运输，是指托运人一次托运货物量不足3吨的运输。

（3）联合运输，是指货物通过两种或两种以上运输方式，或需要同种运输方式中两次以上的运输。

（4）集装箱运输，是指将货物集中装入规格化、标准化的集装箱内进行运输的一种形式。

2. 按照运输的范围分类

（1）干线运输，是利用铁路、公路的干线，大型船舶的固定航线进行的长距离、数量大的运输，是进行远距离空间位置转移的重要运输形式。干线运输是运输的主体。

（2）支线运输，是与干线相连接的分支线路上的运输。支线运输是干线运输的收货、发货地点之间的补充性运输形式。

（3）二次运输，是一种补充性的运输形式，指干线、支线运输到运输节点站后，节点站与客户仓库或指定地点之间的运输。

（4）厂内运输，是指在大型生产企业范围内，直接为生产过程服务的运输。

小知识 3-1

交通运输业税率有什么调整

增值税税负率 = 当期应纳增值税额 / 应纳税销售额（应税销售收入）× 100%

财政部、税务总局、海关总署发布的《关于深化增值税改革有关政策的公告》（2019 年第 39 号）第一条规定："增值税一般纳税人发生增值税应税销售行为或者进口货物，原适用 16% 税率的，税率调整为 13%；原适用 10% 税率的，税率调整为 9%。"该规定自 2019 年 4 月 1 日起实施。因此，增值税一般纳税人提供交通运输服务适用的现行增值税税率为 9%。

（三）各种运输方式的运营特点

1. 铁路运输

铁路运输是使用铁路列车运送客、货的一种运输方式，主要承担长距离、大数量的货运。铁路运输的优点是：很少受天气影响，安全，中长距离运货运费低廉，运输批量大，可以高速运输，节能。其不足主要表现为：短距离货运的运费昂贵；货车途中作业需要时间（这可以从以下的货运业务流程中反映出来）；运费没有伸缩性；不能实现"门到门"；车站固定，不能随处停车；货物滞留时间长；不适宜紧急运输。

2. 公路运输

公路运输是一种主要使用汽车，也可以使用其他车辆在公路上进行客、货运输的方式。公路运输的特点是灵活（空间、时间、批量、运输条件、服务），运输产生点多、面广。其不足表现为汽车会引起噪声、废弃的公害，污染环境。

3. 水路运输

水路运输是使用船舶运送客、货的一种运输方式，主要承担大批量、长距离的运输。水路运输的特点是运量大、占地少、节省能源、运费低等，其不足表现为速度慢、受自然条件的影响和限制。

4. 航空运输

航空运输是使用飞机或其他航空器进行运输的运输方式。航空运输主要适合运载两类货物，一类是价值高、运费承担能力很强的货物；另一类是紧急需要的物资。

航空运输的特点是速度快、机动性大、舒适、安全、基本建设周期短、投资少等。其主要缺点是飞机机舱容积和载重量都比较小，运载成本和性价比比地面运输高。同时，气象条件会影响飞行的正常和准点性。此外，航空运输速度快的优点在短途运输中难以充分发挥。

5. 管道运输

管道运输是利用管道输送气体、液体和粉状固体的一种运输方式。管道运输的工具本身就是管道，它是运输通道和运输工具合二为一的一种专门运输方式。

管道运输的优点主要表现为无回空运输问题，不受地面气候影响并可连续作业，运输的货物不需要包装，货损货差率低等；其不足为专用性强，运输货物过于专门化，运输物品仅限于气体、液体、流体。

二、运输作业流程

运输作业流程是物流系统为实现特定的物流目标而进行的一系列有序物流活动的整体，它直接反映了物流系统运行过程中物料的流动、设备的工作及资源的消耗情况。运输业务流程执行的效率一直以来都关乎企业的经济效益，整个作业流程包括铁路业务、公路业务、水路业务、航空业务四种方式。

1. 铁路运输业务流程

所谓铁路运输业务，是指主要在铁路上专门办理货运业务或以货运业务为主的车站即货运站进行的基本作业。

铁路运输业务流程是由按照一定的先后次序发生的一系列相关活动构成的，也可以简单理解为把一组相关资源和活动由输入转为输出。它是指为实现客户货物位移的需求，在业务受理、计划、中转、货物交付等流程中，由铁路运输部门有效利用移动设备与固定设备（资源），并在一系列过程中运用运输管理手段与技术手段的一种作业流程。其主体是货主、货运办理站、技术站、铁路局、铁路总公司等部门。

整个运输业务包括发送作业、途中作业和到达作业。

（1）发送作业。它是指货物在发站进行的包括托运、受理、进货、验收、制票、承运、装车等在内的各项相关作业。

（2）途中作业。它是指货物在运输途中进行的包括货物的交接、检查、整理换装、运输变更、整车分卸以及运输障碍处理等在内的各项相关作业。

（3）到达作业。它是指货物在到站后进行的包括重车和货运票据的交接、货物的卸车、保管、交付以及运杂费的最后结算等在内的各项相关作业。

2. 公路运输业务流程

近年来，公路运输业务得到了长足的发展，已成为中短途运输的主力军。

（1）接单。公路运输主管从客户处接受（传真）运输发送计划，而公路运输调度负责人则从客户处接收出库提货单证，并核对单证。

（2）登记。运输调度负责人在登记表上登记分送货目的地和分收货客户标定提货号码；司机（指定人员及车辆）到运输调度中心拿提货单，并在运输登统本上确认签收。

（3）调用安排。先填写运输计划，包括运输在途和送到情况；再填写追踪反馈表，并进行电脑输单。

（4）车队交接。根据送货方向、重量和体积，统筹安排车辆，并将运输计划报到客户处，以确认到厂提货时间。

（5）提货发运。首先，确保按时到达客户提货仓库，检查车辆情况；其次，办理提货手续；再次，进行提货，盖好车棚，锁好箱门；最后，办好出厂手续，电话通知收货客户预达时间。

（6）在途追踪。首先，建立收货客户档案，司机及时反馈途中信息；其次，与收货客户电话联系送货情况；最后，填写跟踪记录，有异常情况及时与客户联系。

（7）到达签收。先电话或传真确认到达时间，由司机通过 EMS 或 FAX 传真将回单传回物流公司；再签收运输单，定期将回单送至客户处，注意要将当地市场的住处及时反馈给客户。

（8）回单。先按时、准确到达指定卸货地点进行货物交接；再确保百分之百签收，保证运输产品的数量和质量与客户出库单一致，并了解送货人在当地市场对客户产品的销售情况。

（9）运输结算。先整理好收费票据，做好收费汇总表并交至客户，确认后交回结算中心；再由结算中心开具发票，向客户收取运费。

3. 水路运输业务流程

从运输方式的特点来看，大宗、远距离和国际的货物运输主要依靠水运，尤其是国际航运。水路运输是国际货物运输的主要承担者。

（1）签订《船运合同》。在物流业务展开之前，业务员对合同条款进行核查，确认合同条款无异议之后，盖章并传回船务公司。

（2）报港。预计货轮到港前 2~3 日办理报港手续，同时向公司提交拨款单，并在拨款单上写明收款单位、资金用途等事项，待管理者签字后生效。

（3）填写报港计划。到海事部门办理报港手续，并在审核单上明确委托单位、航次、货位（存放位置、数量），并注明港方派车、装车、过磅等相关事宜。

（4）缴纳港建费。业务员在办理时，应在计划单上填好相应的序号、计划号以及品名、数量、吨数、联系方式，并交款。

（5）接收港口调度室的通知。业务员在接到通知后，及时告知库内磅房，等待港方来车后进行过磅。

（6）验舱。货轮靠岸后经允许进行验舱，主要查验舱底是否有杂物和水，确保没有问题后通知调度部门进行作业。

（7）封舱。待装船完毕后，及时派人进行封舱，并按时报送保险。

（8）取样。装船过程中应及时取样，保证每 500 吨取一个样品，抽取的样品及时送到化验室检验并记录。

（9）信息沟通。装船完毕后，及时向领导和相关部门报送信息，明确船舶离港时间、发货单信息等相关报送资料是否无误。

（10）报审发票。业务员积极主动与港口相关部门联系，了解发票开具的进展情况，并在发票开具后及时取回，报给财务人员进行入账。

4. 航空运输业务流程

航空运输是使用飞机、直升机及其他航空器运送人员、货物、邮件的一种运输方式。航空运输在我国运输业中,其货运量占全国运输量的比重还比较小,主要是承担长途客运任务,具有快速、机动等特点。

(1)托运受理。发货人填制航空货物托运书,承运人根据承运能力接受委托。

(2)订舱。航空货运公司向航空公司申请运输,并预订舱位。

(3)货主备货。航空货运公司根据订舱情况及时通知发货人备单、备货。

(4)接单提货。首先,检查货物品质、运送目的地、体积和海关手续等;其次,检查托运书上各相关栏的填写情况;再次,称重和量尺寸;最后,计算运费。

(5)绘制单证。航空货运公司绘制报关单并报海关初审、绘制航空货运单。

(6)报关。海关在报关单、运单正本、出口收汇核销单上盖放行章,并在出口产品退税的单据上盖验讫章。

(7)货交航空公司。将货物交给航空公司,并附航空运单正本、发票、装箱单、产地证明、品质鉴定书等,航空公司验收无误后,在交接单上签字。

(8)信息传递。货物发出后,航空货运公司将航班号、运单号、品名、数量、质量和收货人等资料及时通知发货人。

(9)费用结算。航空货运公司向发货人收取航空运费、地面运费及各种手续费、服务费,按协议向承运人支付航空运费并收取佣金。

|阅读材料 3-1|

集装箱运输

集装箱运输是一种现代化的先进运输方式。集装箱运输主要以集装箱这种大型容器为载体,将货物集合组装成集装单元,以便在现代流通领域内运用大型装卸机械和大型载运车辆进行装卸、搬运作业和完成运输任务,从而更好地实现货物"门到门"运输的一种新型、高效率和高效益的运输方式。

集装箱运输根据集装箱数量和方式可分为整箱和拼箱两种。

(1)整箱(Full Container Load,FCL)。整箱是指货主将货物装满整箱之后,以箱为单位托运的集装箱。一般做法是由承运人将空箱运到工厂或者仓库后,货主把货装入箱内,加封、铅封后交给承运人,并取得站场收据,最后由站场收据换取提单。

(2)拼箱(Less than Contain Load,LCL)。拼箱是指承运人或者代理人接受货主托运的数量不足以整箱的小票货物之后,根据货类性质和目的地进行分类、整理、集中、装箱、交货等工作,这些工作均在承运人码头集装箱货运站(VFS)或者内陆集装箱转运站进行。

三、运输管理系统

运输管理系统(Transportation Management System)是物流企业或运输企业的重要系统之一,主要管理运输网络资源,规划最有效的运输路线,监控运输过程,及时反馈运输过程中的意外信息等。一般至少包含有基础信息管理、开单管理、订单管理、价格管理、结算管理、异常管理等功能。

运输管理系统体现了物流企业在物流、信息流和资金流三个方面的整合。在物流方面，物流企业通过对货物、车辆、发货客户、收货客户和设备等不同业务对象的管理，实现了各种物流业务的一体化；在信息流方面，以运单为核心，与运输合同、承运人协议相结合，使运单信息贯穿业务流程，实现对物流企业运输网络、车辆、客户、运输任务的综合管理；在资金流方面，物流企业以会计管理为核心，以收支分离为管理手段，实现了对网络化物流业务资金流的合理管控。

（一）基础信息管理

基础信息管理承担着对运输项目信息和用户信息的维护与管理，以便于订单的生成和流转。运输项目就像订单的标签，项目信息的维护可确保每个订单都有归属项目，方便订单的分组管理。

运输管理系统的用户信息主要包括货主、承运商和运营商等，他们共同构成运输系统正常运营的基石。

货主或托运人是有用车需求的角色，可创建任务订单。

承运商是有承运能力的角色，提供车辆和司机以完成运输任务。

运营商是连接货主和承运商的桥梁。一方面，从货主方获取用车需求，合理分配给相应的承运人；另一方面，将从承运商处获取的任务状态信息回传给货主。不同用户之间绑定合作关系，可协作完成运输任务。

（二）开单管理

在运输业务的第一阶段，物流企业通常以开单的方式提出用车需求。运输管理系统开单的主要内容包括发货人与收货人的联系电话、发货人与收货人的地址信息、订单信息、运输货物信息、用车时间、需求车型等。开单功能并非只是简单地填写信息并提交，其中还包括许多其他功能，如信息关联、地图定位、里程预估、上下游价格预估等，具体的内容根据用户需求而定。

（三）订单管理

订单管理的业务逻辑主要包括信息录入、订单新增、修改、查询、提交、删除等。同时，运输管理系统作为买卖双方的中介，还需要捕捉系统运行过程中的异常情况。在订单管理中，系统提供数据查询接口，供买方与卖方之间提交运输订单，并方便查询运输情况。运营商按照一定的规则处理订单，并将订单推送给合适的承运人，一般的操作管理内容包括以下几个方面。

1. 派单管理

订单审核通过后需要分派给合适的承运商，也就是派单。它一般由运营商在运输管理系统上完成。派单方式分为手动派单和自动派单两种。

手动派单是指由于货主与承运商之间已经建立了合作关系，因此在分派某个货主的订单时，会自动匹配有合作关系的承运商，运营商从中选择合适的承运商并推送订单。

自动派单是指在运输管理系统设置一定的派单规则，当生成任务订单时，运输管理系统根据一定的派单规则自动选择承运人，并将订单推送给指定的司机，无须运营商人员手动选择。

2. 运输车辆智能调度管理

运输管理系统往往订单体量大，需要协调的资源多，纯人力调度效率低、成本高，难以满足配送需求。运输车辆智能调度管理就是针对这些痛点，利用算法围绕人、车、路线合理规划调度策略，制订最优资源分配方案，高效完成调度工作。

运输车辆智能调度管理的核心思想是"资源最优利用、货与车高效匹配、提高出行效率"，主要体现在以下三个环节。

（1）合单——资源最优利用。在大体量的订单中，经常会出现装货地址相同或相近的订单，如果将这些订单合并为一个车次派发给司机，既能降低配送成本，又能提高装载率，增加司机单次配送的收入，从而实现人与车资源的最优利用。

（2）派单——货与车高效匹配。订单按照一定的匹配规则会自动分派给符合条件的司机，匹配因子包括车型、城市、经验、司机到装货地的距离、满载率等。运输业务的数据量特别大，货与车的高效匹配解决了人力调度效率低、成本高的问题，同时也最大限度地满足了司机与货主的需求，使双方互惠互利。

（3）路径规划——提高出行效率。按照多个装货点和卸货点的地理位置，为司机规划合理的行车路线，避免发生漏装漏卸、绕远路的情况，降低行车成本，帮助司机快速完成订单任务。

3. 订单跟踪管理

订单跟踪管理是针对承运人开始执行运输任务后，实时跟踪订单状态，并将状态信息及时反馈给运营商，再由运营商回传给货主。订单跟踪可使货主实时获取订单当前状态，也方便平台管控司机与车辆，保障订单任务顺利完成。

实现订单跟踪的方式有人工更新、电子围栏两种。

（1）人工更新订单状态。一般由承运人或者司机本人点击订单状态按钮来更改订单当前状态。承运人通常在运输管理系统中进行操作，司机需要在移动端 App 或者小程序等软件上进行操作。

主动触发改变订单状态的方式虽然可以实现订单状态跟踪，但订单状态的准确度却不高。这是因为如果司机规范操作，常常在到达某一节点一段时间后才更改状态，使得订单状态具有滞后性；如果司机操作不规范，随意更改状态，会造成订单实际状态与显示状态不符的情况，订单跟踪就失去意义。

（2）电子围栏自动更新订单状态。通过司机的 GPS 获取司机当前的位置，并估算司机位置到装货点、卸货点的距离，根据距离信息判断并更改订单状态。这种方式可实时跟踪订单并自动更改状态，无须人工操作，不足之处是偶尔可能获取不到司机的位置信息，由此导致订单状态信息不准确，这种情况下可进行人工干预，改变订单状态。

4. 签回单管理

判断一个运输任务是否完成，以货主是否签收订单为准。货主签收订单后，承运人需上传回单并更改订单状态以完结一个订单。

(四) 价格管理

1. 计价方式

运输业务常用的计价方式有以下五种。

（1）单一计价。它是指通常选取一种计量方式，获取货物的计量值。运输业务一般按重量、体积、数量、点位数、整车、订单等来计量。

（2）分段计价。它是指对计量值进行分段定价，判断货物计量值属于哪个区间，按照所属区间的单价计算价格。

（3）梯度计价。它是指对计量值进行分段定价，分别计算各个区间的运费，最后将所有区间的运费相加。

（4）比价计价。它是指采用某种计价方式，选取不同的计量方式计价，例如，分别按照重量和体积计价，比较两个价格的高低，选取符合需求的一种方式。

（5）"分段+梯度"计价。"分段+梯度"的计价方式是快递行业常用的计价方式。例如，某快递公司采取"分段+梯度"的计价方式：当货物重量小于5公斤时，按照分段计价的方式计价；当货物重量大于5公斤时，按照梯度计价的方式计价。

2. 计价模块管理

对于不同的货主、承运人，甚至不同的货物，运输的计价方式不同，因此需要根据不同的需求情况设计不同的价格模块，以方便使用和管理。用于对货主进行收款的计价规则被称为上游价格模块，用于对承运人进行付款的计价规则被称为下游价格模块。

无论是上游价格模块还是下游价格模块，都需要制定价格模块的应用条件，也就是对每一个价格模块都设置有一个调用条件，只有符合该条件才可调用相应的价格模块进行计费。价格模块调用条件的设置可根据实际需求，从不同维度进行，例如可按线路（始发地、目的地）、商家、项目等进行设置。

(五) 结算管理

在结算管理中，完成对订单费用的调整和审核工作，然后由财务人员对照账单进行上下游的收款和付款。

（1）费用清单。在费用清单中可对订单数据进行调整，审核无误后生成对账单。根据上下游价格模块的不同，费用清单分为上游清单和下游清单。

（2）对账单。对账单也分为上游账单和下游账单，上游账单是应从货主处收取的费用账单，下游账单是应付给承运人的费用账单。

(六) 异常管理

在订单创建之后、签收之前，如果出现诸如迟到、串货、淋货、污染、货损货差、收货异常等运输异常现象时，都需要及时在运输管理系统中上报异常，并附加异常情况说明。上报异常的订单会进入异常管理,在异常管理中完成对异常订单的记录、处理、跟踪、索赔、追责等工作。

| 阅读材料 3-2 |

运输车辆费用

运输车辆费用包括固定费用和变动费用。

1. 固定费用

固定费用包括车辆折旧费用、保险费用、年审检测费用等。

折旧费用:车辆自购入之日起到报废为止,按月分摊的折旧费用是固定的。

保险费用:车辆要保证合规运行,必须要按行业主管部门的要求,购买交强险、道路危险货物运输承运人责任险等险种,还包括企业为规避风险而购买的其他险种。

年审检测费用:按监管部门的要求,运输车辆需要定期开展年审检测,并支付一定的年审检测费用。

2. 变动费用

变动费用主要是车辆的燃料、配件、轮胎、维修等费用,与车辆运行总里程成正相关。燃料成本是变动费用的重要组成部分。调研数据表明,燃油费是公路运输成本的最主要支出,约占40%;其次是车辆损耗,约占24%,通行费和人工费分别占17%和15%。如何采取有效措施,控制油料成本,降低油料消耗成本,对公路运输物流企业的成本控制来说十分重要。

四、运输方式的选择决策

运输系统决策涉及多项内容,包括运输方式的选择、运输线路的优化、运输服务的选择、运输节点的配置、运输装备的选择等。本节主要对运输方式的选择决策进行阐述。

(一)影响运输方式选择的因素

各种运输方式都有各自的特点,不同类的物品对运输的要求也不尽相同,如何选择适当的运输方式是合理组织运输、保证运输质量、实现运输合理化的重要内容。

(1)货物的种类。货物的价值、单位重量、体积、形状、危险性、变质性等都是影响运输方式选择的重要因素。一般来说,价格低、体积大的货物,尤其是散装货物,比较适合采用铁路运输或水路运输;重量轻、体积小、价格高以及对时间要求较高的鲜活易腐货物适合采用航空运输;石油、天然气、碎煤浆等适宜选择管道运输。

(2)运输量。运输量对运输工具的选择也有重大影响。一般来说,15吨以下的货物宜采用公路运输,20吨以上的货物宜采用铁路运输,数百吨以上的粗大笨重货物,可选择水路运输。

(3)运输距离。运输距离的远近决定了各种运输工具运送货物时间的长短,运输时间的长短对能否及时满足顾客需要、减少资金占用有着重要影响。所以运输距离是选择运输工具时应考虑的一个重要因素。一般情况下,运距在300公里以内宜采用公路运输,300~500

公里的可采用铁路运输，500 公里以上的可采用水路运输。

（4）运输时间。运输时间与客户要求的交货日期、运输企业的服务水平相联系。客户要求的运输期限不同，或运输企业为客户承诺的运输期限不同，就需要考虑选择不同的运输方式。例如，对于市场急需的商品，承运人必须选择速度快的运输工具，如航空或汽车直达运输，以免贻误时机；反之，则可选择成本低而速度较慢的运输工具。

（5）运输成本。运输成本会因货物的种类、重量、容积、运距不同而不同，而且运输工具也会影响运输成本。运输成本的高低将直接受到不同经济实力的运输企业承受能力的制约，并直接影响企业经济效益的高低。

（6）运输工具的可得性。由于时间、地点条件的限制，不是所有承运人都能很容易地获得所需的运输工具。例如，将木材从大兴安岭运到北京，采用水路运输是最经济的，因为木材是散装的，不需要专门的保护，而且能容忍较长时间的运输，但大兴安岭没有水路。因此，只能通过汽车运输到火车站，然后通过铁路运到北京。

（7）运输的安全性。运输的安全性包括所有运输货物的安全、运输人员的安全及公共安全。货物的特征以及对安全性的要求直接影响到运输工具的选择。同其他运输方式相比，载货卡车由于不需要中途装卸和搬运，所以它能够更好地保护货物的安全。

（8）其他影响因素。运输方式的选择除了受上述列举的因素影响外，还受法律环境、经济环境、社会环境的变化等因素的影响。例如，随着物流量的增大、噪声、振动、大气污染、海洋污染、交通事故等问题日益严重，政府为了解决这些问题而制定的法律、法规相继出台，并日益严格。

对托运人和承运人来说，上述各种因素的影响是不同的。在具体的运输业务中，承运人对运输方式的选择，可根据货主或托运人的要求，参考、比较不同运输方式的不同技术经济特征进行最优选择。

（二）运输方式的选择方法

在运输方式选择时，可根据运输环境、运输服务的目标以及其他多方面的要求，运用定性分析法和定量分析法进行分析决策。

1. 定性分析法

在定性分析法中，运输方式选择包括单一运输方式选择和联合运输方式选择。

（1）单一运输方式选择，是指选择一种运输方式提供运输服务。公路、铁路、水路、航空和管道运输五种基本运输方式各有优缺点（见表3-1），影响运输方式选择的因素有货物特性、运输批量、运输距离、运输时间和运输成本等，所以在实际中可以以此为依据，结合企业实际情况和运输市场环境，进行综合比较和分析，选择最为合理的一种运输方式。在其他影响因素较小、可以不予考虑的情况下，也可以就某一方面进行比较，选择合适的运输方式，如成本、时间等。

表 3-1　各种运输方式的技术经济特点及其运输对象

运输方式	技术经济特点	运输对象
铁路运输	初始投资大，运输容量大，成本低廉，占用的土地多，连续性强，可靠性好	适合于大宗货物、散件杂货等的中长途运输

(续)

运输方式	技术经济特点	运输对象
公路运输	机动灵活，适应性强，短途运输速度快，能源消耗大，成本高，空气污染严重，占用的土地多	适合于短途、零担运输，"门到门"的运输
水路运输	运输能力大，成本低廉，速度慢，连续性差，能源消耗及土地占用都较少	适合于中长途大宗货物运输、海运、国际货物运输
航空运输	速度快，成本高，空气和噪声污染重	适合于中长途及贵重货物运输，保鲜货物运输
管道运输	运输能力大，占用土地少，成本低廉，连续输送	适合于长期稳定的流体、气体及浆化固体物运输

（2）联合运输方式选择（也称多式联运的选择），是指选择两种以上的运输方式联合起来提供运输服务。在实际运输中，一般只有铁路与公路联运、公路与水路联运、铁路与水路联运、航空与公路联运得到较为广泛的应用。

此外，选择运输方式时，还应当考虑到发送方式。不同的发送方式不仅运输费用相差较大，而且运输安全程度和在途时间差别也很大。例如，铁路运输有整列、成组、整车、零担、包裹等发送方式，成组、整车运输由于配车编组使得在途停滞时间长，而零担、包裹运输费用则较高。

综上，在选择运输方式时，运输费用、运输速度以及与之相关的库存费用等因素会相互影响、相互作用。因此，应该综合考虑运输费用、运输速度、库存费用等方面形成的总成本的高低以及其他多种因素的影响，寻求其中运输成本最低的运输方式或运输工具。

2. 定量分析法

（1）综合评价选择法，即根据影响运输方式选择的4个因素（经济性、时效性、安全性、便利性）进行综合评价，根据评价结果选择运输方式的方法。具体步骤有以下三步。

第一步，确定运输方式的评价因素值：$F1$（经济性）、$F2$（时效性）、$F3$（安全性）、$F4$（便利性）。

第二步，确定各评价因素的权重：γ_1、γ_2、γ_3、γ_4。

第三步，确定综合评价值：$Q = \gamma_1 F1 + \gamma_2 F2 + \gamma_3 F3 + \gamma_4 F4$。

（2）成本比较选择法，即通过比较运输服务成本与服务水平导致的相关间接库存成本之间达到的平衡程度进行选择。也就是说，运输的速度和可靠性会影响托运人或买方的库存水平。如果选择速度慢、可靠性差的运输服务，运输过程中就会需要更多的库存，这样就会抵消选择低水平运输服务所降低的成本。

【例3-1】某公司欲将产品从生产工厂运往外地的公司自有仓库，年运量（D）为700 000件，每件产品的价格（C）为30元，每年的存货成本为产品价格的30%（I）。公司希望选择使总成本最小的运输方式。据估计，运输时间每减少一天，平均库存水平可以减少1%。各种运输服务的相关参数如表3-2所示。

注：在途运输的年存货成本为$ICDT/365$，两端储存点的存货成本各为$ICQ/2$，但其中价格（C）的值有差别，工厂储存点的价格（C）为产品的价格，购买者储存点的价格（C）为产品价格（C）与运费率（R）之和（C+R）。

表3-2 各种运输服务的相关参数

运输方式	运费率 R（元/件）	运达时间 T（天）	每年运输批次	平均存货量 $Q/2$（件）
铁路运输	0.10	21	10	100 000

（续）

运输方式	运费率 R（元/件）	运达时间 T（天）	每年运输批次	平均存货量 $Q/2$（件）
公铁联运	0.15	14	20	50 000×0.93
卡车运输	0.20	5	20	50 000×0.84
航空运输	1.40	2	40	25 000×0.81

解： 根据成本比较选择法，通过对铁路运输、公铁联运、卡车运输、航空运输四种运输方案的总成本计算分析，可以得出铁路运输总成本最高，卡车运输总成本最低。具体计算如表3-3所示。

表3-3　运输服务方案对比表

成本类型	计算方法	运输服务方案（元）			
		铁路	公铁联运	卡车	航空
运输	RD	70 000 (=0.10×700 000)	105 000 (=0.15×700 000)	140 000 (=0.20×700 000)	980 000 (=1.4×700 000)
在途存货	ICDT/365	362 466 (=30%×30×700 000×21)/365	241 644 (=30%×30×700 000×14)/365	86 301 (=30%×30×700 000×5)/365	34 521 (=30%×30×700 000×2)/365
工厂存货	ICQ/2	900 000 (=30%×30×100 000)	418 500 (=30%×30×50 000×0.93)	378 000 (=30%×30×50 000×0.84)	182 250 (=30%×30×25 000×0.81)
仓库存货	I(C+R)Q/2	903 000 [=30%×(30+0.10)×100 000)]	420 593 [=30%×(30+0.15)×50 000×0.93)]	380 520 [=30%×(30+0.20)×50 000×0.84)]	190 755 [=30%×(30+1.40)×25 000×0.81)]
总成本	RD+ICDT/365+ICQ/2+I(C+R)Q/2	2 235 466	1 185 737	984 821	1 387 526

五、运输合理化

运输合理化是物流系统化的重要内容。物流合理化可以理解为物流活动在成本、效率、效益、服务质量等方面尽可能地最优化。由于运输是物流中最重要的功能要素之一，因此物流合理化在很大程度上依赖于运输合理化。

（一）不合理运输及其表现形式

不合理运输是指在组织货物运输过程中，违反货物流通规律，不按照经济区域和货物自然流向组织货物运输，忽视运输工具的充分利用和合理分工，装载量少，流转环节多，运输时间长，从而造成浪费运力、增加运输成本的运输现象。

在实际运输活动中，不合理运输表现为以下四种形式。

（1）与运输方向有关的不合理运输，包括对流运输和倒流运输。对流运输是指同类的或可以互相代替的货物，在同一线路或不同运输方式的平行线路上的相向运输，所以又称为相向运输或交错运输。对流运输是不合理运输中最突出、最普遍的一种。它有两种表现形式：一种是明显的对流运输，它是指相同的运输工具沿着同一路线进行相对的运输；另一种是隐蔽的对流运输，它是指相同的或不同的运输工具沿着平行路线进行相对的运输。倒流运输是对流运输的一种派生形式,指同一批货物或同批货物中的一部分货物,由发送地到目的地后,又从目的地向发送地倒运。对流运输必然导致运输能力的浪费,增加货物的运输成本。

(2)与运输距离有关的不合理运输,包括迂回运输和过远运输。迂回运输是指货物绕道而行的运输现象,也就是平常所说的"近路不走,走远路"。过远运输是一种舍近求远的商品运输,即销地完全有可能从距离较近的供应地购进所需要的相同质量的物美价廉的货物,却超出货物合理流向的范围,从远距离的地区运进来。

(3)与运量有关的不合理运输,包括重复运输、无效运输和空驶。重复运输是指同一批货物由产地运抵目的地,不需经过任何加工和必要的作业处理,也不是为联运或中转需要,而在途中停卸、重复转运的现象。无效运输是指被运输的杂质较多,使运输能力浪费于不必要的物资运输。返程或启程空驶即空车或无物载行驶,可以说是最严重的不合理运输形式,在实际运输组织中,有时候必须调运空车。

(4)与运力有关的不合理运输,包括弃水走陆的运输、运距与运输工具的经济里程不匹配的运输和货运量与运力不相匹配的运输。弃水走陆的运输是指在可以同时利用水运及陆运时,放弃成本费用较低的水运或水路联运,而选择成本费用较高的铁路或公路进行的运输。运距与运输工具的经济里程不匹配的运输是指运距不在铁路、水路大型船舶的经济运行里程内,却选择利用这些运力组织运输的现象。货运量与运力不相匹配的运输是指不根据货物数量或重量要求,使用不相匹配的运输工具所进行的运输。

(二)运输合理化的有效途径

1. 合理配置运输网络

在规划运输网络时,应合理配置仓库、物流中心、配送中心以及中转站、货运站、港口、空港等物流节点。例如,企业为了确保市场占有率,就需要考虑利用多个仓库、配送中心,以及配送中心、仓库如何布局,密度多大,相距多远。

2. 选择最佳的运输方式

由于铁路、公路、水路、航空、管道等运输方式各具特点,所以在货物运输中要根据实际情况选择适宜的运输方式。例如,长距离、大批量的货物运输宜采用铁路或水路运输;小批量、多品种、近距离的货物运输宜采用公路运输;体积小、价值高的货物运输和紧急救灾、抢险物资的运输适合航空运输方式。在中短距离运输中,企业可以实施铁路公路分流和"以公代铁"运输。

3. 采用先进的运输技术设备

运输工具实载率包括两方面含义:一是单车实际载重与运距之乘积和标定载重与行驶里程之乘积的比率;二是车船的统计指标,即一定时间内车船实际完成的货物周转量占车船载重吨位与行驶公里乘积的百分比。此外,要实现运输合理化,还必须不断开发特殊运输技术和采用先进的运输工具,这是实现运输合理化的重要途径。例如,利用专用散装及罐车可以解决粉状、液态物运输损耗大、安全性差等问题,装鼠式车皮、大型半挂车可以解决大型设备整体运输问题,滚装船可以解决车载货的运输问题。

4. 发展社会化运输体系

运输社会化的含义是发展运输的大生产优势，实行专业分工，改变一家一户自成运输体系的状况。一家一户的小运输生产，车辆自有、自我服务，不能形成规模，且运量需求有限，难以自我调剂，因而容易经常出现短缺、运力选择不当（由于运输工具有限，选择范围太窄）、不能满载等现象。因此，企业可以根据实际情况，尽量采用直达运输、共同运输、集装箱运输等策略。随着运输业以及物流技术的发展，应大力推广多式联运、智能化运输等先进的运输模式。

5. 构建大数据物流处理平台

利用大数据物流网络系统，可以将运输各个环节的信息传递、资源配置和模式调度委托给相关数据平台，平台可以有效提取关键信息，并科学、快速地应对信息不对称、资源共享不及时等安全危机，提高运输效率。通过大数据平台的建设，还可以向政府、园区、企业和个人提供相应的数据信息，打破原有的"信息孤岛"局面，实现供应能力和运输能力的优化匹配。

6. 建立并完善智慧物流标准

随着我国经济的发展，物流运输业有着巨大的发展空间。特别是在电子商务经济不断发展的今天，许多行业和个人对物流发展的需求越来越多、要求越来越高。这就要求相关行业和公司做好合作和信息沟通。

在大数据背景下，为了提高城市运输网络系统的设计和优化效率，可建立一套完整的标准体系来约束和控制运输网络系统，以促进信息资源的即时共享。一方面，公众和相关行业可获得各种标准的知情权，对运输本身有更深入的了解和认识，促进行业的发展；另一方面，通过信息和机制的交流，保障运输网络建设的通用性和安全性，节约网络建设的时间和成本，提高运营效率。

第二节　仓储

一、仓储的功能与分类

仓储是现代物流系统中最关键的功能要素之一，也是物流的两个主体作业之一。没有仓储，社会流通就难以进行，所以仓储与运输被人们并称为"物流的支柱"。

（一）仓储的功能

"仓"就是仓库，为存放、保管、储存物品的建筑物和场地的总称，可以是房屋建筑、洞穴、大型容器或特定的场地等，具有存放和保护物品的功能。"储"即储存、储备，表示收存以备使用，具有收存、保管、交付使用的意思。仓储是通过仓库对商品与物品的储存与保管。它是集中反映工厂物资活动状况的综合场所，是连接生产、供应、销售的中转站，对促进生产、提高效率起着重要的辅助作用。总体而言，仓储的功能有以下三个。

1. 基本功能

基本功能是指为满足市场的基本储存需求，仓库所具有的基本的操作或行为，包括储存、保管、拼装、分类等基础作业。其中，储存和保管是仓储最基础的功能。通过基础作业，货物得到了有效的、符合市场和客户需求的仓储处理，例如，拼装可以为进入物流过程中的下一个环节做好准备。通过基本功能的实现而获得的利益体现了仓储的基本价值。

2. 增值功能

增值功能是指通过仓储高质量的作业和服务，使经营方或供需方获取到的额外利益，这个过程称为附加增值。这是物流中心与传统仓库的重要区别之一。

仓储的增值功能主要有：一是提高客户的满意度。当客户下达订单时，物流中心能够迅速组织货物，并按要求及时送达，提高了客户对服务的满意度，从而增加了潜在的销售量。二是信息的传递。在仓库管理的各项事务中，经营方和供需方都需要及时而准确的仓库信息，如仓库利用率、进出货频率、仓库的地理位置、仓库的运输情况、客户需求状况、仓库人员的配置等信息。这些信息为用户或经营方进行正确的商业决策提供了可靠的依据，提高了用户对市场的响应速度，提高了经营效率，降低了经营成本，从而带来了额外的经济利益。

3. 社会功能

仓储的基础作业和增值作业会给整个社会物流过程的运转带来不同的影响，良好的仓储作业与管理会带来正面的影响，如保证了生产、生活的连续性，反之则会带来负面的效应。这些功能被称为仓储的社会功能。

仓储的社会功能主要有：一是时间调整功能。一般情况下，生产与消费之间会产生时间差，通过储存，可以克服货物产销在时间上的隔离（如季节生产但需全年消费的大米）。二是价格调整功能。生产和消费之间也会产生价格差，供过于求、供不应求都会对价格产生影响，因此仓储可以克服货物在产销量上的不平衡，达到调控价格的效果。三是衔接商品流通的功能。商品仓储是商品流通的必要条件，为保证商品流通过程连续进行，就必须有仓储活动。仓储可以防范突发事件，保证商品顺利流通。例如，运输被延误会导致卖主缺货。对供货仓库而言，这项功能是非常重要的，因为原材料供应的延迟会导致产品的生产流程的延迟。

（二）仓储的分类

仓储可根据不同的标准进行分类。

1. 按结构和构造分类

（1）平房仓库。仓库建筑物是平房，结构很简单，有效高度一般不超过 5～6 米，这种仓库建筑费用很便宜，可广泛采用。

（2）多层仓库。多层仓库是两层以上的建筑物，由钢筋混凝土建造而成。建造多层仓库可以扩大仓库的实际使用面积。

（3）高层货架仓库。它是指利用高层货架配以货箱或托盘储存货物，利用巷道堆垛机及其他机械进行作业的仓库。

（4）罐式仓库。它是指以各种罐体为储存库的大型容器型仓库，如球罐库、柱罐库等。

2. 按用途分类

（1）自有仓库。它是指各企业为了保管自己公司的原料、半成品、产成品等而建设的仓库。

（2）营业仓库。按照仓库业管理条例，取得营业许可，保管他人物品的仓库。它是一种面向社会，以经营为手段，以盈利为目的社会化仓库。与自有仓库相比，营业仓库的使用效率更高。

（3）公共仓库。国家或公共团体为公共利益而建设的仓库，即为公共事业配套服务的仓库。

（4）保税仓库及保税堆货场。保税仓库是指根据有关法律和进出口贸易的规定取得许可，专门保管国外进口而暂未纳税的进出口货物的仓库。堆货场是指为了销货、中继作业等临时放置货物的设施。保税堆货场是为了搬运进出口货物、通关而临时保管货物的建筑物。

3. 按功能分类

（1）生产仓库。它是指为企业生产或经营储存原材料、燃料及产品的仓库，也称原料仓库或成品仓库。

（2）仓储设备仓库。它是指专门长期存放各种储备物资，以保证完成各项储备任务的仓库，如战略物资储备、季节物资储备、备荒物资储备、流通调节储备等。

（3）集配型仓库。它是指以组织物资、集货配送为主要目的的仓库。

（4）中转分货型仓库。它是指属于配送型仓库的单品种、大批量型的仓库。

（5）加工型仓库。它是指以流通加工为主要目的的仓库。一般的加工型仓库具有集加工和仓库两种功能，将商品的加工仓储业务相结合。

（6）流通仓库。流通仓库主要以物流中转为主，类似于配送中心，专门从事中转、代存等流通业务。

|阅读材料 3-3|

仓储技术的发展历程

随着计算机技术的不断进步和自动化控制技术的不断发展，仓储技术也发生了日新月异的变化，从人工走向智能一共经历了以下五个阶段。

（1）人工操作仓储阶段：由人工操作货车实现资源流动，依靠货架和货盘存放资源，用纸质记录本进行人工记录，用卡片进行人工标识，实现对资源的管理和监控。

（2）机械操作储存阶段：在储存系统中出现大量手动控制的运输和存取机械设备，如堆垛机、输送带、机械升降机等设备。

（3）自动化仓储阶段：20世纪50年代，在仓储系统中，出现了诸如自动导引车（AGV）、自动拣选机器人、自动堆垛机等一系列自动化设备。

（4）集成自动化存储阶段：20世纪70年代末，计算机科学技术、自动化集成技术与自动化立体仓库相结合，提高了仓储各系统的协同工作效率。

（5）智能信息存储阶段：20世纪90年代以来，人工智能技术、专家系统和遗传算法等启发式智能算法被广泛应用于仓储领域。

二、仓储作业流程

仓储作业流程包括入库管理、在库管理和出库管理。入库管理是指在接到订单任务时，对货物进行扫描后决定货物应存放在何处，并调派设备进行上架处理。在库管理包括库存管理、库存分析、库存状态的实时监控和更新。出库管理是在收到订单时，安排设备计划拣货路线，找出下架货物和及时装车。

（一）仓储入库管理

仓储入库管理是指对货物进入仓库储存时所进行的卸货、搬运、数量清点、质量检查、装箱、整理、堆码和办理入库手续等一系列活动的计划、组织、指挥、协调和控制过程，主要包括货物入库前的准备、接运、验收和入库四个步骤。

1. 入库前的准备

商品入库前的具体准备工作，一般包括五个方面：加强日常事务联系，妥善安排仓容，组织人力，准备验收，装卸搬运以及准备垫子、劳保用品。

2. 接运

货物接运的主要任务是向托运人或者承运人办理业务交接手续，及时将货物安全搬运回库。根据货物发运时采取的运输方式不同，可将接运方式分为库内接货、铁路专用线接车、承运单位提货以及上门接货四种方式。

3. 验收

（1）大数验收。一般采用逐件点数计总或者集中堆码点数两种方法。

（2）商品包装和标志检查。在商品大数点收的同时，收货人员应注意识别商品包装是否完整、牢固，有无破损、受潮、水湿、油污等异状，认真核对所有商品包装上的标志是否与入库通知所列的相符。

（3）核对资料。一般情况下需要核对的资料包括货物的入库通知单、仓储合同，供货单位提供的质量证明书或合格证、装箱单、磅码单、发货明细表，运输部门提供的运单、残损记录或者商务记录等。

（4）货物验收。货物入库后，要根据有关业务部门的要求以及本库必须抽验入库的规定，进行开箱，拆包点验。货物验收具体包括数量验收和质量验收。

4. 入库

（1）办理商品入库手续。货物入库应由仓库保管员填写入库通知单后完成立卡、登账和建档三个步骤。

（2）签发凭证。

（二）仓储在库管理

货物经过验收入库后，便进入储存保管阶段，它是仓储业务的重要环节。通过对商品的科学管理，保持商品的原有使用价值。其主要内容包括货位分配规划、仓库拣选分类、货物的堆码与毡垫、货物的保管维护、货物的在库盘点等。

1. 货位分配规划

仓库货位分配就是根据物品种类、出入库时间和频率等因素，以货架合成重心低、便于盘点和先入先出等原则将货物合理地分配到对应的位置，从而实现低成本、高效率的要求。

货位分配存在两种情形：一种是物品在进库时，有多种储位选择可以进行存放；另一种是物品在出库时，可以同时对多个区域的相同种类物品进行出库操作，即出库时，选取货物有不同的货位选择。一般而言，主要是根据分配原则和存储策略相结合的方式来确定货物的具体存放位置。

（1）分配原则，具体如下。

一是便利补库存。根据物品的大小、形状和货箱尺寸来确定放置位置，减少补库存时所需的工作量。

二是"黄金"存放。将高频率拣取的货物放置在最佳位置，以实现高效率、低成本。其中，高频率是指流动性高，最佳位置通常由离地面占总货架高度的20%的区域和距离库口20%的区域组成。一般情况下，质量大的物品应放置在近地面的地方，质轻的物品则放置在远地处，这样就能提高货架的稳定性。

三是有效性支撑。为了将货物的损毁降到最小，在拣选的过程中，将重的货物前置，易磕碰的货物后置。

四是平衡工作量。将拣取频率高的物品在各个库区均匀放置，以防造成单个库区的频繁拣取的情况，缩短批量货物拣取的总耗时。

五是提高拣货的准确性。同类的货物尽量分开放置，从而降低拣取错误的概率。

六是物品关联性原则。将关联大的物品放置在附近区域，减少拣取时间、降低工作量和简化盘点。

（2）货位布局。根据已确定的商品分区分类保管方案，对各库房、货场进行合理布局，规划和确定库房和货场的货位摆放形式。货位布置既要考虑操作的需要，又要考虑商品的安全。

库房的货位布局主要有以下三种形式。

- 横列式。所谓横列式就是指货位、货架或货垛与库房的宽向平行排列布置。
- 纵列式。所谓纵列式就是指货位、货架或货垛与库房的宽向垂直排列布置。
- 混合式。所谓混合式就是指横列式和纵列式在同一库房内混合布置货位或货架。

露天货场货位的布置形式一般多采取与货场的主作业通道成垂直方向排列，以便于装卸和搬运。

2. 仓库拣选分类

仓库在进行拣货作业前，需要根据不同任务的订单使用不同的拣货策略，从而达到提高拣选效率和减少时间消耗的目的。

(1)拣选策略。具体的拣选方式有以下三种。

单订单拣货策略。它是指根据单个订单的任务逐一拣货来完成发货。特别是,紧急订单可以同时提货,而不会影响整个拣货过程。但由于每个订单都是一个接一个地拣选,存在不灵活的缺陷。

分批拣货策略。它是指多个订单的货物在同一批进行拣货。在货位分配阶段,首先要根据货物的相关特性对货物进行合理分类,并尽量将相邻货物放在同一批;然后根据每组订单的货物信息进行再次分拣,使设备能够提货。该策略可以充分利用订单货物的相关性和拣选设备的能力,缩短拣选时间并提高效率。其缺点是采摘初期和二次采摘都需要耗费大量的人力和时间。

分区拣货策略。它是将仓库划分为多个区域,对各个区域进行专门的拣货管理。该策略适用于多种类型、批量出库方式的仓库,同时,各地区的商品数量和种类需要平衡,这在订单数量不多的情况下尤其有效。

(2)货物存储。根据拣选的结果,需要对既定货物进行存储,在储存商品性能一致、养护措施一致、消防方法一致的前提下,把库房货棚、货场划分为若干保管区域,根据货物大类和性能等划分为若干类别,以便分类集中保管。

具体的货物存储包括以下几种方式。

随机存放。它是指根据货物出库、入库的时间,决定存货位的存放。优点是能够共同使用货位。但在对货物进行存取和分拣时很麻烦,存在一些拣选高频的货物被放置在离门较远的地方的缺陷,从而降低了货物的出库、入库效率。

定位存放。它是指根据货物的周转率来存放。其优点是可以减少出库、入库设备的行驶距离。其缺点是必须按照最大的货物库存量来对货位进行设计,这样会大大降低库位的平均使用效率。

分类存放。分类存放往往是根据货物的关联度、周转性、形状等特性来实施。其优点是能够分类存放,同时具备灵活多样的特性。其缺点与定位存放的缺点类似。

分类随机存放。它是指按货物的类型放置在固定的区域,但是具体的货位是随机分配的。其优缺点与分类存放和随机存放的优缺点类似。

共享存放。它是指不同类型的货物也能够使用同一货位。其优点是能够减少库区占用和运输的距离,缺点是需要复杂的理论做支撑。

3. 货物的堆码与毡垫

(1)货物的堆码。堆码就是根据商品的包装形状、重量和性能特点,结合地面负荷和储存时间将商品分别堆垛,码成各种垛形。

堆码应满足合理、牢固、定量、整齐和节约五个方面的基本要求。库内物品堆码要留出适当的距离,俗称"五距":顶距,平顶楼库顶距为50cm以上,人字形屋顶以不超过横梁为准;灯距,照明灯要安装防爆灯,灯头与物品的平行距离少于50cm;墙距,外墙50cm,内墙30cm;柱距,一般留10~20cm;垛距,通常留10cm。对易燃物品还应该留出适当的防火距离。

(2)货物的毡垫。货物在堆码时,为了避免货物受到日光、雨水、冰雪、潮气等损害,应该对成垛的货物进行上毡下垫。下垫即垫底、垫垛,是指在货物码垛前,按照垛形的大小和重量,在货垛底部放置铺垫材料,避免潮气侵入货物而受损。毡盖是指采用专门的毡盖材料对货垛进行遮盖,以减少自然环境对货物的侵蚀、损害,保证货物在储存期间的质量。

4. 货物的保管维护

货物的保管是指仓库针对货物的特性,结合仓库的具体条件,采取科学的方法对货物进行养护,防止和延缓货物质量变化的活动。

(1)影响货物质量变化的因素。造成储存期间货物发生质量变化的因素包括内在因素和外在因素两个方面。影响货物质量变化的内在因素主要包括货物的物理性质、化学性质、结构等,这些因素之间是相互联系、相互影响的统一整体。影响货物质量变化的外在因素主要包括空气中的氧、日光、温度、湿度、微生物和昆虫、卫生条件、有害气体等。

(2)货物保管的手段。常见仓库货物保管的手段有通风、密封和吸潮等。

1)通风。通风就是利用库内外空气温度的不同而形成的气压差,使库内外空气形成对流,来达到调节库内温湿度的目的。但风力不能超过5级,否则将因灰尘较多造成货物受损。

2)密封。密封就是把整库、整垛或整件货物尽可能地密封起来,保持库内温湿度处于相对稳定的状态,达到防潮、防热、防干裂、防冻、防融化的目的,还可防霉、防火、防锈蚀。

3)吸潮。吸潮是与密封配合,在梅雨季节或阴雨天,当库内湿度过大又无适当通风时机的时候,在密封库里常采用吸潮的方法,以降低库内的温度,常采用吸潮剂或祛湿机吸潮。

5. 货物的在库盘点

盘点是指定期或临时对库存商品的实际数量进行清查清点的作业,对仓库现有货物的实际数量与保管账上记录的数量相核对,以便准确地掌握库存数量。

盘点内容一般有以下四个方面。

- 数量盘点。查明库存的实际数量是盘点的主要内容。
- 质量盘点。质量盘点主要是检查在库产品是否超过有效期和保质期。
- 货与账核对。根据盘点商品的实际数量,逐笔核对商品保管账上所列的结存数字。
- 账与账核对。账与账核对即仓库保管账应定期与货主的商品账核对,必要时应随时核对。

(三)货物出库管理

货物出库管理是指仓库管理员根据提货清单,在保证货物原先的质量和价值的情况下,组织商品出库的一系列工作的总称。物资出库作业的开始,标志着物资保管养护业务的结束。

货物出库的一般程序包括催提、出库前的准备、核对出库凭证、备料、复核、出库交接、销账存档等。

(1)催提。催提是直接向已知的提货人发出提货通知,当不知道确切提货人时,可以向存货人催提。对于将要到期的仓储物,要做好催提工作,以免接受了新的委托,但没有仓容不能接受仓储物。到期催提应在到期日的前一段时间进行,以便提货人有足够的时间准备。

(2)出库前的准备。首先要计划好工作,根据需货方提出的出库计划或要求,事先做好物资出库的安排,包括货场货位、机械搬运设备、工具和作业人员等的计划、组织。

(3)核对出库凭证。货物出库凭证,不论是领(发)料单或调拨单,均应由主管分配的业务部门签章。审核商品出库凭证,主要是按提货单所写的入库凭证号码,核对好储存凭证,以储存凭证上所列的货位、货号寻找该批货物。

(4) 备料。仓库接到提货通知时，应及时进行备货工作，以保证提货人可以按时完整地提取货物。备货时要认真核对货物资料，核实货物，避免出错。在部分货物出库时，应按照先进先出、易坏先出、不利保管先出的原则，安排出货。对原包装不适应运输要求的，仓库应事先进行整理、加固或改换包装。

(5) 复核。货物备好后，为了避免和防止备料过程中可能出现的差错，应再做一次全面的复核、查对。例如，复核是否便于装卸搬运工作；是否属于怕震、怕潮等物资，衬垫是否稳妥，密封是否严密；收货人、到站、箱号、危险品或防震防潮等标志是否正确、明显；每件包装是否有装箱单，装箱单上所列各项目是否和实物、凭证等相符合。

(6) 出库交接。出库货物经过全面复核、查对无误之后，即可办理清点交接手续。如果是用户自提方式，就将物资和证件向提货人当面清点，办理交接手续。运输人员根据货物的性质、重量、包装、收货人地址和其他情况选择运输方式后，应将箱件清点，做好标记，整理好发货凭证、装箱单等运输资料，向承运单位办理委托代运手续。

(7) 销账存档。货物点交清楚，出库发运以后，该货物的仓库保管业务即告结束，物资仓库保管人员应做好清理工作，及时准确地反映货物的进出、存取的动态。

| 阅读材料 3-4 |

传统仓储 VS 智能仓储

智能仓储体系就是在传统仓储的基础上，对仓储的设施、存储的管理系统、行为规范和标准进行设计和改进，通过科学的仓储系统改进和规划，利用先进的现代化智能设备、构建统一的仓储网络，引进先进的技术改革，使仓储系统实现整体的统一管理和调度，实现仓储的自动化和智能化。

与传统仓储相比较，智能仓储具有以下突出优势。

(1) 智能仓储由统一的网络控制，这样既保证了智能仓储信息的安全，又有利于仓储系统对仓储进行统一的管理和控制。

(2) 智能仓储采用智能设备进行操作，减少了人工操作，节约了劳动成本，提高了仓储效率。

(3) 智能仓储采用智能软件进行控制和管理，提高了管理效率，同时由于软件的使用非常简单，使得客户可以亲手管理仓库。

(4) 智能仓储采用无线传感技术控制仓库环境，保证了商品存放环境的安全，进而增加了商品的存放时间。

资料来源：陈杰.基于物联网的智能仓储管理系统研究[D].合肥：合肥工业大学，2015：9.

三、仓库管理

仓库管理主要包含以下三个方面的工作内容。

1. 收货验收

（1）货物进仓，须核对订单（采购订单和生产订单）。待进仓物品料号、名称、规格型号、数量与订单相符合方可办理入仓手续。

（2）货物进仓，必须采用合适的方法计量、清点准确。大批量收货可采用一定的比例拆包装抽查，抽查时发现实际数量小于标识数量的，应按最小抽查数计算接收该批货物。

（3）货物进仓，需办理质量检验手续。

（4）入库物料、产品，必须采用合适的、规范的包装（或装载物）。包装标识清晰且与实际装载货物相符。同一包装装载数量统一，同批次货物只允许保留一个尾数。

2. 货物出仓

（1）货物出仓，必须有合法的经批准的凭证、指令。

（2）所有计划外发料和非生产性发料，需经计划采购经理签字。

（3）货物出仓，需由领料人/提货人在出库单上签字确认。

（4）车间领料必须是车间指定人员；本公司送货的，送货人/提货人必须是业务部门指定人员；外单位自行提货，必须核对提货人身份及授权委托。

（5）对外送货发出，必须在第一时间取得加盖收货单位公章和收货经办人签字的签收回执或收货凭证。

3. 货物堆码及库房管理

（1）所有货物均必须按仓区、库位分类别、品种、规格型号摆放整齐，小件物料上架定置摆放。堆码规整、整齐，同一货物仅保留一个包装尾数。收发作业后按上述要求及时整理。

（2）物料、产品状态标识和存卡记录清晰、准确且需要及时更新，摆放于对应货物的明显位置。

（3）仓库设施、用具、杂物如叉车、地台板、装载容器/铁筐、清洁工具等，在未使用时应整齐地摆放于规定位置，严禁占用通道或随意乱丢乱放。

（4）现场（包括办公场所及库房）整洁、干净，如有废纸等废弃物或发现较多灰尘时，随时清理、清扫，符合6S[①]管理要求。

（5）严格按"先进先出"原则发出货品。

四、库存管理

库存管理主要是"与库存物料的计划与控制有关的业务"，目的是支持生产运作。

（一）传统库存管理

传统库存理论认为，库存管理的目的就是解决两个基本问题：何时订货和订多少货。库存控制的任务是用最小的储备量保证供应，不缺货，谋求"保证供应而又最小的储备量"。现代库存理论增加了新的内容，即在哪儿存货、存什么货以及货物种类与仓库的搭配等，现代

[①] 整理（Seiri）、整顿（Seiton）、清扫（Seiso）、清洁（Seiketsu）、素养（Shitsuke）、安全（Safety）。

库存控制的任务是通过适量的库存达到合理的供应,实现总成本最低的目标。

要对库存进行有效的管理和控制,首先要对库存进行分类。常用的库存分类方法有 ABC 分类法和 CVA 管理法。

1. ABC 分类法

ABC 分类法又称重点管理法或 ABC 分析法。ABC管理法的基本原理:对企业库存(物料、在制品、产成品)按其重要程度、价值高低、资金占用或消耗数量等进行分类、排序。一般 A 类物资数目占全部库存物资的 10% 左右,而其金额占总金额的 70% 左右;B 类物资数目占全部库存物资的 20% 左右,而其金额占总金额的 20% 左右;C 类物资数目占全部库存物资的 70% 左右,而其金额占总金额的 10% 左右。

ABC 分类库存管理方法包括以下三种。

(1) A 类库存物资的管理:①进货要勤;②发料要勤;③与用户密切联系,及时了解用户需求的动向;④恰当选择安全系统,使安全库存量尽可能减少;⑤与供应商密切联系。

(2) B 类库存物资的管理:介于 A 类和 C 类物料之间,可采用定量订货方式为主,定期订货方式为辅的方式,并按经济订货批量进行订货。

(3) C 类库存物资的管理:对于 C 类物料一般采用比较粗放的定量控制方式,可以采用较大的订货批量或经济订货批量进行订货。

2. CVA 管理法

有些公司发现,ABC 分类并不令人满意,因为 C 类物资往往得不到应有的重视。例如,经销鞋的企业会把鞋带列入 C 类物资,但是如果鞋带短缺将会严重影响到鞋的销售,一家汽车制造厂商会把螺丝列入 C 类物资,但缺少一个螺丝往往会导致整个生产链的停工。因此,有些企业采用 CVA 管理法(Critical Value Analysis,CVA)。

CVA 的基本思想是把存货按照其关键性分为 3~5 类(见表 3-4)。

表 3-4 CVA 管理法库存种类及其管理策略

库存类型	特点	管理措施
最高优先级	经营的关键性物资	不允许缺货
较高优先级	经营活动中的基础物资	允许偶尔缺货
中等优先级	多属于比较重要的物资	允许合理范围内缺货
较低优先级	经营中需要,但可替代性高	允许缺货

可见,CVA 管理法比 ABC 分类法的目的性更强。

(二) 现代库存管理

随着信息技术的高速发展和国外大型物流企业的纷纷涌入,库存管理作为现代企业的物流管理的核心部分,趋向于信息化、网络化和高度集成化,催生了现代库存管理办法以适应时代的发展。

1. 供应商库存管理

供应商库存管理是供应商等上游企业基于其下游客户的生产经营、库存信息,对下游客户的库存进行管理与控制。为了降低库存成本、整合供应链资源，越来越多的企业开始尝试一种新型的供应链管理模式——供应商库存管理（VMI）。本质上，它是将多级供应链问题变成单级库存管理问题，这是相对于按照传统用户发出订单进行补货的传统做法来说的。

供应商库存管理实施的是透明化管理，即买方企业和供应商随时都可以监控库存情况。供应商库存管理主要包含以下两部分内容。

（1）库存管理部分。它是由销售预测、库存管理和供应商生产系统共同组成的。首先，由买方企业提供产品的销售数据；其次，根据当前库存水平，及时将数据传送给供应商，由供应商的库存管理系统做出决策。如果供应商现有的仓储系统能够满足库存管理系统做出决策所需要的产品数量，就直接由仓储与运输配送系统将产品直接配送给买方企业；如果供应商现有的仓储系统不能够满足库存管理系统做出的决策数量，就立即通知生产系统生产产品后，再通过运输与配送系统将产品配送给买方企业。其中，在正式订单生成前，应由买方企业核对，调整后再得出最后订单。

（2）仓储与运输配送系统部分。这部分主要承担两方面的工作：一是负责产品的仓储、产品的分拣入库和产品的保存；二是负责产品的运输配送，保证产品按要求及时送达买方企业，同时负责编排符合经济效益的运输配送计划，如批量运输和零担运输的选择，运输的线路和时间编排以及安排承载量等。

| 阅读材料 3-5 |

库存控制

库存控制（Inventory Control），是对制造业或服务业生产、经营全过程的各种物品，产成品以及其他资源进行管理和控制，使其储备保持在经济合理的水平上。库存控制是使用控制库存的方法，得到更高盈利的商业手段。

库存控制是仓储管理的一个重要组成部门。它是在满足顾客服务要求的前提下通过对企业的库存水平进行控制，力求尽可能降低库存水平、提高物流系统的效率，以提高企业的市场竞争力。库存控制要考虑销量、到货周期、采购周期、特殊季节特殊需要等。

2. 联合库存管理

联合库存管理是供应商与客户同时参与、共同制订库存计划，实现利益共享与风险分担的供应链库存管理策略，即供应链上游、下游的共同管理。联合库存管理与供应商库存管理不同，它强调双方同时参与，共同制订库存计划，使供应链过程中的每个库存管理者（供应商、制造商、分销商）都从相互之间的协调性考虑，使供应链相邻的两个节点之间的库存管理者对需求的预期保持一致，从而消除了需求变异放大现象。

（1）集中库存模式。它要求供应商的运作方式是：按核心企业的订单或订货看板组织生产，产品完成时，立即实行小批量、多频次的配送方式，直接送到核心企业的仓库中补充库存。在这种模式下，库存管理的重点在于核心企业根据生产的需要，保持合理的库存量，既能满足需要，又能使库存总成本最小。

（2）无库存模式。它是指供应商和核心企业都不设立库存，核心企业实行无库存的生产方式。此时，供应商直接通过核心企业的生产线连续小批量、多频次地补充货物，并与之实行同步生产、同步供货，从而实现"在需要时把所需要品种和数量的原材料送到需要的地点"的操作模式。这种准时化的供货模式完全取消了库存，具有效率最高、成本最低的特点，但对供应商和核心企业的运作标准化、配合程度、协作精神要求很高，操作过程要求严格，而且要求供应商和核心企业的空间距离不能太远。

本章小结

物流主体作业由运输和仓储两项工作内容构成，仓储与运输也被人们并称为"物流的支柱"。

运输是人和物的载运及输送。它是指在物流过程中，运用各种设备和工具，将物品在不同地域范围间进行运送的活动，以改变"物"的空间位置。铁路运输、公路运输、水路运输、航空运输和管道运输是五种基本运输方式，它们各有自己独特的作业流程与特点。运输管理系统主要管理运输网络资源，规划最有效的运输路线，监控运输过程，及时反馈运输过程中的意外信息等。一般至少包含基础信息管理、开单管理、订单管理、价格管理、结算管理、异常管理等功能。货物的种类、运输量、运输距离、运输时间、运输成本、运输工具的可得性、运输的安全性等都会影响运输方式的选择决策，定性分析法和定量分析法可用于运输方式的选择分析。运输合理化是物流系统化的重要内容，应针对不合理的运输采取恰当的措施，以提高运输效率。

仓储是通过仓库对商品与物品的储存与保管。它是集中反映工厂物资活动状况的综合场所，是连接生产、供应、销售的中转站，对促进生产、提高效率起着重要的辅助作用，具有三大功能。仓储作业包含入库管理、在库管理和出库管理三个部分内容。入库管理是指在接到订单任务时，对货物进行扫描后决定货物应存放在何处，并调派设备上架处理。在库管理包括库存管理、库存分析、库存状态的实时监控和更新。出库管理是在收到订单时，安排设备计划拣货路线，找出下架货物和及时装车。ABC分类法和CVA管理法属于传统库存管理，而供应商库存管理和联合库存管理属于现代库存管理。

复习与思考

一、名词解释

运输　运输作业流程　运输管理系统
运输合理化　仓储　仓储作业
入库管理　出库管理

二、单选题

1. 同类的或可以互相代替的货物，在同一线路或不同运输方式的平行线路上的相向运输被称为（　　）。
   A. 迂回运输　　　　B. 倒流运输
   C. 重复运输　　　　D. 对流运输

2. 具有高附加值、高时效性的小批量货物适宜采用（　　）。
   A. 铁路运输　　　　B. 公路运输
   C. 航空运输　　　　D. 水路运输

3. 适用于运量大、连续不断运送物资的方式是（　　）。
   A. 公路运输　　　　B. 铁路运输
   C. 水路运输　　　　D. 管道运输

4. （　　）被称为整个物流过程的"调节阀"。

A. 装卸搬运　　　B. 仓储
C. 运输　　　　　D. 流通加工

5. （　　）可避免散失、丢失等损失，并适合大且连续不断地运送物资。
A. 公路运输　　　B. 铁路运输
C. 管道运输　　　D. 航空运输

6. 物流设备静止不动是（　　）区别于其他运输方式的重要特征。
A. 管道运输　　　B. 铁路运输
C. 公路运输　　　D. 航空运输

7. 仓储入库管理主要包括货物入库前的准备、（　　）、验收和入库四个步骤。
A. 运输　　　　　B. 接运
C. 搬运　　　　　D. 卸货

8. 仓储的基本功能是指为满足市场的基本储存需求，仓库所具有的基本的操作或行为，包括储存、保管、（　　）、分类等基础作业。
A. 运输　　　　　B. 搬运
C. 拼装　　　　　D. 卸货

三、多选题

1. 中国与日本进行国际贸易时，可以采用的物流线路是（　　）。
A. 公路　　　　　B. 海运
C. 航空　　　　　D. 铁路
E. 内河

2. 以下哪些因素属于影响运输方式选择的因素（　　）。
A. 运输时间　　　B. 运输距离
C. 天气温度　　　D. 物品的种类
E. 运输量

3. 与其他运输方式相比，铁路运输的主要优势体现在（　　）。
A. 灵活性　　　　B. 运载能力大
C. 速度较快　　　D. 安全可靠
E. 可达性强

4. 货物经过验收入库后，就需要对货物进行科学的管理，下面属于仓库的货位布局形式的有（　　）
A. 横列式　　　　B. 跨越式
C. 纵列式　　　　D. 垂直式
E. 混合式

5. 盘点是指定期或临时对库存商品的实际数量进行清查、清点的作业，对仓库现有物品的实际数量与保管账上记录的数量相核对，盘点内容一般有（　　）。
A. 数量盘点　　　B. 货与账核对
C. 账与账核对　　D. 质量盘点
E. 货与货核对

6. 在运输、仓储、包装、装卸搬运、流通加工、信息处理这六项物流的基本功能中，被人们并称为"物流的支柱"的是（　　）。
A. 运输　　　　　B. 仓储
C. 包装　　　　　D. 流通加工
E. 信息处理

7. 运输车辆智能调度管理的核心思想是"资源最优利用、货与车高效匹配、提高出行效率"，主要体现在（　　）等环节。
A. 合单　　　　　B. 派单
C. 路径规划　　　D. 配送
E. 信息处理

8. 运输是运用各种设备和工具，将物品在不同地域范围间进行运送的活动，以改变"物"的空间位置，因此具有（　　）等功能。
A. 时间调整　　　B. 价格调整
C. 产品位移　　　D. 短暂储存
E. 衔接商品流通

四、判断题

1. 运输活动是影响物流效率、物流技术经济效果的重要环节。（　　）

2. 运输具有短暂储存功能，是因为将运输工具作为暂时的储存场所，此时产品处于闲置状态。（　　）

3. 集装箱运输是运输通道和运输工具合二为一的一种现代化的先进运输方式。（　　）

4. 对流运输和倒流运输是日常中最为广泛与常见的运输，因此都属于运输合理化的范畴。（　　）

5. 仓储是通过仓库对商品与物品的储存与保

管，因此具有时间调整功能。（　　）
6. 现代库存理论认为，库存管理的目的就是解决两个基本问题：何时订货和订多少货。（　　）

五、简答题
1. 简述运输的功能。
2. 简述航空运输的技术经济特征。
3. 简述仓库拣选策略有哪些。
4. 简述仓储入库管理的流程。
5. 简述收货验收的注意事项。
6. 简述仓储在库管理的基本内容有哪些。

六、论述题
1. 试述运输合理化的措施。
2. 试述影响企业对运输服务选择的最重要的因素是哪些，并说明理由。
3. 请通过对企业库存管理案例的剖析，探讨库存管理的发展趋势。

案例分析

中国物流股份有限公司的主体作业

中国物流股份有限公司（以下简称"中国物流"）是国务院国资委所属中国诚通集团的成员企业。作为集团发展现代物流的代表性企业，目前在全国交通枢纽城市已形成了公路运输、铁路运输及多式联运为一体的物流运输网络，并在全国主要交通枢纽城市设有40余家分支机构，各分支机构在业务发展上各有侧重，形成了各具优势和特色的业务范围和领域。

1. 运输作业流程

公路运输是公司的主营业务之一，公司根据客户要求为客户提供长途干线或短途配送的整车和零担运输服务。公司在该项业务上以整合社会车辆开展公路运输服务为主，主要经营以城市为中心向其他地区集中配送、区域型的集中配送和"门到门"城市的公路干线运输业务。

中国物流的整个运输作业过程可分为以下主要活动。

（1）接收客户订单。客户通过客户系统或中国物流的系统或传真电话等手段下达订单，订单可能是一个综合的业务订单，其中包含运输业务。公司接收客户订单后，对客户订单进行整理，做出客户运输需求信息单据。

（2）订单审核。根据客户运输需求信息单据对该项运输业务进行审核，确认能否开展此项运输业务，分析运输所需的各类资源，确定业务费用，通过后在运输需求单据上盖章确认，通过后接收提货单据。

（3）生成运输计划。根据审核通过的运输需求单据制订运输计划，运输计划包括车辆要求、装卸要求、装卸时间、发运时间、到货时间、货物数量、规格、重量、包装信息、运输要求、发运起点、目的地、送货路线等。

（4）向运输车队下达派车通知。根据运输计划，开列派车单，包括车型、数量、司机、时间、地点等要求和运单，同时发送来自客户处或者本公司仓库的提货单给运输车队。

（5）线路选择。对运输区域线路进行划分和搭配，根据最短运送路径、最短运送时间或最低运送成本等不同运送目的，决定运送顺序，提高车辆运输效率。

（6）配载调度。车辆到达指定地点，根据装载规划把某种或某些货物分配到不同车辆中，依据配载方式不同，可分为一单多车、一车多单、一单多点等方式，分配完毕后与公司仓库或客户处仓库人员共同清点审核。

（7）货物装车。根据配载调度信息，将

配载完毕的货物进行装货作业，根据先进后出、上轻下重等装卸原则进行车辆货物装载。

（8）车辆发运。装载完成后，通知客户发运，记录车辆装载情况、行车情况以及车辆的行驶路线等信息。

（9）在途监控。根据车辆在途信息，对货物的状态进行跟踪和及时反馈，以体现运输服务水平。当客户需要查询货物状态时，只需填写运单号码便可知道货物运输信息。

（10）货物送达与交接。货物到达客户处，运输人员与客户共同比照发货单进行货物数量和质量检查，并由客户签收运单。

（11）费用结算。按照运输单中的信息收取相应运费，提供发票，并将收取的运费或相关单据随车带回公司并上交。

2. 仓储业务流程

公司仓储管理业务主要包括货物入库、库内盘点和货物出库三部分。

（1）货物入库。首先，仓库方面接收入库信息，将供货商的发货信息转化成收货订单，并同时进行入库准备，包括货位的选择，入库设备和人员的安排等；其次，货物到库后，进行货物审核检验，检查货物数量、质量等信息是否与收货订单相符，办理交接手续；再次，进行货物入库作业，并将货物的入库信息进行全面登记。

（2）库内盘点。首先，确定盘点内容及方式，对入库资料的汇总存档，导出盘点数据，制作盘点表；其次，盘库人员持盘点表，对所分库区进行盘存，盘点结束后输出盘存结果；再次，盘点完毕后，盘点人员核对是否账实统一，并在盘点表中签字。

（3）货物出库。首先，确认出库订单，进行库存查询，生成出库计划，并根据相应出库作业制作出库单据、装卸作业单据、交货单据；其次，将货物订单转化为配送计划并落实运力，同时根据库房作业单进行拣货、配货，数量清点和信息、货物核对，进行装车；再次，向客户方传递发货信息，做好确认工作，办理货物交接手续，送货员接收配送清单和送货回执单，公司凭此结算。

资料来源：中国物流股份有限公司. 公司简介 [EB/OL].（2021-02-11）[2022-06-28]. http://www.c56.cn/web/gsjs/gsjj71/index.html.

讨论题

1. 中国物流股份有限公司的运输作业与书本中所描述的运输作业流程有什么异同？请比较说明。
2. 请结合案例，分析中国物流股份有限公司的仓储业务是否有待改进的地方，请说明理由。

第四章
CHAPTER 4

物流辅助作业——包装、装卸搬运、流通加工

学习目标

- 了解包装技术和方法、装卸搬运设备的类型与选择、流通加工的类型和技术
- 理解包装系统设计的要点、流通加工合理化的问题
- 熟悉包装管理的基本内容、装卸搬运合理化的途径
- 掌握包装的内涵、功能和分类
- 掌握装卸搬运的内涵、特点与分类
- 掌握流通加工的内涵、内容与作用

关键概念

包装　装卸搬运　流通加工　包装管理　装卸搬运合理化　流通加工合理化

引 例

阿迪达斯的流通加工

阿迪达斯公司在美国有一家超级市场，设立了组合式鞋店，摆放的不是已做好的鞋，而是做鞋用的半成品，款式花色多样，有6种鞋跟、8种鞋底，均为塑料制造，鞋面的颜色以黑、白为主，搭带的颜色有80种，款式有百余种，顾客进来可任意挑选自己喜欢的各个部位，交给职员当场进行组合。只要10分钟，一双崭新的鞋便唾手可得。这家鞋店昼夜营业，职员技术熟练，鞋子的售价与成批制造的价格差不多，有的还稍便宜些。所以顾客络绎不绝，销售额比附近的鞋店高出许多倍。

资料来源：绿色文库网. 案例：阿迪达斯的流通加工中心 [EB/OL].（2019-06-20）[2022-06-28]. http://wenku.cyjzzd.com/a/1300006186##wk-more.

讨论题

1. 此案例体现了流通加工作业的哪些作用？
2. 与生产加工相比，流通加工有何特点？

第一节　包装

早期人们对商品进行包装，主要是为了保护商品，随着科学技术的进步和商品经济的发展，人们对包装的认识不断深化，对其赋予了新的内容，即要方便商品运输、装卸和保管，它是商品在生产领域的延续。现代包装向消费领域延伸，起到了对商品销售的促进作用。在当今的市场商品经济环境下，包装已经成为包含品牌理念、产品特性和消费者情感心理等各类信息因素的综合体，它是建立产品和消费者之间亲密联系的重要纽带。

一、包装的分类与功能

包装是指物件外部的保护层和装饰，是为在流通过程中保护产品，方便储运，促进销售，按一定的技术方法所用的容器、材料和辅助物等的总体名称。包装也指为达到上述目的在采用容器、材料和辅助物的过程中施加一定技术方法等的操作活动。

（一）包装的分类

从物流的角度来看，包装是生产物流的终点，社会物流的起点。随着互联网的快速发展，物流包装规格呈现了多样性。

根据物流包装商品的体积大小，可将物流包装的商品分为两大类：一类是其销售包装本身不可以代替运输包装的小型商品，必须另外增加包装用来满足运输的需要，由于商品大小不一，其快递包装形式也多种多样；另一类便是自身的包装可以满足运输需要的大中型商品，这种大中型商品的包装本身就是运输包装，其快递包装就是销售包装。

1. 按照包装在流通中的作用分类

（1）运输包装。它是指以满足运输、仓储要求，以保护商品安全输送、提高运输效率为目的的包装。物资的销售量较大，采用适合大批量、高效率的运输包装是十分必要的。

（2）销售包装。它是指直接接触商品并随商品进入零售店与消费者直接见面的包装。它是以促进销售为主要目的的包装，这种包装具有外形美观，有必要的装潢，包装单位适合于顾客的购买量及商店陈设要求等特点。

2. 按照形态分类

（1）单件包装。它是指一件商品为一个销售单位的包装形式。包装容器直接与产品接触，在生产中与商品装配成一个整体。它以销售为主要目的，一般随同商品销售给顾客，因而又称为小包装，起着直接保护、美化、宣传和促进商品销售的作用。

（2）内包装。它是指若干单个包装组成的一个整体包装。它是介于单个包装和外包装之间的包装，属于商品的内层包装。内包装在销售过程中，一部分随同商品销售，一部分则在销售中被消耗，因此被列为销售包装。在商品流通过程中，内包装起着进一步保护商品、方便使用和销售的作用，方便商品分拨和销售过程中的点数和计量，方便包装组合等。

（3）外包装。它是指货物的外部标记，即将物品放入箱、袋、罐等容器中或直接捆扎，并加上标示、印记等。其目的是便于对物品的运输、装卸搬运和保管，保护商品。

（二）包装的功能

包装的功能是指对于包装物的作用和效应，从产品到商品，一般要经过生产领域、流通领域、销售领域，最后才能到达消费者手中。在这个转化过程中，包装起着非常重要的作用。

1. 保护与盛载功能

保护与盛载被包装物是包装制品的最基本的功能，如常见的电子产品包装，一般多采用较厚的纸板，结构以封闭式包装为主，内衬泡沫等填充物。被包装物品一旦形成商品后，就要经过多次搬运、贮存、装卸等过程，最后才能到达消费者手中。在这个流通过程中，包装的结构、材料与包装的保护功能有着直接的联系，具体表现在以下几个方面。

（1）防止震动、挤压或撞击。商品在运输过程中要经历多次装卸、搬运。如震荡、撞击、挤压或出现其他偶然因素，极易使一些商品变形、变质。因此在包装选材上应该选取那些具有稳定保护性的材料，设计结构合理的盛装制品才能充分发挥包装的功能。

（2）防止干湿变化。过于干燥、过分潮湿都会影响某些被包装物品的品质，在这一类物品的包装选材上，就应选取那些通透性良好的材料。

（3）防止冷热变化。温度、湿度高低会影响某些商品的性质。适宜的温度、湿度有利于保质保鲜，不适宜的温度、湿度往往造成商品干裂、污损或霉化变质。因此，包装在选材上要考虑温度、湿度变化对包装的适应性的影响。

（4）防止外界对物品的污染。包装能有效地阻隔外界环境与内装物品之间的联系，形成一个小范围的相对"真空"地带，可以阻断不清洁的环境产生的微生物对内装物品的侵害，防止污物接触物品而使物品发生质变。

（5）防止光照或辐射。有些商品不适于紫外线、红外线或其他光照的直射，如化妆品、药品等，光照后容易产生质变，使其降低功效或失去物质的本色。

（6）防止酸碱的侵蚀。一些商品本身具有一定的酸碱度，如果在空气中与某些碱性或酸性及具有挥发性的物质接触，就会发生潮解等化学变化，影响被包装物质的本质。如油脂类，如果用塑料制品包裹的时间过长，就会产生化学变化而影响产品的品质。

（7）防止挥发或渗漏。许多种液态商品的流动性，极易使其在储运过程中受损，如碳酸饮料中溶解的二氧化碳膨胀流失，某些芳香制剂和调味品挥发失效等，而包装物的选择恰恰能避免其特性的改变。

2. 储运与销售功能

由于包装与被包装物都属于商品，商品在流通领域中就存在着运输储存等客观因素。各类商品大小形态不一，会给运输或储存带来许多不便，而包装恰恰能够解决这一问题，它可以统一商品的大小规格，以方便贮运或流通过程中的搬运或数量的清点。

同时，包装的销售功能是商品经济高度发达、市场竞争日益激烈的必然产物。在商品质量相同的条件下，精致、美观、大方的包装可以增强商品的美感，引起消费者的注意，诱导消费者的购买欲望和购买动机，从而产生购买行为。因此，我们说包装是产品"无声的推销员"。

3. 美化与传达信息

包装中视觉效果的传达是包装中的精华，是包装最具商业性的特质。包装通过设计，不仅使消费者熟悉商品，还能增强消费者对商品品牌的记忆与好感，贮存对商品生产企业的信任度。包装物还可以通过造型给人以美感，体现浓郁的文化特色；通过明亮鲜艳的色调，使商品在强烈的传统文化节律中表达或渗透现代的艺术风韵和时代气息。这就使包装的商品具有了生命的活力和美妙的诗意，提升了商品的自身价值。有的包装制品甚至可以当作艺术品供人玩味珍藏。这样一来，就能将消费环节的诸多因素调动起来，在消费环节进行全方位的渗透，以达到促进消费的最佳实效。

4. 循环与再生利用

包装物有许多是可以多次循环使用的，有的可以通过回收处理后反复使用，有的通过有效的方式进行再加工处理后，也可制成包装制品。包装制品的这种循环与再生利用功能，一方面可降低包装制品的成本，另一方面又可充分利用和节省资源，更符合可持续发展的要求。

二、包装技术和方法

包装技术是包装活动中所采用的硬技术和软技术的总称，主要有以下几种。

1. 防震保护技术

防震包装又称缓冲包装，在各种包装方法中占有重要的地位。产品从生产出来到开始使用要经过一系列的运输、保管、堆码和装卸过程，为了防止产品遭受损坏，就要设法减小外力的影响，保护其免受损坏从而采取具有一定防护措施的包装。

2. 防破损保护技术

（1）捆扎及裹紧技术。捆扎及裹紧技术的作用是使杂货、散货形成一个牢固的整体，以增加整体性，便于处理及防止散堆来减少破损。

（2）集装技术。利用集装减少与货体的接触，从而防止破损。

（3）选择高强度保护材料。通过外包装材料的高强度来防止内装物受外力作用而破损。

3. 防锈包装技术

（1）防锈油防锈蚀包装技术。大气锈蚀是空气中的氧、水蒸气及其他有害气体等作用于金属表面引起的化学作用的结果。如果使金属表面与引起大气锈蚀的各种因素隔绝（即将金属表面保护起来），就可以达到防止金属大气锈蚀的目的。

（2）气相防锈包装技术。气相防锈包装技术就是用气相缓蚀剂（挥发性缓蚀剂）这种能减慢或完全停止金属在侵蚀性介质中的被破坏过程的物质，它在常温下具有挥发性，并且在密封包装容器中，在很短的时间内挥发或升华出的缓蚀气体能吸附在金属制品表面上，抑制大气对金属锈蚀的作用。

4. 防霉腐包装技术

在运输包装内装运食品和其他有机碳水化合物的货物时，货物表面可能生长霉菌，在流通过程中如遇潮湿，霉菌生长繁殖极快，甚至伸延至货物内部，使其腐烂、发霉、变质，因此要采取特别防护措施。包装防霉烂变质的措施，通常是采用冷冻包装、高温灭菌和真空包装的方法。

冷冻包装的原理是减慢细菌活动和化学变化的过程，以延长储存期，但不能完全消除食品的变质隐患。高温杀菌可消灭引起食品腐烂的微生物，可在包装过程中用高温处理防霉。真空包装也称减压包装或排气包装，这种包装可阻挡外界水汽进入包装容器内，也可防止在密闭的防潮包装内部有潮湿空气。

5. 防虫包装技术

防虫包装技术常用的是驱虫剂，即在包装中放入有一定毒性的药物，利用药物在包装中挥发气体杀灭和驱除各种害虫。常用的驱虫剂有萘、对位二氯化苯、樟脑丸等，也可采用真空包装、充气包装、脱氧包装等技术，使害虫无生存环境，从而防止虫害。

6. 危险品包装技术

危险品有上千种，按照其危险性质，交通运输及公安消防部门规定分为十大类，即爆炸性物品、氧化剂、压缩气体和液化气体、自燃物品、遇水燃烧物品、易燃液体、易燃固体、毒害品、腐蚀性物品、放射性物品，这些物品同时具有两种以上的危险性能。

对有毒商品的包装要明显地标明有毒的标志。防毒的主要措施是包装严密不漏、不透气。例如，重铬酸钾（红矾钾）和重铬酸钠（红矾钠）为红色带透明结晶，有毒，应用坚固桶包装，桶口要严密不漏，制桶的铁板厚度不能小于1.2毫米。对有机农药一类的商品，应装入沥青麻袋，缝口严密不漏。

对黄磷等自燃商品的包装，宜将其装入壁厚不小于1毫米的铁桶中，同时内壁须涂耐酸保护层，桶内盛水，并使水面浸没商品，桶口严密封闭，每桶净重不超过50千克。再如遇水引起燃烧的物品如碳化钙，遇水即分解并产生易燃乙炔气，对其应用坚固的铁桶包装，桶内充入氮气。如果桶内不充氮气，则应装置放气活塞。

📖 小知识 4-1

农产品包装的 7 个小知识点

产品包装已经成为消费者选择产品的重要影响因素之一。一个有意义的包装往往能够迅速让消费者认识并记住，这一点在农产品销售环境中至关重要，那么农产品包装设计怎样才能更加吸引眼球？以下几个要点值得注意。

（1）用以品牌主形象为核心的视觉符号串联起所有的包装。
（2）在终端展示中，20米开外就能清楚地辨认出你的包装。
（3）每个包装都是一个广告，审视包装是否完整地表达品牌与产品。
（4）能用图，不用字，能用词，不用段，高度凝练，一击即中。
（5）农产品背后是深厚的中国传统文化，挖掘产品故事形成差异化优势。
（6）美观与否，不是符合企业主的标准，而是符合目标人群的审美。
（7）满足物流、仓储的需要，符合工人高效流水线生产的需要。

因此，对农产品品牌形象塑造而言，"土"的最好方向是给外在美披上一套原生态外衣，即原汁原味、原生淳朴、原生品味。如何在这种原生态的外衣上让加工设计、风格都有点个性，却又不失亲切，便是设计工作中的重点。

资料来源：四川龙腾华夏.农产品包装的7个小知识点[EB/OL].（2017-07-18）[2022-06-29]. https://www.sohu.com/a/157995999_718981.

三、包装管理

包装管理是为提高产品包装质量，不断满足用户需求而建立的科学管理体系的活动。现代企业已将包装的用户满意度和环境性能作为衡量产品包装质量的标准。包装管理包括产品包装设计过程管理、制造过程管理、辅助生产过程管理和用户使用过程管理，涉及包装材料的质量管理和使用过程中出现问题的处理。特别是在当前全球经济一体化和国际大规模生产运动中，包装管理逐渐成为企业在激烈的国际竞争中寻求利润增长的一种途径。

（一）包装合理化

所谓包装合理化，是指在包装过程中使用适当的材料和适当的技术，制成与物品相适应的容器，节约包装费用，降低包装成本，既满足包装保护商品、方便储运、有利销售的要求，又提高包装的经济效益的包装综合管理活动。

要实现包装合理化，需要从以下几方面加强管理。

1. 降低包装基本费用

（1）减少包装。包装减量是在满足包装的保护性、便利性、销售性等基本功能的前提下，尽可能使用绿色的包装材料和少量的包装材料来进行产品打包。首先，利用新材料、轻量化新材料可以促进产品包装的集中服务，推动特殊规格产品包装标准化；其次，提高包装质量，限制包装材料中所含重金属等成分的浓度和卤素等危险物质的使用，促进产品健康。

（2）合理控制包装材料的库存。包装材料的库存控制是降低包装材料成本的重要方面，对企业的库存管理和资金管理具有重要意义：一方面有助于合理制定包装材料要求和采购计划。生产部门和仓库往往存在预测偏差，导致实际购买的包装材料大于实际需求，造成材料浪费；另一方面有利于建立包装材料安全库存。根据包装材料采购策略和供应商供应情况，对需要库存的包装材料设置包装材料安全库存，合理控制库存占用资金，减少库存浪费。

（3）推行包装标准化。包装标准化主要是用来规范包装，便于加速货物运输和装卸搬运，并减少损耗。同时，标准化包装还方便客户通过包装来计算运输费用，选择合适的物流公司，以便节约运输成本，甚至是内部的库存成本。

（4）广泛采用先进的包装技术。包装技术的改进是实现包装合理化的关键。要推广诸如缓冲包装、防锈包装、防湿包装等包装方法，就要使用不同的包装技术，以适应不同商品的包装、装卸、储存、运输的要求。

2. 规范包装管理流程

从包装设计到最终包装随产品运送到客户手中，各个环节都离不开包装的质量管理。只有相关部门与参与者相互配合，才能实现包装的功能价值。

（1）包装设计。通过在包装层数和包装体积减量化、包装材料结构优化、材料选配轻量化、包装容器结构优化等方面进行包装的优化设计，在保证实现包装功能的基础上费用合理。

（2）包装采购。通过建立供应商关系管理，严格执行公司相关采购和供应商考核规定，对包装材料的质量进行严格把关。

（3）包装库存管理。从采取更科学的包装材料质量检验方式，设定包装材料安全库存，定期对包装材料进行盘点，及时处理包装呆滞料等方面加强包装在仓库保管方面的质量保证。

（4）组合运输。采用组合单元装载技术，采用托盘、集装箱进行组合运输。托盘、集装箱式"包装—输送—储存"三位一体的物流设备，是实现物流现代化的基础。

（5）包装使用。由一次性包装向反复使用的周转包装发展，且杜绝野蛮搬卸行为，对包装操作进行规范化管理，对包装材料在搬卸过程中的损坏情况进行及时更换处理，防止损坏的包装材料流入下一环节。

（6）包装管理流程梳理。从公司层面建立起包装管理的相关流程，设置相应的制度保证其执行。

（二）包装标准化

包装标准化是实现包装合理化需要研究的重要课题。它是对包装类型、规格、材料、结构、造型、标志及包装实验等所做的统一规定以及相关的技术政策和技术措施，其中主要包括统一材料、统一规格、统一容量、统一标记和统一封装方法。

1. 包装标准的分类

（1）包装基础标准和方法标准。它是包装工业基础性的通用标准，包括包装通用术语、包装尺寸系列、运输包装件实验方法等。

（2）产品包装标准。它是对产品（包括工业产品和农副产品）包装的技术要求和规定。一种是产品质量标准中对产品包装、标志、运输、储存等所做的规定；另一种是专门单独制定的包装标准。

（3）包装工业的产品标准。它是指包装工业产品的技术要求和规定，如普通食品包装袋、高压聚乙烯包装袋、塑料打包袋等。

2. 包装标准化的效果

（1）增加通用性。实现包装标准化，包装的规格、型号减少，同类产品的包装可以通用。

（2）提高效率。实行包装标准化，在生产过程中，减少了机器更换规格尺寸和印刷标志的时间，一方面减轻了工人操作的劳动强度，另一方面又提高了劳动生产率。

（3）降低包装费用。包装标准化使包装设计简易化，避免过重包装，从而节约了包装材料，降低了容器的制作费用。

（4）促进产品销售。推行包装标准化可以降低产品价格，使包装整齐美观，也可以促使消费者产生兴趣，扩大产品销售。

包装合理化与标准化是"一胎双胞"，两者相互依存、相互促进。

四、包装系统设计的要点

包装系统作为现代物流体系的重要组成部分,在过去很长一段时间内没有受到应有的重视。近年来,随着物流成本的不断增加,环境保护监管力度日趋严格以及包装技术的提升,运输包装在物流管理中的角色越发重要,它已成为影响现代物流产业的基础因素之一。

过去,绝大多数运输包装箱的设计只是满足产品防护和储运等基本功能,无法实时反映诸如包装物在物流过程中的质量状态、环境变化情况以及物流作业状态等信息,致使无法及时执行物流优化管理。现今,随着物联网技术的成熟与广泛应用,对运输包装系统提出了更高的要求,为此在包装系统设计中应充分考虑以下三个方面,以适应智能化的物流环境。

(一)包装的标准化、集装化

要实现物流标准化、智能化,包装标准化是需要首先实施的基础性工作。

(1)物流模数体系的标准化。模数体系的协调统一,包括包装箱尺寸模数与仓储、运输设施模数两方面。

(2)包装箱尺寸的标准化。简化物流作业活动环节,节省产品码放时间和存储空间分配占用,强化流通过程中产品的安全性,提高整个物流系统的效率。

(3)集合包装。集合包装具有提高运输工具的装载量,降低运输费用,便于装卸和智能管理,显著减少货损、货差事故,利于开展联运等优点,推动着物流包装向集装化的方向发展。

(二)包装标识的标准化、国际化

包装标识是包装体上用于识别产品及其质量、数量、特征等各种标识的统称。包装标识不仅是描述商品和包装信息的重要组成部分,还是一般贸易合同、发货单据和运输、保险文件中有关标志事项的基本部分。为了避免贸易技术壁垒,应采用国际上通用的标准运输标志。国内一般货物运输标志应贯彻执行《中华人民共和国国家标准包装储运图示标志》(GB/T 191—2008)和《中华人民共和国国家标准运输包装收发货标志》(GB/T 6388—1986)等国家标准。

(三)系统作业的自动化、机械化

现代物流具有运输量大、运输速度快、物流信息智能化等特点,为了建立与现代物流相适应的物流包装系统,要求包装系统在集合包装的基础上,逐步实现自动化、机械化的作业方式。包装作业的自动化和机械化不仅可以减小产品受损率、提高作业效率,更重要的是,可以实现物流的信息即时化,使运输作业逐步向集约型方向发展,提高运输效率。

第二节　装卸搬运

物流活动离不开装卸搬运,它贯穿于不同的物流阶段,因此装卸搬运是物流系统中重要的子系统之一,也是物流系统中的重要环节,其效率会直接影响物流行业的服务水平。

一、装卸搬运的特点与分类

装卸搬运是在一定的地域范围内，以改变货物存放状态和空间位置为主要内容和目的的物流活动。它是一个复合概念，包含装卸与搬运两者的复合运动。装卸是指物品在指定地点以人力或机械实施垂直位移的作业；搬运是指在同一场所内，对物品进行水平移动为主的作业。在物流过程中，装卸搬运是发生频率最高的一项作业，装卸搬运活动效率和成本的高低，将直接影响企业物流的整体效率和成本。因此，做好装卸搬运工作有利于加速车船周转，提高港、站、库的利用率；加快货物送达，减少流动资金占用，减少货物破损和各种事故的发生。

（一）装卸搬运的特点

人们常常认为装卸搬运在物流运作中可有可无，实际上，在一个完整的物流运作过程中，装卸搬运是一个必不可少的环节。同生产或流通领域的其他活动相比，装卸搬运有以下几个方面的特点。

1. 装卸搬运是附属性、伴生性的活动

装卸搬运是物流的每一项活动开始和结束时必然发生的活动，有时被人忽视，有时又被人看成是其他活动不可缺少的组成部分。例如，一般而言的"运输活动"，实际上包含了相随的装卸搬运；仓库管理中的"保管活动"，也包含装卸搬运活动。

2. 装卸搬运是衔接性的活动

在各种物流活动的过渡过程中，都是以装卸搬运作为衔接的。因此，装卸搬运成为整个物流的"瓶颈"，是物流各个功能能否形成有机联系和紧密衔接的关键。要建立一个有效的物流系统，关键要看这一衔接是否有效。联合运输就是着力解决这种衔接而出现的。

3. 装卸搬运是支持性、保障性和服务性的活动

装卸搬运对其他物流活动有一定的决定性作用，装卸搬运会影响其他物流活动的质量和速度。例如，港口码头货物堆积，会引起货物下一步运动的困难。许多物流活动在有效的装卸搬运的支持下，才能实现高效率的运转。

（二）装卸搬运的分类

我们可从以下不同的角度对装卸搬运工作进行分类。

1. 按作业的场所分类

（1）仓库装卸。它是指在仓库、堆场、物流中心等处所进行的装卸搬运，配合货物的入库、出库、维护、保养等活动进行，并且以堆垛、拆垛、上架、拣货、挪动、移送等操作为主。

（2）火车站装卸。它是指在铁路车站对火车车皮中货物的装进及卸出，其特点是一次作业就实现一个车皮的装进或卸出，很少有仓库装卸时出现整装零卸或零装整卸的情况。铁路装卸包括汽车在铁路货物和站旁的装卸作业，铁路仓库和理货场的堆码、拆散、分拣、配货、

中转作业，铁路车辆在货场及站台的装卸作业等。

（3）港口装卸。它是指在港口进行的各种装卸搬运工作，包括码头前沿的装卸船作业，也包括各方的支持性装卸搬运，如前方与后方间的搬运工作，港口仓库的码垛、拆垛作业，港口理货场的堆取、运转作业，后方的铁路车辆和汽车的装卸作业等。有的港口装卸还采用小船在码头与大船之间"过驳"的方法，其装卸的流程较为复杂，往往经过几次的装卸及搬运作业才能最后实现船与陆地之间货物过渡的目的。

阅读材料 4-1

过驳作业

过驳作业是指大船靠码头、浮筒、装卸平台，或大船在锚地用驳船或其他小船装卸货物。一般船太大，靠不上卸货码头时，用小船或驳船把大船上的货运到卸货码头。大船一般停在离卸货码头不远的锚地。

（4）机场装卸。它是指在机场对飞机进行的装卸作业。

2. 按作业的对象分类

（1）单件货物装卸。它是指对以箱、袋等包装的货物进行单件、逐件的装卸搬运。目前，对长、大、笨、重的货物，或者集装会增加危险的货物等，仍采用这种传统的装卸搬运作业方法。

（2）散装货物装卸。散装货物装卸指对煤炭、粮食、矿石、化肥、水泥等块状、粒状、粉状货物进行的装卸搬运。其特点是一般从装点直到卸点，中间不再落地，物品直接向运输设备、商品装运设备或存储设备装卸与出入库，是集装卸与搬运于一体的装卸搬运作业。这种作业常采用重力法、倾翻法、机械法、气力法等方法。

（3）集装货物装卸。它是指先将货物集零为整，形成集合包装或托盘、集装箱等集装货物后再进行的装卸搬运。其特点是有利于机械操作，可以提高装卸搬运效率，减少装卸搬运损失，节省包装费用，提高顾客服务水平，便于达到存储、装卸搬运、运输、包装一体化，实现物流作业机械化、标准化。

3. 按作业的原理分类

（1）"吊上吊下"方式。它是指采用各种起重机械从货物上部起吊，依靠起吊装置的垂直移动实现装卸，并在吊车运行的范围内或回转的范围内实现搬运或依靠搬运车辆实现小搬运。由于吊起及放下属于垂直运动，因而这种装卸方式属于垂直装卸。

（2）"叉上叉下"方式。它是指采用叉车从货物底部托起货物，并依靠叉车的运动进行货物位移，搬运完全靠叉车本身，货物可不经中途落地直接放置到目的处。这种方式的垂直运动不大而主要是水平运动，属于水平装卸方式。

（3）"滚上滚下"方式。它是指利用叉车或半挂车、汽车承载货物，连同车辆一起开上船，到达目的地后再从船上开下，属于港口装卸的一种水平装卸方式。"滚上滚下"方式需要有专门的船舶，对码头也有不同要求，这种专门的船舶称"滚装船"。

（4）"移上移下"方式。它是指在两车之间（如火车及汽车）进行靠接，然后利用各种方式，不使货物垂直运动，而靠水平移动从一个车辆上推移到另一个车辆上。"移上移下"方式需要使两种车辆水平靠接，因此，需要对站台或车辆货台进行改变，并配合移动工具实现这种装卸。

（5）"散装散卸"方式。它是指对散装物进行装卸。一般从装点直到卸点，中间不再落地，这是集装卸与搬运于一体的装卸方式。

（三）装卸搬运的作用

装卸搬运是物流各环节（如运输、仓储）之间相互转换的桥梁。它不仅把物资运动的各个阶段连接成为连续的"流"，而且把各种运输方式连接起来，形成各种运输网络，极大地发挥其独特作用。

1. 影响物流质量

货物在改变其位置的过程中最易受损，货物在储存和运输过程中处于相对静止状态，装卸搬运使货物产生垂直和水平方向上的位移，改变了物品的存在状态，所以装卸搬运损失在物流费用中占有相当的比重。

2. 影响物流效率

在火车短途运输中，装卸车所用时间超过了运输时间，缩短装卸搬运时间，对加速商品周转具有重要作用；在仓储活动中，装卸搬运效率也会对货物的收发速度和货物周转速度产生直接影响。

3. 影响物流成本

装卸搬运具有零散、作业量大的特点，甚至在很多活动中是运输和仓储量的若干倍，所以在装卸搬运上投入的人员和设备数量也占据了比较大的比重。如果能减少装卸搬运的消耗，就可以在很大程度上降低物流成本。

二、装卸搬运合理化

在物流系统中，装卸搬运作业所占的比重较大，其作业的好坏不仅影响物流成本，也与物流工作质量是否满足客户的服务要求密切相关，因此装卸搬运作业的合理化是物流管理的重要内容之一。

装卸搬运合理化是指以尽可能少的人力和物力消耗，高质量、高效率地完成仓库的装卸搬运任务，保证供应任务的完成。其主要目标是节约时间、节约劳动力、降低装卸搬运成本。

（一）装卸搬运合理化的原则

（1）装卸搬运次数最少化。装卸搬运活动本身并不增加货物的价值和使用价值，相反却增加了货物损坏的可能性和成本。因此,应从研究装卸搬运的功能出发,分析各项装卸搬运作业环节的必要性,千方百计地取消、合并装卸搬运作业的环节和次数,消灭重复无效、可有可无的装卸搬运作业,以达到装卸搬运次数最少化的效果。

(2)各作业环节衔接协调化。装卸搬运作业既涉及物流过程的其他各环节,又涉及本身工艺过程中的各工序、各工步以及装卸搬运系统的各要素。因此,装卸搬运作业与其他物流活动之间,装卸搬运作业自身的各工序、各工步之间,以及装、卸、搬、运之间和系统内部各要素之间,都必须相互兼顾、协调统一,只有这样才能发挥装卸搬运系统的整体功能。

(3)装卸搬运距离最短化。对必须进行的装卸搬运作业,应尽量做到近距离、不停顿、不间断,像流水一样地进行。工序之间要紧密衔接,作业路径应当最短,尽量成直线,消灭迂回和交叉,要按流水线形式组织装卸搬运作业。

(4)装卸搬运作业活性化。节约劳动力、降低能源消耗是装卸搬运作业最基本的要求。装卸搬运使物料发生垂直和水平位移,必须通过做功才能实现,因此要尽力提高装卸搬运的灵活性。通过对装卸搬运工艺的设计,尽可能地做到既能利用重力,又能消除重力的不利影响,促使货物的活性指数逐步增加,从而实现装卸搬运作业的活性化。

小知识4-2

活性指数

活性指数是指物流过程中货物被搬运的难易程度,也代表搬运某种状态下的物品所需要进行的四项作业(集中、搬起、升起、运走)中已经不需要进行的作业数目。

根据货物被搬运过程中发生的装卸与搬运次数多少,将货物被搬运的难易程度划分为5级,通常用活性指数0、1、2、3、4来表示。指数越高表明搬运的方便程度越高,搬运起来越容易。例如:无包装或在地面散放的货物很不方便移动,其活性指数为0;有包装或放置在一般容器内的物品,其活性指数为1;装载在托盘上或者集装箱中的物品,其活性指数为2;在无棚货车与可移动设备及工具上装载的货品,其活性指数为3;放置在输送线上的货物,其活性指数为4。

仓储货物需要根据其保存时间进行安排,适当选择活性指数。大多数仓储物都处于待运状态,其活性指数较高。活性指数高表示方便搬运作业,也意味着不能稳定存放,同时占用过多设备,降低仓容的使用率。对于长日期仓储的物品,应采用较低的搬运活性,进行稳定堆垛。

(二)装卸搬运合理化的途径

1. 防止和消除装卸搬运中的无效作业

首先,应分析各项装卸搬运作业的必要性,尽可能取消、合并作业的环节和次数,消灭重复无效、可有可无的作业。其次,必须进行的作业也应该尽可能地做到作业路径最短和直行,消灭迂回和交叉,要按流水线形式组织装卸作业。最后,必须做到巧装满载。

2. 充分利用重力或消除重力影响

在装卸搬运时应尽可能消除货物重力的不利影响,同时,尽可能利用重力进行装卸搬运以减轻劳动力和其他能量的消耗。例如，为了利用重力装卸，可以将槽或无动力的小型传送带倾斜安装在载货汽车或站台上进行货物装卸，使货物依靠本身重力完成装卸搬运作业。

3. 实现装卸搬运作业的省力化

装卸搬运作业使物料发生垂直和水平位移，要尽力实现装卸搬运作业的省力化以提高效率。可以采取的方法有很多，如在有条件的情况下可以利用重力进行装卸，可减少能量的消耗，减轻劳动强度；将设有动力的小型运输带斜放在卡车、货车或站台上进行装卸作业，使物料在倾斜的输送带上进行移动。

4. 提高装卸搬运的灵活性

提高装卸搬运的灵活性是指提高装卸作业中物料装卸作业的容易程度。在堆放货物时，事先要考虑到物料装卸的方便性，可以把物料按照灵活性级别较高的状态堆放：尽量不要将物料杂乱地堆在地面上；可以将物料装箱或经捆扎后堆放；将物料放于台车上或用起重机吊钩钩住，处于即刻移动的状态。

5. 科学利用装卸搬运设备

首先，要确定在一定时间段内的装卸搬运作业的任务量，根据物流计划、经济合同、装卸次数、装卸车时限等，确定目标作业现场的具体装卸搬运任务量。其次，应该根据装卸搬运设备的生产率和装卸搬运任务的大小等因素，确定装卸搬运设备需用的数量和各项技术指标；根据装卸搬运设备的生产率、装卸任务和需用设备数量等，编制装卸搬运作业进度计划。

6. 文明装卸搬运

杜绝"野蛮装卸"是文明装卸搬运的重要标志。在物料装卸搬运作业中，要采取措施保证物料完好无损，保障作业人员人身安全，坚持文明装卸搬运。同时，不因物料装卸搬运作业而损坏物料装卸搬运设备和设施、运输与储存设备和设施等。

7. 推广组合化装卸搬运法

在装卸搬运作业过程中，根据不同物料的种类、性质、形状、重量的不同来确定不同的装卸作业方式，具体说来：将颗粒状物资不加小包装而原样装卸，可以采用散装处理方法；将物料以托盘、集装箱、集装袋为单位进行组合后进行装卸，可以采用集装处理方法；对于包装的物料，尽可能采用集装处理方法，实现单元化装卸搬运。

三、装卸搬运设备

装卸搬运设备是指用来搬移、升降、装卸和短距离输送物料或货物的机械。它是实现装卸搬运作业机械化的基础，也是装卸搬运作业现代化的重要标志之一。

(一) 装卸搬运设备的类型

对设备的类型、主要参数以及各种类型机械特征的了解，是使用和选择装卸搬运设备必须具备的条件。常见的装卸搬运设备主要有装卸搬运机械和装卸搬运容器。

1. 装卸搬运机械

（1）起重机类。起重机是将货物吊起在一定范围内做水平移动的机械，是在采用输送机之前曾被广泛使用的装卸搬运机械。按其构造或形状可分为天车、悬臂起重机、桥型起重机、集装箱起重机、巷道堆垛机、汽车起重机等各种悬臂式起重机。

（2）输送机类。输送机依自动化水平可分为无动力式、半自动化、自动化及无人化这4种类型。若依形式的不同，又分为滚筒输送机、皮带输送机、隔板输送机、悬吊式输送机、可累积式输送机、链条输送机、可伸缩式输送机、自动分类输送机等几种。

（3）升降机类和绞车类。升降机和绞车是使物体做垂直方向移动的机械。升降机被广泛用于多层楼房仓库；绞车是使用缆绳和链条吊升重物的装置，有电动和手动两种。

（4）车辆类。在厂区、仓库、运输的起讫点内专用于搬运的车辆统称为工业车辆，有用内燃机作为动力的，也有使用电池组驱动的。工业车辆主要有叉车、拖车、卡车、手推车、单轮手推车、手推托盘车等搬运车或跨运车（将集装箱等大型货物吊在门形架内进行搬运的车辆，常用在集装箱码头上）等。

2. 装卸搬运容器

在搬运作业中，大多会使用容器。由于处理的时段、产业的不同，所使用的搬运容器也不同。较常见的容器有以下几种。

（1）包装纸箱。包装纸箱使用不同的材质及瓦楞纸板。

（2）塑料箱。塑料箱的种类也很多，有固定式的，也有折叠式的，最重要的是其强度及平面度，如果强度及平面度不佳，容易在搬运时出现问题。

（3）托盘。托盘是物流领域中为适应装卸机械化而发展起来的一种集装器具，它是为了使物品能有效地装卸、运输、保管，将其按照一定数量组合放置于一定形状台面上。这种台面有供叉车或堆垛机从下部叉入并将台板托起的叉入口，便于叉车和堆垛机叉取和存放。

（二）装卸搬运设备的选择

1. 以满足现场作业为前提

（1）装卸机械首先要符合现场作业的性质和物资特点、特性要求。如在有铁路专用线的车站、仓库等，可选择门式起重机；在库房内，可选择桥式起重机；在使用托盘和集装箱作业的生产条件下，可尽量选择叉车以及跨载起重机。

（2）机械的作业能力（吨位）与现场作业量之间要形成最佳的配合状态。装卸机械吨位的具体确定，应对现场要求进行周密的计算、分析。在能完成同样作业效能的前提下，应选择性能好、节省能源、便于维修、利于配套、成本较低的装卸机械。

2. 控制作业费用

装卸机械作业发生的费用主要有设备投资额、运营费用和装卸作业成本等。

（1）设备投资额。设备投资额是平均每年机械设备投资的总和（包括购置费用、安装费用和直接相关的附属设备费用）与相应的每台机械在一年内完成装卸作业量的比值。

（2）运营费用。装卸机械的运营费用是指某种机械一年运营总支出（包括维修费用、劳动工资、动力消耗、照明等项）和机械完成装卸量的比值。

（3）装卸作业成本。装卸作业成本是指在某一物流作业现场，机械每装卸1吨货物所支出的费用，即每年平均设备投资支出和运营支出的总和与每年装卸机械作业现场完成的装卸总吨数之比。

小知识 4-3

装卸搬运作业的安全问题

（1）车辆安全：包括停放的车辆（货车），要预防车辆突然移动、司机突然开动等。

（2）卸货车辆安全：如果使用叉车、小推车卸货，要考虑负载是否满足要求，驾驶叉车人员是否有资格证书。

（3）搬运安全：是否掌握正确的搬运方法和姿势，不要出现扭伤腰部等情况。

（4）其他特殊情况：要考虑搬运的货台和地面高度差，注意货物是否出现坠落的问题，并注意检查货物是不是特殊物品，如危险化学品等。

第三节 流通加工

流通加工是物流作业中的一个重要环节，是当今社会化分工生产的必然产物。商品在从生产地向消费者流通的过程中，可以对商品进行剪切、套裁等重新加工作业，使商品更好地满足更多消费者的需求而促进销售。在多样化、小批量消费需求日益增长的当今社会，流通加工能够有效地弥补标准化的大批量生产的弊端。

一、流通加工的内容与作用

一般来说，加工是指改变物资的形状和性质以形成一定产品的活动，而流通则是指改变物资存在的空间状态和时间状态的过程，并不改变物品的形态或性质。流通加工处于生产与流通的区间领域，不改变商品的基本形态和功能，只是完善物品的使用功能，提高物品的附加价值。流通加工是生产加工在流通领域的延续，它既可以看作一种特殊的加工形式，属于加工的范畴，也可以看成流通领域为了更好地提供服务而在智能方面的拓展。

流通加工是物品在生产地到使用地的过程中，根据需要施加包装、分割、计量、分拣、刷标志、拴标签、组装等简单作业的总称。

（一）流通加工的内容

流通加工的内容主要包括以下几个方面。

（1）食品的流通加工。流通加工最多的是食品。为便于保存，提高流通效率，食品的流通加工是不可缺少的。例如，鱼和肉类的冷冻，生奶酪的冷藏，将冷冻的鱼肉磨碎以及蛋品加工，生鲜食品的原包装，大米的自动包装，上市牛奶的灭菌和摇匀等。

（2）消费资料的流通加工。消费资料的流通加工以服务顾客、促进销售为目的。例如，衣料品的标识和印商标，粘贴标价，安装做广告用的幕墙，家具等的组装，地毯剪接。

（3）生产资料的流通加工。具有代表性的生产资料加工是钢铁的加工：钢板的切割，使用矫直机将薄板卷材展平，纵向切割薄板卷材，使之成为窄幅（钢管用卷材），用气割厚板，切断成形钢材。这种加工以适应顾客需求的变化、服务顾客为目的。

随着销售竞争的日益激烈，生产的集中化进一步引起产需之间的分离。流通加工作为连接消费者和生产者之间的纽带，是化解产需矛盾的关键环节，优化流通加工管理对合理配置流通加工资源、降低企业库存成本和生产成本、提高企业产品竞争力、加快仓储物流效率等都具有重大的意义。

（二）流通加工的作用

1. 提高原材料利用率

通过流通加工进行集中下料，将生产厂商直接运来的简单规格产品，按用户的要求进行下料。例如，将钢板进行剪板、切裁，将木材加工成各种长度及大小的板、方等。集中下料可以优材优用、小材大用、合理套裁，明显地提高原材料的利用率，带来很好的技术经济效果。

2. 方便用户及降低成本

用量小或满足临时需要的用户，不具备进行高效率初级加工的能力，通过流通加工可以使用户省去进行初级加工的投资、设备、人力，既方便了用户，又降低了用户成本。目前发展较快的初级加工有净菜加工，将水泥加工成生混凝土，将原木或板、方材加工成门窗，钢板预处理，整形等加工。

3. 提高加工效率及设备利用率

在分散加工的情况下，加工设备由于生产周期和生产节奏的限制，设备利用时松时紧，使得加工过程不均衡，设备加工能力不能得到充分发挥。而流通加工面向全社会，加工数量大，加工范围广，加工任务多。通过建立集中加工点，可以采用效率高、技术先进、加工量大的专门机具和设备，从而可以提高设备利用率，提高加工效率和保证加工质量，降低加工费用及原材料成本。

（三）流通加工与生产加工的区别

流通加工是生产加工在流通领域中的延伸，也可以看成是流通领域为了实现更好的服务，而在职能方面的拓展。流通加工与一般生产加工相比，主要差别表现在以下五个方面。

1. 加工目的不同

生产加工是为交换、消费而进行的加工，而流通加工的一个重要目的是为消费（或再生产）所进行的加工，这一点与生产加工有共同之处。但是流通加工有时也是以自身流通为目的的，纯粹是为流通创造条件，即为了方便流通、运输、储存、销售、用户和使物资充分利用、综合利用。这种为流通所进行的加工与直接为消费进行的加工在目的上是有所区别的，这也是流通加工不同于一般生产加工的特殊之处。

2. 加工对象不同

流通加工的对象是进入流通领域的商品，包括各种原材料和成品，具有商品的属性；而生产加工的对象不是最终商品，而是原材料、零配件、半成品。

3. 加工内容不同

流通加工大多为简单加工，主要是解包分包、裁剪分割、组配集合、废物再利用等，是生产加工的一种辅助和补充；生产加工一般是较为复杂的加工。

4. 组织加工者不同

流通加工处在流通领域，其组织者是从事流通工作的商业企业或物流企业；而生产加工处于生产领域，其组织者是生产企业。

5. 价值观点不同

生产加工是委托生产加工企业从事创造社会财富的活动和过程，包括物质财富、精神财富的创造，通过一定工序和方式将原材料、半成品转化为目标需求过程的加工活动方式，目的在于创造价值及使用价值；而流通加工则是为了提高物流速度和商品的利用率，在商品进入流通领域后按客户要求进行的加工活动方式，目的在于完善其使用价值，并在不做大的改变的情况下提高价值。

| 阅读材料 4-2 |

网络货运平台

2019 年 5 月，国务院办公厅转发交通运输部等部门《关于加快道路货运行业转型升级促进高质量发展的意见》，意见明确提出要"大力发展无车承运人等道路货运新业态"，规范"互联网+"物流新业态发展。

网络货运是指经营者依托互联网平台整合配置运输资源，以承运人身份与托运人签订运输服务合同，委托实际承运人完成道路货物运输，承担承运人责任的道路货物运输经营活动。

对物流行业来说，网络货运主要是为了助力行业降本增效，促进道路货运转型升级，实现高质量发展。网络货运平台替代了原来中间商的环节，直接跟实际的承运人员合作。无论是传统的运作模式还是网络货运的运作模式，向客户交付的产品仍然是承运服务，交付的产品没有发生任何变化。在此过程中，网络货运平台需要承担货物的安全运输，做好整个运营的管理体系。客户端的连接方式发生了变化，运力端的组织、管理、结算方式也发生了变化。其本质是依托物联网、大数据、云计算等技术优化传统物流企业的管理经营方式。

二、流通加工的类型和技术

(一) 流通加工的类型

根据不同的目的,流通加工可分为不同的类型,主要包括以下几个方面。

1. 为保护产品的流通加工

为防止产品在运输、储存、装卸搬运、包装等过程中遭受损失,保护产品的使用价值,延长产品在生产和使用期间的寿命,采取稳固、改装、保鲜、冷冻、涂油等方式。例如,水产品、肉类、蛋类的保鲜和保质的冷冻加工、防腐加工等,金属材料的喷漆、涂防锈油等防锈蚀加工。

2. 为适应多样化需要的流通加工

生产部门为了实现生产的规模效益,其产品往往不能完全满足用户的要求。为了满足用户对产品多样化的需要,同时又要保证高效率的大生产,可将生产出来的单一化、标准化的产品进行多样化的改制加工。例如,对钢材卷板的舒展、剪切加工,木材改制成枕木、板材、方材等加工。

3. 为方便消费及省力的流通加工

从顾客的角度出发,根据顾客生产的需要将产品加工成生产直接可用的状态。例如,可根据顾客需要,将木材制成可直接投入使用的各种型材;将钢材定尺、定型,按要求下料;将水泥制成混凝土拌合料,使用时只需稍加搅拌即可使用等。

4. 为促进销售的流通加工

流通加工具有促进销售的作用。例如,将以保护商品为主的运输包装改换成以促进销售为主的销售包装,以起到吸引消费者、促进销售的作用;将过大包装或散装物分装成适合依次销售的小包装的分装加工;将蔬菜、肉类洗净切块以满足消费者要求等。

5. 为弥补生产加工不足的流通加工

由于受到各种因素的限制,许多产品在生产领域的加工只能到一定程度,而不能完全实现能够最终满足消费的加工结果。例如,木材如果在产地完成成材加工或制成木制品的话,就会给运输带来极大的困难,所以在生产领域只能加工到圆木、板、方材的程度,进一步的下料、切裁、处理等加工则由流通加工完成;钢铁厂大规模的生产只能按规格生产,以使产品具有较强的通用性,从而使生产能达到较高的效率和较好的效益。

6. 为提高加工效率的流通加工

许多生产企业的初级加工由于数量有限,加工效率不高;而流通加工以集中加工的形式,可解决单个企业加工效率不高的弊病。以一家流通加工企业的集中加工代替了若干家生产企业的初级加工,促使行业的生产能力和水平有一定的提高。

7. 为衔接不同运输方式的流通加工

为了衔接不同的运输方式，有时需要在干线运输和支线运输的节点设置流通加工环节，以有效解决大批量、低成本、长距离的干线运输与多品种、少批量、多批次的末端运输和集货运输之间的衔接问题。以流通加工中心为核心，在流通加工点与大生产企业间形成大批量、定点运输的渠道，组织对多个用户的配送，也可以在流通加工点将运输包装转换为销售包装，从而有效衔接不同目的的运输方式。例如，散装水泥中转仓库把散装水泥装袋、将大规模散装水泥转化为小规模散装水泥的流通加工，就衔接了水泥厂大批量运输和工地小批量装运的需要。

8. 为实施配送的流通加工

为实施配送进行的流通加工是配送中心为了实现配送活动，满足客户的需要而对物资进行的加工。例如，混凝土搅拌车可根据客户的要求，把沙子、水泥、石子、水等各种不同材料按比例要求装入可旋转的罐中。在配送路途中，汽车边行驶边搅拌，到达施工现场后，混凝土已经均匀搅拌好，可以直接投入使用。

9. 为提高物流效率的流通加工

有些产品受本身的形态限制难以进行物流操作，使其在运输、装卸搬运过程中极易受损，并且可能会给运输、储存过程带来不便，因此需要进行适当的流通加工加以弥补，从而使物流各环节易于操作，提高物流效率，降低物流损失。例如，自行车在消费地区（如超市）的装配加工，可以提高运输效率，降低损失；石油气的液化加工，使很难输送的气态物转变为容易输送的液态物，也可以提高物流效率。

10. "生产—流通"一体化的流通加工

依靠生产企业和流通企业的联合，或者生产企业涉足流通，或者流通企业涉足生产，形成的对生产与流通加工进行合理分工、合理规划、合理组织，统筹进行的安排，这就是"生产—流通"一体化的流通加工形式。它可以促成产品结构及产业结构的调整，充分发挥企业集团的技术经济优势，是目前流通加工领域的新形式。

（二）流通加工技术

流通加工技术因物品的性质不同而不同。以下简要介绍几种代表性物品的流通加工技术。

1. 输送水泥的熟料在使用地磨制水泥的流通加工

在需要长途调入水泥的地区，变调入成品水泥为调进熟料这种半成品，在该地区的流通加工据点（粉碎工厂）粉碎，并根据当地资源和需要掺入混合材料及外加剂，制成不同品种及标号的水泥，供应当地用户，这是水泥流通加工的重要形式之一。

在需要经过长距离输送供应的情况下，以熟料形态代替传统的粉状水泥，有很多优点。

（1）可以大大降低运费，节省运力。

（2）容易以较低成本实现大批量、高效率的输送。

（3）可以大大降低水泥的输送损失。
（4）能更好地衔接产需，方便用户。

2. 钢板剪板及下料加工

热连轧钢板和钢带、热轧厚钢板等板材最大交货长度常可达 7～12 米，有的是成卷交货，对于使用钢板的用户来说，大中型企业由于消耗量大，可设专门的剪板及下料加工设备，按生产需要剪板、下料。但对于使用量不大的企业和多数中小型企业来讲，单独设置剪板、下料的设备，设备闲置时间长、人员浪费大、不容易采用先进方法。钢板的剪板及下料加工可以有效地解决上述弊病。剪板加工是在固定地点设置剪板机，下料加工是设置各种切割设备，将大规格钢板裁小，或切裁成毛坯，便利用户。

3. 木材的流通加工

（1）磨制木屑压缩输送。这是一种为了提高流通（运输）效益的加工方法。木材容量小，往往使车船满装不能满载，同时，装车、捆扎也比较困难。从林区外送的原木中，有相当一部分是造纸材料，美国采取在林木生产地就地将原木磨成木屑，然后采取压缩方法，使之成为容重较大但容易装运的形状，然后运至靠近消费地的造纸厂，取得了较好的效果。采取这种办法比直接运送原木节约一半的运费。

（2）集中开木下料。集中开木下料是在流通加工点将原木锯裁成各种规格的锯材，同时将碎木、碎屑集中加工成各种规格板，甚至还可进行打眼、凿孔等初级加工。用户直接使用原木，不但加工复杂、加工场地大、设备多，更严重的是资源浪费大，木材平均利用率不到50%，平均出材率不到40%。实行集中下料，按用户要求供应规格下料，可以使原木利用率提高到95%，出材率提高到72%左右，有相当大的经济效果。

4. 煤炭及其他燃料的流通加工

（1）除矸加工。除矸加工是以提高煤炭纯度为目的的加工形式。矸石有一定发热量，煤炭混入一些矸石是允许的，也是较经济的。但在运力十分紧张的地区，要求充分利用运力，多运"纯物质"，少运矸石，在这种情况下，可以采用除矸的流通加工排除矸石。

（2）为管道输送煤浆进行的加工。煤炭的运输方法主要采用容器载运方法，运输中损失浪费较大，又容易发生火灾。采用管道运输，在流通的起始环节将煤炭磨成细粉，再用水调和成浆状，使之具备流动性。

（3）配煤加工。在使用地区设置集中加工点，将各种煤及一些其他的发热物质，按不同配方进行掺配加工，生产出各种不同发热量的燃料，这称作配煤加工。这种加工方式可以按需要发热量生产和供应燃料，防止热能浪费或者发热量过小的情况出现。

（4）天然气、石油气的液化加工。由于气体输送、保存都比较困难，天然气及石油气往往只好就地使用，如果有过剩往往就地燃烧掉，造成浪费和污染。天然气、石油气的输送可以采用管道，但因投资大、输送距离有限，也受到制约。在产出地将天然气或石油气压缩到临界压力之上，使之由气体变成液体，可以用容器装运，使用时机动性也较强。

5. 生鲜食品的流通加工

（1）冷冻加工。它是指为解决鲜肉、鲜鱼在流通中保鲜及搬运装卸的问题，采取低温冻结方式的加工。这种方式也用于某些液体商品、药品等。

（2）分选加工。农副产品离散情况较大，为获得一定规格的产品，采取人工或机械分选的方式加工，即分选加工。这种加工方式广泛用于瓜果类、谷物、棉毛原料等。

（3）精制加工。针对农、牧、副、渔等产品，精制加工是在产地或销售地设置加工点，去除无用部分，甚至可以进行切分、洗净、分装等加工。比如，鱼类的精制加工所剔除的内脏可以制某些药物或饲料，鱼鳞可以制黏合剂，头尾可以制鱼粉等；蔬菜的加工剩余物可以制饲料、肥料等。

（4）分装加工。许多生鲜食品零售起点量较小，而为保证高效输送，出厂包装可较大，也有一些是采用集装运输方式运达销售地区的。这样，为了便于销售，在销售地区按所要求的零售起点量进行新的包装，即大包装改小、散装改小包装、运输包装改销售包装。

三、流通加工合理化

流通加工合理化是实现流通加工的最优配置，不仅做到避免各种不合理，使流通加工有存在的价值，而且做到最优的选择。为避免各种不合理现象，对是否设置流通加工环节，在什么地点设置，选择什么类型的加工，采用什么样的技术装备等，需要做出正确抉择。

（一）不合理的流通加工

1. 不合理的流通加工地点设置

流通加工地点设置，即布局状况，是决定整个流通加工是否有效的重要因素。

一般来说，为衔接单品种、大批量生产与多样化需求的流通加工，应将其加工地点设置在需求地区，只有这样才能实现大批量的干线运输与多品种末端配送的物流优势。若将其加工地设置在生产地区，则会导致两方面的不合理：一是会导致出现多品种、小批量的产品由产地向需求地的长距离的运输；二是会导致在生产地增加一个加工环节，同时也增加近距离的运输、保管、装卸等一系列活动。

对于为方便物流的流通加工，一般应将加工地设置在产出地，设置在进入社会物流之前。若将其设置在物流之后，即设置在消费地，则是不合理的，因为这既不能解决物流问题，也会导致在流通过程中增加中转环节。

即使是产地或需求地设置流通加工的选择是正确的，还有流通加工在小地域范围内的正确选址问题。如果处理不善，仍然会出现不合理。例如，交通不便，流通加工与生产企业或用户之间距离较远，加工点周围的社会环境条件不好，等等。

2. 不当的流通加工方式

流通加工方式包括流通加工对象、流通加工工艺、流通加工技术、流通加工程度等。流通加工方式的确定，实际上是与生产加工的合理分工。分工不合理，把本来应由生产加工完成的作业错误地交给流通加工完成，或者把本应由流通加工完成的作业错误地交给生产过程完成，都会造成不合理。

流通加工只是对生产加工的一种补充和完善，而不是代替生产加工。所以，一般来说，如果工艺复杂，技术装备要求较高，或加工可以由生产过程延续或轻易解决的，都不宜设置流通加工。如果流通加工方式选择不当，就会造成与生产争利的后果。

3. 多余的流通加工设置

流通加工的设置就是为了方便。如若流通加工过于简单，或者对生产和消费的作用都不大，甚至有时由于流通加工设置的盲目性，同样未能解决品种、规格、包装等问题，却反而增加了作业环节，这也是流通加工不合理的重要表现形式。

4. 过高的流通加工成本

流通加工的重要优势之一就是具有较大的投入产出比，能有效地起到补充、完善的作用。如果流通加工成本过高，则不能达到以较低投入实现更高使用价值的目的。因此，如果流通加工成本过高，效益不好，都应看成是不合理的。

（二）流通加工合理化的途径

实现流通加工合理化主要考虑以下几方面：

（1）加工和配送结合。这是将流通加工设置在配送点中，一方面按配送的需要进行加工，另一方面加工又是配送业务流程中分货、拣货、配货中的一环，加工后的产品直接投入配货作业，这就无须单独设置一个加工的中间环节，使流通加工有别于独立的生产，与中转流通巧妙地结合在一起。同时，由于配送之前有加工，可使配送服务水平大大提高。

（2）加工和配套结合。在对配套要求较高的流通中，配套的主体来自各个生产单位。但是，完全配套有时无法全部依靠现有的生产单位，进行适当流通加工，可以有效促成配套，大大提高流通的桥梁与纽带的能力。

（3）加工和合理运输结合。流通加工能有效衔接干线运输与支线运输，促进两种运输形式的合理化。利用流通加工，在支线运输转干线运输或干线运输转支线运输这本来就必须停顿的环节，不进行一般的支线转干线或干线转支线，而是按干线或支线运输合理的要求进行适当加工，从而大大提高运输及运输转载水平。

（4）加工和合理商流相结合。通过加工有效促进销售，使商流合理化，也是流通加工合理化的有效措施之一。通过简单地改变包装加工形成方便的购买量，通过组装加工解除用户使用前进行组装、调试的难处，都是有效促进商流的措施。

◆ 本章小结

物流的辅助作业主要有货物的包装、装卸搬运和流通加工。

从物流的角度来看，包装是生产物流的终点，社会物流的起点。早期人们对商品进行包装，主要是为了保护商品，但随着科学技术的进步和商品经济的发展，物流包装呈现了多样性分类：从包装在流通中的作用角度可分为运输包装与销售包装，从形态可分为单件包装、内包装和外包装，等等。保护与盛载功能、储运与销售功能、美化与传达信息、循环与再生利用是包装的四大功能。包装技术是包装活动中所采用的硬技术和软技术的总称，主要有防震保护技术、防破损保护技术、防锈包装技术、防霉腐包装技术、防虫包装技术、危险品包装技术。包装合理化和包装标准化是包装管理的两项内容。包装系统设计的要点有三个：一是包装的标准化、集装化，二是包装标识的标准化、国际化，三是系统作业的自动化、机械化。

装卸搬运是一个复合概念，包含装卸与搬运两者的复合运动。附属性、伴生性、衔接性、支持性、保障性和服务性是装卸搬运的基本特点。从不同的角度可对装卸搬运工作进行多种分类。装卸搬运合理化的原则主要有装卸搬运次数最少化、各作业环节衔接协调化、装卸搬运距离最短化、装卸搬运作业活性化。实现装卸搬运合理化的途径主要有防止和消除装卸搬运中的无效作业，充分利用重力或消除重力影响，实现装卸搬运作业的省力化，提高装卸搬运的灵活性，科学利用装卸搬运设备，文明装卸搬运，推广组合化装卸搬运法等。常见的装卸搬运设备主要有装卸搬运机械和装卸搬运容器。满足现场作业和控制作业费用是装卸搬运设备选择的基本准则。

流通加工是物流作业中的一个重要环节，是当今社会化分工生产的必然产物。流通加工是物品在生产地到使用地的过程中，根据需要施加包装、分割、计量、分拣、刷标志、拴标签、组装等简单作业的总称。其主要内容包括食品的流通加工、消费资料的流通加工和生产资料的流通加工。提高原材料利用率、方便用户及降低成本、提高加工效率及设备利用率是流通加工的几种作用。流通加工是生产加工在流通领域中的延伸，它与生产加工存在着五个方面的不同。根据不同的目的，流通加工具有不同的类型，主要包括：为保护产品的流通加工，为适应多样化需要的流通加工，为方便消费及省力的流通加工，为促进销售的流通加工，为弥补生产加工不足的流通加工，为提高加工效率的流通加工，为衔接不同运输方式的流通加工，为实施配送的流通加工，为提高物流效率的流通加工，"生产—流通"一体化的流通加工，等等。流通加工技术因物品的性质不同而不同。不合理的流通加工地点设置、不当的流通加工方式、多余的流通加工设置和过高的流通加工成本是四种常见的不合理流通加工。要实现流通加工合理化，可从四方面加以考虑：一是加工和配送结合，二是加工和配套结合，三是加工和合理运输结合，四是加工和合理商流相结合。

◆复习与思考

一、名词解释

包装　运输包装　销售包装　包装管理　包装合理化　包装标准化　装卸搬运　装卸　搬运　装卸搬运合理化　流通加工　流通加工合理化

二、单选题

1. 商业包装的主要作用是（　　）。
   A. 促进销售　　　B. 促进采购
   C. 促进生产　　　D. 便于物流
2. （　　）是指以满足运输、仓储要求为主要目的的包装。
   A. 销售包装　　　B. 运输包装
   C. 商业包装　　　D. 生产包装
3. （　　）是物流包装的首要功能。
   A. 保护商品　　　B. 方便物流
   C. 促进销售　　　D. 节约物流费用
4. （　　）既是生产的终点，又是销售物流活动的起点。
   A. 包装　　　　　B. 存储
   C. 运输　　　　　D. 流通加工
5. 下列选项中不属于装卸搬运特点的是（　　）。
   A. 是附属性、伴生性的活动
   B. 是支持性、保障性的活动
   C. 是衔接性、增加物流成本的活动
   D. 是被动性的活动

6. 下列选项中不属于装卸搬运合理化的操作是（　　）。
   A. 消除无效搬运
   B. 提高搬运活性
   C. 尽量采用人工操作
   D. 采用集装单元化作业
7. 下列选项中不属于流通加工作用的是（　　）。
   A. 提高原材料利用率
   B. 方便用户
   C. 降低成本
   D. 提高产品质量
8. 不合理流通加工的具体表现之一是（　　）。
   A. 加工和配套结合
   B. 过高的流通加工成本
   C. 加工和合理商流相结合
   D. 加工和配送结合
9. 通过加工有效促进销售，使商流合理化，也是（　　）的有效措施之一。
   A. 包装合理化
   B. 运输合理化
   C. 流通加工合理化
   D. 装卸搬运合理化

三、多选题

1. 按照在流通中的作用，包装可分为（　　）。
   A. 专用包装
   B. 外包装
   C. 运输包装
   D. 通用包装
   E. 销售包装
2. 货物包装具有（　　）等功能。
   A. 保护功能
   B. 储运功能
   C. 销售功能
   D. 保值功能
   E. 省时功能
3. 包装标准化具有（　　）的效果。
   A. 保值功能
   B. 提高效率
   C. 降低包装费用
   D. 增加通用性
   E. 促进产品销售
4. 按照装卸搬运对象不同，装卸搬运可分为（　　）。
   A. 单件货物装卸
   B. 集装货物装卸
   C. 配套成套装卸
   D. 散装货物装卸
   E. 大批货物装卸
5. 按照装卸搬运作业原理不同，装卸搬运可分为（　　）。
   A. 间歇作业方式
   B. "吊上吊下"方式
   C. "叉上叉下"方式
   D. "滚上滚下"方式
   E. 连续作业方式
6. 在一个完整的物流运作过程中，装卸搬运是一个必不可少的环节。那么，装卸搬运具备（　　）等独特性。
   A. 附属性
   B. 伴生性
   C. 保障性
   D. 衔接性
   E. 服务性
7. 流通加工合理化是实现流通加工的最优配置，不仅做到避免各种不合理，还使流通加工有存在的价值，流通加工的合理化的应用措施有（　　）。
   A. 加工和合理商流相结合
   B. 加工和合理运输结合
   C. 加工和配套结合
   D. 加工和配送结合
   E. 随机配运
8. 流通加工与一般生产加工相比，主要差别表现在（　　）。
   A. 加工目的
   B. 加工对象
   C. 加工内容
   D. 组织加工者
   E. 价值观点

四、判断题

1. 只要能保护货物本身质量和数量上的完整无缺，即使无包装也可以。（　　）
2. 物品在从生产地到消费地的过程中，根据需要施加包装、分割、计量、分拣、组装、价格、标签贴付、商品检验等简单作业的总称是流通加工。（　　）
3. 便于搬运和销售是包装，特别是运输包装的最主要的作用。（　　）
4. 搬运是在同一地域的小范围内发生的，而运输是在较大时空范围内发生的。（　　）
5. 金属材料剪裁、木材裁制加工属于衔接产需的流通加工活动。（　　）

6. 钢铁的压型加工和木材纤维的压缩加工属于衔接产需的流通加工活动。（ ）
7. 由于装卸搬运不是价值增值环节，而是需要消耗人力物力，因此在物流运作中可有可无。（ ）
8. 在装卸搬运作业中，货物的活性指数越大，表明装卸搬运作业的难度也越大。（ ）

五、简答题

1. 简述包装的分类。
2. 简述包装的功能。
3. 简述装卸搬运的特点。
4. 简述装卸搬运合理化的原则与途径。
5. 简述流通加工的内容。
6. 简述流通加工合理化的思路。

六、论述题

1. 包装的两大作用是物流和营销。请论述包装在实际中对这两大经济领域的影响。
2. 谈谈如何实现装卸搬运的数字化与信息化。
3. 人们常常认为装卸搬运在物流运作中可有可无，你是否同意这个观点？请说明理由。

案例分析

振华货运公司在装卸搬运中存在的问题

振华货运公司成立于2009年，在天津、上海、青岛、大连和连云港等地都成立了船代公司，并与全球80多家海外代理建立了互为代理的关系，且公司在西安有四家门店。它的主营业务是零担配送、仓储、整车运输、西安物流专线、西安货运专线。

虽然振华货运公司在海运领域有一定的产品与服务优势，但随着企业规模的不断扩大，也暴露出许多短板问题。

1. 无效的装卸搬运

在振华货运公司中存在诸多的无效装卸搬运，主要表现在两个方面：一是在粘贴数字编号的条码时需要翻动货物。在发货人较多时，发货人先将货物卸载、堆放在货场，由于货物堆积在一起，财务人员在粘贴条码时，需要搬动货物以方便粘贴，最后再将货物重新堆积，导致无效的装卸搬运活动。二是装车时货物在车上的位置不确定。在装进一部分货物后，常常会出现因配载方式的不正确而装不下当天的货物的情况，需要重新摆放已装车的货物，从而导致需要卸下一部分已装车的货物，进行二次装车。

2. 人力作业为主的作业方式

在振华货运公司，大多数货物采用工人手抱肩扛的作业方式进行装卸搬运作业。这是由于货场的作业空间有限，在极其狭窄的空间中，只有人可以通过，因此该小型物流企业的装卸搬运大部分靠人力进行。例如，在装发往洛川的货物时，有七个人同时作业，车厢内有两个人进行摆放，其他人全部依靠人力在货场上将发往洛川的货物装车，造成工作间断，效率低下。

3. 暴力装卸货物

在振华货运公司中，也存在暴力装卸搬运的行为，诸如一些比较轻、耐碰撞、耐压的货物，装卸搬运工一般采用低空坠物的方法，直接将其从车上扔下，或者直接扔上车。而且车厢内工人的劳动量要远大于车外的工人，容易产生暴躁脾气，遇到重货时会摔货，由此导致货损，每个月都会发生1 000~2 000元不等的赔损额。

4. 没有合理利用重力进行装卸搬运

振华货运公司难以区分装卸和搬运，装卸搬运主要依靠人力和叉车进行作业。在作业过程中，当工人将货物放置在叉车托盘及叉车将货物放置货场的这段时间，车上的装卸搬运工就处于空闲期，装卸搬运工作间断，因不能很好地利用货物自重进行装卸搬运，严重消耗劳动力，导致装卸搬运时间延长。

在一个完整的物流运作过程中，装卸搬运是一个必不可少的环节。据统计，在物流的全部作业过程中，装卸搬运所占时间约为50%，成本约占物流总成本的25%。从时间和成本这两个数据中可以看出，装卸搬运过程中效率的提高对整个物流过程至关重要。针对公司所存在的各类弊端，振华货运公司迫切需要对装卸搬运作业进行合理化处置，以提高作业效率。

资料来源：李宁，刘铮. 基于物流视角下的装卸搬运研究：以振华货运公司为例[J]. 商场现代化，2017（3）：97-99.

讨论题

1. 针对无效的装卸搬运这一短板问题，振华货运公司应该如何克服？
2. 振华货运公司的"人力作业"是否可以直接换成"机器作业"？请说明理由。

第五章 CHAPTER 5

物流支持作业——物流信息系统

学习目标

- 了解主要的物流信息技术
- 理解物流信息系统的业务流程
- 熟悉物流信息系统的构成
- 掌握物流信息的基本概念、分类、特点,以及物流信息系统的基本概念、分类、功能与特征
- 通过案例掌握分析实际问题的能力

关键概念

物流信息　物流信息系统　物流信息技术

引 例

沃尔玛的成功经验

沃尔玛百货有限公司由美国零售业的传奇人物山姆·沃尔顿先生于1962年在阿肯色州成立。沃尔玛公司现已成为美国最大的私人雇主和世界上最大的连锁零售企业。每周,超过2亿名顾客和会员光顾沃尔玛在27个国家拥有的69个品牌下的10 700多家分店以及遍布15个国家的电子商务网站。2020年8月10日,沃尔玛名列2020年《财富》世界500强排行榜第1位。2020年8月27日,沃尔玛证实正在与微软合作。截至2021年7月16日,沃尔玛市值3 967亿美元,约合人民币25 700亿元。这一奇迹究竟是怎样发生的?

沃尔玛之所以成功,在很大程度上是因为它至少提前10年(较竞争对手)将尖端科技和物流系统进行了巧妙搭配。早在20世纪70年代,沃尔玛就开始使用计算机进行管理;80年代初,沃尔玛又花费4亿美元购买了商业卫星,实现了全球联网;90年代,他们采用了全球领先的全球定位系统(GPS),控制公司的物流,提高配送效率，以速度和质量赢得用户的满意度和忠诚度。沃尔玛对信息技术的执着追求有目共睹，沃尔玛的电脑系统仅次于美国军方系统，比微软总部的服务器还多。

沃尔玛一直崇尚采用最现代化、最先进的系统，进行合理的运输安排。总部通过电脑系统与全世界的沃尔玛商店连接，商店付款台激光扫描器售出的每一件货物，都会自动记入电脑。当某一货品库存减少到一定数量时，电脑就会发出信号，自动订货并提醒商店及时向总部要求进货。总部安排货源后送往离商店最近的一个发货中心，再由发货中心的电脑安排发送时间和路线。在商店发出订单后24小时内所需货品就会出现在仓库的货架上。这种高效率的存货管理，使公司能迅速掌握销售情况和市场需求趋势，及时补充库存不足。这样可以减少存货风险、降低资金积压的额度，加速资金运转速度。

沃尔玛在全球的各家分店和各个供应商有相同的补货系统、相同的EDI条形码系统、相同的库存管理系统、相同的会员管理系统、相同的收银系统。与很多其他企业不同，沃尔玛的这些系统都是以自我开发为主的。沃尔玛不断将自己积累的管理经验通过IT软件的方式固定下来，并方便地在全球业务中推广。管理信息系统是为管理服务的，软件厂商开发的管理软件都是管理经验的总结和系统化。像沃尔玛这种顶尖的零售商，只能进行自我学习，以自我开发为主建设管理信息系统，成为必然的选择。

讨论题
1. 物流信息技术在沃尔玛的成功中扮演了什么角色？
2. 沃尔玛的成功对我们有何启示？

进入21世纪以来，整个商业社会的零售指数一直处于下降趋势，然而商品的生产和经营所产生的利润仍然在增长，其原因何在？实际上，从总体商品生产和经营的过程来看，流通成本的降低幅度最大，而这主要是依赖了信息化建设所带来的前所未有的高效率和高速度。

第一节 物流信息与物流信息系统

一、物流信息的内涵

物流连接着生产和消费两大领域，是社会经济活动的基础。物流活动包括运输、仓储、装卸、搬运、流通加工和物流信息处理等功能，物流信息成为现代物流管理的中心。

(一) 物流信息的定义

物流信息是指反映物流各种活动内容的知识、资料、图像、数据的总称。从定义来看，它有狭义与广义之分。

1. 狭义的物流信息

狭义的物流信息是指反映物流各种活动内容的知识、资料、图像、数据、文件的总称。

例如，在订单管理、采购作业、进货入库作业、库存管理、补货及分拣、流通加工、出货作业、配送作业等作业流程中产生的信息。

2. 广义的物流信息

广义的物流信息是指与整个物流活动相关的各种信息，可以是直接相关的信息，也可以是间接相关的信息，如商品交易信息和市场信息。商品交易信息是指买卖双方在交易过程中产生的信息，如订货信息与接收订货的信息、收入支出现金信息等。市场信息是指对市场上各种经济关系和各种经济活动现状、经济活动的变化情况以及与市场营销有关的各种消息、情报、图表、数据资料的总称。其中，与物流活动密切相关的有商品和服务的供需信息、竞争对象和竞争商品的信息，涉及国际贸易的还离不开汇率信息。

（二）物流信息的分类

信息的分类有很多种，因此物流信息的分类方法也就很多。其主要分类方式有如下几种。

1. 按作业内容分类

按信息产生和作用的不同作业内容分类，物流信息包括仓储信息、运输信息、加工信息、包装信息、装卸信息等。对于某个功能领域还可以进行进一步细化，如仓储信息分成入库信息、出库信息、库存信息、搬运信息等。

2. 按加工程度的不同分类

按加工程度的不同，物流信息可以分为以下两种。

（1）原始信息。原始信息是指未加工的信息，是信息工作的基础，也是最有权威性的凭证性信息。

（2）加工信息。加工信息是指对原始信息进行各种方式和各个层次处理后的信息。这种信息是原始信息的提炼、简化和综合，利用各种分析工具在海量数据中发现潜在的、有用的信息和知识。

3. 按照物流信息的变动度分类

（1）固定信息。这种信息通常具备相对稳定的特点，分为三种：一是物流生产标准信息，是以指标定额为主体的信息，如各种物流活动的劳动定额、物资消耗定额等；二是物流计划信息，物流活动中在计划期内一定任务所反映的各项指标，如物资年计划吞吐量、计划运输量等；三是物流查询信息，在一个较长的时期内很少发生变更的信息，如国家、部门颁布的技术标准，物流企业内的职工人事制度、工资制度、财务制度等。

（2）流动信息。与固定信息相反，流动信息是物流系统中经常发生变动的信息。这种信息以物流各作业统计信息为基础，如某一时刻物流任务的实际进度、实际完成情况、各项指标的对比关系等。

此外，还可按照信息的来源将物流信息分为外部信息和内部信息，按战略层次将物流信息分为作业信息、管理控制信息和决策支持信息等。

（三）物流信息的特点

物流信息具有以下特点。

（1）物流信息量大、分布广，信息的产生、加工、传播和应用在时间、空间上不一致，方式也不同。物流是联系生产和消费（生产消费和生活消费）的桥梁，任何生产和消费的情况都可以称为物流信息的组成部分。

（2）物流信息动态性强，时效性高，信息价值衰减速度快，因而对信息管理的及时性和灵活性提出了很高的要求。

（3）物流信息种类多，不仅本系统内部各个环节有不同种类的信息，而且由于物流系统与其他系统（如生产系统、供应系统等）密切相关，因而还必须搜集这些物流系统外的有关信息，使得物流信息的搜集、分类、筛选、统计、研究等工作的难度增加。

（4）物流信息趋于标准化。随着信息处理手段电子化，要求物流信息标准化。

二、物流信息系统的内涵

物流系统包括运输系统、储存保管系统、装卸搬运、流通加工系统、物流信息系统等，其中物流信息系统是高层次的活动，是物流系统中最重要的方面之一，涉及运作体制、标准化、电子化及自动化等方面的问题。

（一）物流信息系统的定义

物流信息系统是企业信息系统中的一类，利用计算机软硬件、网络通信设备特别是互联网等信息技术，结合各类机械化、自动化物流工具设备，利用数据、信息、知识等资源，进行物流信息的收集、传递、加工、储存、更新和维护，实现对实体物流综合管理的数字化、智能化、标准化和一体化，物流业务处理、指挥信息化与网络化，以提高整体物流活动的效率和效益，降低整体物流成本，从而支持企业的现代管理并取得竞争优势的集成化人机系统。物流信息系统是由人员、设备和程序组成的，为物流管理者执行计划、实施、控制等职能提供信息的交互系统。它与物流作业系统一样，都是物流系统的子系统。

物流信息系统实际上是物流管理软件和信息网络结合的产物，小到一个具体的物流管理软件，大到利用覆盖全球的互联网将所有相关的合作伙伴、供应链成员连接在一起提供物流信息服务的系统，都属于物流信息系统。对一个企业而言，物流信息系统不是独立存在的，而是企业信息系统的一部分，或者说是其中的子系统，即使对一个专门从事物流服务的企业也是如此。例如，在企业的 ERP 系统中，物流管理信息系统只是其中的一个子系统。

（二）物流信息系统的分类

物流信息系统按管理决策的层次分为物流作业管理系统、物流协调控制系统、物流决策支持系统。

按系统的应用对象分为面向制造企业的物流管理信息系统，面向零售商、中间商、供应商的物流管理信息系统，面向物流企业的物流管理信息系统（3PLMIS），面向第三方物流企业的物流信息系统。

按系统采用的技术分为单机系统、内部网络系统、与合作伙伴、客户互联的系统。

按系统的功能分为事物处理信息系统、办公自动化系统、管理信息系统、决策支持系统、高层支持系统、企业间信息系统。

（三）物流信息系统的功能

物流信息系统是物流系统的神经中枢，作为整个物流系统的指挥和控制系统，至少具备以下五个方面的基本功能。

1. 数据收集

对物流数据的收集，首先是将数据通过收集子系统从系统内部或者外部收集到预处理系统中，并整理成为系统要求的格式和形式，然后再通过输入子系统输入到物流信息系统中。它是其他功能发挥作用的前提和基础，如果一开始收集和输入的信息不完全或不正确，在接下来的过程中得到的结果就可能与实际情况完全相左，这将会导致严重的后果。因此，在衡量一个信息系统的性能时，应注意它收集数据的完善性、准确性，以及校验能力和预防与抵抗破坏能力等。

2. 信息存储

物流数据经过收集和输入阶段后，在其得到处理之前，必须在系统中存储下来。即使在处理之后，若信息还有利用价值，也要将其保存下来，以供后续使用。物流信息系统的存储功能就是要保证已得到的物流信息能够不丢失、不走样、不外泄、整理得当、随时可用。无论哪一种物流信息系统，在涉及信息的存储问题时，都要考虑到存储量、信息格式、存储方式、使用方式、存储时间、安全保密等问题。如果这些问题没有得到妥善的解决，信息系统是不可能投入使用的。

3. 信息传输

物流信息在物流系统中，一定要准确、及时地传输到各个职能环节，否则信息就会失去其使用价值。这就需要物流信息系统具有克服空间障碍的功能。物流信息系统在实际运行前，必须要充分考虑所传递信息的种类、数量、频率、可靠性等因素。只有这些因素符合物流系统的需要时，物流信息系统才是有实际使用价值的。

4. 信息处理

物流信息系统的最根本目的就是要将输入的数据加工、处理成物流系统所需要的物流信息。数据和信息是有所不同的，数据是得到信息的基础，但数据往往不能被直接利用，而信息是从数据加工得到的，可以被直接利用。只有得到了具有实际使用价值的物流信息，物流信息系统的功能才得以发挥。

5. 信息输出

信息输出是物流信息系统的最后一项功能，只有在实现了这个功能后，物流信息系统的任务才算完成。信息输出必须采用便于人或计算机理解的形式，在输出形式上力求易读易懂，直观醒目。

这五项功能是物流信息系统的基本功能，缺一不可。而且，只有在五个过程中都没有出错，最后得到的物流信息才具有实际使用价值，否则会造成严重的后果。

（四）物流信息系统的特征

尽管物流系统是企业经营管理系统的一部分，物流信息系统与企业其他的管理信息系统在基本面上没有太大的区别，如集成化加模块化、网络化加智能化的特征，但物流活动本身具有的时空上的特点决定了物流信息系统具有自身独特的特征。

1. 跨地域联结

在物流活动中，由于订货方和接受订货方一般不在同一场所，如处理订货信息的营业部门和承担货物出库的仓库一般在地理上是分离的，发货人和收货人不在同一个区域等，这种在场所上相分离的企业或人之间的信息传送需要借助数据通信手段来完成。在传统的物流系统中，信息需要使用信函、电话、传真等传统手段实现传递，然而随着信息技术的进步，利用现代电子数据交换技术就可以实现异地间数据的实时、无缝的传递和处理。

2. 跨企业联结

物流信息系统不仅涉及企业内部的生产、销售、运输、仓储等部门，而且与供应商、业务委托企业、送货对象、销售客户等交易对象以及在物流活动上发生业务关系的仓储企业、运输企业和货代企业等众多的独立企业之间有着密切关系。物流信息系统可将企业内外的相关信息实现资源共享。

3. 信息的实时传送和处理

物流信息系统一方面需要快速地将搜集到的大量形式各异的信息进行查询、分类、计算、储存，使之有序化、系统化、规范化，成为能综合反映某一特征的真实、可靠、适用而有使用价值的信息；另一方面，物流现场作业需要从物流信息系统获取信息，用以指导作业活动，即只有实时的信息传递，使信息系统和作业系统紧密结合，克服传统借助打印的纸质载体信息作业的低效作业模式。

★ 小案例 5-1

钢铁企业的物流信息系统

1. 企业概况

钢铁企业中的物流信息十分复杂。在钢铁厂外，货物会经过采购进厂、运出销售；在钢铁厂内，原材料要经过卸车、入库、储存、冶炼等处理，变成钢铁产品、废弃物，其中废弃物有一部分需要回收再利用。

现代物流信息系统，能够及时收集各个节点处复杂的物流信息，供钢铁企业内部调度、外部查询使用。然而，许多钢铁企业虽然早已经应用物流信息系统，但这些企业内的物流信息系统大多不够现代化，技术比较落后。表 5-1 显示出我国钢铁企业物流信息技术的三个发展阶段。

表 5-1　我国钢铁企业物流信息技术的三个发展阶段

阶段	物流信息技术
1	网络技术、计算机技术、信息分类编码技术
2	射频识别条码技术（REID）、条码技术
3	激光扫描、红外感应、全球定位系统、地理信息系统、手持移动技术

钢铁企业面临着以下问题，请思考如何解决这些问题，并提出相应的解决方案。

（1）钢铁企业中物流十分复杂，从采购环节开始就有焦炭、铁矿石、废钢，生产环节还有烧结矿、生铁、钢坯，销售环节还有钢材，厂内还要循环利用部分物资，并处理废弃物。

（2）物流管理还没得到管理人员的足够重视，导致下属部门各自为政，制造了大量冗余环节，物流管理还存在许多漏洞。

（3）在信息的采集方面，一些钢铁企业还在用人工统计，结果又慢又有漏洞。

（4）即使有一些钢铁企业早已开始应用物流信息系统，但它们的物流信息系统大多不够现代化，技术比较落后。

2. 解决方案

（1）设计钢铁企业物流流程。钢铁企业要根据企业内外物流的实际工作，获取物流信息的需要，设计企业物流的流程。流程中车辆到来时的各个节点，都要核验信息、留下记录，再放行车辆。

（2）建设钢铁企业物流信息系统的网络。如今，5G 移动网络技术已经开始普及，钢铁企业应积极应用，此外，还要采用 WSN 无线传感网络技术、企业内部专用网络技术等，这样才能实时传输监控、定位、调度中的信息。

（3）设计钢铁企业物流信息系统的功能（见表 5-2）。

表 5-2　钢铁企业各部门物流信息系统的平台和功能

部门	功能	平台
销售	查看产品库存	购销与结算平台
采购	查看原材料需求、原材料库存	购销与结算平台
财务	查看原材料到厂、产品出厂记录，记录资金流	购销与结算平台
生产	提出原材料需求	物流园服务平台
检验	记录原材料、货物品质	物流园服务平台
物流	接收需求、查询库存、规划物流、查询车辆司机	物流园服务平台
客户	查看产品库存	电子商务平台
供应商	查看原材料库存	电子商务平台

（4）搭建钢铁企业物流信息系统的平台。钢铁企业中对物流信息有需求的各个部门，都应有一个平台用来查看与本部门业务相关的物流信息。

资料来源：廉强，王建方. 钢铁企业物流信息系统探讨 [J]. 中国金属通报，2019（11）:146-147.

第二节　物流信息系统的总体构成

物流信息系统的架构分成三种：物理架构、逻辑架构和系统架构。其中，物理架构主要涉及各种硬件，如路由器、交换机、数据库服务器等计算机设备和条形码阅读器等数据自动采集设备之间的配置和连接关系应如何设定；逻辑架构是指物流信息系统软件应用即逻辑部件之间的关系，包括数据库软件、操作系统、应用服务器软件、应用系统等部件如何相互作用，特别是物流信息系统之中的专业应用系统内部的各个构件之间的相互作用关系等；系统架构指的是逻辑部件如何与物理部件连接和互动，以取得整个信息系统所需要的功能。

一、物流信息系统的组成要素

一般而言，一个完整的物流信息系统至少应该包含以下五个组成要素。

1. 硬件

硬件包括服务器、终端、数据自动采集系统（条形码、电子标签、GIS、GPS 等）、存储系统、安全设施（防火墙、路由器、虚拟专用网）。

2. 软件

软件包括系统软件、实用软件和应用软件三大类。系统软件包括 OS 和 NOS，起控制、协调硬件资源的作用；实用软件有数据库管理系统（Database Management System）、计算机语言、各种开发工具、国际互联网上的浏览器、群件等，主要用于开发应用软件、管理数据资源、实现通信等；应用软件即面向问题的软件，与物流企业业务运作相关，实现辅助企业管理的功能。

3. 数据库

数据库（Database）是按照数据结构来组织、存储和管理数据的仓库。当今的数据管理不再仅仅是存储和管理数据，而转变成用户所需要的各种数据管理的方式。数据库有很多种类型，从最简单地存储有各种数据的表格到能够进行海量数据存储的大型数据库系统都在各个方面得到了广泛的应用。

4. 相关人员

（1）用户，即物流企业高层领导、中层管理人员，业务主管、业务人员。
（2）专业人员，即系统分析员、系统设计员、程序设计员、系统维护人员。
（3）管理人员，即信息主管、项目管理人员。

5. 物流管理思想、理念、制度、规范

（1）物流管理思想、理念（如 VMI、3PL 等）。
（2）物流企业管理制度与规范（组织结构、部门职责、业务规范和流程，岗位制度等）。

二、物流信息系统的结构

（一）拓扑结构

按照物流信息系统的物理分布把它的各组成部分抽象成不同的点，以反映物流信息系统

的分布外型。

1. 总线型拓扑

总线型拓扑由一条高速公用主干电缆即总线连接若干个节点构成网络。网络中所有的节点通过总线进行信息的传输。它具有结构简单、灵活，建网容易，使用方便，性能好的特点。其缺点是主干总线对网络起决定性作用，因而总线故障将影响整个网络。总线型拓扑是使用最普遍的一种网络。

2. 星型拓扑

星型拓扑由中央节点集线器与各个节点连接组成。其各节点必须通过中央节点才能实现通信。结构简单，建网容易，便于控制和管理是其优点；其缺点是中央节点负担较重，容易形成系统的"瓶颈"，线路的利用率也不高。

3. 环型拓扑

环型拓扑由各节点首尾相连形成一个闭合环型线路。环型网络中的信息传送是单向的，即沿一个方向从一个节点传到另一个节点；每个节点需安装中继器，以接收、放大、发送信号。它具有结构简单，建网容易，便于管理的优点；缺点是当节点过多时，将影响传输效率，不利于扩充。

4. 树型拓扑

树型拓扑是一种分级结构。在树型结构的网络中，任意两个节点之间不产生回路，每条通路都支持双向传输。此结构具有扩充方便、灵活，成本低，易推广的特点，适合于分主次或分等级的层次型管理系统。

5. 网型拓扑

网型拓扑又称为无规则结构，节点之间的联结是任意的，没有规律。此结构主要用于广域网，由于节点之间有多条线路相连，所以网络的可靠性较高。由于结构比较复杂，建设成本较高。

6. 混合型拓扑

混合型拓扑可以是不规则型的网络，也可以是点对点相连结构的网络。其优点是可以对网络的基本拓扑取长补短，其缺点是网络配置挂包难度大。

7. 蜂窝拓扑

蜂窝拓扑是无线局域网中常用的结构。它以无线传输介质（微波、卫星、红外等）点到点和多点传输为特征，是一种无线网，适用于城市网、校园网、企业网。

（二）层次结构

按照物流信息系统的物理组成抽象成不同的面以反映物流信息系统的立体构成。处于物流企业中的不同管理层次的物流部门或人员，需要不同类型的物流信息，一个组织或企业的物流管理活动按功能可以划分为不同的层次。因此，一个完整的物流信息系统包含数据管理层、作业管理层、决策分析层、战略管理层等功能层次。

1. 数据管理层

信息系统的基本功能是数据处理，因此信息系统的最底层是数据管理，物流信息系统由于面广、点多，每天要产生和处理大量的数据。有的信息数据有价值，特别是经过处理的信息，如需再次使用则需要储存。数据库的功能是将收集的物流信息进行有效的加工、整理，并存储起来，对组织中的数据进行统一的管理，并保护数据的安全、数据的完整，减少数据的冗余。数据处理的结果是通过数据库管理系统（DBMS）来对数据进行管理，用户通过数据库管理系统，可以对自己的数据进行管理，如创建数据库文件、修改数据库文件、进行咨询、更新等。数据管理层主要包括客户数据、库存数据、财务数据、人事数据、设备数据、决策数据、市场营销数据等。

2. 作业管理层

作业管理层又称事务管理层，负责日常性的事务操作，即作业流程中的每一个步骤、每一个环节都是由它来负责管理的。其特征是格式规则化、通信交互化、交易批量化、作业正常化。在作业管理层上，主要强调物流信息系统的效率。作业管理层主要包括订单处理、身份认证、入库操作、出库操作、配货作业管理、送货作业管理、财务结算、企业信息的对外发布、人事考勤管理、设备维护、设备人力调度管理等。

3. 决策分析层

物流信息系统的第三层是决策分析层，一般是企业内部为解决企业一些局部问题而制订的策略方案，这些策略大多数是属于中短期的计划方案。其主要任务是建立各种物流系统分析模式，协助管理人员鉴别、评估和比较物流策略上的可选方案，主要精力集中在决策应用和评估未来战略的可选方案上。因此，物流信息系统的决策分析趋向于强调有效（Effectiveness），而不是强调效率（Efficiency）。常用的分析方法包括运输（船舶、车辆）、日常工作计划、库存管理、配送、控制和评价模块以及有关业务作业的成本—效益分析。

4. 战略管理层

战略管理层负责有关企业全局和重大问题的决策，具有战略性、全局性、复杂性的特点。它是一种非结构化的决策过程，这类决策往往是决策分析层的延伸，但通常更加抽象、松散，并注重于长期，很难用确定的决策模型来描述。它强调的是决策者主观的意志，最终的决策取决于决策人员的知识水平和市场的洞察力。它所需要的决策信息大多来自系统的外部环境和内部数据信息的结合。战略管理层的内容主要包括企业的结构调整、企业发展方向的选择、市场营销策略、配送服务的内容调整、市场定位等。

（三）计算模式

计算模式是指按照物流信息系统的数据处理方式进行抽象，以反映物流信息系统的数据、程序分布以及处理流程。

从文件/服务器（F/S）体系结构，到客户机/服务器（C/S）体系结构，再到浏览器/服务器（B/S）体系结构。物流信息系统计算模式在经历了这3个阶段的发展之后，将云计算应用到物流信息系统中可进一步提升物流信息系统的效率。创建合作模式的物流信息系统的需求和大数据等技术的发展，充分说明云计算可以应用到物流信息系统中，为企业提供新的发展空间。

云计算是一项满足需要通过接入互联网来使用硬件和软件资源需求的技术。美国国家标准与技术研究院（NIST）将云计算定义为一个无处不在的模型，提供方便的按需的自助服务，实现无处不在的网络接入，能够资源共享，将资源（网络、服务器、存储、应用程序和服务）池化，满足资源轻易的扩充和缩减，同时提供计量服务（测量资源的使用情况）和消费支付的商业模式。云计算技术体系结构主要分四个层次：物理资源层、虚拟资源层（资源池）、中间件管理层、面向服务的体系结构（Service-Oriented Architecture，SOA）构建层。其中中间件管理层涉及用户管理、任务管理、资源管理、安全管理。

云计算平台应用于物流企业发展的优势主要表现在以下五个方面。

1. 物流企业信息标准化

一般物流企业的业务辐射范围广，分支机构较多且处于不同地域，所以利用云计算平台可为各分支机构规范物流业务的标准，达成物流信息标准化、物流操作标准化和财务结算标准化的总体目标。将数据采集系统和信息发布平台向各分支机构开放，真正解决信息不对称的问题。借助于云计算平台，既可统一物流企业的信息化应用体系，也可重新梳理管理流程，进而促进管理流程优化、再构造，强化基础管理，使物流企业具备信息化的管理理念、管理行为和管理决策，支撑企业管理提升、经营提效、发展提质。

2. 整合业务模式

物流企业可充分利用云平台的优势，整合业务模式。通过将不同业务的基础数据录入并进行归类共享，消除"信息孤岛"问题，进而实现所有信息在各业务应用之间的共享和调用，更好地支撑各业务模块之间相关应用功能的实现。此外，还能够使业务更具灵活性和可扩展性。

3. 大数据的决策分析作用

大数据计算分析系统是云计算平台的一项重要功能，可实现对物流业务大数据的管理。大数据计算分析系统自上而下搭建整体框架、建立大数据资源池，进而通过云计算平台收集各种类型业务的数据信息，根据不同需求，利用大数据技术对数据进行快速且细致的分析，产出需求的报表。让物流企业管理者通过真实有效的数据客观地分析经营情况，为企业在决策分析中提供坚实有力的依据，从而达到提高管理水平，提升工作效率的作用。

4. 助力产业链重构

云计算平台可帮助物流企业将其业务链上的节点供应商、制造商、分销商、运输企业和用户衔接起来，随时掌握市场需求动态。同时，借助云计算平台的信息资源，物流企业能精确地预测市场行情，及时做出响应，有效地缩短配送和运输的时间，提高运营效率。云计算平台可促进物流企业的业务转型、商业模式创新，加快打造供应链一体化服务型企业的步伐，为物流企业转型发展提供支持。

5. 增强物流企业的核心竞争力

采用"云计算＋物流"的方式，通过将信息技术与管理制度的深度融合，可实现对传统的业务流程、管理模式、人力资源、运维方式的创新，实现管理过程的标准化，一方面可有效降低物流企业的管理成本、运营成本；另一方面可将物流业务流程重新梳理，规范业务操作，进而增强物流企业的核心竞争力。

● 小时事 5-1

深圳邮政国际运营中心正式上线运营

2020 年 5 月 30 日，由深圳海关与深圳邮政、速递物流联手打造的深圳邮政国际运营中心正式上线运营。该中心依托先进的信息技术手段和创新的监管机制，实现国际邮件"集中审单、智能分拣、集中查验、在线清关"，邮件处理日峰值达 200 万件，国际邮件通关时间缩短 1/3。

深圳邮政国际运营中心占地面积达 2.1 万平方米，分为进出口邮件处理区、跨境电商处理区、出口邮件封发区、海关查验区、海关监控区等 8 大工作区域，主要承接国际小包、国际包裹、e 邮宝、国际 EMS 等邮件的处理。现场安装了双环全自动生产设备，邮件处理实现信息化、智能化、自动化。园区卡口管理系统、仓储管理系统、关邮通系统、统一查验平台四大系统可实现邮件生产管理、运输管理、仓储管理和海关查验、海关监管及车辆管理等功能，确保邮件处理安全、智能、顺畅、高效。海关的监管无缝嵌入邮政企业的生产作业中，实现了顺势监管，邮件、跨境商品得以快速通关。深圳邮政国际运营中心的上线运营，将为跨境电商客户提供快速便捷的通关保障，促进深圳跨境电商更好更快地发展。

资料来源：深圳晚报. 深圳邮政国际运营中心启动 [EB/OL].（2018-05-31）[2022-06-30]. https://baijiahao.baidu.com/s?id=16019440157571163340&wfr=spider&for=pc.

第三节 物流信息系统的业务流程

物流信息系统根据不同企业的需要可以有不同层次、不同程度的应用和不同子系统的划分。一般来说，一个完整、典型的物流信息系统由订单输入和接受订货信息系统、仓库管理信息系统、运输和配送信息系统组成。

一、订单输入和接受订货信息系统

订单输入和接受订货信息系统可以进一步细化为订单输入系统、接受订货系统。

（一）订单输入系统的流程

订单输入系统的流程包括以下几个方面。

1. 订单输入

（1）用传真、电话所接收的订单从本公司的联网终端进行输入。
（2）渠道销售人员从到达的店铺用电话进行订单的输入。
（3）用本公司设置在店铺中的终端从店铺直接进行订单的输入。

2. 订单内容的确认

一般情况下，接收订货信息包括客户、商品、数量、金额、到货期、送货地点等。除上述项目之外，接收订货时的项目还有对方的订单号、电话号码以及特定的事项，购入的记录等。当输入的项目发生错误时，一定要停止当前的处理，改正相应的错误，必须对每一项订单做出完结的处理，不能影响下面的工作。

3. 订单数据库登录

输入的订单如果确认正确，就可以向计算机系统做订单数据库的输入处理。订单数据库包括每一个登录的订单，到全部订货出库后计算销售收入为止所保存的订单状态。通过这样的处理，可以将输入的内容进行确认、输入清单，让操作员以外的工作人员对清单的内容做再一次的确认，可以起到相互牵制的作用。

将以上的内容作为处理的范围，订单输入系统的处理流程如图 5-1 所示。

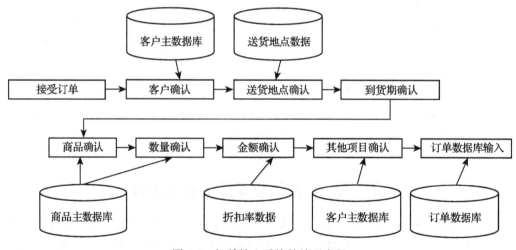

图 5-1 订单输入系统的处理流程

（二）接受订货系统的流程

接受订货系统包括从订单数据库中取出由订单输入系统输入的订单，到制定出库预定数据或订货缺货数据的全过程。出库预定数据转入出库系统，订货缺货数据转入订货缺货系统。接受订货系统的具体流程包括如下几个方面。

1. 信赖额度检查

企业接受订单后，首先要对客户主数据库中的过往交易信用记录进行查询，根据客户的信用额度做出是否出库的判断，不能出库的情况下取消订单，并向有关业务人员进行传达。如果没有信用问题，则进入分配处理。

2. 入库预订分配

入库预订需要将订货业务系统化，并明确什么时候可以到货，这是对预订到货进行分配的前提。当实际到货时，要取消预订并将预订和实际的到货进行对比和处理。

3. 供货计划分配

根据市场的状况控制商品供货，需要考虑如何将有限的量向市场分配。特别是在全国有若干个配送据点的情况下，要及时地掌握市场的动向，根据市场的需求向各个配送据点供货使库存达到最小，减少浪费。

4. 销售库存分配

销售库存就是营业部门掌握的库存，是为了订单的分配与供货计划相吻合的理论库存。商品一旦进行了入库就要更新实物库存，同时根据供货计划分配入库数量。

5. 实物库存分配

在分配实物库存之前，企业需要考虑完成的工作包括三个方面：一是已经进行了入库的预订分配；二是已经进行了供应计划的分配和销售库存的分配；三是进行直接库存分配。

通过以上处理，但还没有决定在哪一个仓库进行分配，这就需要在实物库存分配阶段进行确定。实物库存分配的首要工作就是决定出库的仓库。

6. 仓库日程核实

数量关系的分配全部完成后，为了核实什么时候能出库，企业需要核实仓库的日程。要核实回答到货期的出库预订日期是否正是出库仓库的休息日，如果是休息日就要往后顺延。

7. 配车计划分配

准备好商品之后，到货日期根据配送手段也可能会发生变化。像固定班车那样，企业在管理装载效率的情况下进行配车计划的分配以决定出库日期。需要注意的是配车计划的分配方法与如何制订计划有关。

8. 制定到货期

企业确定完所有信息后，可以制定到货期并进入下个环节。

9. 生成出库预订数据

满足库存分配等全部的条件后，企业对确认了的订单进行核实，以确认到货日及到货的情况，进而生成出库预订数据。

10. 生成订货缺货数据

不能够满足各分配条件的订单作为订货缺货，进行记录。企业要想知道这些订单什么时候能够分配要生成订货缺货数据，并存入订货缺货数据库。作为订货缺货数据所记录的订单，虽然没有进行库存分配，但根据下次入库时的分配可得到预订出库数据。如果企业能够分配订单中的一部分，那么可以进行部分出库，这样订单被分割的一部分生成出库数据，剩下的一部分成为订货缺货数据。全部的状态在订货数据库中用订单进行表示，订货缺货数据作为订货缺货系统的开始数据。图 5-2 显示了信息处理的流程。

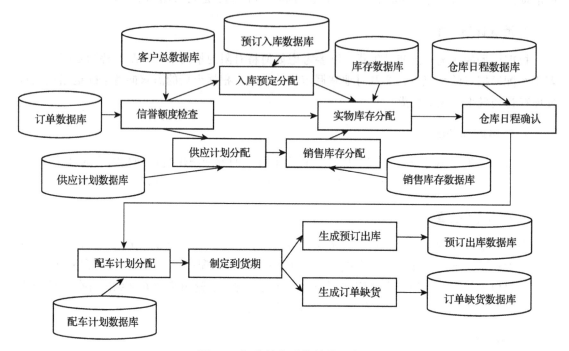

图 5-2　订货缺货系统的处理流程

图 5-2 也说明了从仓库日程确认到配车计划分配这一过程对企业的接受订货系统是不可或缺的。根据仓库日程安排确保货物可按时出仓库，才能确定相应的配车时间，提高效率，避免不必要的损失。

二、仓库管理信息系统

仓库管理信息系统的流程包含入库信息处理流程、在库信息管理流程、出库信息处理流程、补货信息处理流程、退货信息处理流程。

1. 入库信息处理流程

（1）货物受理。货物到达后，通过扫描读取货单的条码可检索出到货单所对应的该商品信息，经过数量的确认后就可完成接收货物的工作。

（2）入库清单。货物入库后，输入入库清单并打印。

（3）货物检验。在接收入库时，要确定什么时候对入库货物进行检验，以及如何进行验货处理。如果不进行验货，入库环节的效率就较高，但前提必须是商品的品质较高；如果进行验货，将货物分为合格品和不合格品，并将信息输入系统并进行区别处理。

（4）库位分配。存储的位置通过计算机系统自动进行分配，并输出存储位置的指示书，以指导作业。特别是在使用自动仓库的情况下，控制自动仓库的计算机会自动检索出空的货架、空的托盘并指示巷道机作业。

2. 在库信息管理流程

（1）储位管理。确定合理的库存量是企业仓储信息系统必须解决的重要问题。理论上，库存量的值是变化的需求和供应能力的差。需求的变化作为独立变量，公司很难进行控制。为此，企业需要通过信息分析进行需求预测。制造业可以用产量与实际销售量进行比较，用以指导后面的生产预期。而大多数仓库可根据其供应地区的历史需求数据来预测库存量。一般建议将库存量设定在一定幅度范围，即将最少的库存量定为安全库存，用预测可能性较高的值决定库存量的合理库存。同时，必须结合仓库、存储设施、设备的数据来进行判断。

（2）盘点。盘点是为了正确地掌握货物的数量和货物堆码情况，以掌握货物在哪里、有哪些，还可以放多少、放哪里。盘点频率越大，掌握的情况就越精确，但工作量也越繁重。为减轻盘点负担，计算机系统要灵活运用库存数据库。对仓库、货架进行盘点，事先要输出清单，由工作人员手持条码数据终端进行盘点。通过条码表示各个货架的编号，企业可将计算机系统中所掌握的每一个货架上的货物事先下载到手持式条码数据终端中，盘点时用手持式条码数据终端扫描货架的编号，再输入该货物的数量。

3. 出库信息处理流程

（1）配送计划。接到出库指令后，企业要首先调取配送计划的相关信息。

（2）出库清单。出库清单是指打印出商品的清单。

（3）货物调配。企业根据计划的指示进行拣货、分拣、包装、配载。

（4）出库处理。确认出库处理，以接受订货单位检索出预订出库的出库数据，对出库单据和商品品种、数量等是否一致进行确认。企业若使用自动仓库，在出库区域放置货物时，则读取货物的条码以进行出库确认。

4. 补货信息处理流程

（1）补货申请。企业在需求量大的时候进行补货操作。

（2）申请审核及确认。供应商审核并确认补货申请。

（3）入库检验。企业在货物验收合格后进行入库，完成补货操作。

5. 退货信息处理流程

（1）退货申请。在出现货物错发、不合格等情况时，需通知供应商退货。

（2）申请审核。供应商应对退换货申请进行审核。

（3）申请确认。双方清点无误后出库，完成退货操作。

仓库管理信息系统流程如图 5-3 所示。

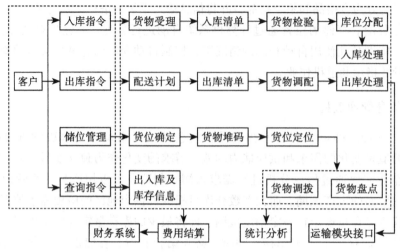

图 5-3　仓库管理信息系统的作业流程

三、运输和配送信息系统

在运输和配送手段多样化的今天，时间和成本都是企业的生命力所在，而物流恰恰能提供这两个方面的价值。现代物流配送运输管理系统主要包含系统管理、订单管理、运输管理、包裹单管理，线路管理、承运商用户管理、货主用户管理、项目管理、基础数据管理、报表管理等模块。提高运输和配送效率，要求配送中心合理选址，根据运输和配送的不同要求选择相应的运输和配送手段，以及优化运输和配送线路，这些都要借助物流信息系统，根据订单的变化做出相应调整，并最终建立配车计划。

配车计划系统处理流程如图 5-4 所示。

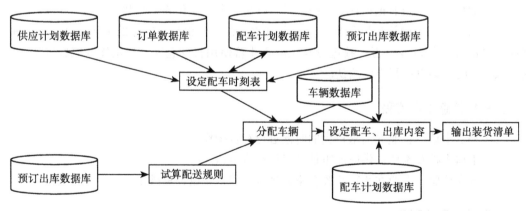

图 5-4　配车计划系统处理流程

（1）制定配车时刻表。在供应计划系统中，企业应预测物流客户单位的需求，做出供应方案并设定配车时间表。如果确定了配车时间表，要按照不同方向和日期设置车辆的编号，登录到配车计划数据库。配车时间表要根据市场的变化随时更新。

（2）试算配送规则。在没有排出配车时间表的情况下，企业可以根据出库信息试算配送规则，安排车辆进行配送。

（3）确定配车、出库内容。企业在配车作业时以配车时间表和出库信息为基础，对车辆装载的各个出库订单进行确认。

（4）输出装货清单。

> **小知识 5-1**
>
> **宝供物流的物流信息系统**
>
> 宝供物流企业集团有限公司的物流信息系统是以 Intranet/Extranet/Internet 为运行平台的，以客户为中心，以提高物流效率为目的，集物流作业管理、物流行政管理、物流决策管理于一体的大型综合物流管理信息系统。它由运输配送管理系统、仓库管理系统、财务管理系统和客户关系管理系统组成，通过构建基于 Internet 的物流公共信息平台，将工业化管理标准应用于物流服务系统的企业。
>
> - 以运输配送管理系统 TMS 对运输业务进行整合调度。根据预设调度规则和策略合理安排运输车辆装载和计划运输路线，对运输业务进行在途跟踪，并通过系统管理对到达签收作业结果进行统计分析。
> - 以仓库管理系统 WMS/SMS 对客户库存产品进行高效的进出库管理。通过对作业动作的指导和规范，保证作业的准确性、速度和相关记录数据的自动登记，增加仓库的效率、管理透明度和真实度，降低成本。
> - 以财务系统面向企业财务核算及管理人员，对企业的财务进行全面管理。在完全满足财务基础核算的基础上，实现集团层面的财务集中、全面预算、资金管理、财务报告的全面统一，最终实现企业价值最大化。
> - 以 EDI 平台与客户的信息系统实时连接，接收客户物流运作指令，并通过接口返回相关运作信息与数据。企业收到一份 EDI 订单，则系统自动处理该订单，从而使整个商贸活动过程在最短时间内准确地完成。
> - 以 TOM 订单管理模块管理客户运作指令，实现对订单的高效处理和对运作情况的实时管理。
> - 以客户关系管理系统对运作的 KPI 和异常情况进行动态管理，通过系统报告运作情况，分享业务信息和寻求资源支持。

第四节 物流信息技术

新一代信息技术发展迅猛，在中国"制造 2025"、德国"工业 4.0"、美国"工业互联网"、等背景下，以云计算、大数据、物联网等为代表的新一代信息技术进入高速发展期，对现代物流业发展的影响更加不言而喻。建立物流信息系统，充分利用各种现代化信息技术，提供迅速、及时、准确、全面的物流信息是现代企业获得竞争优势的必要条件。

一、物流信息技术的组成

物流信息技术（Logistics Information Technology，LIT）是指以计算机和现代通信技术为主要手段,实现对物流各环节中信息的获取、处理、传递和利用等功能的技术总称。它是物流现代化的重要标志,也是物流技术中发展最快的领域之一。从物流数据自动识别与采集的条码系统到物流运输设备的自动跟踪,从企业资源的计划优化到各企业、单位间的电子数据交换,从办公自动化系统中的微型计算机、互联网、各种终端设备等硬件到各种物流信息系统软件都在日新月异地发展。新一代物流信息技术更是对传统信息技术的提升与发展应用,大数据和云计算在物流领域的应用都要依赖 BC 技术、GPS 技术获取物品信息,而物联网技术则是利用 RFID 技术、EDI 技术、GPS 技术以及传感网络等技术,实现物与物的连接。

根据物流的功能及特点,物流信息技术主要包括自动识别类技术(如条码技术与射频识别技术、自动语音识别技术等)、自动跟踪与定位类技术(如全球卫星定位技术、地理信息技术等)、物流信息交换技术(如电子数据交换等)、企业资源信息技术(如物料需求计划、制造资源计划、企业资源计划、分销资源计划等)、数据管理技术(如数据库技术、数据仓库技术等)、物流通信技术(计算机网络技术和移动通信技术)、新一代信息技术(大数据和云计算)等现代高端信息科技。在这些高端技术的支撑下,形成由移动通信、资源管理、监控调度管理、自动化仓储管理、运输配送管理、客户服务现代物流一体化信息管理、财务管理等多种业务集成的管理体系。

现代信息技术是物流信息平台建设的基础,也是物流平台的组成部分。从构成要素上看,物流信息技术作为现代信息技术的重要组成部分,本质上都属于信息技术范畴,只是因为信息技术应用于物流领域而使其在表现形式和具体内容上存在一些特性,但其基本要素仍然同现代信息技术一样,可分为以下 4 个层次。

1. 物流信息基础技术

物流信息基础技术即有关元件、器件的制造技术。它是整个信息技术的基础。例如微电子技术、光子技术、光电子技术、分子电子技术等。

2. 物流信息系统技术

物流信息系统技术即有关物流信息的获取、传输、处理、控制的设备和系统的技术。它是建立在信息基础技术之上的,是整个信息技术的核心。其内容主要包括物流信息获取技术、物流信息传输技术、物流信息处理技术及物流信息控制技术。

3. 物流信息应用技术

物流信息应用技术即基于管理信息系统(MIS)技术、优化技术和计算机集成制造系统(CIMS)技术而设计出的各种物流自动化设备和物流信息管理系统。例如自动化分拣与传输设备、自动导引车(AGV)、集装箱自动装卸设备、仓储管理系统(WMS)、运输管理系统(TMS)、配送优化系统、全球定位系统(GPS)、地理信息系统(GIS)等。

4. 物流信息安全技术

物流信息安全技术即确保物流信息安全的技术,主要包括密码技术、防火墙技术、病毒防治技术、身份鉴别技术、访问控制技术、备份与恢复技术和数据库安全技术等。

二、几种主要的现代物流信息技术

1. 自动识别技术（条码技术与射频技术）

条码技术是集条码理论、光电技术、计算机技术、通信技术、条码印制技术于一体的综合性技术。从生产到销售的流通转移过程中，条码技术起到了准确识别物品信息和快速跟踪物品历程的重要作用，是整个物流信息管理工作的基础。条码技术在物流数据采集、快速响应、运输中的应用极大地促进了物流业的发展。例如，在货物保管环节中，由于使用了条码技术，使商品的出入库、库存保管、商品统计查询、托盘利用等所有保管作业实现了自动检测、自动操作和自动管理，大幅度降低了保管成本，提高了仓储的效率。

射频技术（RF）是一种基于电磁理论的通信技术，适用于物料跟踪、运载工具和货架识别等要求非接触数据采集和交换的场合。目前通常利用便携式的数据终端，通过非接触式的方式从射频识别卡上采集数据，采集的数据可直接通过射频通信方式传送到主计算机，由主计算机对各种物流数据进行处理，以实现对物流全过程的控制。

2. 全球卫星导航系统

全球卫星导航系统（Global Navigation Satellite System，GNSS）泛指所有的卫星导航系统，包括全球的、区域的和增强的，如美国 GPS、俄罗斯格洛纳斯、欧盟伽利略系统、中国北斗导航系统以及相关的增强系统，如美国的广域增强系统（WAAS）、欧洲的欧洲静地导航重叠系统（EGNOS）和日本的多功能运输卫星增强系统（MSAS）等，还涵盖在建和以后要建设的其他卫星导航系统。

GNSS 在物流领域得到了广泛的应用，如应用在汽车自定位及跟踪调度、铁路车辆运输管理、船舶跟踪及最佳航线的确定、空中运输管理、防盗反劫、服务救援、远程监控、轨迹记录和物流配送等领域。例如，利用卫星对物流及车辆运行情况进行实时监控。用户可以随时"看到"自己的货物状态，包括运输货物车辆所在位置（如某城市的某条道路上）、货物名称、数量、重量等，同时可实现物流调度的即时接单、即时排单以及车辆动态实时调度管理。

3. 地理信息技术

地理信息系统（Geographic Information System，GIS）是以地理空间数据为基础，以计算机为工具，采用地理模型分析方法，对具有地理特征的空间数据进行处理，实时地提供多种空间和动态地理信息的软件系统。它改变了传统的数据处理方式，使信息处理由数值领域步入空间领域。通过各种软件的配合，地理信息系统可以建立车辆路线模型、网络物流模型、分配集合模型、设施定位模型等，以更好地为物流决策服务。

4. 电子数据交换技术

电子数据交换（Electronic Data Interchange，EDI）技术是计算机、通信和管理相结合的产物。EDI 按照协议的标准结构格式，将标准的经济信息，通过电子数据通信网络，在商业伙伴的电子计算机系统之间进行交换和自动处理。由于使用 EDI 可以减少甚至消除贸易过程中的纸面文件，因此 EDI 又被人们通俗地称为"无纸贸易"。

EDI 能让货主、承运人及其他相关的单位之间，通过系统进行物流数据交换，并以此为基础实施物流作业活动。EDI 的基础是信息，这些信息可由人工输入计算机，但更好的方法是通过扫描条码获取数据。例如，物流活动的各参与方通过 EDI 交换库存、运输、配送等信息，使各参与方一起改进物流活动效率，提高客户满意度。对全球经营的跨国企业来说，EDI 技术的发展可以使它们的业务延伸到世界的各个角落。

5. 企业资源信息技术

企业资源计划（Enterprise Resource Planning，ERP）是一整套企业管理系统标准，集信息技术与先进的管理思想于一身，为企业提供业务集成运行中的资源管理方案。ERP 技术是集合企业内部的所有资源，进行有效的计划和控制，以达到最大效益的集成系统。企业资源计划一般被定义为基于计算机的企业资源信息系统，其包含的功能除制造、供销、财务外，还包括工厂管理、质量管理、设备维修管理、仓库管理、运输管理、过程控制接口、数据采集接口、电子通信（EDI、电子邮件）、法律法规标准、项目管理、金融投资管理、市场信息管理、人力资源管理等。此外，ERP 技术还能链接企业的外部资源，包括客户、供应商、分销商等的资源。ERP 以这些资源所产生的价值，组成一条增值的供应链信息系统，将客户的需求、企业的制造活动与供应商的制造资源集成在一起，以适应当今全球市场的高速运转需求。

在一些领域，ERP 技术延伸发展为分销资源计划（Distribution Resource Planning，DRP）和物流资源计划（Logistics Resource Planning，LRP）。

6. 物流信息无线传输技术

现代无线通信技术主要包括短波通信、微波通信、数字移动通信、卫星通信、数字广播电视、无线局域网、激光通信等。在现代物流中，数字移动通信、卫星通信和无线局域网技术已成为物流信息无线传输技术的主体。5G 移动网络技术是指第五代移动通信技术，属于蜂窝移动通信技术。它具有高速度数据传输、网络泛在能力高、传输低时延、移动边缘计算、传输安全性高等优势，已被广泛应用在新一代智慧物流行业中，使得新一代物流具有良好的接入特性和智慧特性。

7. 云计算技术

云计算是指通过对信息的统一组织和灵活调用各种信息和通信资源，实现大规模计算的处理方式，最终形成共享资源池并动态地将这些信息向客户传送。

云物流作为云计算中的一种，是指基于云计算应用模式的物流平台服务。云物流平台利用相关通信网络技术，再加上大数据，能为客户提供海量物流信息，大大降低物流业以及相关产业的物流成本，提高客户满意度，扩大企业利润。相关企业在云物流平台上共享信息，合作经营，形成互利共赢的集群效应。

8. 物联网技术

物联网是指通过信息传感设备，按约定的协议，将任何物体与网络相连接，物体通过信息传播媒介进行信息交换和通信，以实现智能化识别、定位、跟踪、监管等功能。从本质上讲，物联网还是互联网，只不过终端不再是计算机（PC、服务器），而是嵌入式计算机系统及其配套的传感器，如穿戴设备、环境监控设备、虚拟现实设备等。只要有硬件或产品连上网，发生数据交互，就叫物联网。物联网应用中的传感器技术和嵌入式技术是两项关键技术。

物联网技术是实现智慧物流的基础，基于物联网技术的可追溯系统、全网络化与智能化的物流可视管理网络系统、智能化的企业物流配送中心、智慧供应链，以及"电商+物联网""车联网+物联网"等都是物联网技术在物流领域的主要应用范围。

三、物流信息技术对物流发展的作用

经济全球化迫使不同规模的企业不得不建立联盟、建立网上商业系统和更为有效的物流系统，以便有效地将商品销售给全球的顾客。于是，无论是物流虚拟企业、巨型物流公司，还是传统的运输公司等都以全球的观点，制定其新的策略，力求能在物流的需求与供给之间共享信息、共同合作，从而抓住时代的需求，反映时代的变化，实时掌握从供应商到顾客的物资流动情况。在这种形势下，信息技术对物流的未来发展起到了非常关键的促进作用。

1. 有利于提高物流活动的有效性

信息技术的合理应用促进了物流信息的充分获取和有效的利用，充分的物流信息使物流活动更加有效，有利于物流活动由无序趋向于有序。在信息不充分的情况下，物流活动得不到足够的信息支持，往往造成物流活动的不经济性。例如，货物不必要的流动，造成资源浪费，或货物运输不是选择最短路径（或最合理的路径），做了很多无用功。而在信息充分的情况下，物流活动将容易被科学地计划和控制，从而使得物品具有最合理的流动，整个物流活动经济、有序。

2. 有利于提高物流效率

在物流活动的全过程中，始终贯穿着大量的物流信息，物流系统要通过这些信息把各个子系统有机地联合起来。只有通过信息技术的不断发展和应用，才能把物流信息收集、处理好，并使之可以指导物流活动，从而使整个物流系统的运作合理化、流畅化和高效化。

据国外统计，物流信息技术的应用可为传统的运输企业带来实效：降低空载率15%～20%；提高对在途车辆的监控能力，有效保障货物安全；网上货运信息发布及网上下单可增加商业机会20%～30%；无时空限制的客户查询功能，有效满足客户对货物在运情况的跟踪监控，可提高业务量40%；对各种资源的合理综合利用，可减少运营成本15%～30%；其对传统仓储企业带来的实效表现在：配载能力可提高20%～30%；库存和发货准确率可超过99%；数据输入误差减少，库存和短缺损耗减少；可降低劳动力成本约50%，提高生产力30%～40%，提高仓库空间利用率20%。

3. 有利于物流服务能力的提升

信息技术特别是互联网的广泛应用，将整个生产、流通、消费环节有效地整合成为一体，打破了传统意义上的地域限制、时区限制，扩大了物流服务的范围，同时也能为客户提供更优质的服务。

由于信息的及时、全面的获取与加工，供需双方可充分地交互和共享信息，使得物流服务更准确、客户满意度提高。同时，顾客可以有更多自我服务功能，可决定何时、何地、以何种方式获得定制的物流服务；另外供方在提供物流服务的同时，可为顾客提供信息、资金等双赢的和有效的增值服务。

4. 有利于提高物流运作的通明度

物流经常被称为"经济领域的黑暗大陆"和"物流冰山"，信息技术的应用使得物流过程中货物的状态和变化透明化，使得物流成本和费用的实际情况更容易被掌握，从而增强了信息的准确性，使人们能更清楚地认识这片大陆和冰山下面的部分。同时由于动态信息的及时把握，企业可根据情况做出快速有效的反应，实现物流运作的动态决策。

在不明订货状况和库存量的条件下，企业要做出正确的决策和部署是很困难的，勉强做出决策则不容易达到最佳效果。为此，企业需要整个物流过程的货物状态透明，并根据状态变化做出反应。例如，货运列车运行的准确安排和调度需要在运行前、运行过程中，以及运行结束时都能收到实时、准确的信息反馈。在整个过程中，企业要从现场接收到关于天气条件、其他列车的运行状态、行驶所需的燃料消耗量、货物对列车的技术要求、运输能力的需求等方面的准确数据，这样才能制定列车运行日程表。此外，由于列车在运行过程中可能出现误点的情况，这就需要企业能快速反应，及时调整。整个物流计划即使制定得非常严密，也难免出错，所以各环节必须能够做出快速而有效的反应，并及时地将情况变化通知有关组织。

5. 有利于促进和实现供应链管理

供应链管理是一种集成的管理思想和方法，供应链上的各个企业作为一个不可分割的整体，相互之间分担的采购、生产、分销和销售的职能，成为一个协调发展的有机体。如果没有完善的信息交互、协同机制，信息不能共享，供应链上的节点就只是彼此独立的"信息孤岛"，不能成为完整的链条。信息技术的合理应用，能弱化供应链上企业间的界限，建立一种跨企业的协作，共同追求和分享市场份额。企业间通过信息平台和网络服务进行合作，合理调配企业资源，加速企业存货资金的流动，提升供应链整体运作效率和竞争力。

6. 有利于促进物流服务与技术的创新

现代物流的发展离不开信息技术的推进作用，物流发展和信息技术发展相辅相成。信息技术为物流服务提供了有力的工具，使为顾客提供及时、准确、周到的物流服务成为可能；物流服务水平的提高和新需求的不断涌现为信息技术提出了新的课题和应用领域，促使信息技术的推陈出新和在物流领域的深入应用。

│前沿追踪 5-1│

仓储管控一体化系统

以信息融合为基本核心的物流仓储管控一体化系统对多学科技术进行了深度交叉融合，尤其是计算机技术、信息采集与传输技术、自动控制技术、网络通信技术。在这些技术的深度交叉融合之下，物流仓储管控一体化系统的功能性更强、兼容性更好、扩展性更佳，并适应仓储管理不断增长的复杂性特点。信息物理融合系统（Cyber-Physical System，CPS）具有5大功能，分别是计算功能、远程协作功能、自治功能、精确控制功能与通信功能，应用CPS的仓储管控系统具有非常广阔的发展前景。

一方面，仓储管控一体化系统可以有效依据CPS节点采集信息，对仓储作业进行全面有效的管理，多角度、多方位，采用更加科学的方法，使仓储系统的管理实现全局最优；另一方面，系统通过协同作用能够实现各仓储元素的协同工作，使得系统的服务水平更上一层楼，从而实现全面、科学、有效、专业、规范的管理（见图5-5）。

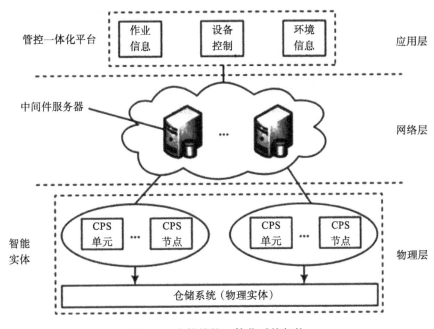

图5-5　仓储管控一体化系统架构

CPS的应用有超过20世纪信息技术革命的潜力，把它应用在仓储管控一体化系统中优势明显。但就目前发展来看，即使是成熟的硬件技术在设计嵌入式系统的过程中也存在较大的困难；现有的计算机技术还很难满足可预测的计算机系统要求与高可靠的计算机系统要求；在CPS应用系统的发展过程中，仍然需要解决很多基础性问题。因此，实现CPS的广泛应用与长足发展还需要研究并解决诸多基础性问题。

资料来源：姜天，赵静. 基于信息融合的物流仓储管控一体化系统[J]. 物联网技术，2020，10（2）：49-51.

本章小结

物流信息系统作为现代物流的支持性作业，已经成为现代物流管理的中心。物流信息系统作为物流系统中的最重要子系统之一，涉及物流的运作体制、标准化、电子化及自动化等方面的问题。

从定义来看，物流信息有广义和狭义之分。广义是指与整个物流活动相关的各种信息，可以是直接相关的信息，也可以是间接相关的信息；而狭义则指反映物流各种活动内容的知识、资料、图像、数据、文件的总称。从不同的角度可对物流信息进行多种分类，物流具有其独特的特点。物流信息系统是由人员、设备和程序组成的，为物流管理者执行计划、实施、控制等职能提供信息的交互系统。它与物流作业系统一样都是物流系统的子系统。跨地域联结、跨企业联结、信息的实时传送和处理是物流信息系统的基本特征；物流信息系统具有数据收集、信息存储、信息传输、信息处理、信息输出等功能。

物流信息系统包括硬件，软件，数据库，相关人员，物流管理思想、理念、制度、规范等组成要素，物流信息系统的结构则包括拓扑结构、层次结构和计算模式。

一般来说，一个完整典型的物流信息系统由订单输入和接受订货信息系统、仓库管理信息系统、运输和配送信息系统三大基本系统组成，各系统按其独特的作业流程，承担着其应有的职责。

物流信息技术是指运用于物流领域的信息技术。它的基本要素与现代信息技术一样，可分为4个层次：物流信息基础技术、物流信息系统技术、物流信息应用技术和物流信息安全技术。自动识别技术（条码技术与射频技术）、全球卫星导航技术、地理信息技术、电子数据交换技术、企业资源信息技术、物流信息无线传输技术、云计算技术和物联网技术是被现代物流广泛采用的物流信息技术。

◆复习与思考

一、名词解释

物流信息　物流信息系统
物流信息技术　条码技术　射频技术
地理信息系统　云计算　物联网

二、单选题

1.（　　）是指未加工的信息，是信息工作的基础，也是最有权威性的凭证性信息。
   A. 内部信息　　　B. 原始信息
   C. 固定信息　　　D. 加工信息

2.（　　）不是物流信息系统自身独有的特征。
   A. 跨地域联结
   B. 跨企业联结
   C. 信息的实时传送和处理
   D. 网络化

3.（　　）结构是无线局域网中常用的结构。
   A. 环型拓扑　　　B. 树型拓扑
   C. 星型拓扑　　　D. 蜂窝拓扑

4. 由于使用（　　）可以减少甚至消除贸易过程中的纸面文件，因此（　　）又被人们通俗地称为"无纸贸易"。
   A. EDI　　　　　B. ERP
   C. GPS　　　　　D. GIS

5. 下列不属于固定物流信息的是（　　）。
   A. 固定资产折旧　B. 物资年计划吞吐量
   C. 物流任务进度　D. 国家技术标准

6. 在物流信息系统的软件中，（　　）是面向问题的软件，与物流企业业务运作相关，实现辅助企业管理的功能。
   A. 教学软件　　　B. 应用软件
   C. 实用软件　　　D. 系统软件

7. 物流信息系统作为整个物流系统的指挥和控制系统，至少应具备五方面的基本功能。以下哪项不属于其基本功能。（　　）
   A. 数据收集　　　B. 信息存储
   C. 信息转换　　　D. 信息处理

三、多选题

1.（　　）是物流信息具有的特点。
   A. 量大、分布广
   B. 动态性强，时效性高
   C. 种类多
   D. 趋于标准化

2.（　　）属于物流信息系统的组成要素之一。
   A. 硬件　　　　　B. 软件
   C. 信息主管　　　D. 教学工具

3. 物流信息系统的拓扑结构有（　　）。
   A. 星型　　　　　B. H行

  C. 树型　　　　　　　D. 合型

4. 物流信息技术按层次不同,可分为物流信息(　　)。
  A. 基础技术　　　　　B. 系统技术
  C. 安全技术　　　　　D. 增值技术
5. 以下属于现代物流信息技术的是(　　)。
  A. RF　　　　　　　 B. ERP
  C. EDI　　　　　　　D. GIS
6. 物流信息按加工程度的不同可以分为(　　)。
  A. 原始信息　　　　　B. 固定信息
  C. 流动信息　　　　　D. 加工信息
7. 物流信息系统按管理决策的层次可分为(　　)。
  A. 物流作业管理系统
  B. 物流事务处理信息系统
  C. 物流协调控制系统
  D. 物流决策支持系统

四、判断题

1. 物流信息的管理控制层的主要精力集中在决策支持上,以期开发和提炼物流战略。(　　)
2. 物流信息系统不仅涉及企业内部的生产、销售、运输、仓储等部门,而且与供应商、业务委托企业、送货对象、销售客户等交易对象以及在物流活动中发生业务关系的仓储企业、运输企业和货代企业等众多的独立企业之间有着密切关系,物流信息系统可以将这些企业内外的相关信息实现资源共享。(　　)
3. 物流信息系统组成要素包括硬件、软件、仓库、相关人员、物流管理思想。(　　)
4. 地理信息系统是利用空中卫星全天候、高准确度地对地面目标之运行轨迹进行跟踪、定位与导航的技术。(　　)
5. 在决策分析层上,主要强调物流信息系统的效率。(　　)

五、简答题

1. 试述物流信息系统有哪些组成要素。
2. 云计算平台应用于物流企业发展的优势主要表现在哪里?
3. 物流信息技术的应用,可为物流企业带来哪些实效?
4. EDI 是如何实现无纸贸易的?
5. 简述物流信息系统的层次结构。
6. 试述订单输入的流程。

六、论述题

1. 如何解决中小企业信息系统建设滞后问题?
2. 请阐述运输管理信息系统的功能。
3. 请说明 GIS 在物流中的具体应用。
4. 试结合案例分析物流信息系统的发展趋势

案例分析

华润物流的杜邦物流管理信息系统方案

  华润物流(集团)有限公司是华润(集团)有限公司全资附属专业化的第三方物流供应商,于 1948 年在中国香港成立,最初从事海运业务,逐渐扩展至物流各个领域。

一、杜邦公司的物流需求

  杜邦公司经过近两百年的发展,现已成为世界上历史最悠久、业务最多元化的跨国企业集团,分布在全球的制造厂多达 180 余家,遍布 70 多个国家和地区,市场遍布世界 150 多个国家和地区。杜邦公司有六个战略事业部将货物委托给华润物流进行物流服务。华润物流为杜邦服务的仓库面积约为 5 000 平方米,分 A、B、C、D 四个库区,约 400 个库位。杜邦的产品没有特殊的存储条件要求,各类产品可以在一起存放,平均每天的业务量为 3~4 个集装箱。

二、华润物流现存的问题

  华润物流在为杜邦公司提供物流服务时,

由于自身物流信息化的工作还需要进一步完善，在实施信息化之前存在以下五个方面的问题。

（1）现存数据不准确，准确率只能达到90%左右。杜邦的产品要求满足先进先出原则，由于库存数据不准，致使有些货物达不到客户的要求，而在库存报表中没能体现。

（2）货物经过严密包装，不同的货物从外观上很难区分，经常出现发错货物的情况；业务人员的工作强度大，人工操作易出现人为错误，经常出现货物和批次号不对应的错误。

（3）库存数据的提供不及时，每次出库或入库后，人工修改报表，速度慢，差错率高，且不能实现报表的Web查询功能。

（4）没有应用条码技术，对于入库的货物还没有有效的检验核对手段，不能及时发现到达的货物的准确性。

（5）在文件报告和配送管理方面也存在缺陷。

三、杜邦物流管理信息系统方案

在充分了解杜邦公司的物流需求及自身仓库业务流程的基础之上，针对物流业务的特点，华润物流提供了一整套基于ES/1 Logistic的从仓库管理到最终货物配送管理的物流系统解决方案（见图5-6）。

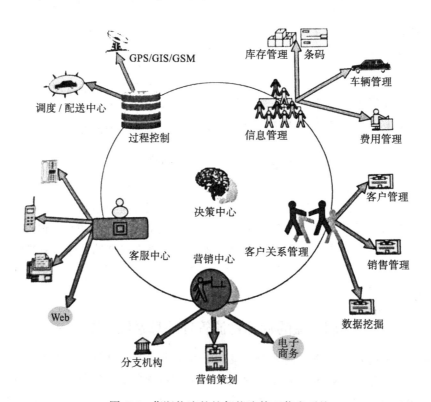

图5-6　华润物流的杜邦物流管理信息系统

1. 网络技术方案

ES/1服务器在香港，操作系统为IBM AIX，数据库为Oracle8i。深圳杜邦仓库的工作人员通过NetTerm远程登录到服务器上操作ES/1系统。杜邦集团在全球的公司的网络对外只开放80端口，因此杜邦公司如果要查询库存，必须通过互联网进行网上查询。

Web服务器使用ES/1的数据库，使用Java语言，直接编写库存查询程序，网上公布。

2. 主要功能

主要功能包括入库过程、出库过程、货

物移仓、退货管理、计费管理、在途管理和文件报表生成等。

3. 困难与解决措施

（1）EDI数据传输方案与对接。两个应用系统分别拥有自己的FTP服务器，并分别将文件上传到自己的服务器，再分别从自己的服务器读取需导入的文件。这时要处理两个中转服务器之间的文件传递，并保证实现定时传递或是触发传递，以及进行文件传递的完整性验证。

（2）条码方案。条形码打印机、盘点数据采集器和条码扫描枪在与系统连接时的技术问题的解决。

（3）Web方式下的网上客户操作的问题。设计了简洁的界面风格，并配有详细的帮助说明。

（4）上线后系统的运行速度问题。尽量保证服务器的最优配置，同时选择了最佳的网络拓扑结构。

讨论题

1. 构建一个物流管理信息系统需要具备哪些基本条件？为什么？
2. 通过案例分析，你认为物流管理信息系统的总体构成应该是怎样的？

第六章
CHAPTER 6

配　　送

学习目标

- 了解配送的技术经济指标
- 理解配送中心的作业流程
- 熟悉配送管理的主要内容
- 掌握配送的内涵、要素、分类和模式
- 掌握配送中心的概念、分类和功能
- 掌握配送的工作步骤和方法，以及提高配送经济效益的方法

关键概念

配送　配送中心　配送管理　自营型配送　外包型配送　共同配送

引例

美团的配送服务策略

2020年5月19日，美团配送宣布将开放战略再升级，打造更普惠的配送服务，与生态合作伙伴共同建设未来城市的新基础设施。疫情期间，外卖小哥把米、面、粮、油、药品等生活必需品，挨家挨户地送到用户手里。在过去几个月中，消费者真真切切地享受到新基础建设带来的生活便利。这些小哥背后的技术支撑，正是美团配送在2 800个城市、超过1万个配送站建立起来的分钟级配送网络。

美团配送已建立起全国覆盖密度最广的配送网络，399万平台活跃骑手，覆盖全国2 800个县级以上的城市，涵盖餐饮、生鲜、商超、书店、鲜花等多品类商户620万。同时，美团配送的4大主流配送产品均实现突破，2019年点对点网络的"巡游模式"全年配送单量达到76亿单；"星系模式"提供更加定制化的驻店服务，合作门店数量增长402.5%；由"前置小仓＋配送"构成的"仓配一体模式"的推出，大大提升了配送效率；"智能末端模式"的代表智能取餐柜，也已在北京、上海等城市分批投放。此外，美团配送还将在技术、劳动力、物料装备、金融、车辆、能源等生态链各个环节，持续与合作伙伴进行更加深入的合作，构建更开放的产业链生态。美团配送和铁塔能源签署战略合作，目前已在全国150个城市共同铺设了6 000个换电网点，每天可以服务近16万名骑手。

2019年5月6日，美团配送作为独立品牌正式成立，宣布升级配送开放平台，向生态伙伴开放多项能力，帮助商流提升经营效率，推动社会物流成本降低。"以客户为中心"的美团配送将秉持开放和普惠原则，与合作伙伴共建开放生态，夯实即时配送作为新基础设施的作用，助力商家数字化经营，全面升级用户体验，推动行业良性发展。

资料来源：经济日报－中国经济网．美团配送升级开放策略[EB/OL]．（2020-05-19）[2022-07-01].http://www.ce.cn/cysc/sp/info/202005/19/t20200519_34939666.shtml.

讨论题

1. 美团配送采取的是什么配送模式？
2. 美团配送升级的目的是什么？美团配送是通过什么策略实现配送升级的？

第一节　配送概述

第二次世界大战之后，在美国、日本等国家，大吨位、高效率运输工具的出现，使干线运输在陆路和海路方面都达到了较高水平，长距离、大批量的运输实现低成本化。但是，与大规模的干线运输相匹配，往往还要辅以支线转运或小规模的搬运，这是物流过程中的一个薄弱环节。为了弥补和克服这些不足，物流过程增加了配送环节。此外，仓库的观念和功能的改变，引起了仓库形态和内容的变化。现代物流力求进货和发货同期化，从静态管理到动态管理必将使仓库设备、结构、流程等发生全面变化。为与传统仓库相区别，这种新型物流据点被称为"物流中心"或"配送中心"，其主要功能是配送。

一、配送的内涵与特点

配送作为一种特殊的综合物流活动形式，它几乎包括物流的全部职能。从某种程度上讲，配送就是物流的一个缩影，或在特定范围内的全部物流的功能体现。

（一）配送的内涵

《物流术语》（GB/T 18354—2021）中对配送（Distribution）的描述是："根据客户要求，对物品进行分类、拣选、集货、包装、组配等作业，并按时送达指定地点的物流活动。"配送是物流中一种特殊的、综合的活动形式。

总体来说，配送是物流活动中一种非单一的业务形式，它与商流、物流、资金流紧密结合，并且主要包括商流活动、物流活动和资金流活动，可以说是包括物流活动中大多数必要因素的一种业务形式。一般的配送集装卸、包装、保管、运输于一身，通过这一系列活动完成特殊的配送则还要以加工活动为支撑，所以包括的方面更广。但是，配送的主体活动与一般物流不同，一般物流是运输及保管，而配送则是运输及分拣配货。分拣配货是配送的独特要求，也是配送中有特点的活动，以送货为目的的运输则是最后实现配送的主要手段，从这一主要手段出发，常常将配送简化地看成运输中的一种。

从商流来讲，配送和物流的不同之处在于，物流是商物分离的产物而配送则是商物合一的产物，配送本身就是一种商业形式。虽然配送在具体实施时，也有以商物分离形式实现的，但从配送的发展趋势看，商流与物流越来越紧密的结合，是配送成功的重要保障。可以从以下两个方面认识配送的概念。

1. 从经济学资源配置的角度

从经济学资源配置的角度，对配送在社会再生产过程中的位置和配送的本质行为的表述是：配送是以现代送货形式实现资源的最终配置的经济活动。这个概念包含四方面的内涵。

（1）配送是资源配置的一部分，因而根据经济学家的理论认识，配送是经济体制的一种形式。

（2）配送的资源配置作用是"最终配置"，因而是接近顾客的配置。接近顾客是经营战略至关重要的内容。美国兰德公司对《幸福》杂志所列的 500 家大公司的一项调查表明"经营战略和接近顾客至关重要"，证明了这种配置方式的重要性。

（3）配送的主要经济活动是送货，这里面强调现代送货，表述了和我国旧式送货的区别，其区别以"现代"二字概括，即现代生产力、劳动手段支撑的，依靠科技进步的，实现"配"和"送"有机结合的一种方式。

（4）配送在社会再生产过程中的位置，是处于接近用户那一段的流通领域，因而有其局限性。配送是一种重要的方式，有其战略价值，但是它并不能解决流通领域的所有问题。

2. 从配送的实施形态的角度

从配送的实施形态的角度，对配送的表述是：按用户的订货要求，在配送中心或其他物流节点进行货物配备，并以最合理的方式送交用户。这个概念包含五个方面的内涵。

（1）这个概念描述了接近用户资源配置的全过程。

（2）配送实质是送货。配送是一种送货，但和一般送货有区别：一般送货可以是一种偶然的行为，而配送却是一种固定的形态，甚至是一种有确定组织、确定渠道，有一套装备和管理力量、技术力量，有一套制度的体制形式。所以，配送是高水平送货形式。

（3）配送是一种"中转"形式。配送是从物流节点至用户的一种特殊送货形式。从送货功能看，其特殊性表现为：从事送货的是专职流通企业，而不是生产企业；配送是"中转"型送货，而一般送货尤其从工厂至用户的送货往往是直达型；一般送货是生产什么、有什么送什么，配送则是企业需要什么送什么。所以，要做到需要什么送什么，就必须在一定"中转"环节筹集这种需要，从而使配送必然以"中转"形式出现。当然，广义上，许多人也将非"中转"型送货纳入配送范围，将配送外延从"中转"扩大到非"中转"，仅以"送"为标志来划分配送外延。

（4）配送是"配"和"送"有机结合的形式。配送与一般送货的重要区别在于，配送利用有效的分拣、配货等理货工作，使送货达到一定的规模，以利用规模优势取得较低的送货成本。如果不进行分拣、配货，有一件运一件，需要一点送一点，就会大大增加运输力的消耗，使送货并不优于取货。所以，追求配送的整体优势，分拣、配货等工作是必不可少的。

（5）配送以用户要求为出发点。在定义中强调"按用户的订货要求"，明确了用户的主导地位。配送是从用户利益出发、按用户要求进行的一种活动。因此，在观念上必须明确"用户第一""质量第一"，配送企业的地位是服务地位而不是主导地位，不能从本企业利益出发而应从用户利益出发，在满足用户利益的基础上取得本企业的利益。

（二）配送的特点

配送的特点主要体现在以下几个方面。

1. 配送是从物流据点至需求顾客的一种特殊的"中转型"送货形式

配送的表现形式虽然是向顾客送货，但和一般送货有区别：一般送货是企业生产什么就送什么，而配送是依据顾客要求送货；一般送货，尤其是工厂至顾客的送货往往是直达型送货，配送要做到顾客需要什么送什么，就必须在一定的中转环节筹集这种需要，从而使配送必然以中转形式出现。

2. 配送是"配"和"送"有机结合的形式

配送是将顾客订货所要求的商品在物流节点拣选、组配后，送交顾客。因此配送中除各种"运"和"送"的活动之外，还涉及大量的分拣、配货、配装等工作。"配"是"送"的前提和条件；"送"是"配"的实现和完成。"配"与"送"两者相辅相成，缺一不可。

3. 配送是一种"门到门"的服务形式

配送是按照顾客订货的要求，以供给者送货到户的服务方式，将货物从物流节点送到顾客指定的交货地点，如顾客仓库、营业所、车间等。因此，从其服务方式来看，配送是一种"门到门"的服务方式，这也决定了配送中顾客的主导地位和配送企业的服务地位。

4. 配送活动受到地域和空间的影响

这是从配送经济合理的角度考虑的。因为随着销售市场的不断扩大，就需要按照一定的经济区域来划分目标市场，建立起高效、快捷的配送网络来满足客户的要求，同时尽可能降低配送成本，因此配送大多数情况下体现为一种末端的有计划的支线送货活动。

二、配送的要素

一般而言，配送具有以下七个功能要素。

（1）集货。集货是配送的准备工作台或基础工作，将分散的或小批量的物品集中起来，以便进行运输。为了满足特定客户的配送要求，有时需要把从几家甚至数十家供应商处预订的物品集中，并将要求的物品分配到指定容器和场所。配送的优势之一就是通过集中客户的需求进行一定规模的集货。

（2）分拣。分拣是将物品按品种、出入库先后顺序进行分门别类堆放的作业。分拣是配送不同于其他物流形式的功能要素，也是决定配送成败的一项重要支持性工作。它是完善送货、支持送货的准备性工作，是不同配送企业在送货时进行竞争和提高自身经济效益的必然延伸。所以说分拣是送货向高级形式发展的必然要求。有了分拣，就可以大大提高送货服务水平。

（3）配送加工。配送加工是按照配送客户的要求所进行的流通加工。在配送过程中，配送加工不具有普遍性，但往往却有重要作用。因为通过配送加工，可以大大提高客户的满意程度。配送加工是流通加工的一种，但配送加工有它不同于流通加工的特点，即配送加工一般只取决于客户要求，其加工的目的较为单一。

（4）配货。配货是指使用各种拣选设备和传输装置，将存放的物品，按客户要求分拣出来，配备齐全，送入指定发货地点。

（5）配装。配装是指在单个客户配送数量不能达到车辆的有效运载负荷时，通过对不同客户的配送货物进行搭配装载，以充分利用运能、运力。与一般送货的不同之处在于，通过配装送货可大大提高送货水平及降低送货成本。所以，配装是配送系统中有现代特点的功能要素，也是现代配送不同于以往送货的重要区别之一。

（6）配送运输。配送运输属于"最后一公里"的运输。它与运输中的末端运输、支线运输和一般运输形态的主要区别在于：配送运输是较短距离、较小规模、额度较高的运输形式，一般使用汽车做运输工具。与干线运输相比，配送运输的路线选择问题是一般干线运输所没有的，干线运输的干线是唯一的运输线，而配送运输由于配送客户多，一般城市交通路线又较复杂，如何组合成最佳路线，如何使配装和路线有效搭配等，既是配送运输的特点，也是配送运输的难点。

（7）送达服务。将配好的货运输到客户还不算配送工作的结束，这是因为送达货和客户接货往往会出现不协调，使配送前功尽弃。因此，要圆满地实现运到之货的移交，有效地、方便地处理相关手续并完成结算，需要考虑卸货地点、卸货方式等。送达服务也体现了配送的特殊性。

三、配送的分类

为了满足不同产品、不同企业、不同流通环境的要求，国内外演化出了许多种具体的配送形式。这些配送形式各有优势，但同时也存在一定的局限性。这里主要介绍几种常见的配送分类方法。

1. 按配送的组织者分

配送按配送的组织者可划分为以下四种方式。

（1）配送中心配送。这种配送的组织者是配送中心，一般规模较大，拥有配套的设施、设备等条件。其专业性较强，一般都与用户建立有相对固定的协作关系，配送设施与工艺是按照用户要求专门设计的，所以具有配送能力强、配送品种多、配送数量大等特点，是配送活动的最主要形式。由于这类配送业务的服务对象固定，所以灵活性和机动性较差。

（2）仓库配送。仓库配送是以一般仓库为据点来进行配送的配送形式。它可以把仓库完全改造成配送中心,也可以在保持仓库原功能的前提下,以仓库原功能为主,再增加一部分配送职能。由于仓库配送并不是按配送中心要求专门设计和建立的。所以,一般来讲,仓库配送的规模较小,配送的专业化程度比较低。但由于可以利用原仓库的储存设施及能力、收发货场地、交通运输线路等,所以仓库配送既是开展中等规模的配送可以选择的配送形式,同时也是较为容易利用现有条件而不需大量投资,"上马"较快的形式。

（3）商店配送。这种配送形式的组织者是商业或物资的门市网点,这些网点主要承担商品的零售,一般来讲规模不大,但经营品种却比较齐全。除日常经营的零售业务外,这种配送方式还可根据用户的要求,将商店经营的品种配齐,或代用户外订、外购一部分本商店平时不经营的商品,与商店经营的品种一起配齐运送给用户。这种配送组织者实力有限,往往只小量配送零星商品,所配送的商品种类繁多,但用户需用量不大,甚至用户对于有些商品只是偶尔需要,很难与大的配送中心建立计划配送关系,所以常常利用小零售网点从事此项工作。

（4）生产企业配送。这种配送的组织者是生产企业,也可以由第三方物流企业来完成。它是以企业的车间或成品仓库为据点,直接面向客户进行配送。由于它是直接从企业开始进行的配送,而不需要再将产品运送到配送中心进行配送,避免了一次物流的中转。因此生产企业配送具有一定的优势。一些就地生产、就地消费的食品、饮料等的配送就常采用企业配送方式。

2. 按配送的商品种类和数量分

配送按配送的商品种类和数量划分为以下三种方式。

（1）少品种大批量配送。这是针对工业企业所需物资的配送类型。因为物资需求量较大,品种单一或品种较少,不需要再与其他商品搭配,可由专业性很强的配送中心实行这种配送。由于配送量大,可使车辆满载并使用大吨位车辆;配送中心内部设置、组织、计划等工作也较简单,因而配送成本较低。此外,还可以从生产企业直接所需物资运抵用户,减少在库、在途时间,往往能获得更好的企业效益。

（2）多品种少批量配送。多品种、少批量配送是按用户要求,将各种需要量不大的商品配备齐全,凑整装车由配送据点送达用户。这种配货配送计划难度大,配送中心设备比较复杂,要求作业质量高,组织和协调配合工作能力强。它属于高水平、高技术的配送方式。这种方式也正符合现代"消费多样化""需求多样化"的新观念,所以,是许多发达国家推崇的方式。

（3）成套配套配送。这种配送方式是指根据企业的生产需要,尤其是装配型企业的生产需要,把生产每一台件所需要的全部零部件配齐,按照生产节奏定时送达生产企业,生产企业随即可将此成套零部件送入生产线以装配产品。

3. 按配送时间和数量分

配送按时间和数量划分为以下六种方式。

（1）定量配送。定量配送是指每次按规定的数量（包括商品的品种）在指定的时间范围内进行配送。这种方式数量固定,备货工作较为简单,可以按托盘、集装箱及车辆的装载能力规定配送的数量,有效利用托盘、集装箱等集装方式,也可以做到整车配送,以提高配送效率。由于没有严格的时间限定，物流企业可以将不同客户所需商品凑整配送，提高运力利用率。对用户来讲，每次接货都处理同等数量的商品，有利于人力、物流的准备。

（2）定时配送。定时配送是指按规定的间隔时间进行配送。定时配送有两种具体形式：当日配送方式和准时配送方式。这种方式的优点是由于时间固定，物流企业易于安排工作，易于计划使用车辆，用户也易于安排接货力量（如人员、设备等）。因为时间固定，备货的要求下达较晚，增加了配货配装的工作难度，如果要求配送的数量变化较大时，还会造成配送运力安排的困难。

（3）定时定量配送。它是指按规定时间和规定的商品品种及数量进行配送。这种方式兼有定时、定量两种方式的优点，要求有较高的配送管理水平。

（4）定时定线配送。它是指在规定的运行路线上制定到达时间表，按运行时间表进行配送，客户可按规定路线及规定时间接货。采用这种方式有利于计划、安排车辆及驾驶人员。在配送用户较多的地区，也可免去过分复杂的配送要求所造成的配送组织工作及车辆安排困难。对用户来讲，即可在一定路线、一定时间进行选择，又可有计划安排接货力量。这种方式可为众多的中小客户提供极大的方便。

（5）即时配送。它是指随要随送的配送，根据客户临时确定的配送时间和商品品种、数量的要求，随即进行配送，是一种灵活性要求很高的应急配送方式。这种方式是以某天的任务为目标，在充分掌握了这一天需要地点、需要量及种类的前提下，及时安排最优的配送路线并安排相应的配送车辆，实行配送。这种配送可以避免定时配送和定量配送方式的不足，做到每天配送都能实现最优的安排。采用这种方式，客户可以将安全储备降低为零，以即时配送代替零库存经营。

（6）定时定量定点配送。它是指按照确定的周期、确定的商品品种和数量、确定的客户进行配送。

4. 按经营形式分

配送按经营形式可划分为以下四种。

（1）销售配送。它是指由销售性企业为主体所进行的配送，通常被销售企业作为销售战略措施的一部分加以利用，所以也称为促销型配送。这种配送的对象和客户一般都不是固定的，配送对象和客户的确定主要取决于市场状况，因此配送的随机性较强。

（2）供应配送。它是指企业为了满足自己的供应需要所采取的配送形式。它往往由企业或企业集团组建配送节点，集中组织大批量进货，然后向本企业或企业集团的若干企业进行配送。这种配送方式既可以保证企业的供应能力和供应水平，又可以通过批量进货获取价格折扣，降低供应成本。商业系统的连锁商店广泛采用这种配送方式。

（3）销售与供应一体化配送。它是指销售企业对于基本固定的客户和基本确定的配送产品，在自己销售的同时，承担对客户执行有计划供应职能的配送方式。此时，销售企业既是销售者，又是客户的供应代理人。

（4）代存代供配送。它是指客户将属于自己的货物委托配送企业代存、代供，甚至还委托代为订货，然后由配送企业对客户进行配送。其特点是货物的所有权不发生变化，变化的只是货物的时空位置，配送企业仅从代存代供业务中获取服务费，而不能直接获取商业差价。

📎 小知识 6-1

新零售时代下的即时配送模式

新零售的概念横空出世，无意中推动了不少产业的迭代与创新。整个零售领域牵一发而动全身，物流作为其中重要一环也顺应时代，衍生出适合当下的新发展模式。

近年来，"懒人经济"和"生活快节奏"促进即时配送物流市场的发展，中国即时配送市场用户规模不断扩大，越来越多的人开始享受各大平台提供的便捷到家服务。以消费者体验为中心的零售业变革，其主要目的就是最大程度地提升全社会流通零售业运转效率。在此变革中，各大电商平台纷纷推出新物种，借助分布式算法和智能技术，把便利店和快递点改造成前置仓，打通线上和线下等方式，使同城物流的即时配送实现了分钟达。

但是从整个即时配送领域来看，即时配送领域的第一家企业"人人快送"于2011年成立。2014年后，在资本的助力下闪送、UU跑腿等行业黑马杀出，快递企业代表顺丰成立专门团队来开发即时物流领域，主打30分钟生鲜配送的盒马鲜生也开始发力。2018年1月，全国首个共享配送联盟成立。历经多年探索，在新零售变革不断深化的大环境下，即时配送企业开始迈入比拼精细化运营的新时代。

资料来源：Netsun 网盛. 新零售时代下的即时配送模式之争[EB/OL][2022-07-01].https://www.31fabu.com/topic/xlsps.html.

四、配送的模式

不同企业由于行业环境、战略定位、规模、核心能力方面的差异，进行物流配送时，可能独自建立配送中心实现自营配送；也可能将非核心业务的物流配送业务外包出去，实施外包型配送；也可以与其他企业联合，各取所长，整合资源实施共同配送。

1. 自营型配送模式

自营型配送是指企业物流配送的各个环节由企业自身筹建并组织管理，实现对企业内部及外部货物配送的模式。这种模式有利于企业供应、生产和销售的一体化作业，系统化程度相对较高，既可满足企业内部原材料、半成品及成品的配送需要，又可满足企业对外进行市场拓展的需求。其不足之处表现在，企业为建立配送体系的投资规模将会大大增加，在企业配送规模较小时，配送的成本和费用也相对较高。

一般而言，采取自营型配送模式的是规模较大的集团公司，连锁企业的配送就是典型案例。

2. 外包型配送模式

外包型配送是指由物流劳务的供方、需方之外的第三方去完成物流服务的物流运作方式，是物流专业化的一种形式。企业不拥有自己的任何物流实体，将商品采购、储存和配送都交由第三方完成。

这种模式的配送，表现为在用户之间交流供应信息，从而起到调剂余缺、合理利用资源的作用。就目前来说，超市一般是这样运作的，它们租用批发、储运等企业的库房，作为存储商品场所，并将其中的一部分改造为办公场所，设置自己的业务代表机构，并配置内部的信息处理系统与从事配送的企业进行协调。通过这种现场办公式的决策组织，超市在该区域的业务代表控制着信息处理和决策权，独立组织营销、配送业务活动。

3. 共同配送模式

共同配送（Common Delivery）也称共享第三方物流服务，是指多个客户联合起来共同由一个第三方物流服务公司来提供配送服务。它是在配送中心的统一计划、统一调度下展开的。共同配送是由多个企业联合组织实施的配送活动。共同配送的本质是通过作业活动的规模化降低作业成本，提高物流资源的利用效率。共同配送是指企业采取多种方式，进行横向联合、集约协调、求同存异以及效益共享。

第二节　配送中心及其业务

物流活动主要发生于两类场所——物流线路（如铁路、公路、航道或航线等）和物流节点（如车站、港口、仓库、机场等）。而配送中心作为现代流通中不可缺少的物流节点，是配送活动的主要承担者，是一种多功能集约化的物流据点。

一、配送中心概述

配送中心又称集配中心，除配送的功能外，为了保证配送任务准确、快速的完成，配送中心必须具有灵敏、完整的信息系统负责物流信息情报的收集、汇总、储存以及传递。

配送中心的顺利运转可以减少流通环节，降低交易费用，产生规模效益，提高库存保证程度，并在一定程度上能有助于商品质量的控制。配送中心最主要的作用就在于大大减少流通领域中供需双方的接触次数，从而减少流通环节。配送中心在批量进货时，可以获得较低的进价，并与客户共同分享这部分优惠，使得双方获利。此外，配送中心可以根据顾客的订单，对许多商品进行统一加工和包装，降低加工成本，节省包装材料，从而产生规模效益。配送中心通过建立高效的信息情报网以沟通信息，迅速、准确地掌握流通过程中的库存情况。

（一）配送中心的定义与作用

《物流术语》（GB/T 18354—2021）将"配送中心"（Distribution Center）定义为："具有完善的配送基础设施和信息网络，可便捷地连接对外交通运输网络，并向末端客户提供短距离、小批量、多批次配送服务的专业化配送场所。"一般而言，配送中心应基本符合四个要求：一是主要为特定客户或末端客户提供服务；二是配送功能健全；三是辐射范围小；四是多品种，小批量，多批次，短周期。

从本质上讲，配送中心是供应链环节中为下游经销商、零售商、最终客户提供配送服务的一个物流节点。它需要拥有现代化的流通设施、信息系统平台，对经手的货物进行倒装、分类、流通加工、配套，并设计选择最优的运输路线、最合适的运输方式和工具，为客户提供满意的配送服务。目的是降低运输成本、提高客户满意度。

配送中心在以下几个方面发挥较好的作用。

(1) 减少交易次数和流通环节。
(2) 产生规模效益。
(3) 减少客户库存，提高库存保证程度。
(4) 与多家厂商建立业务合作关系，能有效而迅速地反馈信息，控制商品质量。

配送中心是现代电子商务活动中开展配送活动的物质技术基础。

(二) 配送中心的分类

1. 按照配送中心的内部特性分

(1) 储存型配送中心。它有很强的储存功能。一般来讲，在买方市场下，企业成品销售需要有较大库存支持，其配送中心可能有较强储存功能；在卖方市场下，企业原材料、零部件供应需要有较大库存支持，这种供应配送中心也有较强的储存功能。大范围配送的配送中心，需要有较大库存，也可能是储存型配送中心。

目前我国拟建的一些配送中心，都采用集中库存形式，库存量较大，多为储存型。

瑞士 GIBA-GEIGY 公司的配送中心拥有世界上规模居于前列的储存库，可储存 4 万个托盘；美国赫马克配送中心拥有一个有 163 000 个货位的储存区，可见存储能力之大。

(2) 流通型配送中心。它基本上没有长期储存功能，仅以暂存或随进随出方式进行配货、送货。这种配送中心的典型方式是，大量货物整进并按一定批量零出，采用大型分货机，进货时直接进入分货机传送带，分送到各用户货位或直接分送到配送汽车上，货物在配送中心仅做少许停滞。日本的阪神配送中心只暂存货物，大量储存则依靠一个大型补给仓库。

(3) 加工配送中心。它具有加工职能，根据用户需要或市场竞争需要，对配送物加工后进行配送。在这种配送中心内，会开展分装、包装、初级加工、集中下料、组装产品等加工活动。世界著名连锁服务店肯德基和麦当劳的配送中心，就属于这种类型的配送中心。在工业、建筑领域，生混凝土搅拌的配送中心也属于这种类型的配送中心。

2. 按照配送中心承担的流通职能分类

(1) 供应配送中心。它执行供应的职能，是专门为某个或某些用户（如连锁店、联合公司）组织供应的配送中心。例如，为大型连锁超级市场组织供应的配送中心；代替零件加工厂送货的零件配送中心，使零件加工厂对装配厂的供应合理化。供应型配送中心的主要特点是配送的用户有限并且稳定，用户的配送要求范围也比较确定，属于企业型用户。因此，配送中心集中库存的品种比较固定，配送中心的进货渠道也比较稳固，同时可采用效率比较高的分货式工艺。

(2) 销售配送中心。它执行销售的职能，是以销售经营为目的、以配送为手段的配送中心。销售配送中心大体有两种类型：一种是生产企业为使自身产品直接销售给消费者而建立的配送中心，国外这种类型的配送中心很多；另一种是流通企业为自身经营建立配送中心以扩大销售，目前我国拟建的配送中心大多属于这类型，国外的例证也很多。

销售型配送中心的用户一般是不确定的，而且用户的数量很大，每一个用户购买的数量又较少，属于消费者型用户。这种配送中心很难像供应型配送中心一样，实行计划配送，计划性较差。

销售型配送中心集中库存的库存结构也比较复杂，一般采用拣选式配送工艺。销售型配送中心往往采用共同配送模式才能够取得比较好的经营效果。

3. 按配送区域的范围分

（1）城市配送中心。城市配送中心即以城市为配送范围的配送中心，由于城市范围一般处于汽车运输的经济里程中，这种配送中心可直接配送到最终用户，且采用汽车进行配送。所以，这种配送中心往往和零售经营相结合，由于运距短，反应能力强，因而从事多品种、少批量、多用户的配送较有优势。

（2）区域配送中心。区域配送中心即以较强的辐射能力和库存准备，向省际、全国乃至国际范围的用户配送的配送中心。这种配送中心配送规模较大，一般而言，用户较多，配送批量也较大，且往往配送给下一级的城市配送中心，也配送给营业所、商店、批发商和企业用户，虽然也从事零星的配送，但不是主体形式。这种类型的配送中心在国外十分普遍，如日本的阪神配送中心、美国马特公司的配送中心、蒙克斯帕配送中心等。

4. 按配送货物种类分

根据配送货物的属性，配送中心可以分为食品配送中心、日用品配送中心、医药品配送中心、化妆品配送中心、家用电器配送中心、电子（3C）产品配送中心、书籍产品配送中心、服饰产品配送中心、汽车零件配送中心以及生鲜处理中心等。

（三）配送中心的功能

配送中心作为现代流通中不可缺少的物流节点，至少需要具备以下六个方面的功能。

（1）采购功能。配送中心必须首先采购所要供应配送的商品，才能及时准确无误地为其用户即生产企业或商业企业供应物资。配送中心应根据市场的供求变化情况，制定并及时调整统一的、周全的采购计划，并由专门的人员与部门组织实施。

（2）存储功能。配送中心服务于为数众多的生产企业和商业网点（比如连锁店和超级市场），需要按照用户的要求及时将各种配装好的货物送交到用户手中，满足生产和消费需要。为了顺利有序地完成向用户配送商品的任务，并能更好地发挥保障生产和消费需要的作用，配送中心通常需要拥有现代化的仓库并配备一定数量的仓储设备，存储一定数量的商品。某些区域性的大型配送中心和开展"代理交货"配送业务的配送中心，不但要在配送货物的过程中存储货物，而且所存储的货物数量更大、品种更多。由于配送中心所拥有的存储货物的能力，使得存储功能成为配送中心中仅次于配组功能、分送功能的一个重要功能。

（3）配组功能。由于每个用户企业对商品的品种、规格、型号、数量、质量、送达时间和地点等的要求不同，配送中心就必须按用户的要求对商品进行分拣和配组。配送中心的这一功能是其与传统的仓储企业的明显区别之一，也是配送中心的最重要的特征之一，可以说，没有配组功能，就无所谓配送中心。

（4）分拣功能。作为物流节点的配送中心，其为数众多的客户彼此之间差别很大，不仅各自的性质不同，而且经营规模也大相径庭。因此，在订货或进货时，不同的用户对于货物的种类、规格、数量会提出不同的要求。针对这种情况，为有效地进行配送，即为了同时向不同的用户配送多种货物，配送中心必须采取适当的方式对组织来的货物进行拣选，并且在此基础上，按照配送计划进行分装和配装货物。在商品流通实践中，配送中心需要具有分拣货物的功能，发挥着分拣中心的作用。

（5）分装功能。从配送中心的角度来看，它往往采用大批量的进货来降低进货价格和进货费用；但用户企业为降低库存、加快资金周转、减少资金占用，则往往采用小批量进货的方法。为满足用户的要求，即用户的小批量、多批次进货要求，配送中心就必须进行分装。

（6）集散功能。凭借其特殊的地位，以及拥有的各种先进设施和设备，配送中心能够将分散在各个生产企业的产品集中到一起，然后经过分拣、配装向多家用户发运。

二、配送中心的工作步骤

配送中心的效益主要来自"统一进货，统一配送"。所以，配送中心的工作步骤安排要便于实现两个主要目标：一是降低企业的物流总成本；二是缩短补货时间，提供更好的服务。

1. 制订配送计划

配送是一种物流业务组织形式，而商流是其拟定配送计划的主要依据。可以说，商流提出了何时、何地、向何处送货的要求，而配送则据此在恰当安排运力、路线、运量的基础上完成此项任务。配送计划是既经济又有效地完成任务的保证。配送计划的制订应有以下依据。

（1）订货合同副本，由此确定用户的送达地、接货人、接获方式，用户订货的品种、规格、数量，送货时间及送货的其他要求。

（2）所需配送的各种货物的性能、运输要求，以决定车辆种类及运输方式。

（3）分日、分时的运力配置情况。

（4）交通条件、道路水平。

（5）各配送点所存货物品种、规格、数量情况等。

（6）在充分掌握了上述必需的信息资料之后，可以利用计算机，按固定的程序，输入上述数据。计算机利用配送计划的专用软件，自动处理数据后输出配送计划表，或由计算机直接向具体执行部门下达指令。

在不具备上述手段的条件下，可以利用人力按下述步骤制订配送计划。

（1）按日汇总各用户需要物资的品种、规格、数量，并详细弄清各用户的地址，可用地图标明，也可在表格中列出。

（2）计算各用户运货所需的时间，以确定起运的提前期，如果运距不长，则可不必考虑提前期。

（3）确定每日应从每个配送点发运物资的品种、规格、数量。此项工作可采用图上或表上作业法完成，也可通过计算，以吨公里数最低或总运距最小为目标函数，求解最优配送计划。

（4）按计划的要求选择和确定配送手段。

（5）以表格形式拟出详细配送计划，审批执行。

2. 下达配送计划

配送计划确定后，将到货时间、到货的品种、规格、数量通知用户和配送点，以使用户按计划准备接货，使配送点按计划发货。

3. 按配送计划确定物资需要量

各配送点按配送计划，审定库存物资的配送保证能力，对数量、种类不足的物资组织进货。

4. 按配送点下达配送任务

配送点向运输部门、仓储部门、分货包装部门及财务部门下达配送任务，各部门完成配送准备。

5. 配送发运

配货部门按照要求将各用户所需的各种货物进行分货及配货，然后再进行适当的包装并详细标明用户名称、地址、配送时间、货物明细。按计划将各用户货物组合、装车，并将发货明细交司机或随车送货人。

6. 送达

车辆按指定的路线将货物运达用户，并由用户在回执上签字。配送工作完成后，通知财务部门结算。

三、配送的方法

随着配送的不断发展，配送的方法也在不断创新。目前较为常见的配送方法有如下几种。

1. 准时化配送

准时化配送（JITD）是一种整个供应渠道对生产/客户需求同步反应的理念。它强调的是时间上的保证，并具备完备的配送功能。准时化配送是一种有别于库存满足需求的运作理念，目的是使得企业能在适当的地点、适当的时间获取适当的货物。在准时化配送管理理念下，计划的整体效果就是实现与需求协调一致的产品流动。与以库存供应（Supply to Inventory）的理念相比，准时化配送理念管理供应链需要付出更多的精力，但是由此带来的好处是能够在供应链运转过程中保持最低的库存、降低各方的成本、提高服务水平。准时化配送具有以下特征。

（1）准时制。在正确的时间、正确的地方得到精确数量的材料（商品）。

（2）市场需求为核心的"拉动式"运作理念。严格按客户需求组织采购、运输、流通、配送等活动，最大限度地减少库存积压，为客户节约大量资金。

（3）"及时"的管理思想。追求的是物流批量的减少、物流频率的加快，最终实现零库存。

2. 高频小批配送

所谓高频小批配送是指在规定的时间内，送货次数的高频率、运送货物的小批量。高频小批配送意味着满足消费者的需求，得到供应商的协助，将必要的商品在必要的时间内，按必需的数量供给零售业，它是一种合理的、高频率的物流系统。与传统的配送相比，它具有配送间隔更短、接收货物单位小批量化、时间花费更多等特征。

高频小批配送的原型是美国的食品业和汽车运输业采用的散货出库方式。为应对由于消费者需求的多样化、个性化，以及消费品从量到质需求的变化，零售业者普遍采取高频率、小批量进货的应对策略，以及早发现滞销商品，避免库存积压，降低经营风险。物流业将这种散货出库方式和准时供应方式结合起来，创新性提出这一独特的高频小批配送方式。1982年，高频小批配送开始在日本普及，最初是大型的便利连锁业采用高频小批配送方式作为开端，后迅速扩展到超市业及其他零售业。

3. 共同配送

共同配送是指在一定区域内为了提高物流效率，对许多企业一起进行配送。共同配送的主要追求目标，是使配送合理化。它有两种类型：一是以货主为主体的共同配送；二是以物流企业为主体的共同配送。

共同配送主要有以下两种运作形式。

（1）由一个配送企业对多家用户进行配送。由一个配送企业综合某一地区内多个用户的要求，统筹安排配送时间、次数、路线和货物数量，全面进行配送。

（2）仅在送货环节上将多家用户待运送的货物混载于同一辆车上，然后按照用户的要求分别将货物运送到各个接货点，或者运到多家用户联合设立的配送货物接收点上。这种配送有利于节省运力和提高运输车辆的货物满载率。

实施共同配送的前提条件如下。

（1）具有完备的技术和管理系统。由于共同配送不仅仅是将几家的货物装到一辆车上那样简单，还需要做很多技术上的工作。所以，它需要第三方物流商提供更多的技术和管理系统来对由多个供应商所提供商品组成的订单进行优化，从而形成整车运输。

（2）第三方物流服务商需要拥有同一行业的大量客户。

共同配送涉及很多具体的细节问题，在实施过程中通常会碰到以下难点：一是由于配送商品的品种繁多，不同的商品特点不同，对配送的要求也不一样，从而导致共同配送的难度加大，比如日用百货、食品、酒类饮料、药品、服装乃至厨房用品、卫生洁具等，它们对配送的要求是各不相同的；二是由于各企业的规模、商圈、客户、经营理念等方面所存在的差距，共同配送往往很难协调一致。此外，费用的分摊、泄露商业机密的担忧等都会对共同配送产生消极影响。

4. 一体化配送

一体化配送产生于 20 世纪 90 年代的日本，一直在供应链管理中发挥着重要的作用。一体化配送就是以某一货架群作为整体对象，不分进货地点和形态，将全部商品集中上货。具体地讲，一体化配送就是将店铺作为起点，把出库信息、供应链记录单、物流 EDI 等信息技术纳入物流系统，同样将一次性分品种进货、定时定量配送等作业组合在一起，是以一体化配送中心起核心作用的进货体制。一体化配送本质上是将货物和信息实现一元化高水平管理的物流，目的在于"降低成本"和"提高服务水平"。它以一体化配送中心将生产商和零售业店铺货架连接起来，以形成最有效的供应链。

一体化配送的基本运营思路如下。

（1）由配送中心负责将从批发商处进来的商品进行全数检验，以确保不存在质量和数量的问题，而在店铺仅做分类点数的简单验收。

（2）在配送中心进行配货时，将店铺的所有货物总量一揽子发出，一个一个店铺地进行分拣和验货，汇总之后，送达店铺的每个部门，以使发货作业最小化。

一体化配送是一种按部门进货的方式。其优点是陈列作业迅速，能够将商品很快摆放在货架上。一体化配送与共同型配送相比的主要区别是：一体化配送采用"按货架进货系统"，而共同型配送则采用"按店铺进货系统"。

5. 同城配送

同城配送属于专业物流服务，又被称为"最后一公里物流"，它仅提供一个城市内点到点之间的短距离配送作业，通常满足"多种产品、单方收货"或"单一产品、多方收货"两种不同需求，配送货品以大件（数量大、体积大）为主。同城配送追求的是速度快、效率最大化。

同城配送经历了企业配送、行业（专业）配送和社会化共同配送三个发展阶段。

企业配送是指各生产企业、零售企业等自行组织商品配送，具有一定的独立性。

行业（专业）配送是由专业物流公司安排行业内的相关企业所从事的配送工作，如烟酒配送、药品配送、食物配送等。

社会化共同配送是商贸流通企业、生产加工企业和物流企业在城市或区域范围内统筹安排配送货物、时间、线路等，通过作业活动的规模化来降低作业成本，提高物流资源的利用效率，以便实现经济效益的最大化。

全国联网的不同专业物流公司，其同城配送的业务侧重点各不相同。例如，顺丰同城配送具有以下特色。

（1）运费到付和寄付价格都是一样的，同城、省内及经济区域内互寄。

（2）顺丰同城配送即日达。它是指在指定服务范围和寄递时间内收寄，承诺当日 20:00 前送达。

（3）顺丰同城配送次晨达。它是指在指定服务范围和寄递时间内收寄，承诺次日 12:00 前送达。

（4）顺丰同城配送次日达。它是指在指定服务范围和寄递时间内收寄，根据寄件时间及快件寄递起始地的行政区域，可查询明确的快件送达时间，配送次日 18:00 前送达。

⭐ 小案例 6-1

银泰与饿了么联手推出商场 5 公里最快 1 小时内送达服务

2020 年 8 月 19 日，银泰百货与饿了么蜂鸟即配宣布升级"定时达"服务。银泰"定时达"夜间配送服务时间延长至 22 点，率先在杭州西湖银泰试点，随后将在全国更多门店铺开。2020 年 9 月起，银泰"定时达"还将推出个性服务——门店 5 公里范围最快 1 小时定时达，5~20 公里内半日或次日定时达。

消费者通过银泰喵街 App 下单，北京、杭州、合肥、西安、武汉、宁波、厦门等全国 26 个城市近 50 家银泰百货都能实现"定时达"服务，门店 5 公里范围最快 1 小时定时达。这是继"6·18"后，银泰"定时达"服务覆盖门店再次扩大。依托饿了么提供的即时配送网络，无论是刚发售的 AJ 还是救急的面膜,"定时达"可以让消费者快速拿到心头好。

目前,银泰喵街"定时达"订单量已达到 2019 年同期的 5 倍,其中夜间订单占比超 4 成,美妆、黄金珠宝、运动产品是最热销的品类。"商场+即配"的模式,给基于地理位置的新零售新体验带来了新的想象空间。

夜间"定时达"服务升级,美妆、黄金珠宝最受青睐

消费者在银泰喵街 App 下单时,可以选择"到店自提""普通快递""定时达"三种方式收货。如果选择了"定时达",门店 5 公里范围内的订单将由饿了么蓝骑士最快在 1 小时之内送达。

数据显示,2020 年 7 月,银泰喵街"定时达"订单量是去年同期的 5 倍,美妆、黄金珠宝、运动产品最受青睐。杭州消费者小张说:"以前买个口红要等一两天才能收到快递,现在只需一个多小时,简直太方便了!"

目前,银泰夜间订单占比超 4 成,20~22 点是下单高峰。依托饿了么提供的即时配送服务,七夕前夕,银泰喵街"定时达"夜间配送服务延长至 22:00。

银泰百货杭州西湖店率先上线夜间延长配送服务。运行的两周时间里,"定时达"夜间服务订单常常处于"满单"状态。蓝骑士们忙碌不停地穿梭在这个城市的夜色里,将一个个包裹送往千家万户。

定制百货配送解决方案,商场即配有了新标准

即时配送从外卖起家,如今已向全品类拓展,成为新零售新体验的核心基础设施。饿了么旗下的开放即时物流平台即蜂鸟即配,为银泰百货定制了一套百货配送解决方案。

优选的蓝骑士专驻银泰百货门店,轮班配送商场内的"定时达"订单。饿了么为驻店蓝骑士升级了装备,打造专属配送载具。不同于普通外卖配送箱,采用了双肩背包的形式,能随身携带,并防水防雨、保护货品,还能满足单次背 5~8 单的配送需求。

为了方便快速取货,银泰在商场内设置了集货仓,饿了么蓝骑士在仓内完成取货、退货,既节省了拣货时间,又能够和商场客流分离。饿了么对蓝骑士的分拣链路、行动路线和面单信息做出了优化,帮助蓝骑士快速锁定货物,提升取货效率。

银泰百货和饿了么蜂鸟即配的"定时达"升级服务,不仅是基于地理位置的新零售新体验的一次新尝试,更是依托阿里巴巴经济体的力量,打造全新美好生活体验。

资料来源:亿欧.商场公里最快 1 小时送达:银泰、饿了么蜂鸟即配联手 [EB/OL].(2020-08-19)[2022-07-01]. https://www.iyiou.com/news/202008191007013.

第三节 配送管理

配送管理是指为了以最低的成本完成客户所要求的配送任务,而对配送活动进行计划、组织、指挥、协调与控制。配送管理是物流中一种特殊的、综合的活动形式,是商流与物流紧密结合,既包含商流活动和物流活动,也包含物流中若干功能要素的一种形式。

一、配送管理的内容

从不同的角度分析,配送管理的内容包含很多方面。一般而言,配送管理活动主要是围绕配送模式选择、配送业务管理、配送要素管理、配送的战略职能管理和配送作业管理等方面展开。

（一）配送模式的选择

企业选择何种配送模式，主要取决于以下几个方面的因素：配送对企业的重要性、企业的配送能力、市场规模与地理范围、服务水平要求及配送成本等。

配送模式的选择，可采用矩阵图决策法、比较选择法等方式进行决策。目前企业采用的几种主要配送模式有：自营型配送模式、外包型配送模式和共同配送模式等。

（二）配送业务的管理

由于配送对象的品种和数量十分复杂，所以为了做到有条不紊地组织配送活动，管理者必须遵照一定的工作程序对配送业务进行统一的安排与管理。一般而言，配送业务管理的基本工作程序和内容主要有以下三个方面。

1. 配送路线规划

配送路线规划的重点是配送线路的选择。路线的选择是否合理，将直接关系到配送的速度、成本和效益。因此，采用科学合理的方法规划合理的配送线路是一项十分重要的工作内容。

配送线路的确定可采用数学方法或在数学方法基础上演变而来的经验方法，主要有方案评价法、数学计算法和节约里程法等。目前已经开发了多种软件帮助管理者通过计算机进行路线的选择与规划，避免了烦琐的数学计算过程。

2. 拟定配送作业计划

配送业务的管理者必须拟定科学合理的配送作业计划，以供作业人员具体参照执行。配送作业计划可通过计算机辅助编制，目前也有一些相关软件或信息系统供管理者使用。

拟定配送作业计划主要依据订货合同、仓储合同、电话预约合同等合同内容要求，或者根据所需配送的各种商品的性能、运输要求决定运输车辆及运输方式，也要考虑配送车辆、装卸搬运设备、相关工具等情况，以及与道路运输有关的要求等。

3. 下达配送计划

配送计划确定之后，管理者要向各配送点下达配送任务，并依据计划调度运输车辆、装卸机械及相关作业班组和人员，指派专人发送送货通知单通知客户，以便客户提前按计划做好接货准备。

此外，管理者还应按计划做好配货和进货的组织工作，及时掌握各配送点的库存情况，及时补货，避免缺货。

（三）配送要素管理

从系统的角度看，配送要素管理应该主要包括人、物、财、设备、方法、信息六大要素的管理。

人的管理包括配送从业人员的选拔和录用、配送专业人才的培训与提高、配送教育和配送人才培养规划与措施的制定等。

财务管理的主要内容有配送成本的计算与控制、配送经济效益指标体系的建立、资金的筹措与运用、提高经济效益的方法等。

设备管理的主要内容有各种配送设备的选型与优化配置，各种设备的合理使用和更新改造，各种设备的研制，开发与引进等。

配送方法管理的主要内容有各种配送技术的研究、推广与普及，配送科学研究工作的组织与开展，新技术的推广与普及，现代管理方法的应用，等等。

信息是配送系统的神经中枢，只有做到有效地处理并及时传输物流信息，才能对系统内部的人、财、物、设备和方法五个要素进行有效的管理。

(四) 配送的战略职能管理

配送活动的实施，其主要的战略目标是满足客户需求的同时实现成本的降低与服务水平的提高。要兼顾成本和收益，重点在于做好配送计划管理、配送质量管理、配送技术管理、配送经济管理等。

1. 配送计划管理

配送计划管理是指在系统目标的约束下，对配送活动中每个环节的计划进行科学的管理。管理的对象包括配送系统内各种计划的编制、执行、修正及监督的全过程。配送计划管理是配送管理工作的最重要职能。

2. 配送质量管理

配送质量管理包括配送服务质量管理、配送工作质量管理、配送工程质量管理等。配送质量的提高意味着配送管理水平的提高，意味着企业竞争能力的提高。因此，配送质量管理是配送管理工作的中心问题。

3. 配送技术管理

配送技术管理包括硬技术管理和软技术管理。硬技术的管理是对配送基础设施和配送设备的管理，如配送设施的规划、建设、维修、运用，配送设备的购置、安装、使用、维修和更新，提高设备的利用效率，日常工具的管理等；软技术的管理主要是指配送各种专业技术的开发、推广和引进，配送作业流程的制定，技术情报和技术文件的管理，配送技术人员的培训等。配送技术管理是配送管理工作的依托。

4. 配送经济管理

配送经济管理包括配送费用的计算和控制，配送劳务价格的确定和管理，配送活动的经济核算、分析等。成本费用的管理是配送经济管理的核心。

(五) 配送作业管理

虽然不同产品的配送业务之间可能存在部分独特之处，但大多数配送活动都要经过进货、储存、补货、分拣、配装与出货、送货、检查与配送加工等作业活动。配送作业的管理就是对配送流程的设计以及流程中各项活动的计划和组织。配送流程的设计需要结合配送物资的特性及客户的具体要求，兼顾配送中心的客观条件进行具体分析。这部分往往要求管理者具有全局观念和较强的业务素质。

✎ 小知识 6-2

用户要求提升，自动驾驶末端配送成物流行业难点最佳解决方案

随着国内物流市场发展的日益成熟，末端物流配送支持成为提升物流时效性以及物流质量的关键因素。目前，末端配送市场面临的挑战包括主要是末端配送业务本身较为复杂以及用户对于服务的要求不断提高。因为配送的环境、场景、任务比较复杂，物品在配送过程中容易丢失、损坏，加上用户更加注重配送的时效性和服务体验，配送行业的压力不断增大。

自 2014 年开始，中国物流行业规模和订单量都在激增，但与此同时，劳动力数量在递减，意味着市场中没有足够的劳动力能够进入配送行业。自动驾驶末端配送小车可以针对性地解决以上问题，它融合了硬件、软件、算法、通信等多种技术，可以更加精准地确定配送地点，并且不受天气影响，提升了物品的时效性以及保护了物品不受损坏，同时也解决了物流行业劳动力供给不足的问题。

行业预计，当末端配送小车实现规模量产后，整车成本有望降至 15 万元以下。从长远经济角度来看，按照经济价值产出对比，若小车量产价格为 15 万元，使用寿命为 3.5 年，每年 20% 的运维费用，每月综合成本为 6 071 元。依此类推，不考虑人力成本上涨因素，当成本降至 8 万元，车人费用对比将达到 1:2。当车辆成本为 5 万元，单月综合成本仅仅为 2 024 元。以快递行业为例，一位快递员单月薪资在 5 000～8 000 元左右不等。因此，自动驾驶末端配送能在一定程上缓解末端配送压力，提升效率。

资料来源：黄书涵.自动驾驶末端配送：物流行业"最后一公里"的最佳答案[EB/OL].（2021-06-22）[2022-07-01]. https://www.iyiou.com/analysis/2021062210190004.

二、配送的技术经济指标

开展配送的技术经济指标评估能正确判断配送的实际经营水平，提高经营能力和管理水平，从而提高配送中心的整体效益。配送中心的绩效评估是运用数理统计和运筹学方法，采用特定的指标体系，对照统一的评估标准，按照一定的程序，通过定量和定性分析，对配送中心在一定经营期间的经营效益和经营者的业绩，做出客观、公平和准确的综合判断。从不同的角度可以构建出不同的配送技术经济评价指标体系，我们主要从系统角度、流程角度展开具体分析。

（一）配送系统的效率指标

从系统的角度分析，配送系统主要的构成要素有设施、设备、人员、商品及订单、配送作业过程以及系统运作花费的时间、成本及质量水平等。配送系统要素的效率指标主要有以下几种。

1. 设施空间利用率

所谓设施空间利用率就是针对空间利用度、有效度进行考虑，即提高单位空间的使用效率。一般以货架、仓储区的存储量、每天配货场地的配货周转次数等为主要指标。设施空间利用率衡量整个配送中心设施是否已经充分利用。

2. 人员利用率

人员利用率衡量每个人员有无尽到自己最大的能力。对于人员作业效率的考核分析，是每一个物流企业经营评估的重要指标。人员利用率评估主要从三个方面着手：人员编制、员工待遇、人员效率。

3. 设备利用率

设备利用率衡量资产设备有无发挥最大的产能。配送中心设备主要用于保管、搬运、装卸、配送等物流作业活动。由于各种作业有一定的时间性，设备工时不易计算，通常从增加设备机动时间和提高设备每单位时间内的处理量来实现提高设备利用率的目的。

4. 商品、订单效率

商品、订单效率衡量商品销售是否达到预定目标。配送中心应该抓好以下3项工作：①通过对配送中心出货情况的分析，提示采购人员调整水平结构；②根据客户的要求，快速拆零订单；③严格控制配送中心的库存，既要留有合理存货以降低缺货率，又要避免过多的存货造成企业资金积压、商品质量出现问题等损失。

5. 作业规划管理能力

作业规划管理能力指标衡量目前管理层所做的决策规划是否科学。规划是根据决策目标应采取的行动方案，规划的目的是让整个物流活动过程选择合理的作业方式、正确的行动方向。要制定出最佳的产出效果，规划管理人员必须首先决定作业过程中最有效的资源组合，然后依据环境设计出最好的资源组合方式，来执行物流运作过程中的每一环节工作。其中，及时修正规划是很重要的一环。

6. 时间效益率

时间效益率衡量每一项作业是否时间利用得最有效。缩短资源时间，一方面可以使工作效率提高；另一方面可以使交货期提前。时间是衡量效率最直接的因素，最容易看出整体作业能力的高低。例如，一段时间商品搬运量，平均每小时配货量，平均每天配送商店的数量等。评估时间效益，主要是掌握单位时间内的收入、产出量、作业单元数及各作业时间比率等情况。

7. 成本率

成本率衡量此项作业的成本费用是否合理。配送中心的物流成本，是指直接或间接用于收货、存储保管、拣货配货、流通加工、信息处理和配送作业费用的总和。

8. 质量水平

质量水平衡量配送中心的服务质量有无达到客户满意的水平。对于配送质量的管理，一方面要建立合理的质量标准；另一方面还需要加强对存货管理及作业过程的监督，尽可能避免不必要的损耗、缺货、不良率等，以降低成本，提高客户的服务质量。维护和提高质量标准，主要应从人员、商品、机械设备和作业方法四个方面着手。

（二）配送流程作业的效率指标

配送作业包括进货、存储和订单处理、分拣、出货等作业过程，其间还伴有日常的采购、盘点和设施设备维护等作业内容。从流程角度构建配送技术经济评价指标体系，涉及的具体指标主要有如下几个。

1. 进出货作业效率指标

进出货作业是配送中心整个流程中处在两端的作业，进货作业包括接收商品，装卸搬运，码托盘，核对商品数量、质量和签收；出货作业主要是根据各辆卡车和配送路径将分拣完的商品搬运到理货区，而后装车配送。进出货作业的效率直接影响着配送的质量，衡量进出货作业效率的指标有以下 4 种。

（1）作业空间利用率。进出货作业的空间利用率主要考核站台的使用情况，是否因数量不足或规划不佳造成空间利用低效率。作业空间利用率指标有站台使用率、出货站台使用率、进货站台使用率。

（2）站台高峰率。

（3）人员负担和时间耗用。它主要考核进出货人员工作分配及作业速度，以及目前的进出货时间是否合理。其主要衡量指标有每人每小时处理进货量、每人每小时处理出货量、进货时间率、出货时间率，或每人每天进出货量、进出货时间率。

（4）设备移动率。它用于评估每台进出货设备承担的工作量是否合理、达标。其指标为每台进出货设备每天装卸量。

2. 存储作业效率指标

存储作业的主要责任在于把将来要使用或者要出货的产品做妥善保存。作业管理要求不仅要善于利用空间，有效地利用其存储面积，还要加强存货管理，做到既保证降低商品缺货率，又不因过多库存而占用资源和资金。其主要指标有以下几种。

（1）设施空间利用率。其指标有单位面积保管量、平均每货品所占储位数。

（2）库存周转率。它是考核配送中心货品库存量是否恰当和经营绩效的重要指标，其计算公式如下。

$$库存周转率 = 出货量 / 平均库存量 \quad 或 \quad 库存周转率 = 营业额 / 平均库存金额$$

（3）存货管理费率。它用于衡量配送中心每单位存货的库存管理费，其计算公式如下。

$$存货管理费率 = 库存管理费用 / 平均库存量$$

（4）呆废货品率。它用来测定配送中心货品损耗影响资金积压状况，其计算公式如下。

$$呆废货品率 = 呆废货品件数 / 平均库存量 \quad 或 \quad 呆废货品率 = 呆废货品金额 / 平均库存金额$$

3. 订单处理作业效率指标

从接到客户订单开始到准备着手拣货之间的作业阶段，被称为订单处理。它包括接单、客户资料确认、存货查询、单据处理等。

（1）日均受理订单数。企业通过对日均受理订单数、每订单平均订货数量和平均订货单价的分析，观察每天订单变化情况，以拟订客户管理策略以及业务发展计划。常用的分析指标有日均受理订单数、每订单平均订货数、平均订货单价。

（2）订单延迟率。订单延迟率是衡量交货延迟状况的指标。

（3）订单货件延迟率。它是用来评估配送中心是否应实施重点客户管理，使自己有限的人力、物力做到最有效的利用。

（4）紧急订单响应率。它用于分析配送中心快速订单的处理能力及紧急插单业务的需求情况。

（5）缺货率。它用于衡量存货控制决策是否合理，也用于衡量是否应调整订购点及定量点的基准。

（6）短缺率。它由出货短缺率与出货率之比来衡量。

4. 拣货作业效率指标

拣货作业是配送中心最复杂的作业，其耗费占成本的比例较大，因此，拣货成本是配送企业管理人员关心的重点。衡量拣货作业效率的指标通常有人均每小时拣货品项数、批量拣货时间、每订单投入拣货成本、每件商品投入拣货成本、拣误率等。

5. 采购、盘点、设备维护等日常作业指标

由于配送中心的库存物资周转率很高，针对物资的采购、盘点以及相关设施设备的维护就成为日常的作业内容。这些作业都需要做好规范的流程设计以及技术经济效率评估。

（1）采购作业指标。一般而言，衡量采购作业效率的指标主要有出货品成本占营业额比率、货品采购及管理总费用、进货数量误差率、进货次品率、进货延迟率等。

其中，进货数量误差率、次品率和延迟率用于衡量进货的准确度和有效率，以配合调整安全库存。

（2）盘点作业指标。盘点就是通过定期或不定期的库存盘点，及早发现问题。在盘点作业中，以盘点过程中所发现的存货数量不符的情况作为评估重点。一般而言，衡量盘点作业的指标有盘点数量误差率、盘点货品误差率、平均每件盘差商品的金额等。

（3）设备维护等日常运营作业指标。设备维护主要指的是配送车辆的运行维护以及配送中心的经营管理等方面。所以，对这部分作业内容效率评价的指标主要涉及配送车移动率、平均每车次配送吨公里数、车辆空驶率、车辆装载比率、外雇车比率、配送成本比率、每单元货品配送成本、每车次配送成本、配送中心坪效、配送中心固定资产周转率等。

三、提高配送经济效益的方法

从流通的观念来看，配送是指将被订购的物品，使用卡车或其他运输工具，从制造厂、生产地或配送中心送到客户手中的物流活动。为了配送服务更加高效合理，在设计配送系统

时，要恰当设置配送中心、加强配送的计划性、有效利用配送车辆以及综合提高配送运行效率。

1. 恰当设置配送中心

配送中心选址合理与否会直接影响到配送中心各项活动的成本、作业效率、服务水平和经济效益。因此，配送中心选址与布局必须在充分调查分析的基础上综合自身经营的特点、交通状况等因素，在详细分析现状及预测的基础上进行配送中心选址。

2. 加强配送的计划性

在配送活动中，临时配送、紧急配送或无计划的随时配送都会大幅度增加配送成本。为了加强配送的计划性，需要建立客户的配送申报制度。在实际工作中，应针对商品的特性，制定不同的配送申请和配送制度。

3. 有效利用配送车辆

车辆配送是配送中心作业最终、最具体、最直接的服务，其服务要点应遵循以下5个原则。

（1）时效性。它要求确保能在指定的时间内交货。其中，准点率是考核配送中心作业水平的一项重要指标。

（2）可靠性。它要求将货品完好无损地送达目的地。

（3）沟通性。由于配送人员是企业与客户直接接触的人员，其表现出的态度、反应直接代表着公司的形象，将会给客户留下深刻的印象，所以，物流企业通常把卡车司机和送货人员称为"公司的形象大使"。为此，配送人员与客户的有效沟通显然是非常重要的，它有利于巩固客户的忠诚度。

（4）便利性。由于配送最重要的是为客户提供方便，因而客户的送货计划应具有一定的弹性，如紧急送货、信息传递、顺道退货、辅助资源回收等，以随时能方便满足客户的需求。

（5）经济性。满足客户的服务需求，不仅要质量好，价格也是客户重视的要素。配送中心只有通过自身运作的高效率、物流成本的控制，以经济性抓住客户。

4. 综合提高配送运行效率

从整体上提高配送的运行效率，其关键是抓住"距离最小""时间最少"和"成本最低"这三个终极目标。具体措施有以下几个方面。

（1）消除交错输送现象。采取科学调度方法，努力减少或消除交错输送的现象。例如，原先直接由各生产厂送至客户的零散路线，由配送中心来整合与调配输送，以此缓解交通混杂的矛盾，缩短输送距离。

（2）利用回程车，以降低车辆的空驶率和运输成本。

（3）直接配送。它是通过提前收集用户购买需求，来向工厂或产地直接下单购买所需物品，而后由工厂或产地配送到需求客户的手中，从而避免采用从厂商经总代理商、二次批发甚至三次批发或零售商店才到达客户的多环节运送。它包括工厂直接配送（B2C）和产地直接配送（主要是食行生鲜）。

（4）配送工具的变换使用。配送不是简单的"送货上门"，而是运用科学而合理的方法选择配送车辆的吨位、配载方式，确定配送路线，以达到"路程最短，吨公里数最小"的目标。

（5）建立完善的信息系统。配送中心信息系统主要包括"订单处理""库存管理""出货计划管理"和"输配送管理"四个子系统。为了提高配送作业的效率，信息系统应具有最佳输送的自动检索、配车计划的最大生成、配送路线的自动生产等功能。

（6）改善运送车辆的通信，如装载 GPS 系统，以把握车辆及司机的状况、传达道路信息或气象信息、掌握车辆作业状况及装载情况、传递作业指示、传达紧急信息指令，提高运行效率，确保安全运转至客户需求地点。

（7）控制出货量。尽可能控制客户出货量，使作业均衡化，能有效地提高配送效率。

（8）实行共同配送。开展共同配送，可通过混合装载，优化配送路线，达到配送的经济规模，提高物流作业效率，降低企业的运营成本；通过实现物流各种资源的网络组织化，发挥网络的聚集效应，对用户需求做出快速反应；通过多品种、小批量、多频率的连续库存补货，保证商品的新鲜度。

本章小结

配送作为一种特殊的综合物流活动形式，它几乎包括了物流的全部职能。在某种程度上讲，配送就是物流的一个缩影，它是在经济合理区域范围内，根据客户要求，对物品进行拣选、加工、包装、分割、组配等作业，并按时送达指定地点的物流活动。它具有自己的特点以及功能要素。从不同的角度，配送有多种不同的分类方式。自营型配送模式、外包型配送模式和共同配送模式是配送的主要模式。

配送中心是配送活动的主要承担者，是一种多功能集约化的物流据点，是从事配送业务且具有完善信息网络的场所或组织。它具有自己特有的分类和功能以及作用。制订配送计划、下达配送计划、按配送计划确定物资需要量、按配送点下达配送任务、配送发运、送达是配送业务的基本工作步骤。准时化配送、高频小批配送、共同配送、一体化配送、同城配送是常见的配送方法。

配送管理是指为了以最低的成本完成客户所要求的配送任务，而对配送活动进行计划、组织、指挥、协调与控制。一般来说，配送管理活动主要是围绕配送模式的选择、配送业务的管理、配送作业管理、配送系统中的要素管理和配送管理职能五方面展开。配送的技术经济指标主要包含配送系统的效率指标和配送流程作业的效率指标。提高配送经济效益的方法主要有恰当设置配送中心、加强配送的计划性、有效利用配送车辆和综合提高配送运行效率等。

复习与思考

一、名词解释

配送　配送中心　配送管理
自营型配送　外包型配送
共同配送　即时配送

二、单选题

1. 你认为下列有关配送的理解，（　　）是正确的。

A. 配送实质就是送货，和一般送货没有区别
B. 配送要完全遵循"按用户要求"，只有这样才能做到配送的合理化
C. 配送是物流中一种特殊的、综合的活动形式，与商流是没有关系的
D. 配送是"配"和"送"的有机结合，为

追求整个配送的优势，分拣、配货等项工作是必不可少的

2. 关于配送的功能，下列四个选项中，（ ）是错误的。
   A. 有利于物流运动实现合理化
   B. 有利于合理配置资源
   C. 只要做好配和送，不需开发什么新技术
   D. 可以降低物流成本，可以促进生产快速发展

3. 配送业务中，除了进货，在活动内容中还有"拣选"（ ）"配货"等工作。
   A. "分货"   B. "包装"
   C. "分割"   D. "组配"

4. 下列几种配送流程中，（ ）为机电产品中的散件、配件的配送流程。
   A. 进货→储存→分拣→送货
   B. 进货→储存→送货
   C. 进货→加工→储存→分拣→配货→配装→送货
   D. 进货→储存→加工→储存→装配→进货

5. 下列配送中心，（ ）是按功能角度来分类的。
   A. 零售商型配送中心
   B. 加工配送中心
   C. 批发商型配送中心
   D. 化妆品配送中心

6. 下列不属于配送流程的是（ ）。
   A. 生产   B. 分拣
   C. 配装   D. 送货

7. 不属于配送中心基本功能的是（ ）。
   A. 补货   B. 储存
   C. 配装   D. 包装

8. 配送中心的效益主要来自（ ）。
   A. 规模大
   B. 统一进货、统一配送
   C. 资金足
   D. 管理规范

9. 构成现代配送中心产生和发展的理论基础有三个，不包括（ ）。

A. 供应链理论   B. 分流理论
C. 交易费用理论   D. 效益背反理论

10. 将配送中心划分为供应型配送中心、销售型配送中心，是按照（ ）不同来划分的。
    A. 运营主体
    B. 配送中心承担的流通职能
    C. 功能划分
    D. 物流设施的归属

三、多选题

1. 配送的一般流程比较规范，一般包括仓库配货、（ ）、配送路线安排、运力安排等。
   A. 储存备货   B. 流通加工
   C. 分放   D. 配装
   E. 订单处理

2. 在配送流程中根据企业客户的要求，进行对商品的（ ）。重新进行符合客户对数量级要求的包装、贴标签或是商品的组合包装等流通加工。
   A. 分拣   B. 配装
   C. 分类   D. 过磅
   E. 拆箱

3. 配送中心作为现代流通中不可缺少的物流节点，至少需要具备存储功能、分拣功能、（ ）等方面的功能。
   A. 配组功能   B. 分装功能
   C. 管理功能   D. 集散功能
   E. 采购功能

4. 按配送商品的种类及数量的不同，可将配送分为（ ）。
   A. 少品种、大批量配送
   B. 多品种、小批量配送
   C. 配套成套配送
   D. 定量配送
   E. 定时配送

5. 按照配送中心的内部特性不同，可将配送中心分为（ ）。
   A. 加工配送中心   B. 销售配送中心

C. 流通型配送中心　D. 供应配送中心
E. 储存型配送中心

6. 通常，配送业务管理的基本工作程序和内容主要有（　　）。
　A. 选择承运人　　　B. 配送路线规划
　C. 安排配送车辆　　D. 拟定配送作业计划
　E. 下达配送计划

四、判断题

1. 配送是在经济合理区域范围内，根据第三方物流服务提供者的要求，对物品进行拣选、加工、包装、分割、组配等作业，并按时送达指定地点的物流活动。（　　）
2. 拣选是配送中心作业活动中的辅助内容。（　　）
3. 生产企业的内部配送，一般由高层主管统一进行采购，实行集中库存，按车间的或者分厂的生产计划组织配送。（　　）
4. 配送与运输有着关联，但又不同于运输，它是运输在功能上的延伸。（　　）
5. 一般来说，配送圈大，配送中心的配置数量就少，距离客户的距离就长。（　　）
6. 配送作业的基本形式可分为分货和拣选两种方式。（　　）

五、简答题

1. 简述配送的特点。
2. 简述配送管理包括哪些内容。
3. 简述配送的模式。
4. 简述配送的作业步骤。
5. 简述提高配送经济效益的方法有哪些。
6. 简述配送中心所具有的基本功能有哪些。

六、论述题

1. 试述配送中心的作业流程和作业内容。
2. 试述配送对物流系统的社会经济发展的作用。
3. 结合现实发展需要，试分析配送的发展态势。

案例分析

商超力推即时配送　线下门店变身物流"前置仓"

自从杭州开出了运河上街店、解百店两家盒马鲜生后，最快30分钟就能免邮送达的"盒区房"成了大家茶余饭后的一大"羡慕类"谈资。不过与北京、上海两地相比，盒马在杭州的布局推进速度，显然还跟不上杭州市民想要在这家"网红菜市场"买菜的迫切感。

其实，除了盒马外，杭州市民可以享受的"极速达"服务还有很多。2018年2月5日，菜鸟和银泰宣布，杭州、宁波、温州、合肥等地的银泰门店已经接入门店发货系统，消费者在线上下单后，商品会由距离最近的银泰商场发出，2小时内便可送达。

消费者打开"喵街"App，选择距离报社700米的银泰百货武林总店，随意挑选了一套打折后只需99元的保暖内衣套装，选择"立即购买"后，在"确认订单"页面，可以选择"配送上门"或者"到店自提"。

菜鸟相关负责人介绍说："如果选择配送上门，系统将选择离消费者最近的银泰商场发货，2小时内送达。"目前，银泰百货武林总店、银泰百货文化广场店、西湖银泰城、银泰百货庆春店、城西银泰城等5家杭州银泰店开通了2小时内送达的服务。"每家店可覆盖的范围是周边10公里，这5家开通后差不多主城区都可以覆盖。其他店铺也在陆续开通中。"

实际上和银泰的合作，并不是菜鸟第一次尝试"网上下单、门店发货"。1月初，天猫、菜鸟就联合物流伙伴和商家，推出基于门店发货的"定时达"服务，屈臣氏的天猫旗舰店率先试水。

据了解，屈臣氏在上海、广州、深圳、杭州、东莞五大城市的200多家门店都可以给3公里内的网购消费者送货。消费者在屈臣氏天猫旗舰店购物时，菜鸟将根据消费者的收货地址，定位附近 3 公里内的屈臣氏门店，同时根据消费者下单的商品，计算门店内的库存。如果门店有库存可以发货，系统将在消费者支付前的页面上显示"定时达"字样。消费者点击后，可以选择不同的时段送货上门。最快的可选时段为下单后 2 小时，这意味着门店发货最快 2 小时就可以送到。

在传统的物流模式里，行业内能做到当日达、次日达已经是非常快了。但是，随着盒马鲜生推出 3 公里内 30 分钟送达，天猫超市生鲜推出 1 小时送达，现在菜鸟、天猫、银泰又进一步将即时物流拓展到了天猫商家的旗舰店、银泰门店，这意味着即时物流不再局限于生鲜这个垂直门类，消费者购买的商品不仅可由专属的电商仓库发出，还可以灵活地从附近门店发货。商家位于线下的门店将成为一个个放在消费者身边的"前置仓"，既能满足消费者的极速、精准等配送需求，又能帮助商家降低仓储成本，更智能地运营供应链。

"网上下单，门店发货"或成趋势，一个个以 3 公里为半径的理想生活圈正在形成。

讨论题

1. 在本案例中，银泰商场在"仓、店、售"三个角色中担任了何种角色？菜鸟与银泰合作的最终目的是什么？银泰的优势在哪里？
2. 菜鸟"网上下单，实体店发货"的运作要点是什么？
3. 关于天猫、菜鸟实体店发货的"定时达"服务，屈臣氏的天猫旗舰店是如何操作的？

第三篇

综合篇

第七章　第三方物流
第八章　物流金融
第九章　企业物流
第十章　供应链管理
第十一章　国际物流

第七章
CHAPTER 7

第三方物流

学习目标

- 了解物流外包的优势与风险及实施物流外包的条件
- 理解第三方物流的价值
- 理解第四方物流的功能、运作模式
- 熟悉物流外包模式
- 熟悉第四方物流的相关概念、服务目标及对象、特点
- 掌握第三方物流的运作模式及选择
- 掌握第三方物流的内涵、特征

关键概念

物流外包　第三方物流　运作模式　第四方物流

引　例

顺丰同城——疫情下永辉超市的第三方物流

随着线上线下销售渠道的融合，永辉超市在物流方面所面临的问题越来越多，特别是以下三大问题一直困扰着永辉超市的高质量发展：一是超市商品种类多样，配送地点分散，但消费者对商品配送时效性的要求却越来越高；二是超市的自营物流弹性较差，无法即时响应较大范围内的消费者需求；三是超市无法为配送员提供专业化培训，配送质量难以保证。

在2021年1月河北疫情期间，这三大问题更是考验着永辉超市在保障民生上的能力与水平。为此，永辉超市选择顺丰同城急送负责石家庄地区的全部配送工作就成为必然。通过与顺丰同城急送进行深度合作，既成就了永辉超市的高质量服务、高品质供给、高效率配送，也解决了其在配送方面所面临的三大问题。

（1）实现服务流程的标准化和达成高效的配送水平。顺丰同城急送打造了一套针对多种商品配送服务的规范性流程，包括运用泡沫固定等措施，采用全程保鲜技术，借助框箱、拖车等多种配送载具。顺丰同城急送具备全天候的配送服务，运力覆盖范围较广，其全景式管理能随时将订单与运力进行合理匹配，从而高效、稳定地实现运力整合。

（2）借助充足的运力和智能系统的调度能力，最大程度地提高运力弹性。在运力支持方面，顺丰同城急送不仅拥有全职骑手，还有顺丰速运的几十万配送员作为外援，这是业内其他企业无法获得的优势。在河北疫情期间，顺丰同城急送联合顺丰速运数百位配送员完成暴增的商超订单。此外，顺丰同城通过系统的智能调控，实现驻店运力、商圈运力以及全城运力之间的灵活调用，以此构建具备超强弹性的运力系统，达成订单的迅速处理，为商家降本增效。

（3）实现对配送员的专业化管理。一方面，为保证服务品质，顺丰同城急送注重骑士在行为规范、服务态度等配送细节的表现，以骑士的规范化言行提升服务品质。另一方面，疫情对订单配送服务的专业化提出更高的要求。顺丰同城急送的无接触配送服务能够充分保证订单配送过程的服务安全性，具体措施包括：提供配送所需的防疫物资，如口罩、消毒喷雾等；为完成配送服务的骑士进行体温测量以及健康码检查；注意对配送车辆等设备进行定时消毒。

资料来源：暮雨潇潇 34324. 零售新出路：商超发展如何向疫情下的永辉取经 [EB/OL].（2021-02-06）. [2022-07-04]. https://baijiahao.baidu.com/s?id=1690914680704860364&wfr=spider&for=pc.

讨论题

1. 永辉超市在配送方面所采取的措施具有哪些方面的借鉴价值？
2. 作为第三方物流，顺丰同城与永辉超市达成合作的原因有哪些？

随着科学技术和生产力的不断发展，企业竞争日益激烈，要想在日益复杂的竞争环境中获得持续竞争优势，企业必须根据其实际情况和优势特点，增强核心竞争力。因此，许多企业将非核心的物流业务外包给专业的第三方物流企业，以降低作业成本，提高运营效率，减少投资，进而增强核心竞争力。而第三方物流企业的产生，可为外包企业提供低成本和高质量的服务，恰好满足了这一需求。同时，第三方物流企业通过现代物流管理科学技术推广所产生的新价值获得可观的经济利润，由此实现外包企业与物流企业的双赢局面，推动第三方物流的产生与发展。

第一节　物流外包

物流已经成为新经济时代企业模型的一个必要部分。随着信息技术的快速发展和市场竞争的不断激烈，企业为在竞争中求胜，纷纷开始寻求物流外包。物流企业由于提供专业的功能和服务，已成为企业展开物流活动的一个可行选择，因此获得迅速发展。

目前，市场对物流系统的需求已远远超过了许多企业物流机构自身的资源分配的能力。而物流外包，则为企业提供了所需要的服务和功能。借助于物流外包，物流需求企业不再由内部运作物流，而是以合同的方式将自己不擅长或没有比较优势的部分或者全部物流业务委托给专业的物流企业来完成,以整合外部资源,降低成本,提高服务质量,强化核心竞争能力。物流外包是一种战略的、长期的、共赢的业务委托和契约执行的方式。

一、物流外包的优势与风险

根据《物流术语》(GB/T 18354—2021)的定义,物流外包(Logistics Outsourcing)是指企业将其部分或全部物流的业务交由合作企业完成的物流运作模式。一般而言,企业将物流外包是为了获得比单纯利用内部资源更多的竞争优势。

1. 物流外包的优势

企业选择物流外包有如下优势。

(1)将有限的资源集中在核心业务上,增强竞争力。出于资源有限性的考虑,企业的业务范围如果过于广泛,可能难以保证各领域得到充分的资源支持。企业将物流业务外包,可把有限的资源投入到企业专业优势最显著的领域,实现资源优化配置,增强企业核心竞争力。

(2)获得专业化的物流服务,降低物流成本。与企业自营物流相比,物流服务企业拥有先进的技术、丰富的经验和有效的信息系统等,能为企业提供更加专业化的服务。同时,物流服务商可通过集成小批量送货实现规模经济效益,因此委托企业可以相对较低的价格获得优质服务。

(3)减少监督成本,提高物流效率。通过物流外包,委托企业可有效地利用物流企业的先进技术、设施设备以及高素质的物流人才等资源改进企业的服务,提高物流效率。

(4)增加企业运作的灵活性和柔性。委托企业将非核心业务外包,有利于形成具有高度应变性的、对信息流反应更加灵活的扁平式结构,实现物流活动与经营活动的平衡,保持两者的连续性。

(5)提升企业形象。专业化的物流服务商可及时完成门对门、点对点的配送服务,有的物流企业还提供一些诸如代收货款方面的增值性物流服务,增加消费者的满意度,在一定意义上提升了委托企业的形象。

(6)分散经营风险。将物流外包给专业公司,可减少不必要投资,降低企业投资风险。同时,通过建立战略联盟,可以大大缩短新产品从研发到销售的周期,有效降低市场需求变动风险。

2. 物流外包的风险

物流外包有利于节约成本、提升服务质量、增强竞争力,但也存在负面效应,给企业带来风险。

(1)物流控制风险。生产企业将物流业务外包后,物流企业成为该企业的实际物流管理者,它介入到采购、生产、销售,甚至售后服务等环节,导致生产企业对自身的物流控制能力大幅降低。随着物流企业在生产企业物流业务上介入程度的加深,这种控制能力会形成潜在威胁:一是双方存在信息不对称、业务不协调等问题时,可能出现物流失控现象,由此导致生产企业的顾客服务质量下降;二是生产企业一旦过分依赖物流服务提供商,长此以往,生产企业可能失去物流创新能力;三是企业所秉持的文化理念可能与物流服务商存在冲突。

（2）客户关系管理风险。当生产企业将物流外包后，物流企业代替生产企业倾听客户意见，做好售后服务等，割裂了生产企业与终端顾客的联系，弱化了生产企业与客户之间的紧密关系。

（3）业务流程重组风险。物流企业的介入将推动生产企业业务流程重组，促使生产企业由职能管理过渡到流程管理。这一转变将对各职能部门的工作人员产生影响，可能导致一些曾从事物流工作的员工重新再就业，由此造成生产企业内部员工的抵制情绪。若处理不当，将影响到企业日常生产经营活动，从而产生风险。

（4）战略泄密风险。生产企业与物流企业合作后，出于提高物流效率和合作紧密度的需要，双方需要实现信息共享，其中会涉及生产企业的战略规划、客户资料等诸多秘密信息。一旦物流企业没有做好保密工作，这些信息极有可能被泄露给企业的竞争对手。

（5）连带经营风险。生产企业与物流企业一般签订的是长期的外包合同，因此，一旦物流企业在业务运营中出现问题，必然会对生产企业造成一定的负面影响。如果生产企业与物流企业解除契约关系，生产企业可能会付出较大的代价。

二、物流外包模式

根据企业与物流企业合作程度的不同，物流外包的模式主要有以下六种。

1. 简单的物流外包

简单的物流外包模式是指一个企业将物流业务交付给第三方物流企业进行运作，以签订合同的方式在一定期间内为企业提供满足要求的物流服务。该模式的特点是：一是承包性，企业不直接经营物流业务；二是专业性，物流运作由专业性的第三方物流公司承担；三是信息共享性，企业需和第三方物流企业紧密合作、信息共享，才能获得物流服务所带来的增值效益。简单的物流外包模式比较适合中小企业的运作特点。

2. 物流部分外包

物流部分外包模式也被称为专项物流外包模式，也就是将企业内部中的一项完整的物流业务拆分成几部分，对那些擅长的关键业务进行自营，其他不擅长的或者无法完成的业务外包给专业物流公司。例如，可以将企业中的物流规划交给第三方物流企业，而企业自身还是负责运输和仓储等服务。这种物流部分外包模式有助于根据企业自身的业务情况来适当地采取执行的策略，并且具有易控制性。该模式适用于企业原有物流能力已经不能完全满足自身需要的情况，或者企业虽然具有相应的物流能力，但出于经营核心业务的需要，将物流部分外包。

3. 设立专业物流企业

一些规模大、实力强的企业将自身的物流部门从母公司分离出去，成立一个独立的专业物流子公司。物流子公司主要为满足母公司的物流需求提供服务，但同时又可以承担外部企业委托的物流业务。海尔集团和宝洁公司是其中最具有代表性的企业。例如，宝洁公司将自己原来的仓储、运输环节分离出来，成立独立的第三方物流服务公司——宝供物流公司。宝供物流公司既承担宝洁的物流业务，还为其他需要物流服务的企业——诸如联合利华、安利、通用电气、松下、三星、东芝、LG、壳牌、丰田汽车、雀巢、卡夫等52家世界500强企业——提供商品以及原辅材料、零部件的采购、储存、分销、加工、包装、配送、信息处理、信息服务、系统规划设计等供应链一体化的综合物流服务。

4. 建立物流战略联盟

物流联盟是以物流为合作基础的企业战略联盟，它是指两个或多个企业之间，为实现各自的物流战略目标，通过各种协议、契约而结成的优势互补、风险共担、利益共享的契约型网络组织。企业通过建立物流战略联盟，有利于减少成本、降低风险，实现资源的共享。例如，罗兰爱思（Laura Ashley）与联邦快递（FedEx）联盟，完成其全球物流配送。联邦快递与Fritz公司联盟，以弥补其在航空运输方面存在的不足。

5. 接管物流系统

接管物流系统也被称为物流社会化。物流社会化是指将原先由企业内部完成的物流过程通过合约的方式外部化，即企业将分销、生产、供应等过程需要的运输、装卸、保管等职能交由专业化的物流公司完成，从而形成企业间紧密的联系。物流外包可能由于业务流程重组导致物流部门人员的裁减，引发员工的不满情绪。若由专业化的物流企业承包原企业的全部物流系统，接管并拥有原企业的物流资产、人员，可以有效地降低员工的不满情绪。专业化物流企业接管物流系统后，仍然为原企业服务，同时也可以与其他企业共享，以提高效率，分摊成本。

6. 物流整体外包

物流整体外包是指将一项完整的物流业务全部外包给企业外部的物流公司，企业自身物流部门不再履行此项职能，只是作为物流整个过程的联络者与协调者。这是最彻底的物流外包模式，如果企业物流资产不多，物流业务较少，自营物流成本较高，且服务质量较低，可以采用此模式。

三、实施物流外包的条件

企业实施物流外包的条件可从外部和内部两方面考虑。

1. 物流外包的外部条件

（1）良好的物流外包发展状况。随着我国物流外包市场的逐步成熟，物流基础设施、物流信息系统及各种物流技术标准等得到了巨大的发展与完善。近年来，移动互联与电子商务极大地推动了物流信息平台的建设，实现了物流信息的快速采集、处理和反馈等，为企业实施物流外包提高了便利。

（2）第三方物流服务能力。中国物流业整体的服务水平在近几年有所提高，与此同时，客户也对物流服务的质量和效率提出更高要求。一旦第三方物流企业提供的服务有限，缺乏足够的实力满足客户多样化、差异化的需求，难以实现企业对物流服务的要求，企业便不会选择物流外包。

（3）合理的外包交易成本。企业外包物流的交易成本主要包括事前信息搜集成本、事中谈判和签约成本以及事后信息反馈成本，企业需要对这些成本做一个定量的估算。如果交易成本加上物流服务成本小于企业自营物流成本，那么企业就可以选择物流外包。

（4）高度变化的市场经营环境。面临高度不确定的市场需求以及动态性较强、不确定性较高的市场经营环境，企业常与第三方物流企业结成物流战略联盟，以此增强其经营灵活性，降低市场风险。

2. 物流外包的内部条件

（1）合理的物流管理体制。物流管理体制的合理性有助于企业准确核算各种物流业务成本，从而将物流业务与其他业务剥离，降低物流外包的难度。

（2）较强的物流管理能力与先进的企业物流理念。较强的物流信息管理能力有利于强化对外包供应商的控制，降低物流失控风险。而先进的物流理念有助于企业树立基于供应链的统一资源观，实现资源的整合和优化，提高物流外包的意识。

（3）应用网络信息技术。企业要实现物流外包就必须充分发挥网络信息技术的优势，建立与第三方物流对接的信息系统及电子商务平台，以快速响应市场需求，满足准时制生产的需要。

（4）企业持有的物流基础设施。进行物流活动需要物流基础设施、仓库以及车队等，如果企业拥有这些资源，会降低物流外包的意愿。

（5）供应商承担部分物流活动。如果企业的供应商承担部分商品的物流配送活动，负责将部分商品送至企业设立的仓库和门店，企业的成本压力和物流压力减少，物流外包的可能性就会降低。

（6）商品特点。企业产品的特性会影响其物流外包决策。例如，对于小批量、及时性要求较高，但供货周期较长的药品，医药企业大多数情况下会要求供应商送货到仓库，并通过自建仓库和车队实现药品到各门店的配送。又如，家居建材体积大，销售业务附带商品安装等服务，家居建材商店通常将物流进行外包。

小知识 7-1

企业物流外包的成功之策

由于物流外包市场属于买方市场，外包问题产生的原因常常归结于物流服务供应商，因此由物流服务需求商引起的外包问题常被忽视。为保证外包业务的成功进行，并且与第三方物流企业长期保持互利、友好的合作伙伴关系，物流服务需求商需要关注以下四个方面的问题。

1. 明确物流外包的合理性

并非所有企业都适合物流外包。做出物流外包决策前，企业首先需要考虑物流是否属于核心能力，能否帮助企业获取外部战略经济利益；其次，物流外包时，企业需要如何调整业务流程以及变革相应职能；再次，如何持续有效地对外包的物流服务进行监控；最后，企业员工是否支持物流外包。企业只有意识到外包对实现企业战略的重要性，而且明确物流外包所需的准备工作，才能制定物流外包决策。

2. 严格筛选物流供应商

考虑到物流外包可能面临的风险，企业需要对物流供应商进行严格调查与筛选，筛选出与企业具备类似或者相匹配的发展战略的物流供应商。企业基于自身物流状况和文化理念，对物流供应商的专业化水平、战略导向、业务兼容性、行业运营经验等进行调查。

3. 明确服务要求

服务要求模糊是导致物流外包关系不稳定的主要因素。不明确的物流服务（如未明确订单是否能够100%完成，准时率是否能够达到100%等）会引发合作双方对合同内容的理解出现偏差，造成物流需求商认为服务不达标，而物流供应商却认为服务要求过高。

4. 选择合理的签约方式

物流外包合同无法全面且准确地考虑环境的变化。合同签订前后的市场环境以及物流供应商发展状况等常会有所不同。随着合约持续时间越长，物流供应商的操作方式或理念不一定适合物流需求商发展的需要。此时的仓库租赁合作依旧可行，但继续履行操作合约便不再合适。因此，物流需求商应分别签订仓库租赁合约和操作合约，保证合约的履行互不影响。

第二节　第三方物流的内涵与价值

第三方物流（Third Party Logistics），简称为TPL或3PL，最初是由欧美一些发达国家的外包业务融入物流产业中形成的。而真正的启动与迅猛发展则是在20世纪90年代，由于全球经济一体化与专业化分工，使得发达国家的许多企业意识到自有物流成本太高，而选择社会化物流，可在他人的规模经营、标准化作业下，降低自身成本，改善服务质量。

一、第三方物流的概念

"第三方物流"是为区别于"第一方物流"与"第二方物流"而引入的，首先出现于20世纪80年代中期的欧美发达国家。目前物流界对于"第三方物流"的认识大致可以分为以下三种，如表7-1所示。

表7-1　"第三方物流"的三种认识

角度	内容	侧重点
物流服务提供方与物流服务需求方之间的关系	第三方物流是一种契约物流，或是合同物流，即由第三方物流提供者依据合同内容在特定时间内向物流需求者提供一系列个性化的物流服务	强调物流供需双方的长期合作关系和战略关系
物流服务提供方提供的综合物流服务	第三方物流是为物流需求方提供所有的物流业务服务，即提供一体化、一站式的综合物流服务	强调第三方物流的功能是提供全过程的物流服务
独立的第三方物流服务提供者	第三方物流是由独立于物流的供给者（第一方）与物流的需求者（第二方）之外的第三方向需求方提供物流服务	强调提供物流服务的是独立的第三方

在《物流术语》（GB/T 18354—2021）中，将第三方物流定义为："由独立于物流服务供需双方之外且以物流服务为主营业务的组织提供物流服务的模式"。由此可见，关于第三方物流的划分是以物流服务供需为参照系来确定的，它是从服务主体的角度来说明"第三方"的含义。图7-1展示出了第三方物流的概念。

从图7-1中我们可以看到：第一方是物流服务的需求方，即客户；第二方是物流服务能力的提供方，即运输、仓储、流通加工等基础物流服务的提供者；第三方物流通过整合第二方的资源和能力为第一方提供服务。

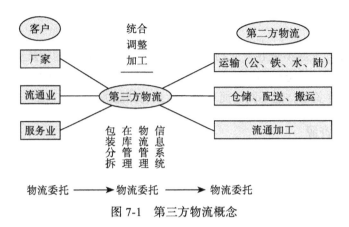

图 7-1 第三方物流概念

同时，我们不难看出：供需之外的第三方明确了第三方物流的本质职能是管理和运作低层次的物流资源，为客户完成特定的物流服务。因此，第三方物流本质上都是管理型的。

对于第三方物流的内涵，我们可以进一步从以下四个方面来理解。

1. 服务内容

第三方物流侧重于为客户提供一体化的综合物流服务，这包括纵向的连接与横向的整合两个方面的服务内容。在纵向的连接方面，第三方物流企业可以完成从供应物流、生产物流到销售物流的完整过程的组织、运作和管理；在横向的整合方面，主要体现在第三方物流企业对物流服务资源的整合和优化利用，如运输车队的选择、仓储资源的选择等。

从服务内容的角度，可以把第三方物流企业同一般的货代类企业区分开来，也可以将其与单环节的标准化服务如快递、海运、空运等区分开来。

2. 业务运作

在一个完整的物流服务体系中，第三方物流企业处于客户和包括车队、仓储等在内的低层专业化物流企业之间，它通过整合低层次的物流资源，为客户提供一站式的物流服务（见图 7-2）。

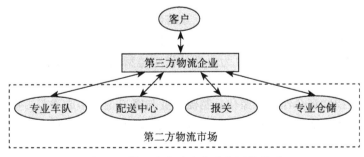

图 7-2 第三方物流企业业务运作模式

从业务运作的角度，可以看出第三方物流的本质，即第三方物流企业是独立于物流需求（客户）和物流供应（专业车队、专业仓储企业等）之外的一方，具有十分明确的整合和管理内涵。

3. 客户关系

对第三方物流的采购不是客户向物流服务商偶然的、一次性的物流服务采购活动，而是采取委托—承包形式的业务外包的、长期的合作关系。物流服务商同客户之间所体现的是一种战略性的合作伙伴关系，这不同于简单的货运或仓储服务。

4. 拥有的运作资源

第三方物流企业一般不需要掌握物流运作的核心资源，或者自身拥有的资源在整个服务所使用的资源中所占的比重较小。

二、第三方物流的特征

第三方物流经历了几十年的发展，逐渐形成了合同化、专业化、个性化、信息化、规模化、联盟化和创新性七大突出特征。

（1）合同化是指关系的合同化或契约化，主要体现为物流企业与外包企业之间关系的合同化，以及物流企业之间关系的合同化。前者是指第三方物流企业与外包企业签订合同，事先对双方的权、责、利进行约定，以规范双方的行为。后者是指第三方物流企业之间通过合同的形式结成物流联盟，合同中事先规定联盟参与者的利益分配方式和责任承担方式等。

（2）专业化是指物流功能的专业化。第三方物流所从事的物流系统设计、物流运作过程、物流设施设备到物流管理等一系列活动，都必须体现专业化水平。

（3）个性化是指物流服务的个性化。第三方物流企业必须立足于外包企业的企业形象、业务流程、产品特征及竞争需要等方面的具体情况，为其提供定制化的物流服务。

（4）信息化是指物流技术的信息化。信息技术、网络技术是第三方物流出现和发展的基础。第三方物流信息化推动了物流的现代化管理，极大地提高了物流效率。用于支撑第三方物流的信息技术包括物联网技术、电子数据交换技术、电子资金转账技术、条形码技术、电子商务技术和全球定位系统等，能够实现信息的快速传递、资金的快速支付、信息的快速录入，以及网上交易等。

（5）规模化是指物流经营的规模化。企业将物流活动外包给第三方物流，第三方物流可以整合若干客户企业的物流需求，获得规模经济效益。当第三方物流达到一定规模时，企业可以推行集中管理、统一配送等更为科学的供应链型的运作方式，进一步提高物流服务水平。

（6）联盟化是指物流合作的联盟化。物流企业与客户企业结成联盟，物流企业负责客户企业的各项物流活动，而客户企业通过信息管理系统对物流活动进行全程控制，二者形成优势互补。

（7）创新性是指物流运作的创新性。第三方物流企业仅仅依靠了解和满足客户企业的现实需求是远远不够的，还必须深入发掘客户企业的潜在需求和未来需求，开发出适合于不同企业的特色物流服务，才能不断地创造新的物流价值。

三、第三方物流的价值

第三方物流的价值主要体现在以下五个方面（见图 7-3）。

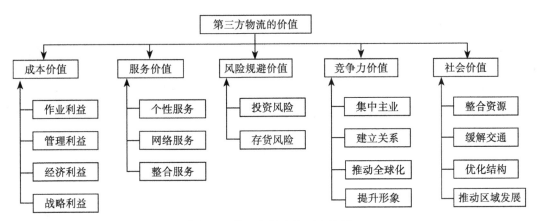

图 7-3　第三方物流的五大价值

1. 第三方物流的成本价值

第三方物流的成本价值体现在能为客户企业带来作业利益、管理利益、经济利益和战略利益。

（1）作业利益。企业将物流外包后，既转移了自身的物流作业，又获得了专业化的物流服务，从而增加了企业物流作业的灵活性，提高了服务质量。

（2）管理利益。企业将物流外包后，既能通过第三方物流推动企业物流协调运作的一致性，保证企业内部管理运营的流畅性，提高管理的效率；又能为企业减少供应商数量，降低相关的管理费用。

（3）经济利益。企业通过物流外包，不仅能够将其固定成本转变为可变成本，还可以有效地避免盲目投资造成的资金浪费，从而节约投资成本，降低经营风险，获得经济利益。

（4）战略利益。企业将物流外包给第三方，能够获得地理范围跨度的灵活性，并且可以根据竞争环境的变化及时做出调整，具有战略性的意义。

2. 第三方物流的服务价值

为客户企业提供优质的物流服务是第三方物流追求的目标和努力的方向。第三方物流的服务价值包括以下几点。

（1）提供个性服务。第三方物流能够根据不同企业在采购、库存、生产、销售等方面存在的差异，有针对性地提供与客户企业所要求的服务方式、水平和内容相对等的个性化、专业化的定制物流服务方案。

（2）形成物流网络服务。第三方物流企业能够有效地将供应商、生产制造商和批发零售商等供应链节点企业的物流活动整合起来，形成物流系统网络，从而加快对客户订货的反应速度，缩短从订货到交货的时间，实现物品的快速配送交付。

（3）整合服务，扩大服务的深度和广度。第三方物流既能通过纵向整合，为客户企业提供包括运输、仓储、配送、信息系统规划和管理以及物流人员培训等一系列专业化的物流服务；又能通过与同类企业的横向整合，结成物流联盟，在更大范围内为客户企业提供优质的物流服务，从而拓展物流服务的深度与广度。

3. 第三方物流的风险规避价值

如果企业选择将物流外包给第三方物流企业，将可避免由于自营物流所带来的投资风险和存货风险。

（1）投资风险。自营物流的企业需要自行购买运输车辆、建立存货仓库等，但由于市场的不确定性，企业对这些物流设施设备的使用率也随之呈现波动性。当市场萎缩时，会出现大量物流资源闲置的现象，加上资产专用性的存在，企业可能面临巨大的沉没成本风险。企业将物流外包给第三方物流企业，则可避免此类风险。

（2）存货风险。现实中，企业为了防止生产中断或货物短缺，往往会持有一定的库存，从而使企业在库存没有变现之前，面临着巨大的存货风险。但若将物流外包，则由于第三方企业所具有的专业配送能力，可加快存货周转速度，从而减少企业的安全库存量，进而可降低企业的存货风险。

4. 第三方物流的竞争力价值

第三方物流为客户企业带来的竞争力价值体现在以下几点。

（1）集中主业。对任何企业而言都存在着资源稀缺性问题，如将物流业务外包给第三方物流，则将有利于企业进行资源优化配置，帮助企业将有限的人力、财力集中于如新产品的研发、工艺技术的改造和新市场的开拓等核心业务上。

（2）建立关系。由于第三方物流熟悉相关的政策法规，并与政府保持良好的关系，所以第三方物流可以凭借自身的资源和优势帮助企业在一些物流管制状态的地区开展物流业务。

（3）推动全球化。现代企业的采购、生产和销售遍及全球范围，受自身资源的限制，企业往往难以做到既要集中精力于生产经营，又要同时注意开拓市场，还要负责物流运营。如若将物流外包，企业则可借助于第三方物流企业在国内外所具有的良好运输和分销网络，构筑起服务企业的全球一体化物流体系，推动企业全球化战略的实施。

（4）提升形象。借助于与第三方物流企业所建立的战略合作伙伴关系，企业能够有效地利用第三方物流企业遍布世界各地的运送网络和服务提供商，从而大大缩短提货和交货周期，改进企业物流服务，树立品牌形象。

5. 第三方物流的社会价值

（1）整合资源。第三方物流凭借其强大的物流信息系统和专业的物流管理能力，对企业原有的物流信息系统等进行合理的更新、优化，实现数据信息的共享，并对企业的车辆、仓库、设备等物流资源统一运营、管理，将闲散的物流资源有机整合起来，实现物尽其用，提高物流资源利用效率。

（2）缓解交通。第三方物流凭借其专业的物流职能，加强对运输路线和运输方式的合理规划，组织统一配送等，能有效地减少车辆运行数量，避免车辆迂回运输、空驶等现象，有利于缓解由于货车运输无序化造成的城市交通拥堵问题，缓解城市交通压力。

（3）优化结构。发展第三方物流，有利于增加第三产业在国民经济中所占的比重，推动产业结构的合理调整与优化。同时，第三方物流也有利于带动相关产业的发展，促进第三产业群的形成。

（4）推动区域发展。第三方物流通过专业的物流职能，可以支持生产企业将原料采购、制造加工和产品销售异地结合或三地分离，从而可有效地实现各区域经济的因地制宜、优势互补、分工合作、协调发展的目标。因此，加快发展第三方物流对于推动各区域经济的协调发展具有重要的战略价值。

|阅读材料 7-1|

指南车的自我修炼

指南车专注物流行业十几年，始终致力于"让物流更有效"，依托移动互联网、云平台、人工智能、大数据等先进的信息技术，帮客户建立快速、高效、协同的智慧物流、智慧运销、智慧供应链，实现精细化运营，持续为客户降低物流成本、提高协同效率。面对货主企业的真实需求，指南车不断提高自身在物流过程乃至整个供应链各环节的服务能力，提供真正优质的服务。

指南车"三方运输管理系统"是在深度熟悉三方物流业务场景的前提下，研发出适用于合同物流、整车运输、三方物流的运输管理系统，对上下游订单、合同、运力、运价体系、财务账目进行管理，以及对运输线路、在途、油卡、GPS 设备等实现可视化监测。其管理优势表现在六大方面。

（1）极大程度地优化三方物流、合同物流、整车运输业务运作流程。

（2）客户或项目经理在线下订单，一单到底。

（3）多种运力池体系，包括自有运力、合同运力、单边运力、临时运力等。

（4）上下游运价体系多样灵活配置，运费智能计算。

（5）智能调度，兼顾效率和成本最优。

（6）结合指南车司机版 App、管理版 App，作业高效闭环。

指南车"三方运输管理系统"通过对业务流程智慧化的管理及调度，优化运输方案，使物流效率大大提升，各方面成本显著降低。

资料来源：http://www.zhinanche.net/，2021 年 11 月 20 日，有改编。

第三节 第三方物流的运作模式及选择

第三方物流取得成功的关键要素在于对运输、仓储、包装、加工和配送等整个物流过程进行整合与运作。因此，第三方物流必须拥有物流目标系统化、物流组织网络化、物流信息电子化、物流作业规范化、物流业务市场化等基本条件，才能提供优质高效的物流服务，获得效益。

一、第三方物流的运作模式

第三方物流的运作模式可以分为资产型第三方物流和非资产型第三方物流。

1. 资产型第三方物流运作模式

资产型第三方物流运作模式是指基于物流设施、装备、运营机构、人才等生产条件,为客户提供各类物流服务的行为。该运作模式多由传统的运输业、仓储业及相关行业转型而来,又具体包括以下三种运作模式。

(1)传统外包型运作模式。它是指生产制造业或商业零售业与第三方物流签订合同,以契约的形式将本企业的部分,甚至全部物流活动外包给第三方物流企业去做。同时,第三方物流企业也承担着多家客户企业的物流活动。这种运作模式是以客户企业为中心,第三方物流通过契约外包专项物流业务,客户企业自己负责设计物流流程和方案,是一种层次较低的物流运作模式,对第三方物流的要求不高,管理也相对简单。当企业的物流需求量和产品性质发生变化时,企业可能需要重新寻找新的物流企业。

(2)合作联盟型运作模式。它是指第三方物流企业之间或者与第三方物流相关的企业之间以契约的形式结成合作联盟。这种战略联盟的运作模式基于信息、技术和业务能力上的共享。联盟体内各企业的功能特点,能够形成优势互补。当某企业因为临时性或季节性业务量过大不能独自处理时,或独自处理不经济时,可以把业务量转移给联盟体内部其他企业。

(3)一体化运作模式。它是指组建大型综合物流集团或公司,是一种高层次的物流运作模式,对传统物流业有较大的改造和突破。在一体化的运作下,物流服务有质和量的提升,能够为客户提供综合、专业的物流服务,并代理客户处理所有物流业务,将物流服务范围扩展到了整个供应链上。

2. 非资产型第三方物流运作模式

非资产型第三方物流运作模式是指物流服务提供商没有物流活动的设施、装备等,而是以人才、信息和先进的物流管理系统为客户提供服务的行为。该运作模式为最近几年新兴的物流模式,具体包括两种运作模式。

(1)软件技术及信息服务型运作模式。该模式可以通过发达的物流信息网络系统,为客户企业提供及时、有效的物流信息,还可以凭借专业的物流功能和技术,为客户提供个性化的物流系统流程设计和物流管理方案,并为其定制物流管理软件等。

(2)综合物流代理运作模式。该模式以物流管理为重点,通过对物流服务提供商进行有效的整合、组织和管理,为客户企业提供综合的物流代理服务,避免了物流基础设施的重复建设,极大地提高了物流服务水平和质量。

|阅读材料 7-2|

菜鸟联盟高效运作之因

为保证消费者获得"稳定、贴心、快乐、智慧、靠谱、说到就到"的网购体验,菜鸟网络联合15家主要物流合作伙伴组建菜鸟联盟。其运作模式主要包括两部分。

1. 以大数据促进服务品质的提升与营销

以云计算服务为基础，菜鸟联盟各成员在电子面单、云客服等产品领域进行合作，由此推动物流业的信息化升级。在物流服务品质的提升方面，成员间数据相互开放，通过数据开放连接和智能物流骨干网，共同整合数据资源，以此进行电商物流市场分析、服务质量诊断以及信息流转，为企业提供决策支撑。在物流服务品质的营销方面，在电商平台的商品页面上，优质物流服务会被打上专用标识。

2. 通过环节优化新品开发

除数据层面的合作，菜鸟联盟各成员也注重优化和提高快递流通各环节的服务能力，关键是通过环节优化，共同开发新的信息产品和终端服务项目，从终端提升行业整体服务水平。

总的来说，菜鸟联盟充分利用数据共享和流通环节的优化提升电商物流的服务质量，这一运作模式推动中国物流行业的服务分层，促进社会化资源高效协同机制的建立，有助于中国社会化物流服务品质的整体提升。

资料来源：https://m.shuziyingxiao.net/hyzx/hyzx/87884.html，2021年11月18日，有改编。

二、企业物流决策：自营与第三方物流

面对日益复杂多变的市场环境，企业愈加意识到物流的重要性，希望通过高效的物流管理来提高整个供应链的运行效率。自营物流还是外包物流（主要是第三方物流）是企业进行物流运营决策时所面临的两种选择。

尽管第三方物流能为企业带来成本价值、服务价值、风险规避价值、竞争力价值和社会价值等优势，但同时也不能忽略了第三方物流存在的负面效应，如削弱企业与客户之间的关系，泄漏客户信息，降低生产企业对物流的控制能力，以及遭遇连带经营风险等。

"第三方物流"不是一个"放之四海皆准"的概念，企业应结合自身的核心竞争力制定发展战略，确定物流在企业价值实现中的地位，然后再决定采取自营物流还是采取第三方物流。具体而言，选择自营物流还是第三方物流，主要从企业规模与实力、物流对企业的影响力、物流总成本、物流对企业控制力的要求以及企业产品的物流特点等方面考虑。

（1）企业的实力与规模。小企业由于受到资源的限制，自行负责物流往往难以实现规模经济，通过第三方物流，可以集中精力经营核心业务，并且获得优质的物流服务，提高企业竞争力。而对于一些实力雄厚的大中型企业，有能力建立完善的物流系统，同时还可以利用过剩的物流资源服务于其他企业，以此拓展利润空间。例如，安吉物流、海尔物流等，除负责本集团物流业务之外，还向其他企业提供第三方物流服务，有效地实现了规模经济。

（2）物流对企业的影响力。若企业自身处理物流能力比较低，但是物流对企业影响力又比较大的话，企业最好选择第三方物流。若企业自身处理物流能力比较强，同时物流对企业的影响力又比较小的话，可以选择自营物流，加强对物流的管理，从而提升企业的形象。

（3）物流总成本。在物流领域，各功能成本之间存在着二律背反的现象，如包装与运输之间，运输与仓储之间。只有在两项或多项物流成本达到平衡时，才能够保证物流总成本最低。因此，在选择自营物流或第三方物流时，企业必须能清楚两种模式下的物流总成本，通

过科学的计算，选择物流总成本最小的模式。

（4）物流对企业控制力的要求。如果企业出于安全考虑，需要强化对采购渠道和分销渠道的控制，并加强对整个供应链的管理，最好采用自营物流的模式。反之，如果企业对物流控制力的要求比较低的话，可以选择第三方物流模式。

（5）企业产品的物流特点。第三方物流具有专门的物流运输设备，能够实现准时、准点配送，提高物流效率并能降低成本。对于一些需要冷链物流的食品类企业和部分对物流技术要求较高的企业来说，选择专业的第三方物流服务比较适合。而对于产品线单一的或为主机厂做配套的企业，则应在龙头企业的统一安排下采用自营物流。

三、第三方物流企业的选择

第三方物流作为新兴产业，具有广阔的发展前景与空间。在竞争自由化和经济全球化的背景下，企业结合自身的实际情况，合理地选择第三方物流是企业重塑竞争力、保持竞争优势的明智之举。

1. 第三方物流企业选择的影响因素

（1）第三方物流企业的核心能力。第三方物流企业需至少拥有供应链上的一个关键环节，并且展示出其强大的核心竞争力。

（2）第三方物流企业是资产型还是非资产型。资产型的第三方物流企业拥有雄厚的物流设施、丰富的人力资源、先进的信息技术和较高的专业化水平，但因规模较大，往往缺乏灵活性。而非资产型的第三方物流企业没有自己的运输车辆和物流设施，主要从事物流系统设计和运营、物流信息管理等，而将货物运输和仓储保管等具体物流作业交给其他物流企业负责，因而可自由组合服务内容，运作灵活。由于其资源有限，物流服务价格会偏高。

（3）第三方物流企业的服务能力。企业选择第三方物流，在于其能为客户企业提供专业、快速和高质量的综合物流服务，能够对企业的销售商和最终顾客不断变化的需求及时做出反应等。

（4）第三方物流企业服务的地理区域。按照物流服务的地理范围，第三方物流企业可分为地方性、地区性、国际性和全球性四种。选择第三方物流时，要与本企业的业务范围一致，以减少转移成本等。

2. 第三方物流企业选择的程序

第三方物流企业选择的程序主要有以下步骤。

（1）组织跨职能团队。由企业高层领导，以及生产、营销、财务、人力资源和物流等相关部门的负责人组成职能团队。

（2）明确物流外包的目的和需要实现的物流功能。明确企业选择第三方物流是为进行全球采购、市场扩展、跨国分销，或是为实现管理决策上的变动，还是为满足客户不断变化的需求等。明确企业需要哪些物流功能，是运输、仓储，还是流通加工等。

（3）制定评价指标。企业需要制定合理的评价指标，如准时交付、损失赔偿、服务价格等。

（4）确定第三方物流企业。企业经过调查、发函、投标、评审等程序，筛选出物流价格合理、服务质量上乘、品牌信誉俱佳、有从业经验的第三方物流企业作为合作伙伴。

（5）实施物流外包。确定物流外包服务提供商后，企业与其签订合同达成协议，明确双方责任分工，加强绩效考核和系统管理，避免业务失控或运营情报外泄等。

第四节　第四方物流

随着5G、互联网、物联网、大数据、人工智能的发展，物流服务水平获得较大的改进，与此同时这些技术推动了客户对物流服务效率和质量的期望的提高，客户对供应链快速响应的能力愈加看重；反过来，顾客对物流服务期望的提高也激励着企业优化供应链。正是顾客期望与技术应用的相互作用，共同推动着第四方物流的发展。

一、第四方物流概述

面对市场竞争的日益加剧，企业不断寻求竞争优势，并把高效、低成本的物流系统视为把握市场的有力武器。物流业务外包市场的需求不断增加，基于供应链整合的第四方物流模式得到发展。

（一）第四方物流的内涵

第四方物流率先由 Anderson 咨询公司于 1996 年提出：第四方物流是一个供应链的集成商，它对公司内部和具有互补性的服务供应商所拥有的资源、能力和技术进行整合和管理，提供一整套供应链解决方案。第四方物流企业是专门为第一方、第二方和第三方提供物流规划、咨询、物流信息系统、供应链管理等活动的物流服务商，它通过资源、技术以及能力的整合，向客户提供一套完整的供应链物流运作方案。

从定义可知，第四方物流是供应链的整合者、集成者与管理者，是在第三方物流的基础上进化发展而来，比第三方物流功能更齐全、服务内容更多、范围更广、技术更复杂。第四方物流能够对整个供应链进行优化、整合，在客户与物流、信息等服务提供商之间扮演唯一"桥梁"的角色，通过设计、实施综合完整的供应链解决方案，提升供应链影响力和竞争力，实现增值。

第四方物流集管理咨询公司、信息技术提供商、第三方物流供应商三者的能力于一体，加上自身的能力，为客户企业提供一个前所未有的、价值最大化的供应链解决方案，并利用分包商来管理控制客户企业点到点的供应链运作流程（见图7-4）。这一过程不但强调技术外包，还需要高素质的物流人才。

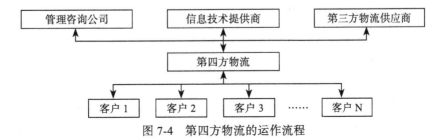

图 7-4　第四方物流的运作流程

第四方物流是在第三方物流的基础上发展起来的，是现代物流业发展的新的方向。第四方物流与第三方物流之间的区别主要表现在两个方面：一方面，第四方物流主要负责从资源整合视角，制订、优化物流方案，专注于供应链整体竞争力的提升，是一种新型的供应链管理模式；第三方物流主要负责整个物流活动的操作与执行，专注于运输、仓储等实际操作。另一方面，第四方物流连接客户与第三方物流，将具体物流活动分配给第三方物流，并对第三方物流进行管理、监督，与客户共担物流管理的风险并分享收益。

小知识 7-2

第四方物流的主要发展模式

第四方物流的产生得益于现代物流以及供应链管理的高度发展，体现了企业对成本控制和高效运作的追求。迄今为止，我国第四方物流企业的演变模式主要包括以下四种。

1. 由第三方物流企业发展而来

该模式的代表企业是宝供物流。宝供物流利用不到十年的时间完成了从储运到第三方物流、从第三方物流到第四方物流的发展，以现代物流发展理念为引领，成为国内领先的物流集团。

2. 由行政性物流信息平台发展而来

中国电子口岸已经实现了国家发改委、公安部等多部委以及商业银行的联网，是一个跨部门、跨地区、跨行业，能够提高物流服务的信息平台。宁波国际物流发展股份有限公司便是基于中国电子口岸平台建立的第四方物流企业，由宁波市人民政府联合多个单位共同出资组建，旗下的平台包括第四方物流市场。

3. 由行业物流信息化平台发展而来

近年来，行业物流信息平台不断涌现，其中最具代表性的便是菜鸟网络。菜鸟网络以大数据技术为核心，依托互联网技术建立开放、透明的数据应用平台，实现信息的共享，为电子商务企业、仓储企业、第三方物流服务商、供应链服务商等提供优质服务，凭借科学技术引领物流行业走向高附加值领域。

4. 由物流枢纽信息平台发展而来

许多物流枢纽信息平台利用自身的资源整合能力演变为第四方物流。例如，南京王家湾物流信息网络系统通过物流信息的收集、处理、发布、反馈等过程，整合第三方物流资源，为企业提供物流服务与相关信息，将企业与物流服务商连接起来。通过整合船公司、港口、海关等用户的信息资源，天津港综合物流信息服务系统建立"一站式"对外信息服务窗口。苏州物流中心通过构建信息平台，保证信息在进驻的企业之间共享。

（二）第四方物流服务目标及对象

结合"第四方物流"的概念可知，第四方物流的服务目标是立足于供应链需求，为企业提供基于供应链的完整性物流解决方案，最终实现供应链运作效率的提高，促进供应链价值的提升。

企业的物流管理模式作为竞争优势的体现形式，会影响企业及其供应链合作伙伴的经营效益，因此企业十分看重物流服务水平，并不断提高对物流服务的要求；第四方物流充分借助集成化与信息化，有效地对供应链进行一体化管理，以此提升物流运作效率并改善企业经营效益，能够满足企业对现代物流的要求。因此，对一体化综合化物流服务存在需求的企业都属于第四方物流的合作对象。

（三）第四方物流的特点

综合而言，第四方物流是供应链的上下游的集成者，是供需双方及第三方物流的核心领导。第四方物流信息技术平台帮助企业降低成本和有效整合资源，让物流企业的车辆等资源得到最优的配置和利用。同时，第四方物流依靠优秀的第三方物流供应商、技术供应商、管理咨询以及其他增值服务商，为客户提供独特的和广泛的供应链解决方案。具体来说，第四方物流具有以下特点。

1. 第四方物流为客户企业提供一整套完善的供应链解决方案

第四方物流集成了管理咨询、信息技术服务和第三方物流的能力，通过各方能力的集成与整合，能够改变传统外包中的资产转换，并降低实时操作的成本，同时为客户提供一套最佳的供应链解决方案，而这种方案仅仅依靠管理咨询公司或者第三方物流企业是难以实现的。

第四方物流企业提供的供应链解决方案，涉及执行供应链职能、实施系统集成与一体化运作、变革改善某一供应链具体职能以及再设计供应链过程四个层次。

2. 第四方物流具有系统化的综合能力

第四方物流必须具备一整套的技能，才能获得成功，具体包括：拥有对多服务供应商进行组织管理的能力，并能集成供应链技术和外包实施的领导者；拥有将其他资产或自身雇员顺利移交给其他第四方物流组织的能力；拥有强大的业务关系和有效的协作技能；拥有提供全球层次的供应链策略描述并对商务流程进行优化与再造的能力；拥有洞悉组织发展变化趋势的能力；拥有大批量培训供应链专业人才的能力；拥有跨国获取所需资源的能力等。

3. 第四方物流通过协调供应链各环节实现价值增值

第四方物流对整个供应链的物流规划和设计进行优化与再造，实现了供应链内部和与之交叉的供应链的良好运作，促使公司的供应链策略与业务策略协调一致，从而有效地降低物流营运成本，提高管理咨询公司、信息技术提供商、第三方物流以及电子商务、运输企业、客户等的资产利用率，协调供应链各个环节，实现多方共赢。

二、第四方物流的功能

第四方物流所提倡的物流运作思想和理念，是为企业设计融合物流技术和信息技术的供应链一体化方案，无缝链接上下游企业及提高企业物流整体运营效率和有效降低总费用的方针，从而实现第四方物流和其他传统物流企业的共赢。第四方物流集成了管理咨询公司和第三方物流服务商的能力。第四方物流的功能，即提供集成供应链一体化解决方案（见图7-5）。

1. 执行

执行是指承担多个供应链职能和流程的运作。第四方物流开始负责多个具体供应链职能和流程的正常运作，其工作范围远远超越了传统的第三方物流的运输管理和仓库管理的运作，具体包括制造、采购、库存管理、供应链 IT、需求预测、网络管理、客户服务管理和行政管理等职能。

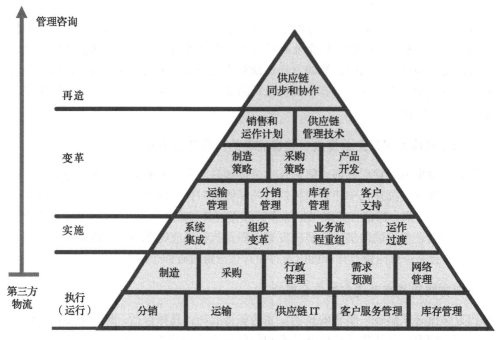

图 7-5　第四方物流的功能

2. 实施

第四方物流的实施包括流程一体化、系统集成和运作衔接。第四方物流服务商帮助客户实施新的供应链运作方案，包括业务流程重组、客户公司和服务供应商之间的系统集成，以及将业务运作转交给第四方物流提供商的项目运作小组具体运作，以取得良好的预期成果。在项目实施的过程中，企业要重视组织变革，因为"人"的因素往往是第四方物流管理具体业务时成败的关键，一定要避免优秀方案实施时因为"人"的因素而失败。

3. 变革

第四方物流方案的第二层是变革，即通过新技术实现各个供应链职能的加强。变革旨在改善供应链中某一具体环节的供应链职能，包括销售和运作计划、分销管理、采购策略和客户支持等。在这一层次上，供应链管理技术对方案的成败至关重要。领先的技术，加上高超的战略思维、有效的流程再造和卓越的组织变革管理，共同组成对供应链活动和流程进行整合与改善的最佳物流方案。

4. 再造

再造是第四方物流方案的顶层，是对供应链过程的协作和供应链过程的再设计，这是第四方物流的最高境界。再造过程就是基于传统的供应链管理咨询技巧，使得公司的业务策略和供应链策略协调一致；同时，技术在这一过程中又起到了催化剂的作用，整合和优化了供应链内部和与之交叉的供应链的运行。

供应链过程中真正的显著改善要么是通过各个环节的计划和运作协调一致来实现，要么是通过各个参与方的能力协作来实现。通过这一系列的协作过程，改变了供应链管理的传统模式，将企业战略与供应链战略连成了一线，并且通过功能的转化、战略的调整、管理方式和技术的转变，以及把"人"的因素和业务规范有机结合起来，共同实现供应链的一体化。

三、第四方物流的运作模式

与其他物流解决方案一样，第四方物流具体的运作模式要根据每个企业的不同要求或者具体的情况进行相应的改选。虽然企业面对的客户会提出自己的定制需求，但已有的四种典型运作模式即协同运作模式、方案集成模式、行业创新模式和动态联盟模式，能够帮助构造基于各方参与者资源和需求的第四方物流关系。

1. 协同运作模式

协同运作模式（Synergy Plus），简称 SP 模式，也称"知识密集型模式"。它的工作方式依赖于第四方物流组织和第三方物流之间的协作关系，对物流系统的解决方案进行规划与整合，并利用双方的能力和市场范围从中获取利益。在这种模式中，第四方物流将在第三方物流的组织内部工作，整合其他参与者的技术、服务和能力，为第三方物流提供者提供广泛的服务支持，包括技术、供应链战略技巧、进入市场的能力、项目管理专家等；其思想和策略则通过第三方物流这样一个具体实施者来实现，以达到为客户服务的目的（见图 7-6）。

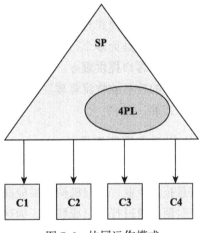

图 7-6　协同运作模式

第四方物流和第三方物流之间的关系由合同绑定或者以联盟的形式构建，双方优势互补，相互协作，共同为客户提供物流服务，共同开发物流市场。

这种模式的业务范围多集中在物流配送管理方面，业务针对性强、灵活性大。其突出的特点是第三方物流提供商雄厚的物流配送实力和第四方物流提供商最优的解决方案。

2. 方案集成模式

方案集成模式（Solution Integrator），简称 SI 模式，被认为是核心的第四方物流发展模式。它是指由第四方物流为客户提供整个供应链运作和管理的解决方案，并利用其成员的资源、能力和技术进行整合与管理，为客户提供全面、集成的供应链管理服务（见图 7-7）。在这种模式中，一般而言，由第四方物流与客户成立合资或

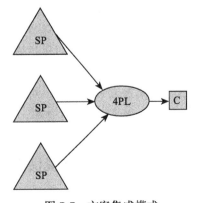

图 7-7　方案集成模式

合伙公司，客户在公司中占主要份额，而第四方物流作为一个联盟的领导者和枢纽，集成多个服务供应商的资源，重点为一个主要客户服务。这种运作模式一般在同一行业范围内被采用，供应商与制造商等成员处于供应链上下游和相关业务范围内，彼此间专业熟悉，业务联系紧密，具有一定的依赖性。

3. 行业创新模式

行业创新模式（Industry Innovator），简称 II 模式，是一个复杂但回报丰厚的第四方物流发展模式。作为行业的创新者，第四方物流提供者通过与各个资源、技术和能力的服务商（第三方物流供应商、IT 服务商、管理咨询公司和增值服务商）进行协作，为多个行业的参与者建立和管理供应链解决方案。第四方物流组织将重点放在参与者之间的同步和协作上，以便通过技术、运作策略和整个供应链的实践来提供效益。

在行业创新模式中，第四方物流以整合供应链的职能为重点，联合第三方物流及其他服务供应商，向下游的客户提供运输、仓储、配送等全方位的高端服务，为多个行业的客户开发和提供供应链解决方案。此时，第四方物流的责任非常重要，因为它是上游第三方物流的集群和下游客户集群的纽带，通过在物流系统中的高超运作策略和技术来提高整个行业的物流效率（见图 7-8）。

行业创新模式与方案集成模式的主要不同之处在于，行业创新模式是为多个行业的客户提供服务的，而不是只为一个主要的客户提供服务。这种模式要求第四方物流服务组织有较强的跨行业物流管理经验，能够为各行各业的物流提供解决方案。

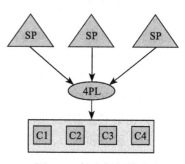

图 7-8　行业创新模式

4. 动态联盟模式

动态联盟模式是指在具有一定市场机会时，由第四方物流企业牵头，联合第三方物流、信息技术企业、咨询机构、供应商、制造商、分销商等一些相对独立的服务商和客户，在一定时期内通过技术形成联盟，为这个市场需求提供物流服务。市场的机会来临时，这些组织快速地组织起来，共同抓住机会，当完成一个项目后，联盟就自动消失。这样的组织是动态的、柔性化的。

动态联盟企业是以物流服务过程为主线的企业组织，各成员在这一主线的贯穿下，按照一定的协作规则完成各自环节上的任务；动态联盟企业的各成员在组织上相对独立，地理上较为分散，它们之间的协作是通过快速、畅通的信息传递来实现的。在这一模式中，第三方物流企业的经营范围得到扩大，第四方物流能借助信息技术企业获取信息支持服务，可通过咨询机构实现高效的管理。对供应链而言，动态联盟模式能够有效地协调好供应链各环节的运行速度，提高物流运作速率。

四、第四方物流服务提供商

相较于第三方物流，第四方物流能够提供更高质量的服务，是物流服务发展的新阶段。

在实际业务中，第四方物流提供商可能来源于以下几类企业。

1. 第三方物流企业

第三方物流企业具备专业化的物流运营能力，但缺乏第四方物流服务所特有的能力。倘若第三方物流企业拓展物流服务范围，为客户提供整体物流规划，并且利用信息技术提高物流服务，以物流服务口碑维持与客户的合作，就有可能提供第四方物流服务。

2. 管理咨询公司

由于具备为物流企业提供管理咨询的经验，管理咨询公司对企业运营流程了如指掌。此外，管理咨询公司拥有物流供应链系统整体分析、流程再造和战略重组的优势。例如，Anderson 咨询公司就是提供第四方物流服务的典型例子。相比之下，国内有些专业物流咨询企业虽然也相继推出了第四方物流咨询项目，但由于企业规模不够大、管理经验不足等，业务范围较窄。

3. 信息技术公司

信息技术公司由于对"B2B"业务、物流信息技术解决方案的提供和实施以及物流交易平台的构建、运行较为娴熟，在物流服务的信息处理领域具有较强的专业优势。目前，一些信息技术企业以开发管理软件的方式涉入管理咨询公司的业务。咨询业务的拓展不仅增强了这些信息技术企业的行业竞争力，还有助于其展现第四方物流提供商的能力。

4. 物流联盟

当第三方物流企业、管理咨询公司、信息技术公司无法独立向第四方物流提供商发展时，这三者形成的动态联盟能够通过资源的互补与整合，增强整体的物流服务水平和能力，进而达到提供第四方物流服务的目标。这是由于联盟能够将业务范围进一步扩大，并且成员企业的竞争力都将得到发挥，例如，管理咨询公司的先进管理理念和信息技术公司的信息技术都有助于第四方物流服务的提供。

本章小结

物流外包是指企业为了获得比单纯利用内部资源更多的竞争优势，将其部分或全部物流业务交由合作企业完成。物流外包有助于增强核心竞争力，降低物流成本，提高服务质量和效率等，但是也容易削弱外包企业对物流的控制能力，弱化企业与客户之间的紧密关系，带来连带风险等。物流外包的模式主要有简单的物流外包、物流部分外包、设立专业物流企业、建立物流战略联盟、接管物流系统、物流整体外包等。企业实施物流外包需要从外部和内部两方面加以考虑。

第三方物流是区别于第一方物流和第二方物流提出的概念，它是指独立于供需双方，为客户提供专项或全面的物流系统设计或系统运营的物流服务模式。第三方物流具有合同化、专业化、个性化、信息化、规模化、联盟化和创新性七大突出特征。与自营物流相比，第三方物流有成本价值、服务价值、风险规避价值、竞争力价值和社会价值等。第三方物流的运作模式可以分为资产型第三方物流和非资产型第三方物流。对一个企业而言，选择自营物流还是第三方物流，主要从企业规模与实力、物流对企业的影响力、物流总成本、物流对企业控制力的要求以及企业产品的物流特点等方面考虑。核心能力、是资产型还是非资产型、服务能力、服务地理区域是影响第三方物流企业选择的主要因素。选择第三方物流企业需要遵循一定的程序。

第四方物流企业是一个供应链的集成商，它对公司内部和具有互补性的服务供应商所拥有的资源、能力和技术进行整合和管理，提供一整套供应链解决方案。第四方物流的服务目标是立足于供应链需求，为企业提供基于供应链的完整性物流解决方案，最终实现供应链运作效率的提高，促进供应链价值的提升。对一体化综合化物流服务存在需求的企业都属于第四方物流的合作对象。第四方物流的特点是为客户企业提供一整套完善的供应链解决方案、具有系统化的综合能力、通过协调供应链各环节实现价值增值。第四方物流的功能是通过执行、实施、变革、再造实施集成供应链一体化解决方案。目前，第四方物流被广泛运用的运行模式主要有协同运作模式、方案集成模式、行业创新模式、动态联盟模式。第三方物流企业、管理咨询公司、信息技术公司、物流联盟都可以成为第四方物流服务提供商。

复习与思考

一、名词解释

物流外包　第三方物流
资产型第三方物流运作模式
合作联盟型运作模式
非资产型第三方物流运作模式
第四方物流

二、单选题

1. 以下哪项不属于物流外包的优势。（　　）
   A. 增强竞争力　　B. 实现虚拟经营
   C. 降低物流成本　D. 提高物流效率
2. 针对为主机厂做配套的企业或产品线单一的企业，应该采用（　　）。
   A. 自营物流　　　B. 委托物流
   C. 第三方物流　　D. 第四方物流
3. 企业间物流外包的必要前提是（　　）。
   A. 企业物流管理水平受限
   B. 自营物流成本过高
   C. 物流不是企业的核心业务
   D. 资金不足
4. 以下不属于综合物流服务提供商的资源的是（　　）。
   A. 仓库　　　　　B. 价格
   C. 物流运营经验　D. 信息网络
5. 第三方物流服务提供商通常采用并购方式来扩大经营服务的项目种类和扩大经营服务的地域范围。下面哪项属于其应具有的能力。（　　）
   A. 良好的人际关系　B. 资本运作能力
   C. 强大的资金实力　D. 以上均是
6. 与传统储运业相比，第三方物流与客户企业之间的关系是（　　）。
   A. 竞争关系　　　B. 双赢关系
   C. 零和关系　　　D. 共生关系
7. （　　）是一个整合本身与其他组织的资源、能力与技术，来为其客户设计、建构供应链并提供广泛解决方案的集成商。
   A. 第一方物流　　B. 第二方物流
   C. 第三方物流　　D. 第四方物流
8. 第四方物流和第三方物流是一种（　　）的关系。
   A. 互斥　　　　　B. 协同服务
   C. 替代　　　　　D. 没有关系
9. 合作联盟型运作模式是指（　　）企业之间或者与（　　）相关的企业之间以契约的形式结成合作联盟。
   A. 第一方物流　第二方物流
   B. 第三方物流　第三方物流

C. 第一方物流　第三方物流
D. 第四方物流　第四方物流

10. 以下属于非资产型第三方物流运作模式的是（　　）。
    A. 传统外包型运作模式
    B. 合作联盟型运作模式
    C. 一体化运作模式
    D. 综合物流代理运作模式

A. 协同运作模式　B. 集成运作模式
C. 动态联盟模式　D. 一体化运作模式

8. 第三方物流为客户企业带来的竞争力价值体现在（　　）。
    A. 集中核心业务
    B. 建立本地关系
    C. 缓解城市交通压力
    D. 优化产业结构

三、多选题

1. 第三方物流在发展过程中形成的特征有（　　）。
    A. 合同化与规模化　B. 信息化与联盟化
    C. 专业化与个性化　D. 创新性与特殊性
2. 第三方物流的成本价值体现在（　　）。
    A. 作业利益　　　　B. 管理利益
    C. 经济利益　　　　D. 战略利益
3. 物流外包有利于节约成本、提升服务质量、增强竞争力，但也存在负面效应，给企业带来风险，以下哪几项属于物流外包的风险。（　　）
    A. 客户关系管理风险
    B. 分散经营风险
    C. 业务流程重组风险
    D. 连带经营风险
4. 第三方物流的效益来源于（　　）。
    A. 规模经济　　　　B. 服务专业化
    C. 协调运作能力　　D. 合作联盟
5. 资产基础型第三方物流的运作模式包括（　　）。
    A. 传统外包型模式　B. 合作联盟型模式
    C. 一体化模式　　　D. 多元化模式
6. 以下内容中，属于物流外包内部条件的是（　　）。
    A. 多变的市场环境
    B. 企业持有的物流基础设施
    C. 供应商承担部分物流活动
    D. 商品特点
7. 第四方物流的运作模式包括（　　）。

四、判断题

1. 物流外包已经成为企业提高竞争力的一种最有效与最关键的战略手段。（　　）
2. 对提升物流企业的物流能力而言，无论通过何种途径，都应该在注重提高物流服务水平的同时，减少物流成本。（　　）
3. 第三方物流本质上都是管理型的。（　　）
4. 第三方物流的本质职能是管理和运作低层次的物流资源。（　　）
5. 第三方物流参与供应链管理模式是以战略为管理导向，要求第三方物流从面向企业之间发展到面向企业内部的集成物流服务。（　　）
6. 对一体化、综合化物流服务存在需求的企业都属于第四方物流的合作对象。（　　）
7. 第四方物流是供应链的整合者、集成者与管理者，其本质是管理和运作低层次的物流资源。（　　）

五、简答题

1. 简述物流外包的优势与风险。
2. 简述物流外包的模式。
3. 简述第三方物流的特征。
4. 简述第三方物流的价值。
5. 简述第三方物流的运作模式。
6. 简述第四方物流的服务目标。
7. 简述第四方物流的运作模式。

六、论述题

1. 论述第三方物流与第一方物流、第二方物流以及传统委托物流的关系。

2. 企业如何在自营物流与第三方物流之间做出选择与决策?
3. 如何选择一个合适的第三方物流服务供应商?
4. 我国第三方物流的发展现状如何?主要存在哪些问题?
5. 针对某一具体的第三方物流企业,分析其物流运作模式。

案例分析

中国第四方公路物流平台——天地汇

天地汇专注于提供快运整车和零担业务解决方案,是一个以低成本和高效率闻名的第四方物流企业。天地汇打造"天网"系统进行物流运营平台的搭建,能够完成对订单、车队的管理和实现运营调度。通过链接数十家物流园区,天地汇构建出以"天网+地网+车网"三网合一为核心的物流产业生态。目前,天地汇的业务分为天地卡航、优卡、生态与金融三大类,其业务模式开始从轻资产模式向轻重结合的模式转变。其经营主要具有以下三个方面的特点。

1. "拼货+甩挂"模式:提升物流企业利润空间

面对行业中普遍存在的效率和成本问题,天地汇的做法如下。

(1)通过拼货挖掘利润空间,降低物流企业的成本。考虑到制造品的批量小、品种多、逐渐趋于个性化等特点,拼货能够有效提升物流服务的效率。天地汇利用智能化的物流系统,快速高效地匹配各物流园区的订单,实现短距离的拼货。为进一步缩短装车环节中装车所耗费的时间,天地汇借助装车前置模式,有效避免了"司机等待装车"对运货时间造成的影响。天地汇的车辆载货效率和车辆使用效率目前都处于行业较高水平。

(2)利用甩挂模式,管理物流服务所需的车队,提高运营绩效。在降本增效方面,甩挂运输有着巨大的优势。天地汇通过配置专车和司机,成为我国公路运输领域中采用甩挂运输模式的模范企业。天地汇注重投入产出效率,并且善于拓展边际。它将经营单元缩小到单线单车,通过标准和规范化的流程严格核算,借助车辆管理实现可盈利性并且确保稳定性。此外,天地汇采用数字化和智能化系统助力车辆管理,以此进行挂车相关数据的收集和车辆的实时监控。天地汇充分利用数据,收集挑选发货频率、质量等符合专车标准的临调车辆,并将其纳入合同制专车。

2. 服务能力:凭借良好口碑提高成交量

(1)物流服务能力。天地汇通过限额管理缩短客户的付款时间,即天地汇规定,对于物流服务量处于车辆载货限额内的业务,率先接受快速付现的客户,以此保证合作过程中的账期话语权。天地汇使用限额管理的底气在于天地汇的货运调度能力和效率提升能力被物流企业广泛认可,并且运费是行业最低水平。面对物流行业的利润"天花板",天地汇所提供的更多的利润和更高的服务水平对物流企业有较强吸引力。

(2)金融服务能力。基于较强货运调度能力和较高的效率,天地汇的货损率仅仅是行业平均水平的十分之一,因此在保险、金融等机构中获得较高的认可。凭借较高的口碑,天地汇吸引众多金融机构为其提供金融服务,从而利用供应链金融为客户提供资金,有效改善物流企业的资金问题,加大物流企业的合作意愿。

3. 天地大票:领先行业大票零担业务

2021年5月16日,天地汇发布的天地大票是一款基于天地卡航网络,联合卡航优质专线会员,为第三方物流企业提供一站发全国的大票零担服务产品。基于天地卡航建设的干线甩挂网络是天地汇进行大票零担业务最大的优势，一站式、网络化、质量可控、信息可视是天地大票的核心价值。

天地大票产品的运行模式包含三个要点：第一，对于前端，通过优质专线的联合，天地大票为中小第三方物流企业打造的一站发全国的公路运营服务网络；对于后端，天地大票联合中小第三方物流企业的资源，为优质专线打造的大票零担集货服务平台；第二，天地大票充当第三方物流企业和优质专线的赋能平台，将第三方物流企业的共性需求转变为优质专线所具备的专业化服务能力；第三，第三方物流企业、优质专线和天地大票之间通过明确分工实现成本与效率的优化，第三方物流企业发布相关要求和相应价格，专线据此进行抢单，天地大票则聚焦在运营质量、客服、系统监测、标准化、异常介入等方面。

资料来源：https://www.sohu.com/a/161166779_574169?qq-pf-to=pcqq.c2c，2021年11月28日，有改编。

讨论题

1. 面对毛利很低的物流行业现状，天地汇是通过什么方式解决的？其解决思路对其他物流企业有什么样的启示？
2. 作为中国第四方公路物流平台，天地汇在信息系统领域的建设对国内公路物流网络货运产业互联网平台公司而言有什么启发？

第八章
CHAPTER 8

物 流 金 融

学习目标

- 了解物流金融的发展趋势
- 理解物流金融所产生的效用
- 熟悉各类物流金融模式及其运作思路、物流金融的风险
- 掌握物流金融的内涵、特点
- 掌握物流金融风险防范措施

关键概念

物流金融　资产流通模式　资本流通模式　物流银行业务　供应链金融

引　例

满帮物流金融业务

满帮集团是国内最大的车货匹配信息平台,最初是由运满满、货车帮两大互联网物流行业的领军企业整合而来。满帮集团已将业务领域从车货匹配拓展至综合物流服务平台,并且积极布局包括物流金融在内的 9 大事业群。

(1) 交易事业群,车货匹配通过平台进行交易。

(2) 会员事业群,聚合车货需求信息,搭建车货信息平台。

(3) 自营事业群,通过自营组织社会运力完成高端车货运输需求,提供定制化服务。

(4) 车后事业群,完善车后服务,新车、二手车、轮胎及机油等服务。

(5) 金融事业群,构建针对 ETC 用户及其他货车司机的个人信贷业务、抵押租赁等金融、保险服务。

(6) 物流地产事业群,进入物流地产和商业地产领域。

(7) 能源事业群,布局能源资源领域,寻求柴油供应链合作。

（8）无人驾驶事业群，布局无人驾驶，重新定义重型货车。

（9）满帮国际，对东南亚等市场进行技术输出、资本输出。

满帮集团借助其盈利模式，成为国内领先的卡车司机金融服务平台。2019年9月26日，满帮集团荣获"2019中国物流金融50佳企业"，成为物流金融生态圈标杆案例。满帮运费贷业务自全平台上线后，为数万多家物流企业提供相关交易服务，有效破解了中小企业以及司机群体的融资难题。满帮金融最大优势在于车货匹配与增值服务等交易场景带来的大数据沉淀，未来将致力于通过数据挖掘提供更加便捷、更加优惠的金融服务。

资料来源：https://www.cyzone.cn/article/182220.html，2021年3月16日，有改编。

讨论题

1. 满帮集团为何要布局物流金融事业群？
2. 满帮集团交易场景带来的大数据对其未来的物流金融服务产生了哪些影响？

快速发展的现代物流业对物流企业提出了更高的要求，物流管理已从物的处理提升到物的增值管理。物流业与金融业的有机结合，是现代物流业与金融业共同创新的结果，两者相互促进，共同发展，互为商机，无论是对客户、金融机构，还是对物流企业都带来了共赢的局面。

第一节　物流金融概述

物流金融是一种创新型的第三方物流服务产品，它为金融机构、供应链企业以及第三方物流服务提供商之间的紧密合作提供了良好的平台，使得合作能达到"共赢"的效果。它为物流产业提供资金融通、结算、保险等服务的金融业务，它伴随着物流产业的发展而产生，是一种"三赢"的业务模式。

小故事8-1

A铝业公司以物流金融实现资金融通

在铝业产能过剩的影响下，铝价不断下降且成本日益增加，A铝业公司的利润空间逐年变小。同时，A铝业公司年均需新增上亿的资金用于固定资产投资。面对如此大的资金压力，作为公司CFO的王小姐，需要通过筹资以保证A铝业公司的正常生产与经营。A铝业公司主要利用的传统信贷方式是银行贷款，但这一方式的融资成本较高，且严格的融资授信审核程序让资金获取较为困难。在了解中国人民银行江苏支行的物流金融业务之后，2019年5月10日，王小姐到该行办理物流金融业务，质押品为A铝业公司的存货、应收账款等，由此获得银行授信和融资，交易取得的销售收入以及经营中确定的未来现金流是还款来源。这一物流金融业务为A铝业公司解决了企业的资金问题以及融资需求问题，降低了企业融资成本与银行风险。

物流金融为企业解决资金难题，那么物流金融到底是什么？

资料来源：刘羽飞. XH铝业公司贸易融资方式分析与选择[D]. 武汉：华中师范大学，2019.

一、物流金融的概念与特点

物流金融的概念决定了物流金融的运作,物流金融在运作过程中凸显其特点。

(一)物流金融的概念

物流金融是贯穿于整个物流业的运营环节,在总结生产实践的基础上,整合并统一调配整个运营环节的资金,从而开发的与之相适应的金融产品和服务。我国的物流金融实践开始不久,对于其名称的中文认定也有多种,如物资银行、物流银行、库存商品融资、仓单质押等。2004年邹小芃、唐元琦在我国首次提出物流金融概念。随后,物流金融的概念被不断研究。

学界对物流金融的定义,普遍可分为广义物流金融和狭义物流金融。

广义物流金融是指在物流运作过程中,对物流业务的一系列供应、仓储、运输等环节应用金融工具,最大程度地改善整个供应链中资金的流动性和灵活度,促使资金流与物流、信息流和商流高效整合,最大程度地提升资金利用的效率。

狭义物流金融则主要指第三方物流企业通过与相关金融机构进行合作,为供应链成员提供全过程的货物与资金监管、业务结算、保险等服务。具体来说,就是企业利用自身的相关产品作为融资抵押物,向银行提出融资需求申请,第三方物流提供担保证明使企业获得银行贷款;同时,为确保企业能如期偿还银行贷款本息,第三方物流对企业的资金运行情况进行实时监控,在这一过程中,第三方物流获得相应的报酬。

相对于广义物流金融,狭义物流金融概念受到更多关注。物流金融作为一种新型的融资模式,通过"N+1"模式,引入核心企业的信用捆绑及第三方物流企业的监管合作,为供应链上的中小型企业提供融资支持。这种融资模式凭借供应链整体信用实力或交易自偿能力,推进金融机构对供应链上单个或上下游多个节点企业提供更全面的金融服务。

(二)物流金融的特点

物流金融业务是通过银行、生产企业以及多家经销商的资金流、物流、信息流的互补,突破传统的地域限制,使厂家、经销商、下游用户和银行之间的资金流、物流与信息流在封闭流程中运作。因此在运作过程中,它具有如下特点。

1. 增值性

物流与金融的结合将为物流和金融企业带来双赢和增值。对于具有成熟销售网络和物流配运系统的大型制造企业,其经销商遍布全国。物流金融能给予企业经销商融资、资金结算等业务支持,有效促进企业销售,拓展市场份额。对于中型制造(商贸)企业,其业务正处于高速发展阶段,销售网络和物流配运系统尚未成熟,可借助物流金融业务帮助企业迅速建立销售、配运网络,提供集融资支持、资金结算、物流配送、仓储监管为一体的综合金融服务解决方案,让其迅速扩展全国经销网络。对于小型商贸企业,其资产规模小,急需资金扩大销售,物流金融业务可以增加企业的流动资金,降低其营运成本,提高效率,扩大销售,提升竞争力。对于批发商而言,其希望扩大销售,降低仓储资金占用,物流金融业务可以为他们解决库存资金占压问题,扩大销售。

2. 规范化

物流金融业务中各环节都是以协议约定为标准进行规范化操作。例如，质押品由第三方物流企业以统一规范的质押程序看管，避免质押品由银行派人看管和授信客户自行看管，确保质押的有效性；银行统一授信和银行放款等操作必须符合规定的程序。

3. 信息化

所有物流金融业务，都借助物流企业的物流信息管理系统进行管理。该业务管理人员可随时通过互联网，输入密码后登录物流企业的物流信息管理系统，检查质押品的品种、数量和价值。

4. 远程化

借助物流企业覆盖全国的服务网络和银行系统内部的全国资金清算网络，物流金融业务既可在该行所设机构地区开展业务，也可在全国各地开展异地业务，并能保证资金快捷汇划和物流及时运送。

5. 广泛性

物流金融服务区域具有广泛性，只要是在银行自己或物流企业服务的区域内，物流金融业务就可以开展，质押货物品种可以上溯到物流企业能够看管的所有物流品种，包括各类工业品、生活品、产成品以及原材料等；服务客户对象也具有广泛性，只要客户具有符合条件的动产质押产品，都可以开展该项业务。

6. 市场性

物流金融的市场性主要表现在三个方面：一是物流金融产品能有效配置市场资源；二是物流金融的供需也是由市场起决定性作用，融资的利率由市场决定；三是物流金融的发展存在市场风险。

二、物流金融服务的效用

物流金融的作用表现在资金支持、结算支持、个性化服务支持等方面。物流金融能聚集资金，托起现代物流体系。大量金融工具的运用能实现无时无处不在的物流结算，物流金融市场也能转移或分散物流业的经营风险。只有物流金融渠道畅通无阻，才能保障物流过程中产供销的进一步循环，现代化的结算方式才能被广泛应用于物流的整个流程。开展物流金融服务对第三方物流企业、金融机构、中小企业而言更是一种"多赢"。其效用具体体现在以下方面。

（1）对物流企业而言，物流企业与银行合作，监管客户在银行质押贷款的商品，一方面增加了物流企业增值配套功能，提升了物流企业的综合价值和竞争力，稳定和吸引了众多客户；另一方面，物流企业作为银行和客户都相互信任的第三方，可以更好地融入客户的商品产销供应链，同时也加强了与银行间的同盟关系。

（2）对金融机构而言，可扩大和稳固客户群，开辟新的利润来源，也有利于吸收由此业务引发的派生存款。在金融机构办理质押贷款业务中，物流企业作为第三方可以提供库存商品充分的信息和可靠的物资监管，降低了信息不对称带来的风险，并且可以帮助质押贷款双方较好地解决质物价值的评估、拍卖等难题，降低质物评估过程中产生的高昂费用，使金融机构有可能对中小企业客户发放频度高、数额小的贷款。

（3）对中小企业而言，物流金融不仅能够为中小企业提供高质量、高附加值的物流与加工服务，降低中小企业原材料、半成品和产成品的资本占用率，提高中小企业资本利用率，实现资本优化配置，还为中小企业降低了融资成本，拓宽了中小企业的融资渠道，提高了供应链整体绩效和中小企业的经营和资本运作效率等。

因此，通过物流金融业务的开展使得参与业务的三方都获得切实的利益，真正达到"三赢"的效果。这种多方获益、相互促进、共同发展的模式，保证了物流金融业务的持续发展和持久生命力。从整个社会流通的角度看，开展物流金融业务极大地提高了全社会生产流通的效率和规模，促进了经济的发展。

| 阅读材料 8-1 |

传化支付联手晶科技术构筑物流金融新生态

一直为打造产业支付第一品牌而努力的传化支付，于 2018 年 5 月 21 日发布"物流钱包"，2018 年 8 月落地实施"支付+保理"综合物流金融解决方案，2019 年 6 月上线"信用付"产品。通过创新支付产品，传化支付整合物流运输环节和银行交易环节的信息资源，利用互联网使得物流金融活动高效、快捷，以此达到优化物流金融业务的目的。

继硕诺科技之后，传化支付与郑州晶科技术在支付金融等领域深度合作，通过双方优势构造智能物流生态，继续开展传化支付在物流金融领域的服务。郑州晶科技术在物流行业有先进的管理经验、先进的物流管理系统及深层次的解决方案。传化支付与晶科技术的合作，是以发展产业支付和更好地服务物流行业为目的，致力于通过深度分析和挖掘行业需求、借助金融科技，服务广大企业并助推物流企业发展，为物流行业提供系统的支付服务和增值服务（包括账户托管、物流金融等）。此次合作有利于促进物流金融业务的高效开展，助力商贸物流领域的健康发展，有助于物流金融新生态的构建，主要表现为三个方面：一是 TMS 系统的打通，实现了货物流转信息的实时掌控，将物流与资金流和信息流有效整合；二是客户在实际业务场景中利用传化支付的物流钱包进行"信用付"授信额度的线上申请，实现资金的快速申请与放款；三是支付解决方案大幅度节省了物流公司的结算处理时间。

资料来源：http://www.jpm.cn/article-99432-1.html，2021 年 3 月 18 日，有改编。

第二节 物流金融的模式

目前学术界对物流金融的模式有多种分类，每种分类都有其合理性。本书根据金融机构参与程度的不同，将物流金融运作模式划分为资产流通模式、资本流通模式和综合模式。

一、资产流通模式

资产流通模式是指第三方物流企业利用自身综合实力、良好的信誉,通过资产经营方式,间接为客户提供融资、物流、流通加工等集成服务。它是一种金融机构间接参与物流活动的流通模式。在此模式中,基本上没有金融机构的参与,完全是由物流企业自己给借款企业提供融资服务。资产流通模式有三种典型模式:垫资–代收货款服务模式、替代采购模式和信用证担保模式。

1. 垫资–代收货款服务模式

垫资–代收货款服务模式是物流企业为供应商承运货物时先预付一定比例的货款给供应商,并且按约定取得货物的运输代理权,同时代理供应商收取货款,采购方在提货时一次性将货款付给物流企业的服务模式。物流企业在将余款付给供应商之前会有一个时间差,这样该部分资金在交付前就有了一个沉淀期。简要业务流程如图 8-1 所示。

图 8-1 垫资–代收货款服务模式简要业务流程

1——物流企业依照供应商和采购方签订的购销合同,取得货物承运权
2——物流企业代采购方先预付一定比例货款,获得质物所有权
3——采购方支付物流企业所有货款并取得货物
4——物流企业在一定的期限后将剩余货款扣除服务费后支付给供应商

在这种物流金融模式下,物流企业除获得货物运输等传统的物流费用外,还因为延迟支付获得了一笔不用付息的资金,这笔资金可以用于向其他客户提供物流金融贷款服务,从而获取额外的资本收益。物流企业通过为采购方提供垫资服务和为供应商提供代收货款服务增强了对购销双方的吸引力,以特色服务扩大了对市场的占有,同时增加了传统的物流服务业务量并获取了新业务的收益。供应商在货物交付物流企业运输时就获得一部分预付款,可以直接投入生产经营,从而减少了在途货物对资金的占用,提高了运营效率。采购方无须事先支付货款而只须在提货时结清,这样能减少采购方在同强势供应商交易中须支付预付款而给企业带来的资金压力,三方的利益都得到了保障。

2. 替代采购模式

在物流企业的采购过程中,物流企业通常向供应商开具商业承兑汇票并按照借款企业指定的货物内容签订购销合同。物流企业同时负责货物运输、仓储、拍卖变现,并协助客户进行流通加工和销售。除供应商与借款企业签订的购销合同外,物流企业还应该与供应商签订物流服务合同,在该合同中供应商应无条件承担回购义务。替代采购模式业务流程如图 8-2 所示。

在替代采购模式中,物流企业的加入,既可以消除供应商资金积压的困扰,又可以解决借款企业因资金不足而无法生产或无法扩大生产的困境,使两头的企业因为有物流企业的参与而解决了各自的困难。

图 8-2　替代采购模式业务流程

1——由物流企业代替借款企业向供应商采购货物并获得货物所有权
2——物流企业垫付扣除物流费用的部分或者全部货款
3——借款企业向物流企业提交保证金
4——物流企业根据借款企业提交保证金的比例释放货物
5——物流企业与借款企业结清货款

3. 信用证担保模式

在物流企业的采购过程中，物流企业通常以信用证的方式向供应商支付货款并按照采购商指定的货物内容签订购销合同，此时物流企业负责货物运输、仓储、拍卖变现，还要协助客户进行流通加工和销售。信用证担保模式业务流程如图 8-3 所示。

图 8-3　信用证担保模式业务流程

1——物流企业与外贸公司合作，以信用证的方式向供应商支付货款，间接向采购商融资
2——供应商把货物送至物流企业的监管仓库，物流企业控制货物的所有权
3——采购商向物流企业提交保证金
4——物流企业根据采购商提交保证金的比例释放货物
5——由采购商与物流企业结清货款

在信用证担保模式中，物流企业不仅缓解了供应商货物积压的资金压力，而且解决了采购商资金不足、无法购买原材料进行生产的问题，同时为供应商和采购商提供服务。物流企业在向供应商开出信用证后，还要负责货物运输、仓储、拍卖变现，另外还要协助采购商进行流通加工和销售变现，这个过程极大地扩大了物流企业的业务范围，从而获得新的利润源。

此外，开展此项业务，物流企业必须对采购商客户的经营状况及信用状况非常了解，才有可能和采购商合作，为采购商提供信用证担保，否则就会因为风险过大而不愿开展此项业务。要了解采购商的情况，如果是物流企业本身的老客户，要得到这方面的信息是非常方便的，但对于一般客户或新客户，物流企业就要通过建立先进的管理信息系统，用来对采购商进行评估及管理，以方便开展此项业务，这样就对物流企业提出了更高的要求。

二、资本流通模式

资本流通模式是金融机构直接参与物流活动的流通模式，是指物流金融提供商（物流企业）利用自身与金融机构良好的合作关系，为客户和金融机构创造良好的合作平台，协助中小型企业向金融机构融资，提高企业运作效率。在这种模式中，主要是由金融机构向借款企业提供融资，但由物流企业替借款企业向金融机构提供担保，然后金融机构根据物流企业提供的担保向借款企业提供直接或间接的融资。典型的资本流通模式主要有仓单质押模式、保兑仓模式、融通仓模式和垫付货款模式四种。

1. 仓单质押模式

仓单是物流企业在收到仓储物时向借款企业签发的表示收到仓储物的有价证券。仓单质押贷款是仓单持有人以所持有的仓单作质押，向银行等金融机构获得资金的一种贷款方式。仓单质押贷款可在一定程度上解决中小企业尤其是贸易类企业的融资问题。图 8-4 显示了仓单质押模式的业务流程。

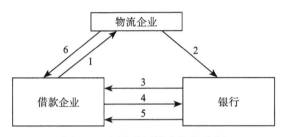

图 8-4 仓单质押模式业务流程

1——借款企业将产成品或原材料放在物流企业指定的仓库中，由物流企业获得货物的所有权
2——物流企业验货后向银行开具仓单，仓单须背书质押字样，并由物流企业签字盖章
3——银行在收到仓单后办理质押业务，按质押物价值的一定比例发放贷款至指定的账户
4——借款企业在实际操作中一次或多次向银行还贷
5——银行根据借款企业还贷情况向借款企业提供提货单
6——物流企业的仓库根据提货单和银行的发货指令分批向借款企业交货

仓单质押业务的开展大大提高了物流企业在供应链中的号召力。物流企业对于库存的变动及流通的区域，可通过库存管理、配送管理做到了如指掌。所以，物流企业为客户提供金融担保服务就成为一项物流增值服务项目，它不仅为自己带来新的利润增长点，也可以提高物流企业对客户的吸引力。在整个运作过程中，由于有货物作为质押，物流企业所承担的风险相对最小。假如物流企业手中有相当多的资金，就可以不必通过银行，在取货时，先将一部分钱付给供应商，货到收款后再一并结清。这样既可以消除供应商资金积压的困扰，又可以让买家卖家两头放心，同时分担了银行的部分业务及成本，提高了整个流程的效率。

2. 保兑仓模式

保兑仓模式是借款企业（经销商）在采购某货物却缺乏足够的流动资金，或者不希望把企业有限的流动资金用于大笔采购时，通过向银行申请承兑汇票的方式获得间接融资。供应商在承兑汇票到期兑现即可获得银行的支付，不必等买方向银行付款。保兑仓模式是包括银行在内的一系列金融机构、供应商、第三方物流企业和借款企业（即供应商的下游经销商）共同签订业务合作协议书的一种模式。图 8-5 展示了保兑仓模式的业务流程。

借款企业在签订协议后，首先需要交纳一定比例的保证金，随后由银行开具承兑汇票。其次，供应商将借款企业所采购的货物交由第三方物流企业评估入库，并由第三方物流企业提供给银行仓单，银行根据仓单的信息将汇票兑现划拨到供应商账户。最后，在借款企业还清银行账款后，第三方物流企业以银行提供的还款信息为依据，归还质押物。如果借款企业在还款时出现违约行为，供应商以及第三方物流企业可以对合同规定的质押物进行回购。在保兑仓模式运行的过程中，除了第三方物流企业的承兑担保和借款企业的反担保，供应商可以通过回购协议的方式对银行提供承兑汇票保证金以外的部分进行担保。总的来说，在保兑仓模式中，银行最终控制货物的归属，第三方物流企业掌管质押货物的动态去向，并以质押物库存量和销售量的变动情况确定最终的承保金额，在这一过程中收取一定的监管服务费。

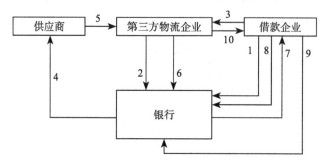

图 8-5 保兑仓模式业务流程

1——借款企业向银行交纳保证金并且获得相应的信贷额度
2——第三方物流企业向银行提供承兑担保
3——借款企业以货物对第三方物流企业提供反担保
4——由银行向供应商开具银行承兑汇票
5——供应商在收到银行承兑汇票后，将货物交予第三方物流企业的保兑仓，第三方物流企业获得货物的所有权
6——第三方物流企业验货后向银行开具仓单，仓单须背书质押字样，并由第三方物流企业签字盖章
7——银行在收到仓单后办理质押业务，按质押物价值的一定比例发放贷款至指定的账户
8——借款企业一次或多次向银行还贷
9——银行根据借款企业还贷情况向借款企业提供提货单
10——第三方物流企业根据提货单和银行的发货指令分批向借款企业交货

保兑仓模式能在一定程度上同时缓解借款企业和供应商面临的资金压力，以银行承兑汇票为支点，以银行作为桥梁，使得缺乏流动资金的企业能买到货，有效地缓解了中小借款企业面临的融资难题，使供应商降低了应收账款带来的风险，提高了资金周转的能力。保兑仓模式的实质是金融机构给供应商放款，并实际上控制着借款企业的货权归属。由此可见，保兑仓模式大大降低了银行承担的风险，因此在实务中备受供应链上各方的青睐，也获得较快的发展。

3. 融通仓模式

融通仓由仓单质押业务演变而来，属于物流金融里的授信业务，是指商业银行等金融机构根据实际情况直接授予第三方物流企业一定的贷款额度，实际授予的额度大小由第三方物流企业的资质、企业规模大小、企业以往信用情况等作为依据，然后再由第三方物流企业直接与融资企业进行仓单质押等物流金融业务的对接。图 8-6 展示了融通仓模式的业务流程。

在融通仓模式中，第三方物流企业需要按照一系列规定对银行提供全面的信用担保，以此获得银行给予的信贷额度。随后，以银行提供的信贷额度为限，第三方物流企业能够灵活自由地对融资企业开展物流金融业务，直接对接具有资金需求的融资企业，通过对有融资需求的企业的资质、过往信用等情况进行评估，分析是否能够开展物流金融业务，代表银行等金融机构与具有资金需求并符合资信要求的融资企业进行贷款合同的签订，降低了银行与融资企业对接时所需耗费的额外成本，提高了融资企业获得贷款的速度，有效地促进了物流金融业务的开展。例如，融资企业在质物仓储期间需要不断进行补库和出库，在传统的仓单质押业务中，融资企业出具的入库单或出库单需要经过金融机构的确认，然后融通仓根据金融机构的入库或出库通知进行审核；现在这些相应的凭证只需要经过融通仓的确认，即融通仓对这些凭证进行审核，中间省去了金融机构确认、通知、协调和处理等许多环节，缩短了补库和出库操作的周期，在保证金融机构信贷安全的前提下，提高了融资企业产销供应链运作效率。

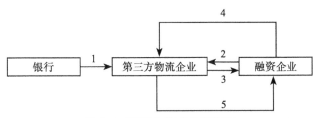

图 8-6 融通仓模式业务流程

1——银行根据第三方物流企业的实际情况（如企业资质、企业规模、企业信用等）授予第三方物流企业一定的信贷额度
2——融资企业将货物质押到第三方物流企业的融通仓，由融通仓为质物提供仓储管理和监管服务
3——第三方物流企业按质押物价值的一定比例发放贷款
4——融资企业一次或多次向第三方物流企业还贷
5——第三方物流企业根据融资企业还贷情况向融资企业提供提货单，第三方物流企业的融通仓根据提货单分批向融资企业交货

第三方物流企业不仅在融通仓模式中为融资企业提供质押融资，还凭借其专业化的仓储管理优势，对融资企业提供服务。从质押贷款服务到仓储监管功能，第三方物流企业利用一体化运作模式，有效地进行内外部资源的整合，充分提高了物流金融服务的效率。融通仓是第三方物流企业名义上的仓库，用来存放质物。融通仓模式将金融和物流有机结合起来，促进了物流、资金流、商品流以及信息流的统一，属于新型管理模式。可以看出，第三方物流企业在这个模式中充当中介角色，使银行与具备融资需求的企业间实现了资金融通，并以此获得一定的服务费用。融资企业通过货物质押获得了贷款，拓展了传统的融资渠道，实现了资金的周转和流通。银行则大大拓展了贷款业务。因此，融通仓模式是一种银行、第三方物流企业、融资企业三方共赢的物流金融模式。

4. 垫付货款模式

在垫付货款模式中，由于货物在运输过程中发货人将货权转移给银行，银行根据市场情况按一定比例提供融资。当提货人向银行偿还货款后，银行向第三方物流企业发出放货指示，将货权还给提货人。当然，假如提货人不能在规定的期间内向银行偿还货款，银行可以在国际、国内市场上拍卖掌握在银行手中的货物或者要求发货人承担回购义务。图 8-7 显示了垫付货款模式的业务流程。

在垫付货款业务中，货物的所有权先由供应商转移给银行，实际的货物还是存放在物流企业的仓库中；物流企业必须具有先进的管理信息系统，能及时获得商品的现时状况，及时为银行提供最新的信息；银行根据所提供的信息向供应商垫付货款，再根据借款企业还款情况指示物流企业发货。在此过程中，物流企业提供给银行的货物信息是银行垫付货款的一个重要指标，如果物流企业与借款企业合伙提供虚假的货物信息对银行将是一个致命的损失，所以对银行而言，对物流企业及借款企业信用的评估就显得极其重要，它是整个业务得以顺利开展的关键。货物变现的风险是三方都应该努力规避的。因为对整个合作来说，如果质押物不能变现或者销售情况不好，那么最终借款企业就不能及时还贷或根本无力还贷，银行和物流企业的投资将最终成为泡影，导致合作失败。

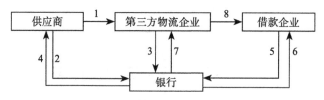

图 8-7 垫付货款模式业务流程

1——供应商将货物发送到第三方物流企业指定的仓库
2——供应商开具转移货权凭证给银行
3——第三方物流企业提供货物信息给银行
4——银行根据货物信息向供应商垫付货款
5——借款企业还清货款
6——银行开出提货单给借款企业
7——银行向第三方物流企业发出放货指示
8——第三方物流企业根据提货单及银行的放货指示发货

三、综合模式

综合模式是资产流通模式和资本流通模式的组合，是物流金融较高层次的运作模式，其对物流金融提供商有较高要求。例如，它要求银行应与大型物流企业合作或自己拥有物流企业，为贷款企业提供物流金融的综合业务；或者大型物流企业具有自己全资、控股或参股的金融机构，提供物流金融综合业务。但我国法律规定物流企业不能并购银行，就使这种模式在我国的开展具有一定的局限性。由于中国邮政在我国具有的重要作用，目前中国邮政储蓄银行与中国邮政物流有限公司共同合作最有可能实现综合模式。国外较典型的例子有 UPS 公司，它在 2001 年 5 月并购了美国第一国际银行，将其改造成为 UPS 金融公司。由 UPS 金融公司推出包括开具信用证、兑付出口票据等国际性产品和服务业务。UPS 作为中间商在沃尔玛和东南亚数以万计的中小出口商之间斡旋，在两周内把货款打给出口商，前提条件是揽下其出口清关、货运等业务和得到一笔可观的手续费，而拥有银行的 UPS 再和沃尔玛在美国进行一对一的结算。物流金融综合模式如图 8-8 所示。

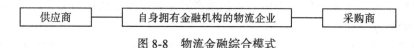

图 8-8 物流金融综合模式

| 阅读材料 8-2 |

太原世华的物流金融业务

太原世华物流科技有限公司（以下简称太原世华）总部位于山西，多年来不断在全国范围内发展，是国家 4A 级物流企业，已经从单一运输向综合物流转变，致力于成为专业化的中国第三方物流企业，帮助企业更好地在供应链上发展。为此，在自身庞大的资源网络以及广阔的区域掌控能力下，太原世华自主研发 TMS 等仓储运输管理系统。

太原世华的物流业务包含三部分：一是物流规划服务，即物流供应链策划；二是综合物流服务，即包括策划、仓储、配送、运输等方面在内的全包物流；三是基础物流服务，具体有代收货款、流通加工、包装、仓储、配送、金融服务等。

在与金融机构的合作下，太原世华推出贷款服务，其金融服务并非面向所有客户，而是仅针对黄金级、白金级 Vip 客户。太原世华提供三种物流金融贷款服务，即垫付货款模式、仓单质押模式、授信融资模式，受到许多中小企业的青睐。首先，由于贷款时间存在按日、按月、按季、按年四类，贷款方式灵活方便、手续简便、成本较低。其次，通过太原世华的物流金融服务，客户能实现货、款同时交接，减少交易风险。最后，太原世华凭借自身的网络实力，为用户提供代收货款服务，对普通用户的服务范围覆盖到全国所有地级城市，对 Vip 用户的服务范围覆盖到国内县级城镇。

资料来源：http://www.shihuaglobe.com/page1000016?product_id=69，2019 年 5 月 30 日，有改编。

第三节 物流金融风险及防范

物流金融这一新型业务在物流行业中呈异军突起之势，日益成为物流行业的一个热门话题。尽管物流金融能带来可观的效益，然而由于物流金融的发展远不够成熟，因此开展物流金融业务时面临诸多的风险。

◉ 小故事 8-2

A 物流公司的存货质押风险

A 物流公司是全国交通运输优质服务示范物流企业、国家 4A 级物流企业、中国大件物流行业模范单位。2018 年 9 月，A 公司被评为"AA+ 担保存货管理及质押监管企业"。A 公司的业务包括仓储、O2O 电商、运输配送、管理、质押监管等。

近年来，A 公司在多家银行进行存货质押，随着合作不断深入，质押品种逐渐丰富。虽然存货质押能够帮助 A 公司获得一定的收益，但也带来了合同纠纷、质押物安全难以保证等风险，而这些风险目前也对 A 公司造成了损失。因此，A 公司在进行物流金融业务时必须分析其可能存在的风险问题，尽可能准确识别物流金融风险，以此及时采取措施对风险进行有效控制。

想一想：A 物流公司如何才能有效防范物流金融所带来的风险？

一、物流金融风险分析

由于相互之间风险与收益不对等,流动资产评估体系不完善,对物流金融信贷业务经验不足,风险管理方法跟不上,宏观社会配套环境不健全等,导致物流企业、银行或供销企业在开展物流金融时都存在着一定的风险。

(一) 物流企业开展物流金融服务的风险分析

物流企业都会面临经营方面的风险,但从事金融服务的第三方物流企业,由于要深入客户产销供应链中提供多元化的服务,相对地扩大了经营范围,也就增加了风险。对第三方物流企业来说,经营风险主要来源于内部操作、质押货物的选择和保管以及客户资信。具体的风险主要包括以下几个方面。

1. 内部管理、操作风险

物流企业内部管理风险往往较大,包括组织机构陈旧松散,管理体制和监督机制不健全,工作人员素质不高,管理层决策错误等。另外,内部人员作案或操作过程中由于交割手续不完善、不认真等操作失误也会造成风险。

2. 市场风险

市场风险主要是针对库存质押物的保值能力,包括质押物市场价格的波动、金融汇率造成的变现能力改变等产生的市场风险。

3. 质押物安全风险

质押物安全风险主要指质押物在库期间产生的安全风险。质押物在库期间物流金融服务提供商必须对其发生的各种损失负责,因此质押物的安全风险包括仓库的安全,员工的诚信,提单的可信度,质押物保存的设施能否有效防止损坏、变质等。

4. 客户资信风险

客户资信风险是指客户在违反合同约定时的表现给物流企业带来风险,主要指由于货物的合法性(如走私货物有罚款没收风险)、客户的诚信度(如客户以较低价值的质押物来换取较多贷款)引发的信用风险。尤其是某些物流金融业务的合同未详细规定违约成本,一旦违约成本较低,贷款客户便很有可能以较低价值的质押物来骗取高额贷款,在银行信息不对称现象严重的情况下,物流企业必然面临较大程度的风险。同时,信用风险还与上述质押物存在的市场风险、安全风险等联系密切。

5. 道德风险

在物流金融服务中,物流企业同时作为银行的代理人和客户企业的委托人而存在。由于物流企业比银行更了解客户信息,如库存货物的基本情况、库存的变动以及市场信息等,同时有货物或保证金作质押,在一定程度上克服了作为委托人信息不足的劣势;作为银行的代理人,物流企业为了保证今后业务的发展和降低风险的需要,与银行密切合作,为银行提供有关客户企业的真实信息,以保障物流金融业务的顺利开展。可以说,物流金融的开展在一定程度上减少了原来银行贷款模式下企业与银行之间的信息不对称问题,但各个企业毕竟是独立的经济体,由于有限理性的存在,所有复杂的协议、契约、合同都不可避免有不完善的地方,这使得所有的委托代理关系都处于不确定之中。同样,具有多种委托代理关系并存的物流金融业务中的不确定性使道德风险在一定程度上依然无法避免。

6. 法律风险

物流企业开展物流金融服务面临的法律风险主要是指合同的条款规定和对质物的所有权问题。任何一项业务的开展都涉及相关的法律问题。物流金融服务涉及多方主体,质物的所有权在各主体间进行流动,很可能产生所有权纠纷。在我国,由于《中华人民共和国民法典》等法律中与物流金融相关的条款并不完善,又没有其他指导性文件可以作为依据,因此物流金融业务面临着很多法律问题。我国现行法律对仓单的内容、转让、遗失和法律效力等没有明确的规定,基本上可参照的只有《中华人民共和国民法典》。例如,按照《中华人民共和国民法典》的规定,仓单可以转让,即转让提取仓储物的权利。若在质押期间,由于某种因素,造成银行手中的设质仓单在社会上流动,很有可能会流入非善意第三人或出质人本人手中。若非善意第三人握有仓单,就会出现在出质人归还贷款后,不能提取仓储物的现象,从而对生产运转造成影响;若仓单流入出质人手中,那么在质押到期后,银行的权利就不能得到保障。此外,对于仓单发生灭失、被盗和遗失时,仓单持有人能否请求保管人重新签发仓单的问题,《中华人民共和国民法典》没有规定,实践中一般通过公示催告程序加以解决,这种解决办法还不是很规范。

(二) 银行开展物流金融服务的风险分析

1. 信用风险

社会信用环境的发展始终对我国商业银行信用风险产生影响,由于我国至今还未建立起全国统一的信用风险揭示与评价体系,同时缺乏信用运行所需的法律及道德环境支持,使违约失信行为大行其道,进而使得全新的物流金融业务在实施过程中缺乏应有的社会信用保障。因存在委托代理关系,物流企业可能将虚假数据传送给商业银行,导致商业银行对融资企业的信用分析结果出现偏差;同时,物流企业仅能对融资企业的原始数据进行采集,当融资企业提供虚假数据时,物流企业因对信用风险管理所需的数据不具备专业分析素质而导致无法识别,甚至会加重信息不对称,出现物流企业与银行同时被蒙骗的状况。

由于参与物流金融的主体的多元性及角色再定位,尤其是当商业银行将一部分贷款审查职能转嫁给物流企业以后,导致商业银行的贷款风险评级的量化指标出现失灵。

2. 法律风险

目前,我国关于物流金融业务的操作流程管理混乱且缺乏统一标准。仓单质押贷款业务中作为重要法律依据和凭证的仓单,其格式和条款也无统一标准且缺乏流通性,质押物风险对冲机制尚未建立以及违约后的处置机制建设滞后等亟待解决。

《中华人民共和国民法典》确立了不动产统一登记制度,并规范了担保物权的登记机构和基本登记要求。但这些措施在实践中还远远不能满足需要,如存在着担保物权的登记规则内容过于原则化，对不同担保物权未进行细分，实际操作性不强；登记机构的职责权限未界定，粗放式管理严重；各地登记机构登记收费标准不统一等问题。这些问题从根本上影响了担保物发挥其效用以及权利人行使物权。融资企业一旦违约，物流企业和银行都将受影响，甚至造成重大损失。

3. 操作风险

银行参与物流金融的操作环节越多，业务的操作风险也就越大。操作风险主要包括模式风险、流程风险两个方面。

（1）模式风险。物流金融的模式有很多种，各家银行都有自己不同模式的业务操作，而这些模式和操作都会造成物流金融风险的产生，具体包括选择适合本银行的商业模式、合适的超额担保、合理的质押方式、合适的监管强度以及合理的资金用途等。例如，为增强企业的担保能力，银行推出了新型担保方式如"互保"，但新型担保方式在实际运作中不一定能降低物流金融整体风险，甚至可能放大信用风险，对融资现金流循环带来风险。

（2）流程风险。商业银行开展物流金融业务流程包括前期的信用调查、中介融资审批、最后出账和授信后管理等各个环节。由于物流金融是新兴业务，还未形成一致的标准化流程，使得物流金融在开展业务的过程中，效率不高，效益不大，这都将造成一定的风险损失。此外，经办人员业务能力不足，不能识别风险或者经办人员内部欺诈、越权行为，关键岗位人员流失也可造成商业银行的操作风险。

4. 质押物风险

质押物的价值在质押期内因质押物市场价格大幅缩水而同时下降，导致质押物价值远远低于企业的贷款金额，以致商业银行出现信贷风险。所以商业银行应有足够的技术手段来监测质押物市场价格的变动。但目前，我国商业银行尚未设定科学的评估方法和评估标准，在对质押物进行价值评估时导致存货价值和信贷资金金额不相匹配。此外，我国商业银行尚未建立完善的价值评估系统和网络信息系统，导致得到的信息不完整；未制定严密的业务操作制度，致使业务流程不顺畅。这些现存的问题不仅降低了对融资企业的约束力，还导致银行贷款正常收回的隐性风险增大。

由于监管方与银行之间存在着信息不对称，在监管质押商品时，信息失真或信息滞后都会导致双方的决策出现失误，从而给商品质押监管带来风险隐患。目前，我国物流企业大多数属粗放型经营，专业化、网络化和社会化程度不高，内部信息系统不完善，未建立高效的物流信息服务平台，无法实现企业内部各部门之间，企业与银行、客户、供应商之间的全面协同工作和信息共享，从而造成了相应的监管脱节。

5. 担保主体选择不当风险

银行若对物流金融业务中融资企业的信用过分信赖或完全忽视担保主体的实力，一旦融资企业资不抵债或者发生重大变故，银行的资金必然会受到影响。

二、物流金融风险防范措施

通过以上分析，物流金融业务中物流企业与商业银行等金融机构都面临着风险，需要采取相应的风险防范措施来降低风险。

(一) 物流企业开展物流金融服务的风险防范措施

1. 对内部管理、操作风险的防范

作为银行和借款人都信任的第三方,物流企业要加强业务运营管理和内部操作规范管理来防范物流金融业务流程中可能出现的内部管理、操作风险。物流企业应根据物流金融服务的不同模式,有针对性地制定严格的操作规范和监管程序,并指定专门的负责物流金融业务的工作人员,严格按照管理办法进行操作,做到管理的程序化、规范化,杜绝因内部管理漏洞和不规范而产生的风险。物流企业可以通过业务流程优化、岗位职责规划、相关业务制度的完善、货物入库验收、出库检验等方法来控制风险,有条件的物流企业还可以通过计算机管理信息系统辅助操作人员进行货物的管理,避免操作风险。

2. 预防质押物市场风险

建立灵活快速的市场商品信息收集和反馈体系,可以使物流企业能把握市场行情的脉搏,掌握商品的市场价值和销售情况变化规律,及时获得真实的资料,以利于质押物的评估和选择,避免信息不对称的情况下对质押货物的评估失真。完善质押商品价值的科学计算方法,既要有定性分析,又要有定量分析。物流企业可以通过调查行业内人士、征求专家意见、利用统计资料、参考现行成本价和销售价等最终计算出仓储产品或商品的价值。

3. 预防质押物安全风险

对于质押商品,要选择适用广泛、易于处置、价格涨跌幅度不大以及质量稳定的品种,如黑色金属、有色金属等,不要选择变现能力差的产品。质押物的选择,还要和国内的经济形势相结合,那些关系到国计民生的、稀缺性的资源不会出现价值的很大波动,是理想的质押品种。性质不稳、易变质、易损耗、市场价格波动大、流通性差、无经常性市场需求的货物就不能被选为质物。随着仓单质押业务的不断开展、管理经验的不断积累和技术手段的进一步提高,可用于仓单质押的商品复杂程度会大大提高。

4. 对客户资信风险的防范

物流企业必须加强对客户的信用管理,并与客户建立长期的合作伙伴关系。在物流企业提供金融服务的过程中,通过建立对客户的资料收集制度、客户资信档案管理制度、客户资信调查管理制度、客户信用动态分级制度、合同与结算过程中的信用风险防范制度、信用额度稽核制度、财务管理制度等一系列制度,对客户进行全方位的信用管理。物流企业为客户提供物流金融服务的基础是对客户有充分的了解,建立长期的合作关系,这样有利于深入了解客户企业的经营状况,对企业的经营前景做出准确的判断和预测,以有效地降低信用风险。

5. 规避道德风险

物流金融中的物流企业、银行、客户企业三方都处于信息不对称的委托代理关系中,其成功运作在很大程度上依赖于物流金融各方之间信任机制的建立和保持。通过选择合适的合

作伙伴加强信任,建立合理的收益分配机制,从正向激励方面激发合作各方之间的相互信任、密切合作。加大对违约企业的惩罚力度,增加其违约成本,使其违约行为无利可图,甚至得不偿失,才能防范或减少道德风险。

6. 避免法律漏洞的影响

我国法律上关于物流金融服务的相关条款还不完善,所以在物流金融业务开展过程中要注重按照法律办事,同时注意堵塞法律上的漏洞,在有争议的事项上事先以协议予以说明,以避免不必要的损失。一方面,政府要完善包括贷款政策、质押及质押权让渡政策、金融担保、保险政策等在内的政策体系,另一方面要完善现有法规体系,提高可操作性,加大执法力度,避免违法违规行为,完善合同内容,以协议的形式对各方权责做出规定。

7. 建立物流企业物流金融风险监测预警系统

物流企业建立科学的物流金融预警数据库,必须实现预警指标的数据采集、汇总、加工、传递的电子化、网络化。物流企业物流金融预警数据库要在金融统计数据库的基础上,按照物流金融监管预警指标体系的内容需要建立,从而可以更为科学、准确地分析、评价物流企业的运营情况,使风险预警更加客观。

(二)商业银行开展物流金融服务的风险防范措施

1. 商业银行信用风险防范

物流金融业务中的授信支持性资产和现金流是融资企业非常重要的还款来源,商业银行通过加强对预付货款、存货和应收账款三种资产的控制效力,来确保贷款违约时贷款企业的还款保障能力。商业银行还可通过控制贷款企业的现金流的方式,如通过合同让贷款企业的现金存款存到商业银行内,这样不仅控制住了信贷资金的还款来源,还能增强还款来源的可控性和稳定性。通过多方面评估,商业银行将融资企业的其他资产也可以作为还款的一种来源。加大贷后检查制度的执行力度,因融资企业以次充好、对抵/质押物的质量问题予以隐瞒、授信银行未收到约定应回流的应收账款,融资企业挪用信贷资金用于投资等道德风险一经发现,商业银行必须立刻启动预警程序,制订融资企业退出计划,并将其列入往来客户"黑名单"之中。

2. 法律风险防范

政府部门要将物流金融业务列入国家整个法律体系尤其是金融法律体系,从总体上加以规范和完善,尽快对《中华人民共和国民法典》《中国人民银行贷款通则》《中华人民共和国商业银行法》等相关经济、金融法规中有关物流金融业务的条款进行相应修改、完善和补充,包括对物流金融行业的准入资格、行业管理办法以及业务操作规章等做出法律规定,制定相对统一的创新产品设计标准、贷款标准、定价标准、操作标准,并构建统一的担保品登记系统,降低风险。商业银行应该与第三方物流企业合作制定相对统一的物流金融业务流程、规范合同条款,使物流金融业务有章可循,以利于物流金融业务的有效推广。

3. 操作风险防范

商业银行应依托物流金融服务平台，选择符合国家政策要求的行业和领域，为供应链上下游企业提供高效、便捷的融资渠道，以此降低模式风险。

对于流程风险，商业银行首先要根据物流金融业务的特点制定明确细致的业务操作指引及内控管理制度流程，以便操作人员对应关注的风险点和业务操作流程的步骤要求非常明了，才能做到循规蹈矩，在规章制度范围内严格控制自由裁量权。其次，完善线上物流金融操作平台，确保业务操作规范化、流程化、透明化。最后，建立审核机制，定期或按需审核各类业务产品操作流程中存在的缺陷和问题，不断改进并加以完善，预防操作风险的发生；加强操作人员的风险意识和提高其职业道德素质，加强对操作人员能力的培训。

4. 担保主体选择不当风险防范

在我国商业银行物流金融融资业务中，银行授信主体是大量的中小企业客户，它们的经营稳定性明显弱于大型企业，所以健全担保机制就显得非常重要。商业银行应结合自身实际情况健全物流金融担保机制，在债项评级和主体评级中加强大数据分析和应用，设计灵活多样的担保措施及增信手段，加强风险把控力度。此外，银行要慎重选择合作企业，以综合实力强、资信状况好的企业为主要合作对象。

5. 转移风险

商业银行通过购买保险和外包某些操作环节等方法实现自身风险转移。例如，融资企业动产质押业务的质押物在物流企业监管仓库质押期间内，银行往往要承担火灾、水淹等意外事件或货物贬值等一系列风险。如果利用某种机制，银行将这些风险转移到保险公司等其他风险偏好者手中，就可达到风险转移的目的。另外，针对物流金融业务中存在的一些银行自身不擅长或者操作风险难以控制的环节，银行可考虑以外包的方式将风险转移给承包方。例如，银行由于自身经营范围所限，将物流的交接与控制这种难以掌握的环节外包给第三方物流企业，不仅成功实现了自身风险的转移，还大大降低了商业银行对操作风险的管理成本。

6. 建立信息技术平台，实现信息共享

商业银行总行可以引进或自主研发物流金融信息管理系统，通过将各地分行收集的全国性、行业性市场信息进行汇总，形成庞大的信息网。这一网络不仅包含各分行办理的物流金融业务，还包括各分行客户的详细情况资料，以此实现银行内部的信息共享和对集团客户的跨地区操作控制，减少信息不对称所带来的信用风险和操作风险。为保障行业信息流的扩大和畅通，银行还可以考虑将合作扩大至大型交易市场和信息服务商，实现更为充分的信息共享。

第四节　物流金融发展趋势

物流金融正成为物流企业进行高端竞争的服务创新，并且是带动银行共同参与的新型金融业务。物流金融还包括银行参与物流业的运营过程，通过针对物流运作开发和应用各种金融产品，有效地组织和调剂物流领域中货币资金的运动。物流和金融的紧密融合能有力支持社会商品的流通，促使流通体制改革顺利进行。

| 阅读材料 8-3 |

物流金融模式的发展历程

物流金融最早的模式是仓单质押业务,随着时代的进步,演化出各种模式。国外物流金融模式的演变可划分为三个阶段:一是 20 世纪中前期,存货质押融资业务获得了较大发展并初具规模;二是从 20 世纪中叶到 20 世纪 70 年代,这一时期的物流金融仍以存货质押融资模式为主,但有些企业已开始将其与应收账款和应付账款融资业务等有机配合;三是从 20 世纪 80 年代开始至今的"供应链"融资阶段,由于供应链时代的到来,物流金融必须在整个供应链链条上进行运作,物流金融形式不断增多,在前期发展的基础上要和结算、保险等金融活动有机结合,才能保证物流在整个供应链上的无缝化运行。对于国内来说,1999 年,中国储运与银行联手开发了第一笔存货质押模式的物流金融业务。此后,物流金融业务在中国受到重视,物流金融模式得到不断的创新和发展。

资料来源:舒辉. 物流学 [M]. 北京: 机械工业出版社, 2015: 220-222.

一、从动产质押到物流银行

传统的物流金融主要通过动产质押、仓单质押和提单质押推动中小企业在流通领域的发展,但当企业发展到一定程度,动产质押模式运行到一个较高层次时,新的问题就出现了。这具体体现在:一是传统的业务模式主要局限于银行机构所在地,对银行机构所在地之外的异地业务的监管出现了人力不足的问题,有效监管达不到要求,专业化监管程序不够;二是一旦企业最终无法偿还贷款,银行将面临质押动产的变现问题;三是现代物流强调最短配送时间、最高配送信息流动速度和最低配送成本,这客观上要求有一个能使所有供应、生产、销售、运输、库存等活动形成一个系统的业务功能,通过现代化的信息管理手段,对企业提供支持,从而使产品的供销环节最少,时间最短,费用最省;四是经济形势的日益严峻使银行的生存环境变得艰难,监管部门不断加大对银行资本金的监控力度,这些都迫使银行改变传统消耗粗放型的发展模式,进行商业模式创新。在这种背景下,许多银行将发展方向瞄准物流银行业务。

物流银行业务是以货押业务为主打产品,主要以市场畅销、价格稳定、流通性强且符合银行质押品要求的商品质押为条件,结合物流企业的专业化服务,将银行资金流与企业的物流结合,向公司客户提供集融资、结算等多项服务于一体的银行总行服务业务。物流银行主要融资模式包括融通仓业务模式、垫付货款业务模式、保兑仓业务模式等,但实际业务往往混合采用这些融资模式进行。物流银行运作模式本质上仍属于动产质押,它的意义在于融资担保模式的创新。传统仓单质押的前提是借款人提供的质押物已经存在,借款人把质押物提交给监管者,银行根据质押物的价值和其他相关因素向企业提供一定比例的资金支持,即先质押后融资。而在物流银行运作模式下,对于符合条件的企业,不但可以先质押后融资,也可以先融资后质押,即企业可先用从银行取得的借款购买产品,之后再进行质押,从而提高经营能力,使企业可以用较少的钱办更多的事。同时,物流银行对生产商物流金融服务的创新表现为银行可以对一个（或多个）品牌产品在全国范围内的经销商给予支持，改变了以往因单个经销商达不到银行授权条件，而无法获得银行支持的局面。经销商获得银行贷款后，周转速度加快，销售规模扩大，利润增加，从而间接扩大了生产商的销售规模。物流银行发展了一种订单融资模式，它基于贸易合同的物流金融业务模式，以企业已经签订的有效销售订单为依据，发放针对该订单业务的全封闭式贷款。从这个意义上讲，物流银行的发展有效配置了社会资源，促使企业向规范化、大型化和专业化方向迈进。对银行而言，物流银行既可在银行机构所在地开展业务，也可在异地开展业务，这种功能突破了传统质押只能在银行所在地开展业务的局限，通过对全国范围内的经销商和生产商进行内部调剂，有利于控制信贷风险，而物流企业也可借此扩大业务范围和规模，形成一个银行、生产企业、经销商、物流监管企业四方共赢的局面。

二、从物流金融到供应链金融

为应对银行业的竞争态势和拓展中小企业贷款业务，各商业银行在充分考虑供应链和中小企业特点的基础之上，借鉴物流金融产品的成功经验，进一步开发出"供应链金融"模式，从而为解决中小企业融资难提供了新的有效途径。

供应链金融是指对供应链金融资源的整合，它是由供应链中特定的金融组织者为供应链资金流管理提供的一整套解决方案。在静态上，它包含了供应链中参与方之间各种错综复杂的资金关系，更为重要的是在动态上，它倾向于由特定的金融机构或其他供应链管理的参与者充当组织者，为特定供应链的特定环节或全链条提供定制化的财务管理服务。供应链金融活动必须能够实现通过整合信息、资金、物流等资源来达到提高资金使用效率并为各方创造价值，降低风险的作用。

从供应链金融的具体产品来看，它主要是第三方金融机构提供的信贷类产品，包括对供应商的信贷产品，如存货质押贷款、应收账款质押贷款等，也包括对购买商的信贷产品，如仓单融资、原材料质押融资等。此外，供应链金融产品还包括供应链上下游企业相互之间的资金融通，比如购买商向供应商提供的"提前支付折扣"，供应商向购买商提供的"延长支付期限"等产品。除了资金的融通，金融机构还提供财务管理咨询、现金管理、应收账款清收、结算、资信调查等中间业务产品。随着供应链金融的发展，目前还不断有新的产品被开发出来（见表 8-1）。

表 8-1 供应链金融产品一览表

针对供应商	针对购买商	融资产品	中间业务产品
存货质押贷款	供应商管理库存融资	存货质押贷款	应收账款清收
应收账款质押贷款	商业承兑汇票贴现	应收账款质押贷款	资信调查
保理	原材料质押贷款	保理	财务管理咨询
提前支付折扣	延长支付期限	提前支付折扣	现金管理
应收账款清收	国际国内信用证	供应商管理库存融资	结算
资信调查	财务管理咨询	原材料质押融资	贷款承诺
结算	结算	延长支付期限	汇兑

从供应链金融市场目前开发出来的产品情况看，它基本上属于短期的货币（资金）市场，其供求双方或者是商业银行或金融公司和工商业企业，或者是供应链上下游企业。

从供应链金融体系中的参与主体来看，它大致包括以下四类主体：①资金的需求主体，即供应链上的生产和销售企业。②资金的供给主体，主要是商业银行和金融公司，有的国家还包括开发性银行。③供应链金融业务的支持型机构，包括物流企业、仓储公司、担保物权登记机构、保险公司等。④监管机构，各国的银行业务监管机构设置不一而足，在中国，目前主要是指银保监会。

从供应链金融制度来看，它涉及三个方面的内容：一是相关法律法规，包括担保物范围与担保物权登记公示的法律规定、企业破产清算中不同权利的优先顺序等；二是司法体制，包括供应链金融业务出现纠纷时司法部门的判决机制、裁决公正程度与裁决的执行效率；三是银行业务监管制度，包括监管的具体方法、对象、政策等方面。

随着大数据、物联网和区块链等技术的广泛应用，供应链金融为中小企业的融资服务将在服务深度和广度上进一步提升。其中，区块链技术的作用不可小觑，区块链技术可减少信息不对称，使动产抵押融资成为可能，区块链系统中的智能合约能提高供应链金融效率。

| 阅读材料8-4 |

菜鸟网络供应链金融

菜鸟网络供应链金融曾经是部分商家独享的特殊服务，但自从2018年7月至10月全面推广后，所有商家入仓便能够获得贷款。目前，菜鸟网络供应链金融服务已经为菜鸟云仓体系中的物流企业和商家提供物流业务。为促进物流生态圈的发展，菜鸟网络供应链金融平台通过科技手段实现融资供需双方的匹配。该平台运行的关键在于以下几点。

（1）利用电商平台保障收入自偿性。
（2）打破信息孤岛，让供应链资产可控，掌握商品或服务的数量、资金、地理位置等信息。
（3）借助技术和数据代替传统的作业手段，以此解决和突破问题。

菜鸟网络供应链金融平台，能够提供存货融资、预付融资、跨境外币融资以及车辆融资等多种融资产品，目前已与多家商业银行和供应链金融机构进行合作，致力于为客户提供多元化的金融服务解决方案。

资料来源：https://blog.csdn.net/VivianHuang001/article/details/105074464，2021年3月28日，有改编。

◆ 本章小结

广义的物流金融是指在物流运作过程中，对物流业务的一系列供应、仓储、运输等环节应用金融工具，最大程度地改善整个供应链中资金的流动性和灵活度，促使资金流与物流、信息流和商流高效整合，最大程度地提升资金利用的效率。狭义的物流金融则主要指第三方物流企业通过与相关金融机构进行合作，为供应链成员提供全过程的货物与资金监管、业务结算、保险等服务。物流金融具有增值性、规范化、信息化、远程化、广泛性、市场性的特点。开展物流金融服务对第三方物流企业、金融机构、中小企业更是一种"多赢"的状态。

根据金融机构参与程度的不同，物流金

融运作模式可划分为资产流通模式、资本流通模式及综合模式。其中，资产流通模式是金融机构间接参与物流活动的流通模式，它包含三种典型模式，即垫资－代收货款服务模式、替代采购模式和信用证担保模式；资本流通模式是金融机构直接参与物流活动的流通模式，它包含四种典型模式，即仓单质押模式、保兑仓模式、融通仓模式和垫付货款模式；综合模式则是资产流通模式和资本流通模式的组合，是物流金融较高层次的运作模式。

内部管理、操作风险，市场风险，质押物安全风险，客户资信风险，道德风险及法律风险是物流企业在开展物流金融服务时可能遇到的具体风险；信用风险、法律风险、操作风险、质押物风险及担保主体选择不当风险则是银行在开展物流金融服务时可能遇到的具体风险。为此，对于物流企业而言，需要从对内部管理、操作风险防范，预防质押物市场风险，预防质押物安全风险，对客户资信风险的防范，规避道德风险，避免法律漏洞的影响以及建立物流企业物流金融风险监测预警系统等方面采取相应的风险防范；对于商业银行而言，则需要从商业银行信用风险防范，法律风险防范，操作风险防范，担保主体选择不当风险防范，转移风险以及建立信息技术平台、实现信息共享等方面采取相应的风险防范措施。

物流金融不断发展，推动物流银行和供应链金融的出现，为中小企业融资提供了新的有效解决方案。物流银行运作模式本质上仍属于动产质押，它的意义在于融资担保模式的创新。物流银行突破了传统质押只能在银行所在地开展业务的局限，通过对全国范围内的经销商和生产商进行内部调剂，有利于控制信贷风险。供应链金融是新兴的物流金融创新方式，它是指由供应链中特定的金融组织者为供应链资金流管理提供的一整套解决方案，通过整合信息、资金、物流等资源来达到提高资金使用效率并为各方创造价值、降低风险的作用。

复习与思考

一、名词解释

物流金融　资产流通模式
资本流通模式　替代采购模式
信用证担保模式　仓单质押模式
保兑仓模式　融通仓模式
垫付货款模式　物流银行业务
供应链金融

二、单选题

1. 物流金融能够帮助中小企业（　　）。
   A. 进行融资
   B. 提高信用评级中的等级
   C. 开拓金融业务
   D. 实现物流业务独立
2. 物流金融的特点不包括（　　）。
   A. 规范性　　B. 远程化
   C. 协同性　　D. 广泛化
3. 金融机构间接参与的物流金融模式是（　　）。
   A. 资本流通模式　　B. 资产流通模式
   C. 混合流通模式　　D. 综合模式
4. 融通仓模式没有涉及的主体是（　　）。
   A. 银行　　B. 物流企业
   C. 借款企业　　D. 银监会
5. 资本流通模式不包括（　　）。
   A. 保兑仓模式　　B. 融通仓模式
   C. 仓单质押模式　　D. 信用证担保模式
6. 垫资－代收货款服务模式属于（　　）。
   A. 资本流通模式　　B. 资产流通模式
   C. 替代采购模式　　D. 信用证担保模式

7. 在物流银行运作模式下,对于符合条件的企业,( )。
   A. 只能先质押后融资
   B. 只能先融资后质押
   C. 既可以先融资后质押,也可以先质押后融资
   D. 都不可以

8. 物流银行在( )营业。
   A. 银行机构所在地
   B. 异地
   C. 既可以在银行机构所在地也可以在异地
   D. 都不可以

三、多选题

1. 物流金融运作模式包括( )。
   A. 典当模式   B. 资本流通模式
   C. 混合模式   D. 资产流通模式

2. 物流金融的特点有( )。
   A. 增值性   B. 信息化
   C. 市场性   D. 专业化

3. 银行开展物流金融服务可能面临的风险有( )。
   A. 信用风险
   B. 操作风险
   C. 质押物风险
   D. 担保主体选择不当风险

4. 物流企业开展物流金融服务可能面临的风险有( )。
   A. 企业内部管理风险
   B. 物流基础服务业务减少的风险
   C. 客户流失风险
   D. 汇率变动风险

5. 物流金融可能面临的风险有( )。
   A. 质押物的风险
   B. 物流企业的风险
   C. 融资企业信用风险
   D. 商业银行风险

6. 供应链金融的参与主体有( )。
   A. 存在融资需求的供应链生产或销售企业
   B. 金融公司
   C. 物流企业
   D. 保险公司

7. 物流金融与供应链金融的共同点有( )。
   A. 均是基于传统金融产品和服务而进行的创新
   B. 均是针对真实的贸易背景开展的
   C. 均以融通资金为目的
   D. 均是整合物流、资金流与信息流的解决方案

8. 物流金融运作模式从资产流通方面可分为( )。
   A. 替代采购模式   B. 信用证担保模式
   C. 授信融资模式   D. 垫付货款模式

四、判断题

1. 物流金融最早的模式是仓单质押业务。( )

2. 综合模式是资产流通模式和资本流通模式的组合,是物流金融较低层次的运作模式。( )

3. 1999年以后,我国物流金融得到迅速发展。( )

4. 银行的物流金融模式只有适合银行的商业模式,才能将物流金融风险最小化。( )

5. 供应链金融改变了过去银行对单一企业主体的授信模式,全方位地为链条上的"N"个企业提供融资服务,通过相关企业的职能分工与合作,实现整个供应链的不断增值。( )

6. 垫资-代收货款服务模式属于物流金融资本流通模式。( )

7. 供应链金融主要指第三方物流企业通过与相关金融机构进行合作,为供应链成员提供全过程的货物与资金监管、业务结算、保险等服务。( )

8. 物流金融是指由供应链中特定的金融组织者为供应链资金流管理提供的一整套解决方案。( )

五、简答题

1. 简述物流金融的特点。
2. 物流金融的资本流通模式包括哪些内容?
3. 物流金融存在哪些风险?
4. 物流银行与传统仓单质押相比存在哪些优势?
5. 供应链金融制度的内容有哪些?
6. 物流金融有几种模式?
7. 供应链金融体系中的参与主体包括哪几类?

六、论述题

1. 列举物流金融创新成功案例。
2. 结合实际分析物流金融的发展趋势。
3. 谈谈我国物流金融发展的问题和机遇有哪些。
4. 对物流企业开展物流金融进行可行性分析,并举例说明。

案例分析

安得智联的物流金融服务

安得智联科技股份有限公司(以下简称"安得智联")是美的集团旗下的现代物流企业,致力于提供全渠道物流服务,以打造"最值得信赖的物流合作伙伴"为企业形象。公司的核心业务是仓储配送业务,为达成"全网直配,放心托付"的企业使命,其借助全国范围内的仓储网络、配送中心和最后一公里的网点,实现供应链的高效运营,为客户提供服务类型多样化、订单交付高效、便捷,货物安全保障大,物流成本低廉的全渠道物流服务,并以此建立自身的竞争优势。

此外,为了提供低成本、高效率的物流金融服务,安得智联与美的小额贷款股份有限公司达成合作,共同建立智慧物流平台对物流进行监管,借助信息科技手段链接供应商、分销商以及消费者,实现智慧物流平台中监管数据的统一共享和实时可视,再次创造了数据的价值。

1. 物流金融的服务方式

美的各产品全程由安得智联负责物流管理。产品由安得智联和渠道经销商进行直接交接。通过智慧物流平台,安得智联实现对每个客户的预付货款、产品运输、物流配送等可视化信息的掌控,以此进行全流程物流服务,并且为资金紧缺的客户引进金融机构,为金融机构提供物流监管以及标准仓单服务。

2. 物流金融的运行路径

对于物流金融服务的营销,安得智联以美的提供的数据为标准进行客户选取,融资信息通过短信、邮件和操作界面提示框的形式显示给客户。对于融资客户的授信评级,安得智联对外与征信公司展开合作,而其内部以8个维度、36个指标的风险模型作为授信评级依据。对于放款,安得智联以物流监管平台实现与美的小贷公司的对接,安得智联线上操作并无缝监管采购、运输、入库等环节,美的小贷公司线上放款。

3. 物流金融的风控手段

安得智联与美的小贷的合作,激发了物流金融各参与方的风险控制意识。核心厂商通过征信公司数据、客户推荐等,严格筛查融资企业的贸易信用,保障金融业务的正常运行,保证预付款项和未发货订单的可控;此外,对质押物只承担调剂销售,不承担担保和回购等责任。物流企业整合预付款项、运输、入库等全流程的数据,在此过程中对物流全流程进行监控,同时再次核查客户信用水平,对系统设定算法实现风险预警。金融机构需要借助核心企业资料核实融资企业以往业务情况,借助征信公司的资料了解融资企业及其股东,预测融资企业的发展前景,以此规避信用风险；通过线上操作降低操作风险。

资料来源：https://weibo.com/ttarticle/p/show?id=2309351000064151550338569830，2021年3月26日，有改编。

讨论题

1. 安得智联开展物流金融业务有什么优势？
2. 安得智联的物流金融服务具有哪些特色？还可以拓展哪些方面的金融服务业务？
3. 许多供应链服务商由于自身的信用核查能力有限，又难以和核心企业达成有效合作，无法对供应链中的信息流、物流和资金流进行有效管理和监控。那么，安得智联是如何做到这一点的？

第九章

CHAPTER 9

企 业 物 流

▎学习目标

- 了解生产物流的计划与控制
- 理解生产物流的类型、组织形式
- 理解回收物流和废弃物物流的特点、物流技术及方式
- 熟悉销售物流的活动环节、服务要素和模式
- 掌握供应物流的合理化思路
- 掌握企业物流、供应物流、生产物流、销售物流、逆向物流的内涵、特点、功能和分类

▎关键概念

企业物流 供应物流 生产物流 销售物流 逆向物流 回收物流 废弃物物流

▎引 例

"优衣库"新零售的销售物流模式

优衣库（UNIQLO）是日本零售公司迅销公司的主推品牌，在日本首次采用大卖场式的服装销售方式，通过特别的商品策划、开发以及销售体系来实现店铺的低成本化经营，从1984年的一家销售西服的小服装店，成为如今国际知名服装品牌。在新零售背景下，优衣库基于线下门店和线上平台消费的数据收集与分析，及时地反馈到供应链生产端，推动企业生产线、内部管理的改革，提高传统生产要素的生产率，同时也根据当地消费者的需求在门店投放更具针对性的库存量单位（SKU）。

优衣库新零售中的全渠道销售包括以下几个方面。

（1）天猫旗舰店线上下单。

（2）开发自有 App。
（3）借助微信小程序。
（4）线下门店自助购物。
（5）线上评价线下服务。

优衣库在适应新零售发展的过程中不断完善其物流体系，实现"人、货、场"的最佳搭配，尤其是其成品的销售物流环节。优衣库不仅将专业的仓储配送服务外包给专业第三方物流公司，还采用信息化技术实现店仓一体化，线上商品丰富可以满足客户不同需求，线下提供多种个性化物流服务。具体措施包括：①仓配中心业务采用外包模式。②门店采用 RFID 技术。③店仓一体化。④线上订单快递发货／门店自提／门店急送服务三种方式。

优衣库探索的新零售模式一定程度上实现了以客户数据分析为基础、以客户需求为核心的产品设计生产和销售；线上线下全渠道销售、体验与评价的融合；销售物流环节针对线下销售配送中心到门店外包给专业第三方仓配物流公司，线上销售产品根据消费者需求和自身仓储情况实现电商仓发货为主，店仓一体化发货为辅，多种个性化服务送达方式的全方位送交服务。优衣库创新性的配套销售物流模式成就了"优衣库"新零售的辉煌。

资料来源：何铭强，马骅."优衣库"的新零售及其销售物流分析 [J]. 老字号品牌营销，2020（4）：8-9.

讨论题

1. 优衣库新零售的销售物流模式具有什么特色？
2. 如何有效地打造销售物流模式以服务于企业的主业生产？
3. 影响销售物流服务水平的要素有哪些？

企业物流与物流企业的物流是现代物流管理最重要的两个领域。企业物流是为企业生产经营活动提供物流支持的物流系统，是企业内部的物流系统。物流企业是为社会用户提供物流服务的，是社会化物流系统。企业物流与物流企业的物流既相互衔接，又相互替代，既相互合作，又相互竞争，共同构成国民经济物流体系的主要内容。

第一节 企业物流概述

企业活动的基本结构是投入→转换→产出。对生产型企业来讲，是原材料、燃料、人力、资本等要素的投入，这些要素经过制造或加工转换为产品或服务；对于服务型企业来讲，则是设备、人力、管理和运营，这些要素会转换为对用户的服务。企业物流活动伴随着企业的投入→转换→产出，渗入到企业的各项经营管理之中。

一、企业物流的概念

《物流术语》（GB/T 18354—2021）将企业物流（Enterprise Logistics）定义为："生产和流通企业围绕其经营活动所发生的物流活动。"由此可见，企业物流是以企业经营活动为中心的物流活动，是具体、微观的物流活动。具体地说，企业物流是指企业生产经营过程中，物品从原材料的采购供应，经过生产加工到产成品和销售，以及废弃物的回收和再利用所发生的运输、储存、装卸搬运、包装、流通加工、配送及信息处理等活动。按企业中物流活动的环节划分，企业物流可分为供应物流、生产物流、销售物流和逆向物流。其中，逆向物流又包括回收物流与废弃物物流。

企业物流活动是伴随着企业的投入→转换→产出而发生的。相对于企业系统投入的是企业外供应或企业外输入物流，相对于企业系统转换的是企业内生产物流或企业内转换物流，相对于企业系统产出的是企业外销售物流或企业外服务物流。同时，企业通过销售物流流入市场的产品或服务还需要逆向的反馈过程，伴随着逆向物流活动形成的物流，成为回收物流和废弃物物流。图 9-1 是企业物流过程示意图。

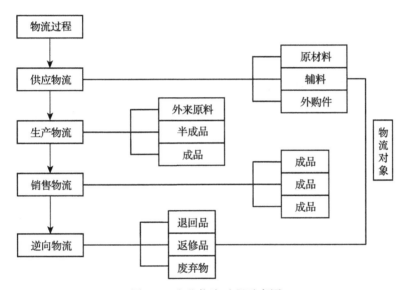

图 9-1　企业物流过程示意图

二、企业物流的特点

供应物流和销售物流是企业物流与社会物流的接口，这两种物流形态是为企业经营服务的，是企业生产物流向前向后两个方向的延伸。因此，真正反映企业物流特点的是生产物流。现在以工业企业为例讨论企业物流的特点。

1. 企业物流主要创造形态价值

企业物流的本质特点是创造形态价值，而并不是如社会物流一样实现"时间价值和空间价值"。企业中的物流伴随加工活动而发生，以实现加工附加价值。由于企业物流通常在一个较小范围内完成，空间距离的变化不大，因此创造的空间价值有限。

2. 企业物流是一种工艺性物流

企业生产工艺、生产设备及生产流程是确定的，企业物流也因此成为一种稳定的物流，是工艺流程的重要组成部分。由于设备的这种稳定性，企业物流的可控性、计划性便很强，一旦进入这一物流过程，选择性和可变性便很小。

3. 企业物流的运行具有极强的伴生性

企业物流是生产的组成部分或一个伴生部分。这决定了企业物流很难与生产过程分开而形成独立的系统，企业内部生产物流更是如此。但是，在具有总体的伴生性的同时，企业物流中也有与生产工艺可分的局部物流活动。例如，车间仓库的储存活动、接货物流活动、车间或分厂之间的运输活动等。

4. 企业生产物流的连续性

企业的生产物流活动不但充实、完善了企业生产过程中的作业活动，而且把整个生产企业的所有孤立的作业点、作业区域有机地联系在一起，构成了一个连续不断的企业内部生产物流。

5. 企业生产物流的关键特征是物料流转

物料流转的手段是物料搬运。在企业生产中，物流流转贯穿于生产、加工制造过程的始终。生产物流的目标应该是提供畅通无阻的物料流转，以保证生产过程顺利、高效率地进行。

6. 企业物流成本具有二律背反性

"二律背反"是指企业各物流功能之间或物流成本与服务水平之间的二重矛盾，即追求一方则必须舍弃另一方的一种状态，即两者之间的对立状态。企业物流管理肩负着降低企业物流成本和提高服务水平两大任务，这是一对相互矛盾的对立关系。

|阅读材料 9-1|

效益背反

效益背反表明在物流系统中的功能要素之间存在着损益的矛盾，即物流系统中某一个功能要素的优化和利益发生的同时，必然会存在系统中的另一个或另几个功能要素的利益损失，这是一种此涨彼消、此盈彼亏的现象，往往导致整个物流系统效率低下，最终会损害物流系统的功能要素的利益。

以运输成本与库存成本为例，增大运输批量，可以降低运输成本，但会使库存水平增加，从而导致库存成本增加；包装成本与运输成本、库存成本之间，如果提高包装材料的强度，会导致包装成本增加，但能够降低运输和装卸过程中商品的破损率，从而降低运输和库存成本。

三、企业物流活动的内容

企业物流活动伴随着企业的投入→转换→产出而发生，按企业经营过程中物流活动的发生顺序可分为供应物流、生产物流、销售物流及逆向物流(见图9-1)。

1. 供应物流

供应物流即企业生产经营活动所需物资的输入，是企业购入原材料、零部件或其他物品的物流过程，以保障企业生产经营活动的正常进行。企业供应物流主要由采购、供应、库存管理三大系统构成。采购系统与生产系统、财务系统等生产企业各部门以及企业外部的资源市场、运输部门有着密切的联系。供应系统保证企业的生产节奏，不断组织原材料、零部件、燃料、辅助材料的供应。库存管理系统是供应物流的核心部分，一方面，它要依据企业的生产计划和库存控制情况，制订物资采购计划，指导供应物流合理运行；另一方面，库存管理是供应物流的转折点，要完成生产资料的接货、验收、保管、保养等具体功能。

2. 生产物流

生产物流是指在生产的过程中，从原材料到在制品、半成品等各道生产程序的加工，直至制成品进入仓库的全部过程的物流活动。企业生产物流是生产企业物流的核心部分，只有经过生产过程的转换，企业所采购的物料才能形成具有一定使用价值的产品。生产物流主要包括生产计划与控制、场内运输(搬运)、在制品仓储与管理等活动。生产物流既涉及各专业工厂内部的半成品、成品流转，又涉及各专业工厂或车间之间的半成品、成品流转，以及诸如原材料、部件、半成品的购入和存放，产成品的包装、存放、发送和回收等厂外运输衔接部分。

3. 销售物流

销售物流是把产品的实体转给用户的物流过程，是企业物流的输出系统，随销售活动的产生而产生。销售物流是实现企业商品使用价值有效转移的物流活动的最后一个环节，是企业实现其价值的过程。销售物流涉及货运中心及仓库等的选址；货物运输、检验、存储；流通生产、包装、搬运、储货及配送等服务，直到消费个人或零售商的物流流程。在当今买方市场的情形下，销售物流活动处境较为被动，只有满足了买方提出的各种要求，交易才能达成。为保证销售物流的顺利完成，实现企业以最低的物流成本满足客户需要的目的，企业需要在产成品包装、储存、运输、订单信息处理、装卸搬运等各环节做好工作。

4. 逆向物流

逆向物流包括回收物流和废弃物物流两个部分。

回收物流主要是指不合格物品的返修、退货，以及周转使用的包装容器从需方返回到供方所形成的物品实体流动。例如，企业在生产、供应或销售活动中产生的各种边角余料和废料，它们的回收过程就伴随着物流活动。随着资源日益短缺和环境问题日益严峻，企业必须特别关注回收物流。若回收物流的处理不当，既会影响整体生产环境和产品质量，又会造成大量的空间浪费和资源浪费，还会给企业带来巨大的经济损失和社会不良影响。

废弃物物流是指对企业排放的无用物，包括各种废弃物(废料、废气、废水等)，进行收集、运输、装卸、处理等物流活动。废弃物物流虽然不会给企业带来直接的经济效益，但具有不容忽视的社会效益。在强调企业社会责任的循环经济时代，企业重视废弃物物流是一种必然的趋势。

四、企业物流的功能

随着企业物流从单纯的产品配送向着综合物流直至向供应链管理阶段发展,企业物流包含的内容不断丰富,涉及的领域也不断扩大,几乎贯穿企业整个生产经营过程。企业物流包括以下功能。

1. 网络设计功能

典型的物流设施包括制造工厂、仓库、转运设施等。网络设计要确定完成物流工作所需的各类设施的数量和地点,同时还要确定每一设施内应储备存货的种类、数量以及安排应在何处交付客户订货等。

2. 信息功能

物流中依赖信息的工作主要是物流预测与订单管理。物流预测要估计未来的需求,以指导存货定位,满足预期的顾客需求。客户下订单是物流活动中的一项主要交易活动,信息流反映了一个物流系统的动态形态,订单处理过程中出现的不正确的信息和信息延误等都会削弱物流效率。

3. 采购功能

把企业的采购活动归入企业物流是因为企业运输成本与生产所需要的原材料、零部件等的采购地理位置有直接关系,采购的数量与物流中的运输和存储成本也有直接关系。把采购归入企业物流领域,企业就可以通过协调原材料的采购地、采购数量、采购周期以及存储方式等来有效地降低运输成本,进而为企业创造更大的价值。

4. 运输功能

在既定的网络设施和信息能力下,运输就是从地理上给存货定位的一个物流功能领域。长期以来,企业管理者一直重视运输的价值。企业根据负担能力,可以选择自有车队的运输、合同运输和公共运输三种不同的方式来实现运输功能。

5. 存货功能

企业的存货需求取决于网络结构和期望的客户服务水平。良好的存货管理政策基于五方面内容,即客户细分、产品需求、运输一体化、时间上的要求以及竞争性作业表现。高收益率的客户构成企业的核心市场,有效进行物流细分的关键就在于为这些核心客户优先安排存货权,以满足他们的需求。

6. 仓储功能

很多物流过程中的重要活动会出现在仓储这个环节上,比如货物分类、排序、订单分拣、联合运输,有时还包括产品的修改与装配。企业许多重要的决策与存储活动有关,包括仓库数目、存货量的大小、仓库选址、仓库大小等。

7. 生产计划功能

在当前竞争激烈的市场上,生产计划与物流关系越来越密切。事实上,生产计划往往根据物流的能力、物料需求计划及效率进行调整。另外，企业的生产计划还与存货能力、存货预测有关。

8. 订单处理功能

订单处理过程包括完成客户订单的所有活动。产品物流的一个重要方面是前置期，即备货周期，它是指客户从下达订单开始直至货物完好交于客户为止的全部时间。通过订单处理，可以查看经销商的订货信息，并对相应的信息进行订单确认、收款、发货及拒订等操作。

9. 物料搬运功能

物料搬运是仓库中的一项重要活动。物料搬运对仓库作业效率影响较大，搬运会产生货损，产品搬运的次数越少，产品受损的可能性就越小，仓库内的整体运作效率就越高。同时，物料搬运也直接影响到生产的效率。

10. 包装功能

与物流紧密相关的还有包装，即工业包装。企业物流中运输方式的选择将直接影响到包装要求。包装是为了提高搬运效率，通常将罐装、瓶装或盒装的产品装入更大的包装内。

第二节　企业物流系统的输入：供应物流

一、供应物流的概念

根据《物流术语》（GB/T 18354—2021）的定义，供应物流（Supply Logistics）是指为生产企业提供原材料、零部件或其他物料时所发生的物流活动。它是企业物流系统中相对独立性较强的子系统，且与生产系统、财务系统等生产企业各部门以及企业外部的资源市场、运输部门密切联系。供应物流有以下作用。

1. 保障供给

供应物流是保证企业顺利进行生产经营活动的先决条件，是企业物流过程的起始阶段。在物流快速反应的要求下，经采购、保管后的物品应按生产流程和物品需求计划被准确地输送到生产或工作场所。

企业的供应物流有两种形式：一种是各供应厂商外购原材料、协作件等的采购物流；另一种是同一企业所属各分厂之间相互提供零部件的调拨物流。美国通用汽车公司装配一辆汽车，需要13 000多种零部件，由20 000多家供货厂家和本公司所属的100多家配件制造分厂供应给30余家汽车装配工厂。所以，有效计划和组织供应物流，保证企业不间断生产，是一项复杂且十分重要的工作。

2. 节省成本

供应物流除了保证生产所需物流外，更重要的是必须以最低的成本和资金占用来实现这一目标。美、英等国的工业企业年生产成本中用于采购原材料、外协件等支出款所占比例为

40%～60%。因此，合理组织供应物流活动，如采购、运输、搬运等，对降低产品成本有着重要的意义。在现代化大生产中，企业的储备资金在流动资金中占 50%～60%。因此，合理储备，对压缩储备资金、节约占用资金、加快流动资金的周转起着重要作用。

二、供应物流的功能

1. 采购

采购是供应物流与社会物流的衔接点，具体是指依据企业生产计划所要求的供应计划，制订采购计划并进行原材料外购，需要承担市场资源、供货厂家、市场变化等信息的采集和反馈任务。

2. 供应

供应是供应物流与生产物流的衔接点，是依据供应计划消耗定额进行生产资料供给的作业层，负责原材料消耗的控制。

3. 库存管理

库存管理是供应物流的核心部分。库存管理部门依据企业生产计划的要求和库存状况制订采购计划，并负责制定库存控制策略及计划的执行和反馈修改。

4. 仓储管理

仓储管理是供应物流的转折点，负责购入生产资料的接货和发货以及物料的保管工作。

三、供应物流的合理化

供应物流不仅对企业管理具有重要的作用，而且供应物流的合理化还可以为企业创造可观的经济效益。合理组织供应物流的基本工作包括以下几个方面。

1. 准确预测需求

以企业生产计划对各类物资的需求为依据确定物资供应需求量。供应计划只有做到对各种原材料、购入件的需要量（包括品种、数量等）和供货日期的准确需求进行预测，才能保证生产正常进行，降低成本，加速资金周转，提高企业经济效益。

2. 合理控制库存

供应物流中断将使企业生产陷于停顿，因此必须持有一定数量的物资储备，以保证生产的正常进行。企业一方面必须做好物资储备，保证生产所需（正常库存），并能够应付紧急情况（安全库存）；另一方面要合理控制库存，进行库存动态调整、减少资金占压。

3. 科学制定采购决策

采购决策主要内容包括市场资源调查、市场变化信息的采集与反馈、供货厂家的选择和进货批量、进货时间的间隔等。其中如何综合评价质量与价格因素，是一项十分复杂的工作。

4. 确保供应保障

供应保障包括运输、仓储管理、服务等方面。企业要采用合理的运输方案、先进的仓储管理方式、合适的供应模式和供应手段。

5. 健全组织机构

设立健全的管理组织机构，比如物资供应计划管理、物资消耗定额管理、物资采购管理、物资运输管理、物资仓储管理、物资供应管理、物资回收与利用管理以及监督检查管理等部门。

四、准时制采购

准时制（Just In Time，JIT）采购是"在精确测定生产各工艺环节作业效率的前提下按照订单准备的计划，以消除一切无效作业与浪费为目标的一种管理模式"。它是一种理想的物资采购方式，目标是原材料和外购件的库存为零、缺陷为零。JIT采购的基本思想是：在恰当的时间、恰当的地点，以恰当的数量、恰当的质量提供恰当的物品。它是从准时生产发展而来的，是为了消除库存和不必要的浪费而进行的持续性改进。

|阅读材料 9-2|

数字化采购

随着人工智能和云计算等技术的普及，采购环节的技术变革成为可能，也赋能产业进一步提升其商业价值。数字经济规模的不断扩大将推进产业的数字化升级，而数字新基建带来的大数据优势、更加丰富的商城品类以及AI赋能的自动化采购，都为数字化新采购的实现贡献了更多可能性。

数字化采购是传统采购在数字经济下的新实践。数字化采购一方面强调企业内部采购业务流程上的数字化，意在提高管理效率；另一方面是指采购平台的电商化升级。企业内部的采购数字化转型主要通过引入人工智能、物联网、机器人流程自动化、云端协作等技术升级采购管理系统，从而赋予其全流程可控、采购计划可自动执行、供应商寻源能力显著提升等特性。这里的"采购"有别于供应链中将其定义为"采买行为"的传统概念，而是涵盖了从企业内部采购需求提报、供应商评估与选择、智能价格筛选、合同条款分析与匹配到自动执行采购、供应商风险评估的全流程。

资料来源：上海艾瑞市场咨询有限公司.2020年中国数字化新采购发展白皮书[EB/OL].[2022-07-06]. https://report.iresearch.cn/report/2020/10/3667.shtml.

（一）准时制采购的特点

（1）采用较少的供应商，甚至单源供应。一般而言，单源供应比多源供应更具优势：一是管理供应商比较方便，也有利于降低采购成本；二是有利于供需之间建立长期稳定的合作关系，质量上比较有保证。但采用单一的供应源也存在风险，主要是供应商可能因意外原因中断交货或出现供应商"敲竹杠"现象等。

（2）供应商选择以质量为主要标准。在准时制采购模式中，由于供应商和用户具有长期合作关系，供应商的合作能力将影响企业的长期经济利益，因此对供应商的要求比较高。在选择供应商时，需要对供应商进行综合评估，价格不是主要的因素，质量才是最重要的标准。这种质量不单指产品的质量，还包括工作质量、交货质量、技术质量等多方面内容。

（3）交货准时性更为严格。准时制采购的一个重要特点是要求交货准时，这取决于供应商的生产与物流管理条件。

（4）信息共享。准时制采购要求供需双方的信息高度共享，以保证供应与需求信息的准确性和适时性。由于双方具有战略合作关系，在生产计划、库存、质量等各方面的信息都可以及时进行交流，以便出现问题时能够及时处理。

（5）小批量采购的策略。小批量采购是准时制采购的一个基本特征。准时制生产需要减少生产批量，直至实现"一个流"生产，因此采购的物资也应采用小批量办法。

（二）准时制采购的方法

要实施准时制采购须遵循以下三条原则。

（1）选择最佳的供应商，并对供应商进行有效管理，这是准时制采购成功的基石。

（2）供应商与用户的紧密结合是准时制采购成功的钥匙。

（3）卓有成效的采购过程质量控制是准时制采购成功的保证。

以下六点是企业有效实施准时制采购的基本方法。

1. 创建准时制采购团队

企业应该成立两个团队：一个是专门处理供应商事务的团队。该团队的任务是认定和评估供应商信誉、能力，或与供应商谈判签订准时化订货合同，向供应商发放免检签证等。另一个团队是专门协调本企业各个部门的采购操作，制定作业流程，指导和培训操作人员，进行操作检验、监督和评估。

2. 精选少数供应商，建立伙伴关系

采用较少的供应商甚至单源供应是准时制采购的重要特点；精选少数供应商，建立利益一致的战略联盟是供应商管理的主要任务。供应商和企业之间互利的伙伴关系，意味着双方处在一种紧密合作、主动交流、相互信赖的和谐气氛中，共同承担长期协作的义务。在这种关系的基础上，选择供应商应从产品质量、供货情况、应变能力、地理位置、企业规模、财务状况、技术能力、价格水平等方面考虑。

3. 制订合理计划

企业要有针对性地制定采购策略，制定出具体的分阶段改进当前传统采购的措施，包括减少供应商的数量、供应商的评价、向供应商发放签证等内容。在这个过程中，企业要与供应商一起商定准时制采购的目标和有关措施，保持经常性的信息沟通。

4. 搞好供应商的培训，确定共同目标

准时制采购是供需双方共同的业务活动，单靠采购部门的努力是不够的，需要供应商的配合。只有供应商也对准时制采购的策略和运作方法有了认识和理解，企业才能获得供应商的支持和配合，因此企业需要对供应商进行教育培训。通过培训，大家目标一致，相互之间就能够很好地协调，做好准时制采购工作。

5. 有效的采购过程质量控制

有效的采购过程质量控制是准时制采购成功的保证。准时制采购与传统采购方式的不同之处是买方不需要对采购产品设置较多的检验手续。当供应商达到这一质量标准的要求后，即发给免检手续要求的免检证书。在核发免检证书时，要求供应商提供最新的、正确的、完整的产品质量文件，包括设计蓝图、规格、检验程序。经长期检验达标后，所有采购物资可以从卸货点被直接运至生产线。

6. 采取配合准时化生产的交货方式

采取配合准时化生产的交货方式，其目标是要实现这样的交货方式：当生产线正好需要某种物资时，该物资就到货并被运送至生产线，生产线拉动它所需要的物资，并在制造产品时使用该物资。准时制采购是一个不断完善和改进的过程，企业需要在实施过程中不断总结经验教训，从降低运输成本、提高交货的准确性和产品的质量、降低供应商库存等各个方面进行改进，不断提高准时制采购的运作绩效。

供应链环境下的采购模式和传统的采购模式的不同之处在于，前者采用订单驱动的方式。订单驱动使供应与需求双方都围绕订单运作，也就实现了准时化、同步化运作。要实现同步化运作，采购方式就必须是并行的，当采购部门产生一个订单时，供应商即开始着手物品的准备工作。与此同时，采购部门编制详细的采购计划，制造部门也进行生产的准备过程，当采购部门把详细的采购单提供给供应商时，供应商能很快地将物资交给用户。

五、供应商管理

供应商管理是在新的物流与采购经济形势下所产生的管理机制。实施供应商管理的目的就是使供应商在质量、成本、时间和服务等方面始终处于良好的状态，并不断地形成自我改进、自我完善的机制，从而确保整个物流链能为顾客提供快捷的、全方位的、无缝化的"一条龙"服务。

1. 供应商的分类

在供应商管理中，必须将供应商关系分为不同的类型，根据各供应商对企业经营影响的大小设定优先次序，区别对待。先进的供应商管理是指企业根据供应市场情况，按照采购物品分类模块不同，制定不同的管理策略和方法。

（1）伙伴型供应商。若供应商认为企业的采购业务对他们来说非常重要，供应商自身又有很强的产品开发能力，同时该采购业务对企业也很重要，那么这些供应商就是"伙伴型供应商"。

（2）优先型供应商。若供应商认为企业采购业务对他们来说非常重要，但该采购业务对企业来说却不是十分重要，这样的供应商无疑有利于企业，是企业的"优先型供应商"。

（3）重点商业型供应商。若供应商认为企业的采购业务对他们来说无关紧要，但该采购业务对企业十分重要，这样的供应商就是需要重点改进提高的"重点商业型供应商"。

（4）商业型供应商。对于那些对供应商及企业来说均不是很重要的采购业务，供应商可以很方便地选择更换，那么这些采购业务对应的供应商就是普通的"商业型供应商"。

重点商业型供应商会给企业的采购带来较高风险。相反，从顾客定位的角度看，如果企业采购份额占供应商销售额的很大部分，而且企业业务合作对于供应商来说在各方面都很具有吸引力，那么供应商必定会将企业看成"核心客户"；相反如果企业的采购份额占供应商销售额比例很小，业务合作对于供应商来说又无吸引力，那么供应商必定会将企业看成无关紧要的"普通客户"；如果企业采购份额占供应商销售额比例虽然很大，但由于价格等因素对于供应商来说吸引力不够，那么供应商就会采取"剥削"态度来对待客户，将企业定位于"剥削客户"；虽然企业的采购份额占供应商销售额的比例很小，但企业业务合作对供应商很有吸引力，那么供应商会将企业看成是需要发展的"发展客户"。

2. 供应商的选择

选择合适的供应商是做好供应商管理的前提，合适的供应商可以保证物料供应的顺畅，保证原材料的进料品质稳定，还可以保证交货数量、交货期及产品出库的准确性。

评价和选择合适的供应商，一般应考虑以下因素。

（1）产品质量。一般来说，衡量供应商最重要的因素是产品质量。良好的设备和技术以及技术的不断创新，才能保证供应产品的品质。

（2）产品价格。它强调采购价格是企业销售总成本中的一个主要投入，同时表明最低价格受到质量和服务的限制，因此要综合考虑价格、质量和服务。

（3）企业信誉及历来表现。信誉是企业发展的生命线，是企业永葆生机的前提，体现在对服务的满足程度上，而企业历来的表现则能体现出企业的供货信誉度。

（4）质量保证及赔偿政策。产品生命对最终产品的质量、制造商的质量保证以及重复销售有直接影响。由于涉及机器、设备的故障问题，供应商的质量保证与赔偿程序是考察供应商可信度的指标之一。

（5）能力。能力即供应商潜在的设备和生产能力、技术力量、管理与组织能力以及运行控制等。因此，企业需要考虑供应商提供所需物资质量与数目的能力以及能否持续、稳定地提供服务的能力。

（6）企业财务状况。没有一个良好的管理制度以及企业运营财务状况，可能会导致中断物料的长期连续供应。因此，对长期采购的物料，更应该注重企业的整体状况。

（7）通信系统。在当今信息时代，通信系统直接影响着企业运行状况，也影响着企业与外部机构或力量的联系。

第三节　企业物流系统的转换：生产物流

根据《物流术语》（GB/T 18354—2021）的定义，生产物流（Production Logistics）是指生

产企业内部进行的涉及原材料、在制品、半成品、产成品等的物流活动。从本质上来说，生产物流是指按照生产工艺流程的要求组织和安排物品在各个生产环节之间进行流转的内部物流活动；是在各种外来料、半成品投入生产之后，按照规定的工艺过程进行加工、存储，借助一定的装卸搬运设备，以在制品的形态，从一个生产场所流入另一个生产场所，直至生产加工结束，再进入产成品仓库，最终成为客户需要的产成品的生产物流过程。

一、生产物流的特点

1. 生产物流与生产过程的伴生性

生产物流是伴随着生产制造过程的物流活动，与生产过程平行交叉。平行是指相同的物品在不同的生产线上加工流动；交叉是指前期的在制品在前道工序未完成时，将已完成部分的在制品转到后道工序加工。物料平行与交叉流动作业，缩短了产品的生命周期。

2. 生产物流的连续性

企业生产是按照工艺要求的一道道工序进行的，这就要求物料能够顺畅、快速、省时地走完各个工序，直至成为成品。整个生产过程是连续、顺延、有组织地按进度保质、保量地进行的，因此物流过程也就具有连续性。

3. 生产物流的节奏性

企业生产产品是分阶段进行的，从投料开始到产成品完工入库，整个生产过程是按照计划、有节奏、均衡地进行的，因此物流过程具有节奏性。

4. 生产物流的应变性

企业生产产品的型号和种类发生变化时，生产过程具有较强的应变能力，物流过程也需要具备相应的应变性。

5. 生产物流的时间性

企业生产要按照客户的时间要求和数量要求，生产所需要的零部件。只有保证准时性，才有可能推动物流过程的连续性和节奏性。

二、生产物流的作用

生产物流的组织与生产过程的组织是同步进行的，企业内部的生产物流系统连接企业外部的供应物流系统和销售物流系统，在制造企业的物流过程中，生产物流是核心环节。生产物流的作用表现在以下两个方面。

1. 保障生产过程的连续性

在企业生产加工过程中，物流对生产秩序和生产环境有着决定性的影响。物流在生产空间中始终处于运动状态。如果物流线路不合理，运行节奏不协调，就会造成生产秩序的混乱，使生产过程发生停滞。因此，在现代化生产制造高技术、大规模、快速化的状态下，要求以生产物流的系统化、柔性化提供畅通无阻的物料流转，以保证生产过程顺利、高效的进行。

2. 降低生产制造成本

加工制造花费的时间与物流活动占用的时间有一定的比例。原材料制造型的制造加工时间与物流活动各占 50%；物品加工型的加工时间占 10%～20%，物流活动时间占 80%～90%。由于物流活动的时间消耗比制造加工时间消耗还多，因此生产物流对总体生产成本的影响很大。在技术先进、生产流程复杂的大规模制造企业中，将按照规模经济的原则，增加生产物流的投资，在生产物流系统中采用自动化立体仓库，配置顺畅与快速的物料运行路线，自动上下传输设备等，减少物料搬运的时间和距离，减少无效搬运的费用，降低总生产成本。

三、生产物流的类型

由于生产物流类型与决定生产类型的产品产量、品种和专业化程度有着内在的联系，所以可以把生产物流的类型与生产类型看成同一问题的两种说法。

（1）从生产专业化的角度分类。它可以根据产品在生产中的重复程度把物料生产过程划分为单件生产、大量生产和成批生产三种类型。单件生产的生产品种繁多，但每种仅生产一台，生产重复程度低；大量生产的生产品种单一，产量大，生产重复度高；介于二者之间的是成批生产，即品种不单一，生产有一定的重复性。成批生产通常又分为大批生产、中批生产和小批生产。

（2）从物料流向的角度分类。根据物料在生产工艺过程中的特点，把生产物流划分为项目型、连续型和离散型三种类型。

项目型生产物流（固定式生产）的特点是生产过程中物料的流动性不强。它分为两种状态：一种是物料进入生产场地后就被凝固在场地中和生产场地一起形成最终产品，如住宅、厂房、公路等；另一种是物料流入生产场地后，"滞留"时间很长，形成最终产品后再流出，如大型的水电设备、飞机等。

连续型生产物流（流程式生产）的特点是物料均匀、连续地进行，不能中断；生产出的产品及使用的设备和工艺流程都是固定且是标准化的；工序之间几乎没有在制品库存。

离散型生产物流（加工装配式生产）的特点是各个零部件的加工过程彼此独立；制成的零件通过部件装配和总装配，最后成为产品，整个产品生产工艺是离散的，各个生产环节之间要求有一定的在制品储备。

四、生产物流的组织形式

从物料投入到成品产出的生产物流过程，通常包括工艺过程、检验过程、运输过程、等待停歇过程和自然过程。为了提高生产效率，一般从空间、时间、人员三个角度组织生产物流。

(一)生产物流的空间组织

生产物流的空间组织是相对于企业生产区域而言的,目标是如何缩短物料在工艺流程中的移动距离。一般管理经济学认为有三种专业组织形式:工艺专业化形式、对象专业化形式、成组工艺形式。

1. 按工艺专业化形式组织生产物流

工艺专业化形式也叫工艺原则或功能性生产物流体系。其特点是把同类的生产设备集中在一起,对企业欲生产的各种产品进行相同工艺的加工。加工对象多样化但加工工艺、方法雷同。其优点是对产品品种变化和加工顺序变化适应能力强,生产系统可靠性较高,工艺及设备管理较为方便。其缺点是物料在加工过程中物流次数及路线复杂,难以协调。该方法适用于企业生产规模不大,生产专业化程度低,产品品种不稳定的单件小批量生产条件。

2. 按对象专业化形式组织生产物流

对象专业化形式也叫产品专业化原则或流水线。其特点是把生产设备、辅助设备按生产对象的加工路线组织起来,即加工对象单一但加工工艺、方法多样化。这种形式的优点包括可减少运输次数,缩短运输线路;协作关系简单从而简化生产管理;在制品少,生产周期短等。其缺点是对品种变化适应性差,生产系统的可靠性较低,工艺及设备管理较复杂。该方法适用于企业专业方向已经确定,产品品种较稳定,大批生产,设备比较齐全并有充分符合的生产条件。

3. 按成组工艺形式组织生产物流

成组工艺形式是结合了上述两种形式的特点,按成组技术原理,把具有相似性的零件分成一个成组生产单元,并根据其加工路线组织设备。这种形式的优点是可以大大地简化零件的加工流程,减少物流迂回路线,在满足品种变化的基础上有一定的批量生产,具有柔性和适应性。

上述三种组织生产物流形式各有特色,如何选择主要取决于生产系统中产品品种多少和产量大小。其一般的规律如图 9-2 所示。

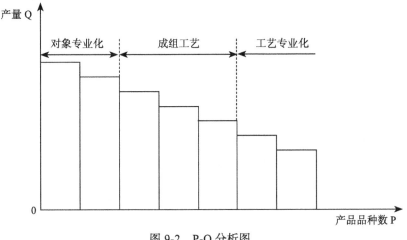

图 9-2　P-Q 分析图

(二）生产物流的时间组织

生产物流的时间组织是指一批物料在生产过程中各生产单位、各道工序之间在时间上的衔接和结合方式。要合理组织生产物流，不但要缩短物料流程的距离，而且还要加快物料流程的速度，减少物料的成批等待，实现物流的节奏性、连续性。一般而言，一批物料有三种典型的移动组织方式：顺序移动、平行移动和平行顺序移动。

（1）顺序移动方式。一批物料在上道工序全部加工完毕后才整批地转移到下道工序继续加工。其优点是一批物料连续加工，设备不停顿，物料整批转入工序，便于组织生产。其缺点是不同的物料之间有等待加工、运输的时间，因而生产周期较长。

（2）平行移动方式。物料在前道工序加工以后，立即被送到后道工序去继续加工，形成前后交叉作业。其优点是不会出现物料成批等待现象，因而整批物料的生产周期最短。其缺点是当物料在各道工序加工时间不相等时，会出现人力和设备停工的现象。

（3）平行顺序移动方式。每批物料在每一道工序上连续加工没有停顿，并且物料在各工序的加工尽可能做到平行。这种方式既考虑了相邻工序上加工时间尽量重合，又保持了该批物料在工序上的顺序加工。该方式吸取了前两种方式的优点，消除了间歇停顿现象，使工作达到充分负荷。工序周期较短，但安排进度时比较复杂。

上述三种移动方式各有利弊。在安排物料进度时，需要考虑物料的大小、物料加工时间的长短、批量的大小以及生产物流的空间组织形式。一般来讲，批量小、物料体积小或重量轻而加工时间短的物料，适宜采用顺序移动的方式。对生产中紧缺件、急件，可以采用平行或平行顺序移动的方式。对于不同的企业，生产物流的时间组织形式可以灵活多变。例如，项目性生产物流主要表现在工人的顺序移动上，连续性生产物流采用顺序移动方式，离散型装配企业则可以按照平行顺序移动方式进行。

（三）生产物流的人员组织

生产物流的人员组织主要体现在人员的岗位设计方面。要实现生产物流在空间、时间两方面的组织形式，必须对工作岗位进行再设计，以保证生产物流优化而流畅。

根据生产物流的特征，岗位设计要"因物流的流向设岗"。岗位设置的数目要符合最短物流路径原则；尽可能少的岗位制定尽可能多的工作任务；所有的岗位要实现各工艺之间的有效配合，保证生产目标、总任务的实现；岗位之间的关系要协调统一；岗位的设置要体现经济、科学、合理的系统原则，实现物流优化。

五、生产物流的计划与控制

在生产物流的计划与控制中，计划的对象是物料，对计划执行的结果通过对物料的监控来考核。对生产物流进行计划就是根据计划期内规定的出产产品的品种、数量、期限，具体安排物料在各工艺阶段的生产进度，并使各环节上的在制品的结构、数量和时间相协调。而对生产物流进行控制则主要体现在物流进度控制和在制品管理两个方面。以下介绍三种典型的生产物流计划与控制方法。

1. 以 MRP、MRP Ⅱ、ERP 原理为指导的生产物流运营方式

20 世纪 60 年代中期，美国 IBM 公司率先提出了物料需求计划（Material Requirement Planning，MRP）的生产管理模式，并在 20 世纪 70 年代对其不断加以完善。MRP 根据产品结构的物料需求组织生产，以产品零件为计划对象，以完工日期为计划基准倒排计划；按照各种零件与部件的生产周期反推出其生产和投入的时间和数量；按照提前期长短区别各个物料下达订单的优先级，从而保证生产需要时所有物料都能配套齐全，不到需要的时刻不要过早积压，达到减少库存量和减少资金占用的目的。

1977 年，美国著名生产管理专家奥利弗·怀特提出了一种对制造企业全部资源进行系统综合计划的方法，即制造资源计划（Manufacturing Resources Planning，MRP Ⅱ）。MRP Ⅱ 的基本思想是把 MRP 同所有其他与生产经营活动直接相关的工作和资源，以及财务计划连成一个整体，实现企业管理的系统化。MRP Ⅱ 将企业的经营计划、销售计划、主生产计划、物料需求和生产能力计划、现金流计划以及物流需求和生产能力计划的实施等通过计算机有机地结合起来，实现了物流和资金流的统一。

20 世纪 90 年代初，美国加特纳公司（Gartner Group Inc.）又提出了企业资源计划（Enterprise Resources Planning，ERP），其核心思想是供应链管理。ERP 即在 MRP Ⅱ 的基础上通过前馈的物流与反馈的资金流和信息流，把客户需求和企业内部的生产活动以及供应商的制造资源整合在一起，体现完全按照客户需求制造的一种供应链管理思想的功能网络结构模式。它强调企业间的合作，强调对市场需求的快速反应，以高度柔性的战略管理以及降低风险成本、实现高收益目标等优势，从集成化的角度管理供应链问题。

| 阅读材料 9-3 |

《推动物流业制造业深度融合创新发展实施方案》的要点

2020 年 8 月 22 日，国家发展改革委等 14 个部门联合印发《推动物流业制造业深度融合创新发展实施方案》。方案明确指出突出重点领域，提高物流业制造业融合水平，对生产物流、消费物流、绿色物流等的发展提出新的要求。

（1）生产物流。鼓励制造业企业适应智能制造发展需要，开展物流智能化改造，推广应用物流机器人、智能仓储、自动分拣等新型物流技术装备，提高生产物流自动化、数字化、智能化水平。

（2）消费物流。鼓励邮政、快递企业针对高端电子消费产品、医药品等单位价值较高以及纺织服装、工艺品等个性化较强的产品提供高品质、差异化寄递服务，促进精益制造和定制化生产发展。

（3）绿色物流。引导制造企业在产品设计、制造等环节充分考虑全生命周期物流跟踪管理，推动产品包装和物流器具绿色化、减量化、循环化。

从 MRP 到 MRP Ⅱ，然后再到 ERP，资源概念的内涵不断扩大，体现了不同时期人们对生产物流的认识和发展，归纳起来是基于一种"推动"生产物流的物流管理观念，即从构成

一个产品的所有物料出发,通过产品结构,一级一级地制定不同阶段的 MRP,生产物流的计划与控制也逐步从企业内部发展到上下物料供应的企业之间。

2. 以 JIT 思想为宗旨的生产物流运营方式

准时制生产(JIT)是指在精确测定生产线各工艺环节效率的基础上,按准确的订单计划,以消除一切无效作业与浪费为目标的一种管理模式。该方式可以表述为:"只在需要的时候,按照需要的量,生产所需的产品",也就是追求一种无库存,或库存达到最小的生产物流系统。

JIT 生产物流系统是一种积极的动态物流系统,它强调在批量、准备时间、提前期、废品率、成本及质量方面的持续改进,对整个生产过程进行全面的分析,消除一切浪费,减少不必要的操作,降低库存,减少工件等待和移动的时间,对问题采取事前预防而不是事后检查。

JIT 是基于"拉动"的生产物流的物流管理理念,即它从订货需求出发,根据市场需求确定应该生产的品种和数量,以看板管理为手段,采用"取料制",实现产品"无多余库存"甚至"零库存",最大程度地提高生产过程的有效性。

3. 以 TOC 理论为依据的生产物流运营方式

约束理论(Theory of Constraints,TOC)是以色列物理学家戈德拉特博士(Dr. Eliyahu M. Goldratt)在他的优化生产技术(Optimized Production Technology,OPT)的基础上发展起来的。约束理论把企业看成一个完整的系统,认为任何一种体制至少都会有一个约束因素,正是各种各样的制约(瓶颈)因素限制了企业生产产品的数量和利润的增长。因此,企业的目标是逐个识别和消除这些约束,实现企业"有效产出"。

为了达到这个目标,约束理论强调:首先,在能力管理和现场作业管理方面寻求约束因素。约束是多方面的,有市场、物料、能力、工作流程、资金、管理体制、员工行为等。其中,市场、物料、能力是主要的约束。其次,应该把重点放在瓶颈工序上,保证瓶颈工序不发生停工待料,提高瓶颈工作中心的利用率,从而得到最大的有效产出。最后,根据不同的产品结构类型、工艺流程和物料流动的总体情况,设定管理的控制点。

第四节 企业物流系统的输出:销售物流

在现代社会中,市场环境是一个完全的买方市场,因此销售物流活动便带有极强的服务性,以满足买方的要求,最终实现销售。

一、销售物流的基本内涵

销售物流的起点,一般是生产企业的产成品仓库,经过分销物流,完成长距离、干线的物流活动,再经过配送完成市内和区域范围的物流活动,到达企业、商业用户或最终消费者。销售物流是一个逐渐发散的物流过程,这和供应物流形成了一定程度的镜像对称,通过这种发散的物流,使资源得以广泛配置。

(一)销售物流的概念

根据《物流术语》(GB/T 18354—2021)的定义,销售物流(Distribution Logistics)是指企业在销售商品过程中所发生的物流活动。

销售物流既是企业物流系统的最后一个环节,又是企业物流与社会物流的一个衔接点。它与企业销售系统相配合,共同完成产成品的销售任务。销售活动的作用是企业通过一系列营销手段,出售产品,满足消费者的需求,实现产品的价值和使用价值。销售物流是储存、运输、配送等环节的统一。

1. 销售物流是一个系统,具有系统性

销售物流是企业为保证自身的经营利益,伴随销售活动,将产品所有权转给用户的物流活动,包括订货处理、产成品库存、发货运输、销售配送等物流活动。

2. 销售物流是联结生产企业和用户的桥梁

销售物流是企业物流活动的一个重要环节,它以产品离开生产线进入流通领域为起点,以送达用户并经售后服务为终点。

3. 销售物流是生产企业赖以生存和发展的条件

对生产企业来讲,物流是企业的第三利润源,降低销售物流成本是企业降低成本的重要手段。销售物流成本占据了企业销售总成本的20%左右,销售物流直接关系到企业利润。

4. 销售物流具有服务性

在现代社会中,市场环境是一个完全的买方市场,只有满足买方需求,卖方才能最终实现销售。在这种市场前提下,销售往往以送达用户并经过售后服务才算终止。因此,销售物流要以满足用户的需求为出发点,树立"用户第一"的观念,必须做到快速、及时、安全。

📎 小知识 9-1

有效客户反应

有效客户反应(Efficient Consumer Response,ECR)系统是指为了给消费者提供更高利益,以提高商品供应效率为目标,广泛应用信息技术和沟通工具,在生产厂商、批发商、零售商相互协作的基础上而形成的一种新型流通体制。由于ECR系统是通过生产厂商、批发商、零售商的联盟来提高商品供应效率,因而又可以称为连锁供应系统。

(二)销售物流的作用

销售物流是企业物流的输出活动,是企业为了满足客户的物流需求而进行的一系列物流活动的结果。销售物流的作用主要体现在以下三个方面。

1. 销售物流是满足客户需求,实现企业效益的必经之路

企业经过供应、生产等活动,将各种原材料、半成品转换成了客户需要的产品或服务后,

必须经过销售服务活动，才能将产品或服务送到消费者手中，在满足他们需求的同时，自身也获得经济效益。

2. 销售物流是企业开拓市场、获取客户满意度的重要途径

销售物流不仅提供客户需要的产品和服务，还要高质量、低成本地为客户提供差异化的产品和服务。只有这样，企业才能不断提升客户的价值，提高顾客满意度，扩大市场份额。

3. 销售物流是推动供应链有效运作的关键

现代供应链的运作只有围绕市场，以客户的需求为中心，才能获得最佳的经济效益。而销售物流是企业连接客户的物流活动，是供应链末端的物流活动。因此，要构建以客户为中心的拉动式供应链，就不能离开销售物流活动。

二、销售物流的活动环节

企业生产的最终产品将通过销售活动进入市场，满足消费者的需求，实现产品的价值和使用价值。这些活动的过程包括以下六个环节。

1. 产品包装

包装可视为生产物流系统的终点，也是销售物流系统的起点。因此，在包装材料、包装形式上，除了要考虑物品的防护和销售外，还要考虑储存、运输等环节的方便。包装标准化、轻薄化，以及包装器材的可回收利用等也是很重要的问题。

2. 物品储存

适量的成品储存可以解决生产与需求之间的不平衡问题，减少缺货损失，从而有效降低销售的损失。物品储存包括仓储作业、物品养护和库存控制。企业应改善仓储作业，提高作业质量及作业生产率；使用科学的方法养护物品；使成品库存控制以市场需求为导向；合理控制成品存储量，并以此指导生产活动。

3. 开拓销售渠道

一般而言，销售渠道有以下三种。

（1）生产者→消费者。商品由生产者直接到消费者，销售渠道最短，可大大降低物流销售费用。

（2）生产者→批发商→零售商→消费者。商品由生产者到批发商（一个或多个），再由批发商到零售商，销售渠道最长，流通费用最高。

（3）生产者→零售商或批发商→消费者。商品由生产者先到零售商或批发商，再到消费者，销售渠道长度和流通费用介于以上两者之间。

影响销售渠道的因素是多方面的，具体有政策性因素、产品因素、市场因素和生产企业本身的因素。销售物流的组织与产品类型有关，如钢材、木材等商品，其销售渠道一般选用第一种销售渠道（生产者→消费者）和第三种销售渠道（生产者→零售商或批发商→消费者）；

诸如日用百货、小五金等商品的销售，多选用第二种或第三种销售渠道。

4. 及时运送物品

企业应根据产成品的批量、运送距离、地理条件选择运输方式。对于第一种销售渠道，运输形式有两种：一是销售者直接取货，二是生产者直接发货送给消费者。对于第二种和第三种销售渠道，除了采用上述两种形式以外，配送是一种较为先进、流行的形式。

由生产者直接发货时，企业应考虑发货批量大小问题，它将直接影响物流成本，要使发货批量达到使运输费用与仓储费用之和最小。

5. 信息处理

企业应完善销售系统和物流系统的信息网络，加强两者协作的深度和广度，并建立社会物流沟通的信息渠道、订货处理的计算机管理系统及顾客服务体系，做到信息畅通。

6. 装卸搬运

客户希望在物料搬运方面的投资最小化。例如，客户需要供应商以其使用尺寸的托盘交付，也有可能需要特殊货物集中在一起装车，这样就可以直接再装运，不需要重新分类。装卸搬运应适当考虑搬运机器的器具、装卸搬运方式的省力化、机械化、自动化及智能化等。

三、销售物流服务要素

影响销售物流服务质量与成本的要素有四个，即时间、可靠性、通信和便利性。

1. 时间

时间要素通常是指订货周期时间。订货周期（Order Cycle）是指从客户确定对某种产品有需求到需求被满足之间的时间间隔，也称为提前期（Lead Time）。时间要素主要受订货传递、订单处理、订单准备和订单装运变量的影响。

2. 可靠性

可靠性是指根据客户订单的要求，按照预定的提前期，安全地将订货送达客户指定的地点。对于客户来说，在多数情况下可靠性比提前期更加重要。可靠性主要有三类：提前期的可靠性、安全交货的可靠性以及正确供货的可靠性。

3. 通信

与客户通信是监督客户服务可靠性的关键手段。通信渠道应对所有客户开放并准入，因为这是摆脱销售物流外部约束的信息来源。然而，通信必须是双方的，卖方必须能把关键的服务信息传递给客户。

4. 便利性

便利性是指服务水平必须灵活。为了更好地满足客户要求，就必须确认客户的不同要求，根据客户规模、市场区域、购买的产品及其他因素将客户细分，为不同客户提供适宜的服务，这样可以使管理者针对不同客户以最经济的方式满足其要求。

四、销售物流的模式

销售物流有三种主要的模式：生产企业自己组织销售物流、第三方物流企业组织销售物流和用户自己提货。

1. 生产企业自己组织销售物流

生产企业自己组织销售物流是在买方市场环境下主要销售物流模式之一，也是我国当前绝大部分企业采用的物流形式。

它实际上把销售物流作为企业生产的一个延伸，或者是看成生产的继续，此时生产企业将销售物流当成了企业经营的一个环节，而且这个经营环节是和用户直接联系、直接面向用户提供服务的一个环节。在企业从"以生产为中心"转向"以市场为中心"的情况下，这个环节逐渐变成了企业的核心竞争环节，已经不再是生产过程的继续，而是企业经营的中心，生产过程变成了这个环节的支撑力量。

生产企业自己组织销售物流的好处在于可以将自己的生产经营和用户直接联系起来，信息反馈速度快、准确程度高，信息对于生产经营的指导作用大。因此，企业往往把销售物流环节看成是开拓市场、进行市场竞争中的一个环节，尤其在买方市场前提下，企业格外看重这个环节。

生产企业自己组织销售物流，可以对销售物流的成本进行大幅度的调节，充分发挥它的"成本中心"的作用，同时能够从整个生产企业经营的角度，合理安排和分配销售物流环节的力量。

虽然由生产企业自己组织销售物流能够促进企业的发展，但必须以企业规模可以达到销售物流的规模效益为前提，否则将可能会阻碍企业的发展。原因如下。

一是生产企业的核心竞争力的培育和发展问题，如果生产企业的核心竞争能力在于产品的开发，那么销售物流可能占用过多的资源和管理力量，对核心竞争能力的培育与发展造成影响。

二是生产企业销售物流专业化程度有限，自己组织销售物流缺乏优势。

三是一个生产企业的规模终归有限，即便是分销物流的规模达到经济规模，延伸到销售物流之后，就很难再达到经济规模，因此可能反过来影响市场开拓。

2. 第三方物流企业组织销售物流

由专门的物流服务企业组织企业的销售物流，实际上是生产企业将销售物流外包，将销售物流社会化。

由第三方物流企业承担生产企业的销售物流，其最大优点在于第三方物流企业是社会化的物流企业，它向很多生产企业提供物流服务。因此，可以将企业的销售物流和企业的供应物流一体化，将很多企业的物流需求一体化，采取统一的解决方案，从而实现物流的专业化和规模化，并通过技术、组织等方面的相关措施，降低运营成本，提高服务水平。第三方物流企业组织销售物流已经成为网络经济时代销售物流的一个发展趋势。

3. 用户自己提货

用户自己提货实际上是将生产企业的销售物流转嫁给用户，变成用户自己组织供应物流的形式。对于销售方来讲，已经没有了销售物流的职能。这是在计划经济时期被广泛采用的模式，将来除非在十分特殊的情况下，否则这种模式不再具有生命力。

第五节 企业物流系统的循环：逆向物流

从整个供应链角度而言，完整的物流系统应包括正向物流和逆向物流。但长期以来，企业只重视正向物流活动，而忽视沿供应链逆向渠道所进行的逆向物流活动，对顾客退回物品以及产品使用后废弃物品的处理一直被排除在企业经营战略之外。但是，随着人们保护环境、节约资源意识的增强以及政府对环保法规约束力度的加大，逆向物流逐渐受到普遍的重视。

一、逆向物流

"逆向物流"（Reverse Logistics）这个名词最早由詹姆斯·斯托克（James Stock）在1992年给美国物流管理协会的一份研究报告中提出。后来，随着人们环保意识的增强，环保法规约束力度的加大，逆向物流的经济价值逐步提高，促使人们对逆向物流的内涵的理解进一步深化。

（一）逆向物流的内涵

根据《物流术语》（GB/T 18354—2021）中的定义，逆向物流也称反向物流，是指为恢复物品价值、循环利用或合理处置，对原材料、零部件、在制品及产成品从供应链下游节点向上游节点反向流动，或按特定的渠道或方式归集到指定地点所进行的物流活动。

从上述关于逆向物流的定义中可以看出，逆向物流的内涵与外延都得到了拓展和全面的深化，概括起来主要体现在以下五个方面的内容。

（1）逆向物流是将原材料、半成品、制成品及相关信息，由供应链下游的消费一端返回上游的生产一端的过程。

（2）实施逆向物流的目的是重新获得废弃产品或有缺陷产品的使用价值，或者对最终的废弃产品进行正确的处置。

（3）逆向流动的对象是产品、用于产品运输的容器、包装材料及相关信息，将它们从供应链终点沿着供应链渠道的反方向流动到相应的各个节点。

（4）为了实现物流的目的，必须对退回产品进行回收、分类、检验、拆卸、再生产及报废处理等活动。

（5）尽管逆向物流是指物品的实体流动，但同正向物流一样，逆向物流中也伴随着资金流、信息流和商流的运动。

（二）逆向物流的特点

根据逆向物流的内涵，可知逆向物流具有以下六个特点。

（1）逆向性。逆向物流中退回的商品或报废的物品的流动与正常的商品流的方向刚好相反，即从消费者→中间商→制造商→供应商。

（2）不确定性。这表现在逆向物流产生的地点、时间和数量是不确定的。正向物流则不然，按量、准时和指定发货点是其基本要求。

（3）复杂性。这表现为发生逆向物流的地点较为分散、无序，不可能集中一次向接受点转移；另外，退货商品或报废的商品处理过程复杂，从而导致管理复杂。

（4）处理费用高。这主要是因为这些商品通常缺少规范的包装，又具有不确定性，难以充分利用运输和仓储的规模效益；另一个重要原因在于许多商品需要人工的检测、判断和处理，极大地增加了人工的费用，同时效率也低下。

（5）价值的递减性。对退回或召回的商品而言，由于在逆向流动过程中产生一系列的运输、仓储、处理等费用都会冲减其价值，因此，这类产品的价值具有递减性。

（6）价值的递增性。对有的报废的商品而言，它对消费者没有价值，但通过逆向流动后经过再处理，我们又重新获得它们的价值，因此，这类产品具有价值的递增性（主要是针对废弃物而言）。

|阅读材料 9-4|

逆向物流类别与特点比较

按成因、途径和处置方式的不同，根据不同产业形态，逆向物流被分为投诉退货、终端使用退货、商业退回、维修退回、生产报废和副品以及包装 6 大类。表 9-1 显示了 6 类主要逆向物流的特点。

表 9-1　6 类主要逆向物流的特点

类别	内容	周期	驱动因素	处理方式	例证
投诉退货	运输短少、偷盗、质量问题、重复运输等	短期	市场营销，客户满意服务	确认检查，退换货补货	电子消费品，如手机、DVD 机、录音笔
终端使用退货	经完全使用后需处理的产品	长期	经济市场营销，法规条例，资产恢复	再生产、再循环、再生产、再循环处理	电子设备的再生产，地毯循环，轮胎修复；白色和黑色家用电器；电脑元件及打印机硒鼓
商业退回	未使用商品退回还款	短到中期	市场营销	再使用、再生产、再循环处理	零售商品积压库存，时装、化妆品
维修退回	缺陷或损坏产品	中期	市场营销，法规条例	维修处理	有缺陷的家用电器、零部件、手机
生产报废和副品	生产过程的废品和副品	较短期	经济法条例	再循环、再生产	药品行业、钢铁业
包装	包装材料和产品载体	短期	经济；法规条例	再使用、再循环	托盘、条板箱、器皿、包装袋

资料来源：舒辉. 物流与供应链管理 [M]. 上海：复旦大学出版社，2014：135.

（三）逆向物流的构成

从逆向物流的内涵可知，逆向物流是一种包含了产品退回、物料替代、物品再利用、废弃处理、再处理、维修与再制造等流程的物流活动，其实施的目的是重新获得产品的使用价值或者正确处置废弃产品。

由此可见，逆向物流由退货逆向物流和回收逆向物流两部分构成（见图9-3）。其中，退货逆向物流是由下游顾客将不符合订单要求的产品退回给上游供应商，其流程与常规产品流向正好相反；回收逆向物流则是将最终顾客所持有的废旧物品回收到供应链上的各节点企业，并由它们进行相关的回收、分类、检验、分拆、再加工或报废处理。

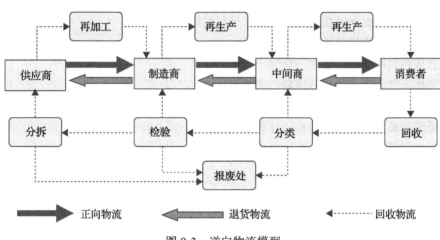

图 9-3　逆向物流模型

1. 退货逆向物流

退货逆向物流是指下游顾客将不符合订单要求的产品，或者根据销售协议规定将接近有效期限的产品，或者有瑕疵的产品退回给上游供应商，其流程与常规产品流向正好相反。在这个流程运行过程中，顾客处于主动地位，企业处于对顾客需要的响应地位。

2. 回收逆向物流

回收逆向物流是指将最终顾客所持有的废旧物品，或他们不再需要的物品，或一些用于物流配送的专用器具，如托盘、集装箱等，回收到供应链上各节点的过程，其中包括废弃物物流。在这个流程运行过程中，企业处于主动地位。

回收逆向物流主要包括以下六个环节。

（1）回收。回收是将顾客所持有的产品通过有偿或无偿的方式返回销售方。这里的销售方可能是供应链上任何一个节点，如来自顾客的产品可能返回到上游的供应商、制造商，也可能是下游的配送商、零售商。

（2）检验与处理决策。该环节是对回收品的功能进行测试分析，并根据产品结构特点以及产品和各零部件的性能确定可行的处理方案，包括直接再销售、再加工后销售、分拆后零部件再利用和产品或零部件报废处理等，然后，对各方案进行成本效益分析，以确定最优处理方案。

（3）分拆。按产品结构的特点，将产品分拆成零部件。

（4）再加工。该环节对回收产品或分拆后的零部件进行加工，以恢复其价值。再加工意味着将已经使用过的或存在各类其他问题的退回产品进行加工，从而转换成两次可用产品的生产过程。这一过程包括清洁、替换和再组装。例如，已使用地毯再循环生产的尼龙、已使用电脑和复印机的零件再生产等。

（5）再分销。再分销是指将可再度使用的产品返回潜在市场并进行物理上的转移到未来使用者手中的过程。这个过程包括销售（租赁、服务合同等）、运输和储存活动。材料的循环使用和再生产的复印机租赁是典型例子。

（6）报废处理。该环节对那些没有经济价值或严重危害环境的回收品或零部件，通过机械处理、化学处理、地下掩埋或焚烧等方式进行销毁。

具体而言，逆向物流包括以下五种情况。

（1）直接再售产品流：回收→检验→配送；

（2）再加工产品流：回收→检验→再加工；

（3）再加工零部件流：回收→检验→分拆→再加工；

（4）报废产品流：回收→检验→处理；

（5）报废零部件流：回收→检验→分拆→处理。

二、回收物流

回收物流是指不合格物品的返修、退货以及周转使用的包装容器从需方返回到供方所形成的物品实体流动。也就是说，企业在供应、生产、销售的活动中总会产生各种边角余料和废料，这些东西的回收需要伴随物流活动。如果回收物品处理不当，往往会影响整个生产环境，甚至影响产品的质量，占用很大空间，造成浪费。

1. 回收物流产生的原因

从生产经过流通直至消费者是物资流向的主渠道。在这一过程中，有生产过程形成的边角余料、废渣、废水，有流通过程中产生的废弃包装器材，有大量的由于变质、损坏、使用寿命终结而丧失了使用价值或者在生产过程中未能形成合格产品而不具有使用价值的物资。这些物资具体包括以下几种。

（1）退换货。退换货是指由于商品本身质量的原因而导致该商品无法正常发挥其功能，因此被消费者做退换货处理。

（2）包装物回收。在流通过程中产生的废弃包装物很多，而这些包装物中很大一部分都可以被重新利用，因此也可以作为回收的物资。

（3）废旧物料回收。在生产过程中形成的或者由于使用寿命终结而丧失使用价值的物资被称为废旧物料。这类物资有的经过加工处理还可以被重新利用，因此也可以作为回收的物资。

2. 回收物流的特点

回收物流是针对排放物中有再生利用价值的部分进行回收、再加工处理。因此，与其他物流相比，回收物流具有以下特点。

（1）回收对象种类繁多。在人类的生产活动中，任何生产企业、流通领域和消费过程的每一个环节都有排放物产生，它伴随着人类的生产劳动及生活消费。

（2）回收数量大。回收物流不仅涉及的回收对象种类多，即便单一种类中也具有回收量大的回收对象，如废钢铁、废纸、废橡胶等。

（3）粗放性。回收对象中只有少数价值较高，具有较高的物流费用承受能力，而绝大多数是价值低、数量大且经过生产和消费后，其主要使用价值已经基本耗尽，因此回收时企业可以采用粗放的物流方式，以降低物流成本，使加工处理所获得的再生资源成本下降。

（4）运距短。回收物流中除了极少数情况外，再生资源都是就近进行处理，这样可以大幅度降低物流成本，使再生产品具有竞争力。所以，回收物流中的运距比较短。

3. 回收物流技术

回收物流的目的在于将大部分回收对象经过再处理成为具有实用价值的物品，而少部分不可再生的回收对象经过处理后成为最终的废弃物。使回收对象再生成为可利用物品的技术被称为回收物流技术。回收物流技术有以下几种。

（1）通用回收复用技术。对于通用化、标准化的同类废旧物品可以采用此方法。其流程为：

统一回收→分类（品种、规格、型号）→再生加工→达标复用

（2）本厂回收复用技术。有些企业产生的废旧物品，可以自行回收处理，然后重新利用。其流程为：

产生废旧物品→自行回收→分类→复用

（3）综合回收利用技术。工业生产过程中的边角余料、废旧纸、木制包装容器可以采用此方法。其流程为：

统一回收→再生加工（综合利用）→复用

（4）回炉再生技术。对于玻璃、废金属等回收物品需要经过回炉加工处理，以便再生利用。其流程为：

需要回炉加工的废旧物品→统一回收→专业回炉处理→再生为原物品→复用

│阅读材料 9-5│

再制造——逆向物流的重要组成部分

再制造（Remanufacture）就是让旧的机器设备重新焕发生命活力的过程。它以旧的机器设备为毛坯，采用专门的工艺和技术，在原有制造的基础上进行一次新的制造，而且重新制造出来的产品无论是性能还是质量都不亚于原先的新品。

由于再制造产业有较高门槛，我国的再制造主要应用于汽车、矿山设备、机床和工程机械等产业。其中，汽车再制造在我国有巨大的潜在市场，不仅仅因为我国汽车数目巨大的保

有量,更重要的是环境效益。有调查显示,新制造一台汽车发动机的能耗比再制造多出10倍;再制造一台汽车发电机的能耗是新制造的1/7。由此可见,再制造不仅可以获得较好的经济效益,同时也能获得不可估量的环境效益和社会效益。这在提倡绿色制造的今天具有非常积极的意义。

资料来源:https://baike.baidu.com/item/%E5%86%8D%E5%88%B6%E9%80%A0,2021年2月2日,有改编。

三、废弃物物流

根据《物流术语》(GB/T 18354—2021)的定义,废弃物物流(Waste Logistics)是指将经济活动或人们生活中失去原有使用价值的物品,根据实际需要进行收集、分类、加工、包装、搬运、储存等,并分送到专门处理场所的物流活动。

废弃物是指在生产、流通和消费过程中产生的基本上或完全失去使用价值、无法再被重新利用的最终排放物。废弃物的概念不是绝对的,它们只是在现有技术和经济水平条件下,暂时无法被利用。目前,许多发达国家的最终废弃物为原垃圾的50%以下。我国也在加强这方面的研究,许多地区将生活垃圾用于堆肥,使之资源化。

1. 企业废弃物的种类及物流特点

(1)固体废弃物。固体废弃物也称为垃圾,其形态是各种各样的固体物的混合杂体。这种废弃物一般采用专用垃圾处理设备进行处理。

(2)液体废弃物。液体废弃物也称为废液,其形态是各种成分的液体混合物。这种废弃物物流厂采用管道方式进行处理。

(3)气体废弃物。气体废弃物也称为废气,主要是工业企业,尤其是化工类工业企业的排放物。对于这种废弃物多数情况下是通过管道系统直接向空气排放或加以利用。

(4)产业废弃物。产业废弃物也称产业垃圾,通常是指那些被再生利用之后不能再使用的最终废弃物。

(5)生活废弃物。生活废弃物也称生活垃圾。其排放点分散,所以需用专用的防止散漏的半封闭的物流器具储存和运输。

2. 废弃物的几种物流方式

(1)废弃物掩埋。大多数企业将产生的最终废弃物运到政府规定的规划地区,并将其倒入原有的废弃坑塘或用人工挖掘出的深坑,表面用好土掩埋。掩埋后的垃圾场,可作为农田种植,也可以用于绿化用地。其优点是不形成堆场、不占地、不露天污染环境;缺点是挖坑、填埋需要投资,在未填埋期间仍有污染。

(2)垃圾焚烧。垃圾焚烧是指在一定地区用高温焚毁垃圾。这种方式只适用于有机物含量高的垃圾或经过分类处理将有机物集中的垃圾。

(3)垃圾堆放。在远离城市地区的沟、坑、塘、谷中,选择合适位置直接倾倒垃圾,也是一种物流方式。这种方式物流距离较远,但垃圾无须再处理,通过自然净化作用逐渐沉降风化,是低成本的处置方式。

（4）净化处理加工。净化处理加工是指对垃圾（废水、废物）进行净化处理，以减少对环境危害的物流方式。废水的净化处理，就是有代表性的流通加工方式之一。

本章小结

企业物流是为企业生产经营活动提供物流支持的物流系统，是企业内部的物流系统。企业物流是指货主企业（生产或流通企业）在经营活动中所发生的物流活动。按企业经营过程中物流活动的发生顺序，企业物流可分为供应物流、生产物流、销售物流和逆向物流。其中，生产物流是企业物流的核心。企业物流具有创造形态价值、是一种工艺性物流、其运行具有极强的伴生性、生产物流的连续性、生产物流的关键特征是物料流转、物流成本具有二律背反性等特点。企业物流几乎贯穿企业整个生产经营过程，它具有十大功能。

供应物流是指提供原材料、零部件或其他物料时所发生的物流活动，具有保障供给和节省成本的作用。采购、供应、库存管理和仓储管理是供应物流的四大基本功能。合理组织供应物流的基本工作包括准确预测需求、合理控制库存、科学制定采购决策、确保供应保障、健全组织机构。准时制采购是"在精确测定生产各工艺环节作业效率的前提下按照订单准备的计划，以消除一切无效作业与浪费为目标的一种管理模式"。它具有自身特点和运行方法。供应商的分类和选择是供应商管理不可回避的问题。

生产物流是指生产企业内部进行的涉及原材料、在制品、半成品、产成品等的物流活动。它具有伴生性、连续性、节奏性、应变性和时间性的特点。保障生产过程的连续性和降低生产制造成本是生产物流的基本功用。从不同的角度可对生产物流进行不同的分类。为了提高生产效率，一般从空间、时间、人员三个角度组织生产物流。企业还可以依据ERP、JIT和TOC等不同理论进行生产物流的计划与控制。

销售物流是指企业在销售商品过程中所发生的物流活动。它既是企业物流系统的最后一个环节，又是企业物流与社会物流的一个衔接点，具有其特有的功效。销售物流包含产品包装、物品储存、开拓销售渠道、及时运送物品、信息处理、装卸搬运六个活动环节。影响销售物流服务的要素有四个：时间、可靠性、通信、便利性。生产企业自己组织销售物流、第三方物流企业组织销售物流和用户自己提货是销售物流的三种主要模式。

逆向物流是指从供应链下游向上游的运动所引发的物流活动。它是一种包含了产品退回、物料替代、物品再利用、废弃处理、再处理、维修与再制造等流程的物流活动，其实施的目的是重新获得产品的使用价值或者正确处置废弃产品。逆向物流由退货逆向物流和回收逆向物流两部分构成。回收物流技术包括通用回收复用技术、本厂回收复用技术、综合回收利用技术、回炉再生技术。废弃物的物流方式包括废弃物掩埋、垃圾焚烧、垃圾堆放、净化处理加工。

复习与思考

一、名词解释

企业物流　供应物流　准时制采购
生产物流　销售物流　逆向物流
回收物流　废弃物物流

二、单选题

1. 企业物流可分为供应物流、生产物流、销售物流和（　　）。
   A. 逆向物流　　　　　B. 退货逆向物流

C. 回收逆向物流　　D. 废弃物物流
2. 供应物流中的（　　）环节是供应物流与社会物流的衔接点。
A. 装卸搬运　　　　B. 仓储
C. 采购　　　　　　D. 供应
3. 企业物流的核心是（　　）。
A. 供应物流　　　　B. 生产物流
C. 销售物流　　　　D. 回收物流
4. JIT 在生产物流中属于（　　）生产方式。
A. 拉动式　　　　　B. 推动式
C. 双向式　　　　　D. 以上都不对
5. 核心思想在于"消除一切不必要的浪费"，在生产物流管理的实践中尽力消除不增值活动和不必要环节的管理方法是（　　）。
A. TOC　　B. BPR　　C. MRP　　D. JIT
6. 企业处于生产、加工与装配中的物流被称为（　　），处于产品销售阶段的物流被称为（　　）。
A. 物料管理；实物分拨
B. 生产物流；供应物流
C. 生产物流；销售物流
D. 工厂物流；产品分拨物流
7. 影响销售物流服务质量与成本的要素有时间、可靠性、（　　）和便利性。
A. 产品包装　　　　B. 物品储存
C. 信息处理　　　　D. 通信
8. 为了提高生产效率，一般从空间、时间、（　　）三个角度组织生产物流。
A. 组织　　B. 人员　　C. 工艺　　D. 设备

三、多选题

1. 下列属于逆向物流范畴的是（　　）。
A. 销售物流　　　　B. 回收物流
C. 生产物流　　　　D. 废弃物流
E. 供应物流
2. 企业物流是指（　　）在经营活动中所发生的物流活动。
A. 货主企业　　　　B. 生产企业
C. 流通企业　　　　D. 物流企业
3. （　　）是企业物流与社会物流的接口，这些物流形态是为企业经营服务的，是企业生产物流向前向后两个方向的延伸。
A. 供应物流　　　　B. 逆向物流
C. 回收物流　　　　D. 退货物流
E. 销售物流
4. 企业物流的本质特点是创造形态价值，而社会物流的本质特点是实现（　　）。
A. 形态价值　　　　B. 时间价值
C. 空间价值　　　　D. 经济价值
E. 社会价值
5. （　　）属于生产物流的空间组织。
A. 按工艺专业化形式组织生产物流
B. 按流程工艺组织生产物流
C. 按对象专业化形式组织生产物流
D. 按成组工艺形式组织生产物流
E. 按农业工艺形式组织生产物流
6. 根据企业与供应商关系不同，可将供应商分为以下几类。（　　）
A. 伙伴型供应商
B. 优先型供应商
C. 重点商业型供应商
D. 商业型供应商
E. 一般型供应商

四、判断题

1. 大批量采购是 JIT 采购策略的一个基本特征，是与传统采购模式的不同之处。（　　）
2. 采购是供应物流与生产物流的衔接点。（　　）
3. 供应是供应物流与社会物流的衔接点。（　　）
4. 逆向物流活动都能够创造经济价值。（　　）
5. 真正反映企业物流特点的和社会物流有较大区别的是企业内部物流，尤其是生产物流。（　　）
6. 企业生产物流和生产工艺是两个相互独立的活动。（　　）
7. 企业物流和社会物流的一个最本质的不同之处是实现时间价值和空间价值。（　　）

五、简述题

1. 简述准时制采购的优势。
2. 简述企业物流的特点。
3. 简述生产物流的特点。
4. 简述销售物流的服务要素。
5. 简述回收物流有何特点。
6. 简述销售物流的主要模式有哪几种。

六、论述题

1. 试述如何选择供应商以确保企业采购活动的顺利进行。
2. 试述生产物流的空间组织形式。
3. 试述逆向物流的组成。列举现实中的某类产品并谈谈你对逆向物流的理解。

◆ 案例分析

鞍钢的采购物流变革

鞍山钢铁集团有限公司（以下简称"鞍山钢铁"）是全国大型钢铁联合企业。目前，鞍山钢铁具有钢、铁、钢材2 600万吨的综合生产能力，能够生产16大类钢材品种、120个产品细类、600多个钢牌号、42 000个规格的钢材产品。鞍钢股份有限公司物流管理中心（以下简称"物流中心"）是鞍山钢铁国内物流业务的管理和运行平台，业务范围包括采购物流、生产物流、销售物流、逆向物流，涉及汽车运输管理、铁路运输管理、海路运输管理、仓储管理、包装、加工等核心业务。

鞍山钢铁作为大型钢铁联合生产企业，受到国内铁矿资源、煤炭供应以及地理位置限制，每年需大量采购原燃料，按目前2 600万吨产能测算，预计需要约11 250万吨的原燃料，同时为确保生产供应安全，会在港口、自有料场囤积大量原燃料，耗费了企业高昂的采购、运输、库存成本。据统计，采购物流成本约占鞍山钢铁全部物流成本的50%以上。随着钢铁市场竞争的白热化，降低企业物流成本向"第三利润源"要效益是提高企业综合竞争力的一个必要途径。为此，物流中心以鞍山钢铁改造升级信息系统集成平台为契机，通过梳理优化流程，调整组织结构，统一数据规范，新建和整合形成采购物流全面集成的信息化系统，构建物流一体化信息平台。抓住采购供应价值链关键环节、实现集中管控、业务管理精细化是鞍山钢铁采购物流变革的核心。

1. 明确定位，实施流程再造设计

（1）直视痛点、明确定位。目标是开发一套覆盖采购物流管理全业务流程的信息化管理平台，形成采购物流全流程数据链集成，提高信息数据的利用效率和管理效率，增强采购物流保供的执行能力。

（2）梳理流程，再造设计。以简单高效为导向，以重构责任中心主体责任的业务架构为抓手，实现采购物流管理资源向一线岗位倾斜，现场数据和信息的高效、及时采集，减少中间环节。

2. 完善管理体系，提升项目管理水平

成立项目推进管理团队，在项目实施管理的过程中，团队成员充分熟悉采购物流先进管理方案和新技术，积极发掘行业的发展方向，力争开发出一套适合鞍山钢铁的采购物流全业务流程管控系统。

3. 实施数据标准化集成，凸显价值创造贡献

（1）梳理基础数据，实现数据一元化。为解决原有信息系统的严重孤岛问题，特设立专门的编码小组，通过梳理规范，确保公司各系统的数据一元化，基础数据统一、标准、规范。

（2）采购物流各攸关方数据信息整合，实现对决策的支持。

4. 创新指标、过程管控体系，实现供应链协同共赢

（1）建立运营指标管理体系和标准化作业管理体系，方便不同对象的使用、决策，实现共赢。

（2）大数据的分析与运用。通过数据融合，将各系统数据综合运用，实现采购物流计划、执行量、损耗、结算等多维度的数据分析，为各级管理者决策提供依据。

（3）采购物流运行过程的预警机制、稽核机制。立足基础指标，结合公司战略目标调整，运用专家法、时差分析法等，动态调整预警值或预警区间，前置管理风险，同时借助闭环稽核机制，保障物流业务运营的规范、真实。

5. 推进采购物流信息化系统集成，提供定制化增值服务

采购物流信息化集成系统采用 B/S 结构，开发一套集 Chrome 内核的自定义浏览器，用户只需要安装本系统自带的浏览器即可正常使用本系统。

资料来源：http://www.chinawuliu.com.cn/xsyj/202004/07/498181.shtml，2021 年 2 月 6 日，有改编。

讨论题

1. 请结合案例，探讨鞍山钢铁的采购物流变革具有什么样的特色？
2. 鞍山钢铁对采购物流进行变革将会给企业带来哪些方面的收益？

第十章
CHAPTER 10

供应链管理

学习目标

- 了解供应链网络设计的影响因素和步骤
- 理解集成化供应链管理的理论模型和实施步骤
- 熟悉供应链、供应链管理的相关概念、特征,以及供应链的主要类型
- 掌握供应链管理的基本思想和主要内容
- 掌握供应链管理的三种策略

关键概念

供应链　供应链管理　延迟化策略　业务外包　"牛鞭效应"

引 例

天津华宇:综合物流跨境电商的供应链管理

天津华宇股份有限公司(以下简称"天津华宇")2006年由德国汉莎创立,2011年被海航集团实施重组,划归天津航空旗下。借助跨境电商口岸优势,整合上下游物流资源及产业资源,创新跨境电商供应链管理体系,打造"海外直采、平台直销、跨境直邮"的跨境电商综合服务商。

天津华宇围绕核心电商业务,通过对信息流、物流、资金流的整合,从境外采购源头开始,结合跨境物流服务形成最终产品,通过销售网络销售产品并送达消费者。电商平台销售在一定程度上实现了打破时间和空间的界限,使得生产和消费过程都变得和谐统一,而跨境电商也属于电商的模式,所以华宇跨境电商企业的供应链是简单、高效、开放、灵活的,可给消费者带来更直观、更个性化的购物体验。另外,企业能够通过消费者在电子商务中的信息交流及大数据分析,获取更多关于消费者和市场以及物流需求的信息。天津华宇通过整合跨境电商上下游产业资源,利用跨境电商口岸功能及海航货运航线资源为物流基础,借助海外仓优势源头直采优质的商品资源；构建专业化的跨境电商物流体系和跨境电商供应链管理体系，打造"海外直采、平台直销、跨境直邮"的跨境电商综合服务商。

天津华宇在立足天津口岸的基础上，专注于跨境电商全程供应链管理，包括跨境电商平台运营、海外仓集货备货、国际干线运输、国内多口岸清关以及二程派送等环节。天津华宇以高效、便捷的通关模式为核心，实现境内监管仓、海外仓多点布局；集成物流资源，提供标准化国际快递服务和个性化模块物流产品。同时，天津华宇采用"互联网＋"思维模式，大力发展跨境电商云物流系统建设，推进国际化战略发展的步伐。

资料来源：郭焱，王炎智.天津华宇：综合物流跨境电商供应链管理的先驱，中国管理案例共享中心，2019年9月。

讨论题

1. 天津华宇为什么要打造跨境电商供应链项目？它的优势是什么？
2. 面对新的复杂多变的环境，如果你是天津华宇的掌舵人，请你谈谈天津华宇未来供应链管理该如何发展。

供应链管理不是起源于学术研究，而是由于近几十年来，企业经营的市场环境发生了很大变化，企业经营管理的手段也发生了很大变化，企业在管理实践中不断摸索、不断总结形成的。供应链管理作为一种系统化、敏捷化和集成化的先进管理模式，已经成为全球最引人注目的管理模式之一。

第一节 供应链及供应链管理概述

长期以来，企业出于对生产资源管理和控制的目的，一直采取投资自建、投资控股或兼并的"纵向一体化"管理模式。然而在科学技术迅速发展、顾客需求不断变化的今天，"纵向一体化"无法快速、敏捷地响应市场机会的缺点不断凸显。越来越多的企业开始改变传统管理模式，供应链及供应链管理由此产生。

一、供应链的概念及特征

供应链的概念经历了一个较长的形成过程，随着理论研究的不断深入以及企业管理实践的不断发展，供应链的内涵不断丰富、外延不断扩大，其概念及特征也不断完善。

1. 供应链的概念

早期的观点认为，供应链是指企业将采购的原材料和零部件，通过生产、加工、转换以及销售等活动，将产品经由零售商并最终送达用户的一个过程。这一概念将供应链看成制造企业的一个内部过程，强调企业自身资源的利用，而忽视了企业与外部环境的联系。中期的观点注意到企业内外部环境的联系，认为供应链是一个"通过链中不同企业的制造、组装、分销、零售等过程将原材料转换成产品，再到最终用户的转换过程"。而近期的观点更加注重围绕核心企业的网链关系，强调核心企业对供应链的规划、设计和管理作用。

📎 小知识 10-1

国外学者对于供应链的各种定义

关于供应链概念的探讨，国外学者从不同的侧重点给出了不同的解释，如表 10-1 所示。

表 10-1 国外学者对于供应链的各种定义

类型	学者	定义
连锁意识型	Jones、Riley（1985）	从供应商到最终使用者的整个过程中物体流动的所有管理活动，对从供应商开始，经生产者或流通业者，到最终消费者的所有物质流动进行整理的活动
	Houlihan（1988）	为提供能给最终使用者带来最高价值的产品或服务，渠道成员间产生的相互作用
	Langeley、Houlcomb（1991）	从企业到最终顾客的整个过程中所发生的购买活动、附加价值活动和营销活动
	Cavinato（1991）	以从供应商开始，经生产者或流通业者，到最终消费者的所有的物流动作为管理对象
	Novack、Simco（1991）	从供应商开始，经附加价值（生产）过程或流通渠道，到顾客的整个过程中物质流动的管理
	Lee、Billington（1992）	原材料供应、零部件或最终产品的提供以及向顾客流通的生产或流通中心网络组织
连接型或物流型	Scott、Westbrook（1992）	从原材料开始到最终使用者为止，生产或供应流程中各种要素的连接
	Turner（1993）	从原材料供应商开始，经过生产、保管、流通等各种阶段，到最终顾客等整个过程的连接
信息型	Johannson（1994）	为实际商品供应而使用的手段，这种手段追求的是供应链参与者之间信息的恰当提供；供应链管理中各种成员间所产生的信息流，对供应链整体的绩效而言是极其重要的
	Towill、Naim、Winkner（1992）	由原材料供应商、生产设备、流通服务、顾客以及信息反馈等要素构成的系统
	Manordt、Harrington（1993）	从供应商开始，顾客、消费者，及最终消费者、所有参与者之间所发生的产品和信息双向的流通
整合型	Cooper、Ellram（1990）	从供应商开始到最终使用者流通渠道的全面管理
	Ellram、Cooper（1993）	为了取得系统整体的最高绩效，而对从供应商开始到最终用户的整个网络的分析、管理
	Hewitt（1992）	供应链的整合不是对现有组织的再造，而是对事业流程再设计的必然结果
未来发展型	Cavinato（1992）	由管理供应和流通渠道构成，它是由从原材料到最终顾客为止沿着产品流所有附加价值的企业所组成的，较之交易要素，它更重视的是关系
	Farmer（1995）	供应链管理这个概念更应该用无缝隙性需求整合（Seamless Demand Pipeline）来取代

资料来源：宋华．物流供应链管理机制与发展 [M]．北京：经济管理出版社，2002：107．

根据《物流术语》（GB/T 18354—2021）的定义，供应链是指生产及流通过程中，围绕核心企业的核心产品或服务，由所涉及的原材料供应商、制造商、分销商、零售商直到最终用户等形成的网链结构。

从供应链的定义可知，供应链是围绕核心企业，通过对信息流、物流、资金流的控制，从采购原材料开始，制成中间产品以及最终产品，最后由销售网络把产品送到消费者手中的将供应商、制造商、运输商、分销商、零售商直到最终用户连成一个整体的模式和网链结构，如图10-1所示。

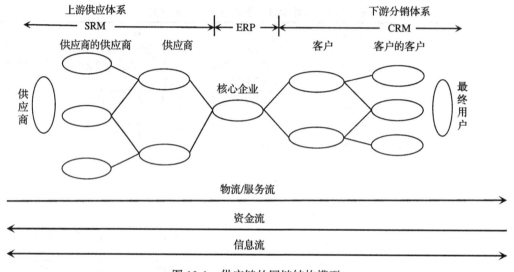

图10-1 供应链的网链结构模型

2. 供应链的特征

从供应链的网链结构模型可知，供应链是一个由供应商、供应商的供应商、用户、用户的用户组成的网络系统，各节点之间存在供需关系。供应链主要有以下四大特征。

（1）需求导向。供应链的形成、存在与重构都是基于一定的市场需求，且在供应链的运作过程中，用户需求是供应链中信息流、商流、服务流、资金流运作的驱动源。因此，准确及时地获取不断变化的市场需求信息，并快速有效地满足用户需求，是供应链成功运作的关键。

（2）复杂性和交叉性。供应链是由具有不同甚至有冲突目标的企业构成的复杂网络，其上的节点企业可以同时是多个供应链上的成员，这些企业可能处于供应链的上游、下游或中间核心层，也可能属于生产型、加工型或服务型等。因此，供应链的结构模式比一般单个企业的结构模式更为复杂。

（3）博弈性和动态性。供应链是由多个组织构成的具有多级委托-代理关系的结构，通过相关方合作、博弈达到一种动态均衡。在一定利益与风险框架下，供应链结构是稳定的、可维持的，能实现双赢或多赢。但是，随着经营环境及竞争形势不断变化，供应链的战略规划会不断被调整，最终达到优胜劣汰，导致供应链呈现出不稳定性。

（4）增值性。供应链通过高度一体化对内外部资源进行转换与组合，增加价值。例如，制造企业对原材料进行加工，生产出市场需要的产品，实现价值增值；物流系统通过运输路线的合理规划、仓库的有效利用等创造价值；信息提供商凭借为消费者发布新产品和特色服务信息获得增值。

二、供应链管理的概念

供应链管理概念的提出距今只有 40 年左右的时间，其兴起更是最近 20 年的事情。据英国克兰菲尔德大学教授马丁·克里斯多夫考证，基思·奥利弗和迈克尔·韦伯 1982 年在一份白皮书中提到，按照传统的方式，在供应链的采购、生产、分销和销售等环节的各种相互冲突的目标中寻找经销商的方式已经不再奏效了，因此需要一个新的视角和新的方法来解决这个问题，那就是供应链管理。供应链管理不仅关注企业内部的资源，还关注企业外部的市场环境，强调社会资源的优化配置和整个供应链上各节点企业能力的集成，是一种全新的管理思想和方法。

根据《物流术语》(GB/T 18354—2021）的定义，供应链管理（Supply Chain Management）是指从供应链整体目标出发，对供应链中采购、生产、销售各环节的商流、物流、信息流及资金流进行统一计划、组织、协调、控制的活动和过程。

具体而言，供应链管理是在满足用户需要的同时，通过对整个供应链系统的计划、组织、协调与控制等，最大限度地提高运作效率，降低成本，以实现供应链整体优化而采用的从供应商的供应商到用户的用户的一种集成化的管理过程。供应链管理的出发点是提高用户的满意程度，努力做到将正确的产品，按照合适的包装，在恰当的时间，以准确的数量和合理的价格，送到确定的用户指定的地点。供应链管理的最终目的是增强企业的市场竞争力，以获得经营利润。

第二节 供应链管理的内容

美国 ARC 咨询顾问公司指出供应链管理有六个应用功能：需求管理、供应链计划、生产计划、生产调度、配送计划、运输计划等。目前一些拥有世界先进水平的供应链管理供应商已经成功实现了运输管理系统、仓库管理系统、企业资源规划系统、供应链管理与企业生产系统、客户关系管理系统等的集成。

一、供应链管理的特点

相对于传统物流管理，供应链管理可更好地了解客户需求、缩短物流周期、降低成本、提高效率等。供应链管理作为一种新型的管理模式，具有以下特点。

（1）以客户需求为中心。企业价值的实现建立在满足客户需求的基础上。供应链管理的首要目标和本质在于满足客户多样化需求。它通过降低供应链成本，提升供应链运作效率，加快对用户需求的反应速度，提高顾客满意度。

（2）企业组织建立合作联盟。供应链管理中的企业联合不同于传统的卡特尔、托拉斯等企业集团，它是一种新型的以订单或合同为合作事件依据的动态性的合作联盟组织，跨越组织、资产、职能、业务、经营等边界，做到利益共享、风险共担。

（3）应用世界领先的信息及网络技术。供应链管理通过应用物流条形码技术、电子订货系统、数据交换系统、供应商管理库存、连续补货系统等，使链上企业能够及时有效地获得客户的需求信息,并及时做出响应,满足客户的需求。

(4)对物流的一体化管理。传统的物流管理侧重于企业内部资源与功能的整合,而供应链管理是物流管理的高级形态,它将从供应商到最终消费者的物流活动作为一个整体进行统一管理。其实质是通过物流将企业内部各部门及供应链各节点企业联结起来,在整个供应链范围内建立起共同利益的协作伙伴关系。

二、供应链管理的基本思想

供应链管理作为产品和服务的流通中各种组织协调活动的平台,已经成为现代企业竞争战略的中心概念。从供应链管理的特点可知,其基本思想如下。

(1)"横向一体化"的管理思想。供应链企业之间的关系是横向联合。在"横向一体化"的运作模式下,企业通过将非核心业务外包给专门的服务企业,将有限的资源集中在主营业务上,提高核心竞争力。同时,服务企业也可以凭借规模效益获得利润,最终实现双赢。

(2)重视关系管理。关系管理既包括供应链企业之间的关系管理,又包括企业的客户关系管理。通过供应链管理可以有效协调供应链成员之间的利益冲突,实现优势互补,从而降低整个供应链的运作成本和交易成本,达到共赢的局面。客户关系管理在经济全球化的背景下显得尤为重要,因为买方市场占据了主导地位,了解客户的偏好、习惯和意见是企业生存和发展的必要条件。

(3)强调协调性。在供应链管理环境下,只有将物流、资金流、信息流、组织流和工作流集成起来,才能实现整个供应链的协调运作。物流企业在整个供应链的运作过程中至关重要,因为物流周期的缩短比制造周期的缩短更为关键,没有物流企业的参与,供应链的协调性就无从谈起。

(4)关注信息管理。随着知识经济时代的到来,信息迅速取代资本和劳动,成为提高劳动生产率的主要因素。供应链上各企业将信息集成起来,通过信息的实时共享,有效降低了生产运作中的不确定性,并提高了整个供应链的反应速度。

三、供应链管理的主要内容

根据大多数研究的成果,我们认为供应链管理主要涉及六大领域:需求管理(Demand Management)、生产计划(Planning)、订单交付(Fulfillment)、物流管理(Logistics Management)、采购供应(Sourcing)、逆向物流(Reverse Logistics)。如图10-2所示,供应链管理是以同步化、集成化生产计划为指导,以各种技术为支持,尤其以信息技术和网络技术为依托,围绕需求管理、采购供应、生产作业、物流支持、订单交付来实施的,其目标在于提高客户服务水平和降低总的交易成本,并且寻求这两个目标之间的平衡(这两个目标往往有冲突)。

以需求管理、生产计划(作业)、物流管理、采购供应、订单交付及逆向物流这六个领域为基础,可以将供应链管理细分为基本职能领域和辅助职能领域。基本职能领域主要包括产品开发、产品技术保证、采购、制造、生产控制、库存控制、仓储管理、分销管理、市场营销等，而辅助职能领域主要包括客户服务、设计工程、会计核算、人力资源等。

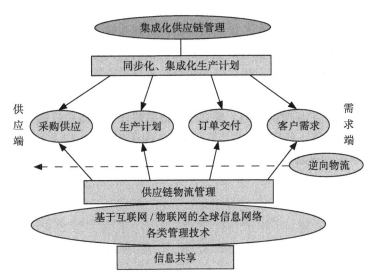

图 10-2　供应链管理涉及的领域

由此可见，供应链上的企业通过整合资金信息、客户需求信息以及制造、仓储、运输和配送信息等，有效实现物流、资金流、信息流、商流的共享与优化，从而在战略层次上形成竞争优势。不同主体在供应链中所处的地位与作用不同，具体的供应链管理内容会存在较大的差别。一般而言，供应链管理的主要内容包括以下几个方面。

（1）供应链的网络设计。供应链的网络设计包括组织结构设计，如供应商、制造商、分销商、零售商、用户的评价、选择与定位；相关经营主体经营关系的构筑；供应链管理平台信息网络的设计等。

（2）供应链合作伙伴关系管理。供应链上的节点企业要想实现财务、质量、产量、交货、客户满意度及业绩的改善和提高，必须着眼于与其合作的企业建立战略合作伙伴关系，只有在供应链整体竞争力提高的基础上，每个企业才能从中获得成长。因此，供应链绩效是以供应链成员企业相互间充分信任和相互合作为基础的，可以说供应链合作伙伴管理就是供应链管理。

（3）生产管理与产品管理。生产管理涉及多工厂的协调管理与流程控制，包括多工厂生产计划、生产作业计划和跟踪控制、库存管理等。产品管理是企业在产品生命周期中对产品开发、生产、营销和支持等环节进行管理的业务活动，包括需求管理、市场管理、开发管理以及库存管理等。

（4）供应链资金流管理。供应链管理不仅需要协调好合作企业间的信息流和物流的运营，还要格外重视对供应链上的资金流进行优化和管理。供应链资金流管理包括从订单到现金回收、从采购到付款和供应链金融三个主要内容。

（5）供应链信息管理。供应链信息管理包括需求预测、计划与管理、生产计划、生产作业计划和跟踪控制、库存管理、制造管理、分销和促销管理、客户关系管理与增值服务、协调管理与控制等方面的信息化、电子化和集成化管理。

（6）物流管理。供应链管理下的物流管理是集成化的物流管理，它主要涉及分销渠道设计与管理、用户服务水平的确定，物流过程中信息流、资金流的管理以及反向物流（回流）的管理等。

（7）供应链风险管理。建立供应链的风险防范机制和管理体系，可使供应链系统在受到内外部风险因素影响时，能够快速有效地应对无法预测的风险发生，并以最低成本、最有效地保证供应链依然能够正常运行。供应链的风险防范机制设置的合理性和灵活性是供应链正常运行的保证。

（8）供应链绩效评价与激励机制。建立供应链绩效评价与激励机制，可实现围绕供应链管理的目标对供应链整体、各环节（尤其核心企业）的运营情况，以及各节点企业间的运营关系等进行事前、事中和事后的分析评价，从而帮助管理者进行最优决策、选择系统实施服务方案。

| 阅读材料 10-1 |

京东的供应链管理

自 2004 年涉足电商，到稳坐国内自主经营式 B2C 网站冠军宝座，京东像一辆急速跑车一直飞驰在高速路上。京东的"野蛮生长"归功于背后高效运转的供应链。经过不断的建设和完善，京东已形成了反应灵敏、操纵灵活的供应链管理体系。

1. 供应商统一准入，分流管理

（1）准入标准保证"渠道正规"。京东的供应商均为成品供应商，在供应商准入方面，京东统一要求供应商的注册资金为 50 万元以上，所有入驻的企业必须给消费者提供正规发票，部分合作模式要求供应商具有一般纳税人的资格。

（2）多模式合作实现分流管理。不同的供应商对合作方式有着不同的要求，而同行业的供应商也分别处在不同的层级，为此，京东为供应商设置了 4 种合作模式，即 FBP、LBP、SOPL 和 SOP。

2. 仓储管理重视运作效率

（1）以销定购加速库存周转。商品的库存时间过长会占用资金，断货又会影响消费者体验，二者都是电商的大忌，京东在这方面实行了"以销定购"的信息化方式，准确预测消费者的决策周期和商品的销售趋势，使仓库周转速度有了新的突破。

（2）科学仓储、高效分拣出库。货品一般按销量（最畅销的货品基本都在靠近通道的货架上），由 A～P 的顺序依次摆放，拣货汇总单也是按照 A～P 的顺序排列。因此，拣货人员可以从 A 区到 P 区依次取货，避免了来回拣货的麻烦。

资料来源：https://wenku.baidu.com/view/a603bfdfc67da26925c52cc58bd63186bdeb9274.html，2021 年 3 月 16 日，有改编。

第三节 供应链网络设计

在供应链管理中，供应链网络设计和运行对企业至关重要。良好的供应链有利于增强企业的运作柔性，提高企业对市场需求的敏感性，提升客户满意度，推动服务质量与成本之间的平衡，提高企业的市场竞争力。

一、供应链的主要类型

企业由于其经营性质、提供产品的类型、战略定位及生命周期的不同，其供应链也存在差异。根据不同划分标准，可将供应链分为以下几种主要类型，如表10-2所示。

表10-2 供应链的主要类型

划分标准	主要类型
供应链存在的稳定性	稳定型供应链与动态型供应链
供应链的容量与客户需求关系	平衡型供应链与倾斜型供应链
产品的特点	效率型供应链与响应型供应链
产品供需不确定性	风险规避型供应链与敏捷型供应链
供应链的运作模式	推动式供应链与拉动式供应链

（1）稳定型供应链与动态型供应链。稳定型供应链的市场需求相对稳定单一，而动态型供应链的市场需求变化相对频繁、复杂。企业需要根据市场需求的特点设计不同的供应链，并及时做出调整、优化。

（2）平衡型供应链与倾斜型供应链。当供应链的设备容量与生产能力能够满足市场变化和客户需求时，就属于平衡型供应链；当市场变化加剧，或者供应链成本、库存、浪费等增加时，供应链就属于倾斜型供应链。

（3）效率型供应链与响应型供应链。根据产品在市场上的表现特点，沃顿商学院的Fisher教授（1997）将其分为功能性产品和创新性产品。据此可将供应链划分为效率型供应链与响应型供应链。效率型供应链，适合功能性产品，主要体现供应链的物理功能，即以最低的成本将原材料转化成零部件、半成品、产品并在供应链中运输等；响应型供应链，适合创新性产品，主要体现供应链对市场需求的响应功能，即把产品分配到满足用户需求的市场，对未预知的需求做出快速反应。产品类型与供应链的匹配性如图10-3所示。

图10-3 基于产品特点的供应链的类型

（4）风险规避型供应链与敏捷型供应链。效率型供应链与响应型供应链的划分主要是从市场需求变化的角度出发。在实际的供应链管理过程中，除了需求不确定，还存在供给不确定。因此，Lee（2004）将供应链划分为风险规避型供应链与敏捷型供应链。风险规避型供应链来自需求端的不确定性较低，而来自供给端的不确定性较高，因此需要加强对供给端不确定性的应变能力；敏捷型供应链能够对来自需求和供给端的不确定性及时做出反应，始终围绕经营环境的变化而变化，它是一种综合能力最强的供应链系统。基于供需不确定性的供应链类型如图10-4所示。

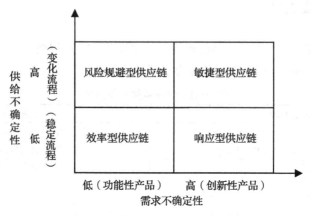

图 10-4　基于供需不确定性的供应链类型

（5）推动式供应链与拉动式供应链。推动式供应链是指按照市场需求的预测进行生产，根据产品的库存情况，有计划地将产品通过分销而逐级推向市场的供应链，它是一种传统的供应链模式；拉动式供应链的驱动力来源于客户需求，是一种现代供应链运作模式。在拉动式供应链流程中，零售商利用销售终端系统收集顾客购物信息，并通过电子数据交换将数据传输到增值网上，实现信息共享。生产商则根据需求信息拟订生产计划、采购原材料、安排生产等，实现供、产、销的同步。

除以上供应链类型的划分外，还有许多供应链类型的划分方法。例如，按照供应链成员的结构特征，可将供应链分为线状、网状和星状供应链；按用户性质不同，可将供应链分为消费品供应链和生产品供应链；按驱动主体，可将供应链分为供应商主导供应链、制造商主导供应链、经销商主导供应链、以 3PL 为主导的供应链等；按地域特征，可将供应链分为园区供应链、区域供应链、国内供应链、国际供应链、全球供应链；按供应链结构形态，可将供应链分为 I 型、T 型、V 型、A 型供应链等。

二、供应链网络设计的影响因素

供应链网络设计决定了供应链体系的具体配置，明确供应链网络设计影响因素对于供应链的有效运作至关重要。影响供应链网络设计的因素如图10-5所示。

1. 宏观环境因素

随着经济全球化的深入和国际贸易的繁荣，企业在供应链网络设计过程中必须考虑众多的宏观环境因素，如政治因素、市场需求因素、关税及税收减让情况、汇率情况、周边基础条件等。在进行供应链设计时，企业更加青睐那些政局稳定、经济波动较小、关税较低、税收优惠较多以及周边基础条件较好的国家和地区。

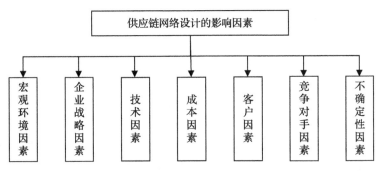

图 10-5　供应链网络设计的影响因素

2. 企业战略因素

企业战略包括低成本战略、差异化战略及混合型战略，不同战略对企业供应链网络的设计提出了不同要求。低成本战略的企业为了降低公司的运营成本，在设施选址时主要考虑土地价格和劳动力成本两大因素；差异化战略的企业则强调生产出令顾客满意的产品，并快速响应顾客的需求，因此它们倾向于把设施选择在靠近客户的地方，即使要为此付出高昂的租金，如在居住地密集的地方建立超市连锁店等；基于混合型战略的跨国供应链网络，可能在某些地区实行低成本战略，而在另外一些地区则采用差异化战略。企业战略指导如图 10-6 所示。

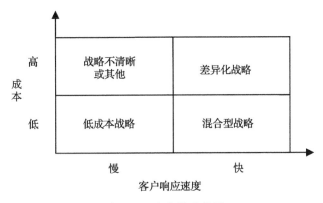

图 10-6　企业战略指导

3. 技术因素

产品的技术水平不同，其供应链网络设计的重点也会有所不同。对于高科技精密制造企业，如 CPU 芯片制造企业，规模效应十分明显，唯有大规模生产的生产线才能取得较低的平均成本，同时由于技术要求高，开设新厂的投资代价非常高，这类产品的供应链网络设施在地域上具有高度集中的特征，通常会通过对原有设施的扩张来扩大生产能力。而对于一些技术含量较低、设施建设的固定成本也相对较低的企业，在其供应链设计过程中一般考虑在各个市场分别开办分厂，以降低运输成本。例如，可口可乐在世界范围内建立汽水灌装厂。

4. 成本因素

供应链中的设施数量、设施布局和生产能力配置发生变化时都会影响物流成本的变化。因此，企业在进行供应链网络设计时，还必须考虑相关的库存成本、运输成本和设施成本。

随着设施数目的增加，物流总成本先减后增，企业拥有最少的设施数目，能使物流总成本最小化。

5. 客户因素

以丰田为例，同样在亚洲，该公司对中国大陆和对韩国、中国台湾地区的供应链构建战略就存在区别。考虑到居民收入水平，丰田在中国大陆主要生产低价位、耐磨损的汽车，其汽车配套产品与设施水平相对较低。而在韩国、中国台湾地区主要提供相对高档、造型豪华的汽车。同时，在供应链网络设计过程中，还要考虑客户对响应时间的要求。如果客户群对响应时间没有太高的要求，企业就可以集中力量扩大每一设施的生产能力，而不需要布局太多的网点。反之，企业就必须设立许多生产基地，以缩短响应时间。

6. 竞争对手因素

企业要考虑竞争对手的战略、规模和设施布局等，决定是靠近还是远离竞争对手。如果市场竞争氛围是倡导共赢，则企业可以将供应链网络铺设在竞争对手旁边，以获得正外部性。例如，思科公司作为世界上最大的网络产品供应商，主动向市场上的新秀企业提供财力支持，实现技术共享，最终达到了共赢。反之，则应适当避开那些强有力的竞争对手。

7. 不确定性因素

考虑到供应链所面临的顾客需求、产品市场价格、供应链运作成本和其他经济因素存在不确定性，企业在进行供应链设施建设决策、网络设计规划与实施以及整体评估时，必须考虑未来环境变化可能对其造成的影响。

三、供应链网络设计的步骤

基于产品的供应链网络设计的步骤如图 10-7 所示。

1. 分析市场竞争环境

分析市场竞争环境的目的在于找到需要开发的市场领域，供应链网络设计者应该具备全球市场的战略眼光，明确目前产品需求是什么，产品的类型和特征是什么，进而决定开发功能性产品还是创新性产品。该环节是供应链网络设计的第一步，需要花费相当大的成本。在市场分析中，要善于利用先进的数据处理软件，如经营环境扫描、技术跟踪软件包等，从复杂的市场环境中发现规律。分析的结果是将产品类型按需求量排列，并且将每一产品按市场特征重要性排列，同时对市场不确定性和需求变化趋势做出分析与评价。

2. 分析总结企业现状

此步骤主要分析企业当前供需管理的现状。如果企业已经有供应链管理，则分析当前供应链的管理情况以及供应链的发展前景等，涉及现有供应链能否实现最优化的客户响应、最小化的成本、最佳化的资产使用结构等。其目的不是评价供应链设计策略的重要性和合适性，而是着重研究供应链开发的方向，分析与总结企业存在的问题及影响供应链设计的阻力因素等。

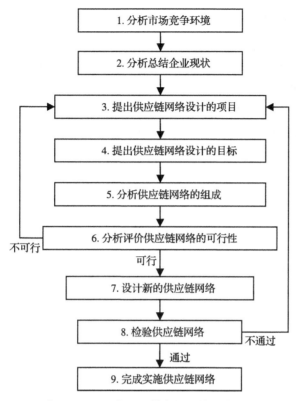

图 10-7 基于产品的供应链网络设计步骤

3. 提出供应链网络设计的项目

企业针对当前存在的主要问题，提出供应链设计的项目，对项目的主要内容进行分析，并指出项目在实施和运行过程中所需要的资源，同时在明确企业所处市场环境与自身现状的基础上，分析该供应链网络设计项目的可行性与必要性。

4. 提出供应链网络设计的目标

供应链网络设计的目标应该以"可靠性"和"经济性"两大要求为核心，这些目标不仅涉及平衡与协调服务水平和库存投资之间的冲突，还涉及进入新市场、开发新产品、开发新分销渠道、客户关系管理、降低成本和提高工作效率等方面。

5. 分析供应链网络的组成

供应链网络的组成分析不仅包括制造工厂、设备、工艺的选择，还包括供应商、制造商、分销零售商和用户的选择，以及选择评价的标准、规则与流程。这些标准包括质量、准时交货、柔性服务、管理水平、提前期和批量等指标。

6. 分析评价供应链网络的可行性

在制定新供应链设计目标后，要结合企业的实际能力，对新的网络设计方案进行可行性分析。这是一个决策的过程，如果方案可行，则继续执行下一个步骤；反之，则反馈到上一个环节重新分析设计。

7. 设计新的供应链网络

此步骤主要解决以下问题：供应链的成员结构，包括供应商、制造商、分销商和用户的选择和定位，供应链模型结构的确定等；用户需求和产品销售能力分析；原材料的来源，包括供应商、数量、价格、运输等问题；生产设计，主要是生产工艺流程、生产能力、生产计划、作业计划和控制、库存管理等问题；分销任务及能力设计，主要包括产品服务、市场价格、运输等问题；信息系统设计，供应链网络设计需要应用多种工具和技术，包括集体解决问题、运用模拟数据软件、设计制造流程图等。

8. 检验供应链网络

在新的供应链网络设计完成后，需要采用一些技术和手段进行测试与检验。如果方案可行，便可以实施供应链管理；反之，就必须返回前面的环节重新设计。

9. 完成实施供应链网络

在实施供应链网络的过程中，需要核心企业的指挥、协调、控制，以及相关信息系统的支持，使整个供应链网络成为一个有机整体。

| 阅读材料 10-2 |

零售企业全渠道供应链的优化策略

1. 由传统库存到全渠道库存

全渠道销售对各渠道库存之间的协调、融合有着更高的要求，若管理不善，繁杂的渠道库存反而会给企业带来成本压力。为了更好地完善全渠道模式下的商品库存管理，企业需要优化库存逻辑。对于零售企业而言，要从建立共享库存、制定销售期初的最优订货量、决策各渠道之间的库存分配等方面进一步完善全渠道库存体系建设。

2. 由单渠道供应到全渠道供应

全渠道供应理念下，供应模式的改变使得全渠道供应的理念更加重要，零售企业通过构建信息共享、风险共担的信息沟通框架，与供应链上各节点企业建立良好的契约关系，在保证供应链各环节运行效率的基础上保障零售企业的产品供应和库存消耗。

3. 全渠道信息协同

全渠道模式下优化零售企业供应链，需要从渠道信息的来源和利用及管理层面加强协同，构建全渠道信息协同机制。

4. 全渠道物流建设

在全渠道模式下，零售业物流模式不再固化，由于全渠道营销的影响，零售业的物流环节更加复杂，急需物流处理能力更强的全渠道物流的支持，因而需要进一步创新和完善全渠道物流体系。

资料来源：黄信恒. 全渠道模式下零售企业供应链的优化探究 [J]. 商业经济研究，2020（5）：101-103.

第四节 集成化供应链管理

要成功地实施供应链管理，就必须通过信息、制造和管理技术，将企业生产经营过程中有关的人、技术、管理三要素有机地集成并优化运行；就必须将生产经营过程的物料流、管理过程的信息流和决策过程的决策流进行有效的控制和协调；就必须将企业内部的供应链与企业外部的供应链有机地集成起来管理，从而实现把企业内部与节点企业之间的各种业务集成为一个整体功能过程，形成集成化供应链管理体系。

一、集成化供应链管理的理论模型

集成化供应链管理（Integrated Supply Chain Management，ISCM）的核心主要是由作业回路、策略回路和性能评价回路三大回路组成的。而供应链管理正是围绕着这三个回路展开，形成一个相互协调、相互影响的有机整体。图 10-8 是根据集成化思想所构建的集成化供应链管理的理论模型。

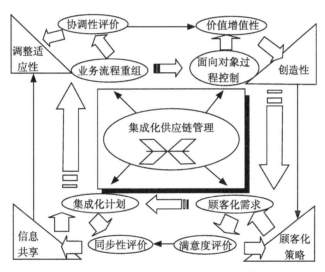

图 10-8 集成化供应链管理的理论模型

1. 作业回路

作业回路是由顾客化需求—集成化计划—业务流程重组—面向对象过程控制组成的，被称为第一个回路。

2. 策略回路

策略回路是由顾客化策略—信息共享—调整适应性—创造性团队组成的，被称为第二个回路。

3. 性能评价回路

性能评价回路是指在作业回路的每个作业形成各自相应的作业性能评价与提高回路。它主要是检验以顾客为中心的集成化运作与管理的实际效果，其包括非常丰富的理论与实践方面的内涵，具体由四个子性能评价回路构成。

（1）顾客化需求—顾客化策略回路。它主要涉及的内容包括满意策略与用户满意评价理论、面向顾客化的产品决策理论、供应链的柔性敏捷化策略等。

（2）集成化计划—信息共享回路。它主要涉及的内容包括 JIT 供销一体化策略、供应链的信息组织与集成、并行化经营策略等。

（3）业务流程重组—调整适应性回路。它主要涉及供需合作关系、战略伙伴关系、供应链（重建）精细化策略等问题。

（4）面向对象的过程控制—创造性团队回路。它主要涉及面向对象的集成化生产计划与控制策略、基于价值增值的多级库存控制理论、资源约束理论在供应链中的应用、质量保证体系、群体决策理论等。

二、集成化供应链管理的实施步骤

企业从传统的管理模式转向集成化供应链管理模式，一般要经由从最低层次的基础建设、职能集成管理、内部集成化供应链管理、外部集成化供应链管理，最后到最高层次的集成化供应链动态联盟五个阶段（见图 10-9）。各个阶段的不同之处主要体现在组织结构、管理核心、计划与控制系统、应用的信息技术等方面。

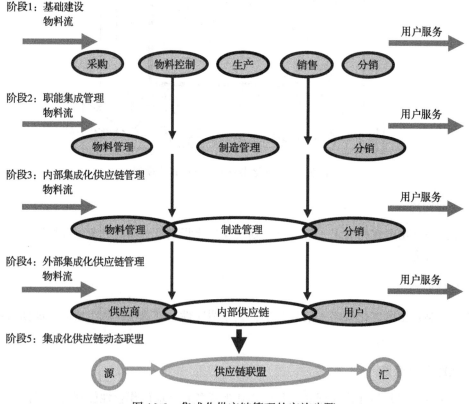

图 10-9　集成化供应链管理的实施步骤

1. 基础建设

此阶段是在原有企业供应链的基础上，分析、总结企业现状，分析企业内部影响供应链管理的阻力和有利之处，同时分析外部市场环境，对市场的特征和不确定性做出分析和评价，最后相应地完善企业的供应链。

在传统型的供应链运作中，企业组织结构比较松散，职能部门分散、独立地控制供应链中的不同业务。传统型的供应链管理主要具有以下特征。

（1）企业十分注重产品质量。由于过于注重生产、包装、交货等的质量，可能导致成本过高，所以企业的目标在于以尽可能低的成本生产高质量的产品，以解决成本–效益障碍。

（2）销售、制造、计划、物料、采购等的控制系统和业务过程相互独立、不相匹配，因部门合作和集成业务失败导致多级库存等问题。

（3）组织部门界限分明，单独操作，采购部门只管控制物料来源和原材料库存，制造和生产部门只负责通过各种工艺过程实现原材料到成品的转换，销售和分销部门只处理外部的供应链和库存，而部门之间的关联业务往往就会因各自目标不同而导致相互冲突。

2. 职能集成管理

职能集成管理主要解决以下几个方面的问题：一是集中处理企业内部的物流，企业围绕核心职能对物流实施集成化管理，对组织实行业务流程重构，构建新的交叉职能业务流程，逐步取代传统的职能模块，以实现职能部门的优化集成；二是采用物料需求计划（Material Requirement Planning，MRP）系统进行计划和控制，以实现对用户的需求做出较为准确的预测、计划和控制；三是建立交叉职能小组，参与计划和执行项目，以促进职能部门之间的合作，克服这一阶段可能存在的不能很好满足用户订单要求的问题。

但因此可能带来以下几个方面的不足：一是由于分销系统与制造系统没有有效的连接，可能因用户的需求得不到确切的理解，从而导致计划不准确和业务上的失误；二是由于在所采用的各项技术之间、各项业务流程之间、技术与业务流程之间缺乏集成，库存和浪费等问题仍可能困扰企业；三是强调满足用户的需求为第一主要动力，而成本则在其次，这往往导致生产、运输、库存等成本的增加。

此时供应链管理主要有以下特征。

（1）将分销和运输等职能集成到物流管理中来，制造和采购职能集成到生产职能中来。
（2）强调降低成本而不注重操作水平的提高。
（3）积极为用户提供各种服务，满足用户需求。
（4）职能部门结构严谨，均有库存做缓冲。
（5）具有较完善的内部协定，如采购折扣、库存投资水平、批量等。
（6）主要以订单完成情况及其准确性作为评价指标。

3. 内部集成化供应链管理

此阶段的目标有两个：一是要实现企业直接控制的领域的集成；二是要实现企业内部供应链与外部供应链中供应商和用户管理部分的集成，形成内部集成化供应链。集成的输出是集成化的计划和控制系统。

企业管理的核心是内部集成化供应链管理的效率问题，主要考虑在优化资源、能力的基础上，以最低的成本和最快的速度生产最好的产品，快速地满足用户的需求，以提高企业反应能力和效率。

企业管理重点关注以下几个方面的问题。

一是集成的输出应该是集成化的计划和控制系统。

二是为支持企业内部集成化供应链管理，主要采用供应链计划（Supply Chain Planning，SCP）系统和企业资源计划（Enterprise Resource Planning，ERP）系统来实施集成化计划和控制。这两种信息技术都是基于客户/服务（Client/Server）体系在企业内部集成中的应用。有效的 SCP 系统集成了企业所有的主要计划和决策业务，包括需求预测、库存计划、资源配置、设备管理、优化路径、基于能力约束的生产计划和作业计划、物料和能力计划、采购计划等。ERP 系统集成了企业业务流程中主要的执行职能，包括订单管理、财务管理、库存管理、生产制造管理、采购等职能。SCP 和 ERP 通过基于事件的集成技术联结在一起。

三是采用分销需求计划（Distribution Requirements Planning，DRP）系统、制造资源计划（Manufacturing Resource Planning，MRPII）系统管理物料，运用 JIT 等技术支持物料计划的执行。JIT 的应用可以使企业缩短市场反应时间、降低库存水平和减少浪费。

四是考虑同步化的需求管理，将用户的需求与制造计划和供应商的物料流同步化，减少不增值的业务，同时可以通过广泛的信息网络（而不是大量的库存）来获得巨大的利润。

五是重点解决在第二阶段因满足用户需求而导致的高服务成本问题。

此阶段的供应链管理具有以下特征。

（1）强调战术问题而非战略问题。

（2）制订中期计划，实施集成化的计划和控制体系。

（3）强调效率而非有效性，即保证要做的事情尽可能好、尽可能快地完成。

（4）从采购到分销的完整系统具有可见性。

（5）信息技术（Information Technology，IT）的应用。广泛运用电子数据交换（Electronic Data Interchange，EDI）和互联网等信息技术支持与供应商及用户的联系，使企业快速获得信息和更好地为用户提供优质服务。

（6）与用户建立良好的关系，而不是"管理"用户。

4. 外部集成化供应链管理

外部集成化供应链管理是实现集成化供应链管理的关键阶段。

此阶段的目标是将企业内部供应链与外部的供应商和用户集成起来，形成一个集成化供应网链。而与主要供应商和用户建立良好的合作伙伴关系，即供应链合作关系（Supply Chain Partnership），则是集成化供应链管理的关键。

外部集成化供应链管理重点关注以下几个方面的问题。

一是要特别注重战略伙伴关系管理。管理的焦点要以面向供应商和用户取代面向产品，增加与主要供应商和用户的联系，增进相互之间在诸如产品、工艺、组织、企业文化等方面的了解，相互之间保持一定的一致性，实现信息共享等，企业通过为用户提供与竞争者不同的产品/服务或增值的信息而获利。

二是建立良好的合作伙伴关系。企业以此可以很好地与用户、供应商和服务提供商实现集成和合作，共同在预测、产品设计、生产、运输计划和竞争策略等方面设计和控制整个供应链的运作。对于主要用户，可以建立具有不同职能领域功能的、以用户为核心的小组，从而更好地为主要用户提供有针对性的服务。

三是生产系统必须具备更高的柔性，以提高对用户需求的反应能力和速度。这要求企业必须具有能根据不同用户的需求，对资源进行不同的优化配置的能力，以实现既能按订单生产（Make-To-Order），按订单组装、包装（Assemble or Package-To-Oder），又能按备货方式生产（Make-To-Stock）。

四是采用销售点驱动的同步化、集成化的计划和控制系统。以有效集成包括用户订购数据和合作开发计划、基于约束的动态供应计划、生产计划等功能，为保证整个供应链中的成员同步化地进行供应链管理提供必要的工具与手段。

五是采用互联网等信息技术，为确保与外部供应链的集成提供支持。为此，企业必须采用适当的信息技术，为企业内部的信息系统提供与外部供应链节点企业的接口，以达到信息共享和信息交互，实现相互操作的一致性。

5. 集成化供应链动态联盟

此阶段的目标是建立"集成化供应链动态联盟"。它是基于一定的市场需求、根据共同的目标而组成的，通过实时信息的共享来实现集成的一个动态性联盟体。

在经历前四个阶段的集成之后，一个网链化的企业结构已经形成，这就是供应链共同体。为了适应市场变化、柔性、速度、革新、知识等方面的需要，确保供应链共同体能始终占据市场的领导地位，这就要求供应链共同体必须是一个能快速重构组织结构的动态组织（即动态联盟），具有很强的自组织能力，能够及时地将不能适应供应链需求的企业从供应链联盟中淘汰出去，并同时吸收符合供应链要求的企业。

企业通过互联网网络商务软件等技术集成在一起以满足用户的需求，一旦用户的需求消失，它也将随之解体。而当另一需求出现时，这样的一个组织结构又由新的企业动态地重新组成。企业如何成为一个能及时、快速满足用户需求的供应商，是企业生存、发展的关键。

基于互联网/企业内部网（Intranent）的集成信息技术，基于互联网的电子商务，同步化的、扩展的供应链计划和控制系统等都是主要的支持工具。

三、集成化供应链管理的实施基础

要成功地实施集成化供应链管理，除了需要严格地按集成化供应链管理的实施步骤对组织结构、管理核心、计划与控制系统、应用的信息技术等方面进行建设、集成与优化，以将生产经营过程的物料流、管理过程的信息流和决策过程的决策流进行有效的控制和协调，此外更为重要的是需要在以下几个方面进行转变。

（1）要从供应链的整体出发，考虑企业内部的结构优化问题；
（2）要转变思维模式，从纵向一维空间思维向着纵横一体的多维空间思维方式转变；
（3）要放弃"小而全，大而全"的封闭的经营思想，向与供应链中的相关企业建立战略伙伴关系为纽带的优势互补、合作关系转变；
（4）要建立分布的、透明的信息集成系统，保持信息沟通渠道的畅通和透明度；
（5）所有的人员和部门都应对共同任务有共同的认识和了解，去除部门障碍，实行协调工作和并行化经营；

（6）风险分担与利益共享。

> 小知识 10-2
> **智慧供应链生态体系构建原则**
>
> 1. 互联性原则。它是指以消费者数据为核心数据，供应商数据、制造商数据等为相关数据，建立核心数据与相关数据间的关联关系。通过智能技术的挖掘与处理，实现以相关联客户数据为支撑的智慧供应链创新与建设，提高智慧供应链的反应速率，缩短交货提前期、订货提前期，从而减小库存波动，降低成本，实现供应商、制造商、客户等的互动连接，建立一个全面连接的智慧供应链网络。
>
> 2. 系统性原则。同一种类的供应链数据资源尽可能实现跨机构、跨领域、跨国家的全覆盖，解决好供应链上异源异构信息融合的问题。
>
> 3. 精准性原则。在供应链上存在的异源异构数据，在其集成融合过程中，要特别重视跨区域问题，并处理好同构数据的查重与消歧、异构数据实体的对齐与融合、不同类型数据之间的关联等问题。
>
> 4. 完整性原则。在消费者需求驱动下，根据由大数据等处理的消费者需求信息确定所需数据资源类型，尽可能全面集成、融合各种组织、各相关类型、各相关领域规范的权威数据资源。
>
> 资料来源：丁倩兰，张水旺，梅瑜，鲍蔷.数据驱动的智慧供应链生态体系构建[J].商业经济研究，2020（18）：38-41.

第五节　供应链管理的策略

一、供应链延迟化策略

随着科技的发展和社会的进步，顾客需求日趋个性化、多样化，产品的更新节奏加快，竞争异常激烈，时间已经成为市场竞争的主战场，企业柔性（Flexibility）和快速响应能力（Quick Responsiveness）成为决定企业竞争实力的重要因素。延迟化策略（Postponement）作为供应链管理中的一个重要策略，已经成为降低企业成本，提高企业柔性及快速响应能力的重要手段之一。

（一）延迟化策略的内涵

延迟化策略是指供应链上顾客化活动延迟直至接到订单时为止，即在时间和空间上推迟顾客化活动，使产品和服务与顾客的需求实现无缝连接，从而提高企业的柔性和顾客价值。

延迟化策略是一种有效支持产品多样化的同时又保持规模经济的策略。其核心内容是制造商事先只生产通用化或可模块化的部件，尽量使产品保持中间状态，以实现规模化生产，并且通过集中库存减少库存成本，同时使顾客化活动更接近顾客，增加应对个性化需求的灵活性，缩短提前期。其目标是使恰当的产品在恰当的时间到达恰当的位置（3R）。所以延迟化策略的基本思想是表面上的延迟，实质上是为更快速地对市场需求做出反应，即通过定制需求或个性化需求在时间和空间上的延迟，实现供应链的低生产成本、高反应速度和高顾客价值。

1. 延迟化策略的类型

Bowersox 和 Closs 将延迟化策略分为时间延迟、位置延迟和形式延迟。

（1）时间延迟。它是指将商品流（物流）延迟直至接到订单时为止。可以说，这种延迟其实就是以订单为驱动源的物流运作。因为物流是顾客订单驱动的，所以采取顾客化定制生产的企业一般存在时间延迟。

（2）位置延迟。它是指库存定位在上游的制造和配送中心推迟商品流。这种延迟的目标主要是通过在上游集中库存以减少下游的库存，从而实现规模库存效益，降低整个供应链的库存成本。但要特别注意的是，集中库存定位要与顾客化活动相一致，否则会影响供应链的快速响应能力。

由于时间延迟与位置延迟有一个共同的特征，即推迟商品流（物流），所以两者可统称为物流延迟。

由此可见，物流延迟的基本观念是先集中时间对产品库存进行战略性部署，将库存集中在一个或多个上游仓库，而将配送活动延迟到接到顾客订单以后。其目标是通过物流功能顾客化延迟使产品在恰当的时间处于恰当的位置，从而达到低成本、高响应能力的目标。集中库存减少了用来满足各市场区域需求而保持在下游的存货数量，降低了由于配送的盲目性而造成的资源浪费，同时又保留着大量生产的规模经济。

（3）形式延迟（功能延迟）。它是指制造、装配甚至设计活动的延迟，使这些活动更接近顾客化需求，其实质就是尽可能推迟产品实体特征的差异化。在整个供应链的物流系统中，尽可能保持产品的中间状态以实现规模经济。在接到顾客订单后，企业根据产品提前期和顾客发货时间的要求来确定最终产品的结构。

物流延迟和形式延迟通过不同的方法降低了由于顾客需求个性化和多样化而给企业带来的风险，但又保持了生产的规模经济性。但延迟化策略的实施要考虑企业的加工和物流能力以及对信息处理的精确程度和快速程度。倾向于哪一种形式的延迟取决于企业的实际情况以及顾客期望的发货速度和一致性。在实施延迟化策略的企业中，大多数情况是物流延迟和形式延迟同时存在。

2. 延迟制造

延迟制造是时间延迟、位置延迟和形式延迟在制造业的综合运用范例。它具有以下特征。
（1）接受订单时才进行最终制造或加工活动（时间延迟）；
（2）在最终制造或加工活动的前一个环节集中库存（位置延迟）；
（3）产成品和服务的本地化、顾客化（形式延迟）。

由此可见，延迟制造的基本思路是尽量使产品保持中性状态（标准化），以实现标准部件规模化生产，并且通过集中库存减少库存成本，同时使顾客化活动更接近顾客，增加应对个性化需求的灵活性，且缩短提前期。

延迟制造综合利用了这三种延迟的优势特长，通过这三种延迟使恰当的产品在恰当的时间到达恰当的位置（3R），从而能够实现供应链的一低两高（低库存成本、高运作效率、高顾客价值）的目标。

由于延迟制造将最终制造活动定位在配送渠道，并对市场信号做出快速响应，它与物流功能紧密结合在一起。所以，延迟制造是一种跨功能的活动，大大超过了物流延迟的效用。

（二）延迟化策略的供应链运作

1. 两种不同的供应链模式

（1）推动式供应链运作方式。它以制造商为核心，产品生产出来以后从分销商逐级推向用户，整个供应链上的库存较高。其优点是能利用制造和运输的规模效应，为供应链上的企业带来规模经济的好处，还能利用库存来缓和供需之间的不平衡。其缺点是分销商和零售商处于被动地位，各企业之间的集成度较低，对多样化和个性化需求的响应能力较差，而且还存在供应链上企业订货和存货数量逐级放大的"牛鞭效应"（Bullwhip Effect）。

（2）拉动式供应链运作模式。它以顾客为中心，顾客的需求拉动是供应链中信息流、物流和资金流的驱动源。供应链企业在信息技术的支持下，实现信息的高度共享和同步化。其优点是库存量小、库存成本低、能对市场的需求做出快速响应；但缺点是生产批量小，难以获得规模效应，管理难度更大。

2. 延迟化策略的供应链运作方式

延迟化策略的运作方式是将产品从原材料到最终用户的整个过程分为两个阶段，即推动阶段和拉动阶段（见图 10-10），以实现既保持了规模经济，又具有快速响应的能力。

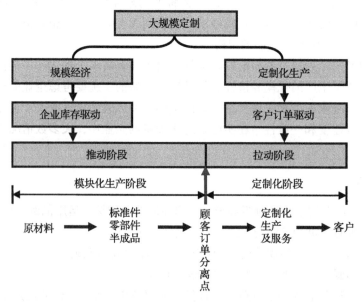

图 10-10 延迟化策略的运作方式

在推动阶段，供应链是靠生产推动来维持的。生产通常以制造后库存（Make-To-Stock）

组织生产，根据长期的预测和经验大量生产和运输中间产品与各种标准化模块，以规模经济降低成本、提高效率。

在拉动阶段，则是以顾客为中心来拉动的。通常按订单制造（Make-To-Order）组织生产，根据顾客对产品的不同要求进行差异化生产、装配、包装及运送，满足顾客的个性化需求，提高快速响应能力。

推动阶段和拉动阶段的分界点被称为顾客订单分离点（Customer Order Decoupling Point, CODP）。在顾客订单分离点之前的推动阶段，强调利用通用化、模块化技术和外包等手段实现规模效应，尽量减少零部件的品种，增加同一品种零部件的产量并扩大使用范围。从供应链的上游到达顾客订单分离点的是标准件、通用件和中间产品。顾客的需求信息在顾客订单分离点切入生产过程，顾客订单分离点之后是定制化生产阶段。产品在到达顾客订单分离点后并不会被立即安排生产或向下游移动，企业会在接到顾客订单后，根据确切的顾客定制要求，再将这些中间产品进行个性化加工或组合，实现快速有效的顾客响应。

（三）延迟化策略的实施条件

延迟化策略是企业在新的市场竞争环境下获得竞争优势的有力手段，是达到顾客化的一种较好的途径，但并不是所有的行业和产品都能实施延迟化策略。实施延迟化策略应具备以下 6 个方面的前提条件。

1. 产品在供应链形成过程的可分离性

只有最终产品可分解为相互独立的几种中间产品，产品的形成过程才有可能分成通用化阶段和定制化阶段，也才能使差异化过程在时间和空间上延迟。

2. 形成最终产品的中间产品的可通用性

最终产品能分解成独立的中间产品，同时这些中间产品能实现标准化、中性化、通用化，只有在这种情况下才能进行大规模的模块化生产，体现出规模效应。

3. 产品定制化过程的相对简单性

为提高对顾客需求的响应能力，最终的定制化过程一般放在离顾客很近的地方，如在配送中心或第三方物流中心被授权完成，在时间和空间上都与大规模的模块化部件或中间产品分离开。因而，实施延迟化策略要求最终加工过程的技术复杂程度较低、加工时间短，且不是劳动密集型或时间消耗型的活动。

4. 有适当的交货提前期

在未接到顾客订单之前，产品保持在中间状态；在接到顾客订单之后，企业才对这些中间产品进行个性化加工或组合。这就要求有一定的提前期，而过长和过短的交货提前期都不适于实施延迟化策略。过短的提前期，应用延迟化策略无法有效进行以达到定制化生产的要求，必然引致客户不满；过长的提前期则无意义。所以，像生鲜类产品则不适用于延迟化策略，服装、电子、汽车等产品较适用。

5. 市场需求的不确定性高，产品的寿命周期短

需求确定的产品一般属于功能性产品，其生命周期较长，产品需求稳定，不适宜应用延迟化策略。若产品细分市场多、顾客的需求难以预测，产品的规格、配置、包装不能事先确定，而且产品在市场的更新换代速度很快，在这种情况下采用延迟策略，可有效地实现通过标准部件不同形式的组配，向顾客提供多样化的产品，从而有利于减少企业的风险。

6. 高素质管理人员

将制造活动延迟到下游节点企业，致使下游企业的管理人员必须掌握上游企业的管理技术和方法，由于上下游企业一般是跨行业的，如制造商与配送商、分销商，这就对运作延迟化业务的下游企业管理人员提出了更高的要求。他们不仅要精通本行业的管理技术和方法，还要具有较高的制造业管理能力。

二、供应链管理的业务外包策略

供应链管理注重的是企业核心竞争力，强调根据企业的自身特点，专门从事某一领域、某一专门业务，在某一点上形成自己的核心竞争力，这必然要求企业将非核心竞争力业务外包给其他企业，即所谓的业务外包（Outsourcing），也称资源外包。

所谓的供应链管理的业务外包，是指企业将自己的业务集中在拥有核心技术、能够增加最大附加值的环节，同时与全球范围内合适的企业建立战略合作关系，将自己不具备优势的业务外包或独立分离出去，它体现了企业在新的竞争形势下，通过不断发掘进而强化自身核心竞争力。所以，从本质上讲，外包是企业的一种经营战略，是企业经营管理的一种新理念。

业务外包推崇的理念是如果在企业价值链中的某一个环节上不是世界上最好的，并且也不是自己的核心竞争优势，同时，这种活动不至于把本企业与客户分开，那么应该把它外包给世界上具有核心竞争优势的企业去做，这样有利于企业创造更多的价值。

（一）业务外包的优越性及存在的风险

业务外包作为企业的一种经营战略，要求企业集中资源在那些使它们真正区别于竞争对手的技能和知识上，而把其他一些虽然重要但不是核心的业务职能外包给世界范围内的"专家"企业，并与这些企业保持紧密的合作关系。因此，通过业务外包能够给企业带来很多的好处，但同时也存在着很多的风险。

1. 业务外包的优越性

（1）专注于核心竞争力的培育。资源的有限性往往是制约企业发展的主要"瓶颈"，将非核心的经营活动交给其他"专家"企业完成，企业就能够实现资源优化配置，将有限的人力、财力、物力集中于核心业务，从而创造竞争优势。

（2）规避经营风险。由于经营风险具有复杂性、潜在性、破坏性等特征，因此通过资源外向配置和业务外包，企业可实现与外部合作伙伴共同承担风险，从而使自身变得更加柔性，更加能适应外部环境的变化。

（3）降低经营成本。通过业务外包，企业既可避免在设备、技术、研究开发上的大额投资，减少由于资产专用性而导致的企业沉没成本，又可享受源于专业化分工带来的职能效率的提高，从而有效地实现低成本经营。

（4）获得并行运作模式。由于企业把非核心的经营活动交给其他"专家"企业完成，这使得企业的运作方式中在时间和流程上处于先后关系的有关职能和环节得到改变。企业的各项活动在空间上是分散的，但在时间上却可并行，从而提高企业的反应速度，有利于形成先动优势。

（5）组织结构上具有更大的应变性和灵活性。对实行外包的企业来说，由于大量的非核心的业务都由"专家"企业来完成，故而企业的组织结构可更加精干。

2. 业务外包的风险

（1）可靠性风险。由于非核心业务活动的长期外包，承包商会认识到企业缺乏专家技术，而提供较差的服务或提高价格，这就会导致企业蒙受损失。

（2）控制程度风险。长期依赖某一个"专家"企业，易于使其滋生自满情绪而让企业难以控制，从而增加企业正常生产的不确定性。如果企业丧失对外包的控制，则会极大地影响整个业务的发展。

（3）员工的问题。随着更多的业务外包，企业部分员工会由于担心失去工作，逐步丧失对企业的归属感和信任感，失去努力工作的动力，导致更低的业绩水平和生产率，从而使企业职工失去敬业精神。

（4）学习机会和核心能力培养机会丧失的风险。如果企业因某些原因外包了一些战略性的或未来可能成为战略性的业务，将可能导致学习机会和核心能力培养机会丧失的风险。

（二）业务外包的主要方式

（1）物流外包。物流外包不仅仅降低了企业的整体运作成本，更重要的是使买卖过程摆脱了物流过程的束缚，使企业摆脱了现存操作模式和操作能力的束缚，使价值链能够在一夜之间提供前所未有的服务，它也直接导致了"第三方物流"的出现。

（2）生产外包。生产外包一般是企业将生产环节安排到劳动力较低的国家，以提高生产环节的效率，降低生产成本。越来越多拥有名牌产品或商标的企业不再涉足生产过程，只将自己的资源专注在新产品的开发、设计和销售上，而将生产及生产过程的相关研究"外包"给其他合同生产企业。如著名的运动鞋制造商 Nike 公司。

（3）研发外包。研发外包是利用外部资源弥补自己开发能力的不足。企业可根据需要，有选择地和相关研究院所、大专院校建立合作关系，将重大技术项目"外包"给它们攻关，企业可以到科研机构购买先进的但尚未产业化的技术。

（4）营销外包。营销外包即企业只确定自己的目标市场，销售问题则交由专业营销公司去做；通过营销业务的外包，企业借助专业营销公司的这一中介，使自己与一些技艺高超的销售人员沟通，从而使企业取得很好的营销效益。

（5）人力资源管理外包。人力资源管理外包即企业将招聘、培训和人力资源管理方面的业务外包出去。国际盛行的"猎头"公司，就属于为企业提供人力资源管理业务外包服务的公司。

（6）应收账款外包。应收账款是不少企业比较麻烦和头疼的业务，将此类业务交给专业收账公司进行，就可使自己能够集中精力开展其他业务，取得更好的商业绩效。

（7）应用服务外包。随着互联网的逐步普及，大量的基于Web的解决方案不断涌现，使得远程的基于主机的应用方案成为可能。因此，许多企业普遍将信息系统业务，在规定的服务水平基础上外包给应用服务提供商（ASP），由其管理并提供用户所需要的信息服务。

（8）脑力资源外包。脑力资源外包一般要为用户提出一个咨询、诊断、顾问、分析、决策方案，实施管理业务、组织的重组、技术改造，实现改进工作、提高经济效益的目的。脑力资源外包内容主要有互联网咨询、信息管理、ERP系统实施应用、管理咨询等。

不同的外包方式由于所外包的业务对象不同，其针对性也不同，各有其特点，互相之间并无优劣之分。企业应根据自己的实际情况和业务特点，充分考虑收益和风险来选择适合自己的一种或多种外包模式。

（三）选择外包伙伴的要点

在选择外包伙伴时，企业需要重点考虑以下四个方面：自身的差异化优势、运营规模、能力定位、运营能力与实力的平衡。

1. 自身的差异化优势

在确立外包之前，企业必须清楚地了解自己与众不同的竞争优势在哪里。如果产品或处理技术是企业的差异化优势，就不能把企业的运营业务外包，只能选择将自己的不足之处或者并不是战略性的业务外包。

2. 运营规模

企业应分析企业内部的运营规模和具体需求，如果企业的运营已经接近或达到最大产能，并且没有扩大生产的计划，就不可能从外包中获益。当然，对规模小却急需扩展的企业来说，选择外部合作伙伴是最佳的策略，因为通过运营外包不仅可以降低固定成本和总成本，同时，还可以利用这段最佳时间/富裕能力产生其他收益。

3. 能力定位

企业要认真考虑企业内部运营是否具有独特性的能力。如果企业拥有其他企业难以复制的特殊的业务流程或者独特的能力，那么外包带来的收益就非常有限，因为外包的规模优势难以支撑企业独特的需求。

4. 运营能力与实力的平衡

企业要考虑自身和外包伙伴之间的力量平衡。为选择最好的服务提供商，一定要超越技术指标来通盘考虑，需要在自己与服务提供商的策略和整体实力之间做出权衡，这最终可能会改变选择哪家服务提供商，如何调配其具体份额，甚至是否最终选择外包的决定。许多服务提供商可能比外包给他们的客户更庞大，随着服务提供商实力的进一步巩固，他们将获得更多的影响力，如果企业自身的业务量不够大，则有可能无法实现企业所预期的目标。

三、"牛鞭效应"

"牛鞭效应"源自物流管理学中的一个经典啤酒游戏，它反映的是供应链中一个经常发生的非常有趣的现象，即供应链的节点企业往往只是根据来自相邻下游企业的需求信息进行生产和供应决策。由于这种需求信息的不真实性会沿着供应链逆流而上产生逐级放大的现象，当到达最上游时供应商获得的需求信息和实际消费者需求信息已经发生了很大的偏差。其需求变异系数比分销商和零售商的变异系数大得多。由于这种需求放大效应的影响，上游供应商往往维持比下游供应商高得多的库存水平，从而导致供应链上的库存积压。图 10-11 显示出这种在供应链上被逐级放大趋势的现象。

所以，"牛鞭效应"，或称"长鞭效应"，是指供应链中的下游企业的需求信息在向上游企业传递时发生的放大现象。

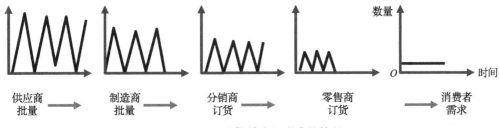

图 10-11 "牛鞭效应"形成的情况

(一)"牛鞭效应"产生的基本成因

影响"牛鞭效应"的主要因素如下。

1. 需求预测的多重处理

一般而言，上游供应商靠下游销售商的订货量来预测需求和决定自己的订货量，一旦零售商发现某个时期顾客需求突然增加，就认为是未来顾客需求增加的一个信号，从而大幅度地增加订货数量，将物品补充至最大库存。正是这种供应链的上游企业仅仅根据下游企业的需求信息做出预测和决策的方式，使得未来需求在供应链各节点企业之间被一级一级的修正，到最终供应商时的需求订单已经不能真实反映市场的需求变化，而是经过不断放大的库存补给量，即多重预测是导致"牛鞭效应"的关键因素之一。

2. 交货提前期

交货提前期是指从发出订单到收到货物的时间延迟。交货提前期与"牛鞭效应"有着密切的联系，交货提前期越长，需要的常规库存量越大。库存量大，所面对需求波动的应变能力则较弱。在较长的交货期间内，一旦出现市场需求波动，就需要重新估计和调整需求期望、标准差、安全库存、订货点和订货量等，进而引发订货量的变化，导致需求变动增大，从而产生"牛鞭效应"。

3. 批量订货

企业通常采用批量订货法，既能减少订货次数与订货成本，又可获得批量的费用折扣。

然而，若下游企业孤立地展开库存管理决策和批量的订货，上游企业实际面对的是间歇型的批量订货，时而一个大数量的订货，时而订货为零，呈扭曲和振荡波动的批量型需求，而不是实际的最终需求，从而产生"牛鞭效应"。

4. 价格波动

当商品供应价格在一定的范围内随机波动时，下游企业通常会在产品价格低时大量订货，储存商品；在产品价格高时减少订货。此外，由于在某些时期对大量采购提供促销和打折措施，导致不正常的订货和销量，这些都会加剧"牛鞭效应"。

5. 短缺博弈

制造商的生产能力不能满足潜在的客户需求时，会根据买方企业的订单限量配给，买方为了得到更多的订货量，势必提高订货量，导致订货量超出实际需求，从而产生"牛鞭效应"。

(二) 消除或减轻"牛鞭效应"的主要措施

要从根本上解决"牛鞭效应"，就必须使供应链成员的利益目标完全一致。一般来说，这是不可能的。但通过供应链的协调，订立合理的契约，建立完善的激励机制和监督机制，实行有效的信息共享，可以减轻甚至消除"牛鞭效应"。在具体的运作中，可采用提高信息共享程度，降低订货量、压缩提前期，压缩预测期，稳定价格，建立企业战略联盟等策略。

1. 提高信息共享程度

"牛鞭效应"产生的主要原因在于供应链上的信息扭曲，为了使供应链上的每一级企业都能得到完全的、及时的、相同的最终需求信息，应当构筑企业局域网，引进计算机管理，实现企业内部的信息共享，进而通过互联网或电子数据交换系统与客户连接，从而有效地加快订单传输速度，使上下游企业都可以根据相同的原始资料更新它们的预测。

2. 降低订货量，压缩提前期

批量订购会产生"牛鞭效应"，因此企业应调整其订购策略，实行小批量多次订购的采购或供应模式。企业偏好大批量、低频率的采购策略的原因在于交易成本、运输成本的高昂。企业可以借助专业化的第三方物流企业来降低小批量运输时的高额运输成本。此外，压缩提前期有利于减少提前期需求量的波动性，从而弱化"牛鞭效应"。

3. 压缩预测期

由于预测期长使得预测准确性下降，所以缩短预测时点与顾客需求到达之间的时长有助于减弱"牛鞭效应"，如顾客化定制。

4. 稳定价格

控制由于先期购买而引起"牛鞭效应"的最好做法是减少折扣频率和幅度。要减少先期购买现象，就要改变企业原有的经营管理方式，制定稳定的价格策略。近年来，一些超市倡导的天天低价的价格策略，就是一个例证。天天低价使消费者囤积现象减少，真实的消费情况显露在经营者的销售信息里，有助于经营者掌握真实的市场信息。

5. 建立企业战略联盟

加强供应链企业间的合作，在组织上促进企业间的信息共享，减少短期博弈行为，实现整个供应链的集中式库存管理（如供应商管理库存的模式）；通过与第三方物流企业的合作准确、及时运输货物，实现 JIT 管理，最大限度地减少库存，降低经营成本，提高供应链的竞争力。

本章小结

供应链是围绕核心企业，通过对信息流、物流、资金流的控制，从采购原材料开始，制成中间产品以及最终产品，最后由销售网络把产品送到消费者手中的将供应商、制造商、运输商、分销商、零售商直到最终用户连成一个整体的模式和网链结构。供应链管理是在满足用户需要的同时，通过对整个供应链系统的计划、组织、领导和控制等，最大程度地提高运作效率，降低成本，以实现供应链整体优化而采用的从供应商的供应商到用户的用户的一种集成化的管理过程。

供应链管理具有以客户需求为中心、企业组织建立合作联盟等特征，以"横向一体化"等作为基本思想。供应链管理涉及需求管理、生产计划（作业）、物流管理、采购供应、订单交付及逆向物流六个领域，包括供应链的网络设计、供应链合作伙伴关系管理、生产管理与产品管理、供应链资金流管理、供应链信息管理、物流管理、供应链风险管理、供应链绩效评价与激励机制方面的内容。

根据不同的划分标准，可以将供应链分为稳定型供应链与动态型供应链、平衡型供应链与倾斜型供应链、效率型供应链与响应型供应链、风险规避型供应链与敏捷型供应链、推动式供应链与拉动式供应链等类型。影响供应链网络设计的因素有宏观环境因素、企业战略因素、技术因素、成本因素、客户因素、竞争对手因素、不确定性因素。供应链网络设计一般需要经历分析市场竞争环境、分析总结企业现状、提出供应链网络设计的项目、提出供应链网络设计的目标、分析供应链网络的组成、分析评价供应链网络的可行性、设计新的供应链网络、检验供应链网络、完成实施供应链网络九大步骤。

集成化供应链管理的核心主要是由作业回路、策略回路和性能评价回路三大回路组成。实施集成化供应链管理需要经历基础建设、职能集成管理、内部集成化供应链管理、外部集成化供应链管理、集成化供应链动态联盟五个步骤。集成化供应链管理包括供应链延迟化策略、供应链管理的业务外包策略和"牛鞭效应"三种策略。

复习与思考

一、名词解释

供应链　供应链管理　延迟化策略　业务外包　"牛鞭效应"　时间延迟　位置延迟　形式延迟

二、单选题

1. 从上下游关系来看，供应链不可能是单一的链状结构，而是交错链状的（　　）。
   A. 星状结构　　　　B. 网状结构
   C. 闭环结构　　　　D. 线性结构
2. 根据产品的市场特点，可将产品分为功能性产品和创新性产品。（　　）供应链适合功能性产品。
   A. 效率型　　　　　B. 响应型

C. 敏捷型　　　　D. 风险规避型
3. 拉动式的供应链，其管理的出发点在于以（　　）为中心，以客户需求为动力。
   A. 战略目标　　　B. 销售业绩指标
   C. 利润指标　　　D. 客户及客户满意度
4. 供应链管理是运用一种（　　）管理思想与方法，对供应链上的活动进行计划、组织、协调、控制。
   A. 复杂　　　　　B. 集成
   C. 系统　　　　　D. 动态
5. "牛鞭效应"形象地描述了供应链传递中的需求信息扭曲现象，其基本思想是需求信息的不真实将会（　　）。
   A. 随着顾客对商品需求的不确定性沿着供应链向上逆流逐渐放大
   B. 随着销售商对商品需求的不确定性沿着供应链向上逆流逐渐放大
   C. 随着制造商对零部件需求的不确定性沿着供应链向下顺流逐渐放大
   D. 随着供应商对零部件需求的不确定性沿着供应链向下顺流逐渐放大
6. 时间延迟与位置延迟有一个共同的特征，即推迟（　　）。
   A. 资金流　　　　B. 商品流
   C. 信息流　　　　D. 价值流
7. 拉动式供应链运作模式：以（　　）为中心，顾客的需求拉动是供应链中信息流、物流和资金流的驱动源。
   A. 制造商　　　　B. 供应链商
   C. 顾客　　　　　D. 采购商
8. （　　）的实质就是尽可能推迟产品实体特征的差异化。
   A. 位置延迟　　　B. 时间延迟
   C. 物流延迟　　　D. 功能延迟

三、多选题

1. 供应链的特征包括（　　）。
   A. 需求导向　　　B. 博弈性和动态性
   C. 增值性　　　　D. 交叉性和复杂性
2. 按照供应链的运作模式，可将供应链分为（　　）。
   A. 敏捷型供应链　B. 动态型供应链
   C. 推动式供应链　D. 拉动式供应链
3. 集成化供应链管理的核心主要是由（　　）等回路组成的。
   A. 作业回路　　　B. 控制回路
   C. 策略回路　　　D. 性能评价回路
4. 供应链管理的应用功能涉及（　　）。
   A. 需求管理
   B. 供应链计划
   C. 生产、配送、运输计划
   D. 电子商务
5. 供应链管理以（　　）为基本思想。
   A. 横向一体化　　B. 纵向一体化
   C. 重视关系管理　D. 强调协调性
   E. 关注信息管理
6. "牛鞭效应"产生的基本原因在于（　　）。
   A. 短缺博弈
   B. 需求预测的多重处理
   C. 批量订货
   D. 多级库存
   E. 价格波动
7. 推动阶段和拉动阶段的分界点被称为顾客订单分离点，从供应链的上游到达顾客订单分离点的是（　　）和中间产品。
   A. 通用件　　　　B. 标准件
   C. 专用件　　　　D. 定制件
8. 在选择外包伙伴时，需要重点考虑的方面包括（　　）。
   A. 能力定位
   B. 运营规模
   C. 运营能力与实力的平衡
   D. 自身的差异化优势

四、判断题

1. 供应链的结构是由供应链成员及成员之间的联系所组成的网络。（　　）
2. 供应链管理是从最终客户到原始供应商的关键业务流程的集成。（　　）
3. 供应链管理的目标就是获取最大利润。（　　）

4. 内部集成化供应链管理是实现集成化供应链管理的关键阶段。（　　）
5. 延迟化策略的运作方式是将产品从原材料到最终用户的整个过程分为两个阶段。在推动阶段，通常按订单制造组织生产；在拉动阶段，生产通常以制造后库存组织生产。（　　）
6. "牛鞭效应"反映的是供应链中一个经常发生的非常有趣的现象，即供应链的节点企业往往是根据订单企业的需求信息进行生产和供应决策。（　　）

3. 简述供应链的主要类型。
4. 简述供应链网络设计的影响因素。
5. 简述集成化供应链管理的实施阶段。
6. 简述业务外包的优越性及存在的风险。

六、论述题

1. 选择一个企业，对其现有供应链进行分析，指出其不足之处，并对其进行优化。
2. 针对某一具体企业，对该企业的供应链网络进行讨论。
3. 实现集成化供应链管理要解决哪些问题？如何分步骤地实现集成化供应链管理？
4. 如何理解业务外包思想？请举例说明可采用哪些方式来实现业务外包。

五、简答题

1. 简述供应链的特征。
2. 简述供应链管理的主要内容。

◆ 案例分析

准时达的供应链管理理念

准时达国际供应链管理公司（以下简称"准时达"）作为一家专注于B2B供应链管理市场的4PL服务提供商，近年来发展迅速，受到资本市场的关注。2014年，准时达开始正式从企业物流向供应链管理转型，是富士康科技集团唯一授权的供应链管理平台企业，凭借与制造业合作多年的深度融合，开始把从配合精益生产到精益供应链管理的经验和平台向外界开放，把外界的资源与自身资源做整合。准时达具备可以贯穿制造型企业上下游各环节的供应链，为客户提供从原材料到终端客户的供应链解决方案的实力。

1. 全球布局，推动服务模式创新

准时达在成立之初，就直接面向全球布局，经过多年的持续发展，形成了首屈一指的全球网络。伴随经济全球化深入发展，高度整合的产业链、供应链体系让世界经济"筋骨"相连，正因如此，全球供应链体系受政策、局势影响很大。旷日持久的中美贸易摩擦，让全球的供应链格局在发生改变。为此，准时达多年在为大型跨国企业累积的全程供应链服务能力得以明显释放，而且借助其全球据点，以及所拥有的全球网络资源和强大的资源整合能力，能够以弹性的供应链全链条管理应对不断动态重组的全球供应链网络。

公司正在打造以电子制造和3C（Computer、Communication、Consumer Product）家电为核心产业的供应链管理实时协同平台。目前已经与全球超过3 000家3C零组件厂商建立了密切合作关系，服务超过1 000家知名品牌客户。除此之外，准时达在成立之初，就直接面向全球布局，截至2020年10月，准时达已经在北美、欧洲、韩国、日本、印度、东南亚等国家或地区建立了合资公司，在全球155个地区建立了155个据点，拥有超过250万平方米的仓储面积，45个物流服务中心，110个海外跨境转运中心，运输渠道覆盖了海运、陆运、空运、铁运。

2. 精益基因，端到端全链条赋能

准时达不同于传统的物流企业，在打造全球网络据点的基础上，它具备从制造链到分销链的整合实践经验，是少数具备全球化网络布局的端到端供应链管理的服务型企业，能给客户提供从原材料采购端到工厂制造，再到终端消费环节（Components to Manufactory to Consumer，C2M2C）的全程供应链整合解决方案。

针对 C 客户的制造商拥有数量众多的供应商，供货频次高，生产规模大，准时达创新其 VMI（Vendor Managed Inventory）管理模式。各地供应商按照生产预测将物料提前运送至准时达 VMI HUB，由供应商自己管理库存。当制造商需要生产用料时，VMI HUB 会依照生产要求把零配件按成品需求比例配置好，进行 JIT（Just in Time）产前集拼出货，上线前进行物权交割，实现真正意义上的 JIT 供料模式。

根据 C 客户保税工厂的特性，准时达将 VMI HUB 设置在公共保税区域，并申请了"分送集报、先出后报"的申报模式，依靠准时达强大的通关实力，在确保贸易合规的前提下，同样实现了 JIT 交付，降低库存，提高供应链效率。除满足中国市场需求外，C 客户的成品还销往世界各地。为此，准时达结合粤港澳大湾区的整体规划理念，打造了"深港直通 + 港仓"的交付平台，借由中国香港机场丰富的航空运力资源，将客户产品准时、准确地交往各个终端客户。

准时达利用掌握的生产制造业和物流行业的丰富数据，对行业市场、运输市场进行充分预测，并根据客户的预测提前规划并锁定运力资源，提前保障交付需求、服务时效和服务质量。准时达的"控制塔 + 智能运筹中心"承担这一角色。在监控全网信息的同时，充分提炼并应用供应链实时协同平台所采集的全方位数据信息，让供应链服务逐步向智能化推进。

资料来源：改编自张慧颖，冯文泽. 准时达——中国 B2B 供应链市场的独角兽 [J]. 中国管理案例共享中心案例库，2020 年 10 月 5 日。

讨论题

1. 结合案例和供应链管理相关理论，分析准时达的 C2M2C 供应链管理服务模式具有什么特色。
2. 在全球化背景下，准时达为什么将精益供应链管理作为自己的核心理念呢？

第十一章
CHAPTER 11

国际物流

学习目标

- 了解国际物流的发展历程和发展趋势
- 理解国际物流节点的概念、功能，以及国际物流网络的概念与建设
- 熟悉国际物流的业务
- 熟悉国际物流系统的目标、要素、构成和运作流程
- 掌握国际物流的内涵及特征
- 掌握国际物流系统的构成要素

关键概念

国际物流　国际物流系统　国际物流节点　国际物流网络

引 例

"一带一路"成就中国国际物流新机遇

"一带一路"倡议是2013年9月习近平主席在哈萨克斯坦纳扎尔巴耶夫大学演讲时提出的。"一带一路"建设的重点内容就是深化与沿线国家和地区的经贸合作。目前，我国是不少沿线国家和地区的最大贸易伙伴、最大出口市场和主要投资来源地。推进"一带一路"建设，积极与沿线有关国家和地区发展新的经贸关系，将有助于形成稳定的贸易、投资预期，进一步深化沿线国家和地区的经贸合作，扩大我国经中亚、俄罗斯至欧洲（波罗的海）和我国经中亚、西亚至波斯湾、地中海的贸易规模，并由此带动我国西向物流规模。

以"一带一路"引领与周边国家和地区经贸合作，把"一带一路"建设与区域开发开放结合起来，将会为一些重要的节点城市带来物流发展机遇。随着"一带一路"建设推进、东南沿海部分产业转移到中西部地区，必然会深化与周边国家和地区经贸合作，带动我国与周边国家接壤、相邻的东北、西北、西南、东南地区节点城市的经贸发展，形成一批商贸物流枢纽中心。

推进"一带一路"建设将带来我国制造业、能源、资源和电子商务等的物流发展。我国的劳动力成本相比东南亚国家有所提升，使得部分劳动密集型制造业转移到东南亚国家，但我国拥有经济规模世界第二、国内市场不断扩大等优势，有些附加值低端环节被转移出去，但高端环节仍需在我国境内完成，这些都将会深化我国与周边国家的制造业合作，促进制造业物流发展。

"一带一路"沿线国家和地区大多数与中国具有经济互补的合作基础，尤其是具有较强的资源互补性。例如，中亚国家的油气，印尼、菲律宾的镍、铁，越南的铝土、铁，泰国、老挝的钾盐，等等，都是中国急需进口的大宗矿产品。推进"一带一路"建设，加强能源基础设施互联互通合作，推进跨境电力与输电通道建设，将会推进中国与"一带一路"沿线国家和地区的能源、资源合作，带来能源、资源物流发展。

在全球化的时代背景下，各国将高度重视电子商务和物流发展。跨境电子商务活动日益频繁和活跃，对跨境电子商务物流从体系到能力都提出更高要求。我国新一轮的对外开放、构建"丝绸之路经济带"和"21世纪海上丝绸之路"、自贸园区建设、积极参与全球经济治理等为跨境电子商务物流发展带来重大历史发展机遇。

资料来源：魏际刚，赵福军."一带一路"建设与中国国际物流新机遇[J].中国物流与采购，2015（23）：68-69.

讨论题

1. "一带一路"给中国国际物流带来了哪些机遇？
2. "一带一路"倡议的实施对国际贸易、国际物流会产生哪些方面的影响？

近年来，在国际交流合作中，随着商品、物资的跨国界流动形成了国际物流。国际物流在现代物流体系中占有重要地位。高效的国际物流可以增强企业的商品在国际市场上的竞争力，扩大出口量，促进国民经济的发展。

第一节　国际物流概述

国际物流是不同国家（地区）之间的物流，是国际贸易的一个必然组成部分，各国（地区）之间的相互贸易最终通过国际物流来实现。国际物流是现代物流系统中重要的物流领域，是一种新的物流形态。

从企业角度看，近十几年不仅是已经国际化的跨国企业，即便是一般有实力的企业也在推行国际战略，企业在全世界寻找贸易机会，寻找最理想的市场，寻找最好的生产基地，这就将企业的经济活动领域由地区、国家扩展到国际之间，由此企业的国际物流也提到议事日程上来。企业必须为支持这种国际贸易战略，更新自己的物流观念，扩展物流设施，按国际物流要求对原来的物流系统进行改造。

对跨国公司来讲，国际物流不仅是由商贸活动决定的，也是生产活动的必然产物。企业国际化战略的实施，使企业分别在不同国度中生产零件、配件，又在另外一些国家组装或装配整机，而这种生产环节之间的衔接就需要依靠国际物流实现。

一、国际物流的内涵及特征

国际物流是指当生产和消费在两个或两个以上的国家（或地区）独立进行的情况下，为克服生产和消费之间的空间距离和时间距离而对货物所进行的物理性移动的一项国际经济贸易活动。国际物流是组织货物在国际的合理流动，即发生在不同国家间的物流活动。

广义的国际物流包括国际贸易物流、非贸易国际物流、国际物流投资、国际物流合作、国际物流交流等领域。狭义的国际物流主要是指国际贸易物流，即组织货物在国际的合理流动，也就是指发生在不同国家之间的物流。

《物流术语》（GB/T 18345—2021）将国际物流（International Logistics）定义为"跨越不同国家（地区）之间的物流活动"，即当供应和需求分别处在不同的国家（地区）时，为了克服供需时间和空间上的矛盾而发生的商品实体在国家与国家之间跨越国境的流动。

国际物流的实质是根据国际分工的原则，依照国际惯例，利用国际化的物流网络、物流设施和物流技术，实现货物在国际的流动与交换，以促进区域经济的发展与世界资源的优化配置。国际物流的总目标是为国际贸易和跨国经营服务，即选择最佳的方式与路径，以最低的费用和最小的风险，保质、保量、适时地将货物从某国的供方运到另一国的需方。

国际物流与国内物流相比，长距离的运输支出、较大的库存量、较长的固定循环作业周期使国际物流费用高昂；多样的运输方式，需穿越国际边界等原因，使物流公司趋于大型化。作为跨国经营和对外贸易服务，它具有国际性、复杂性和风险性的特点。

一般而言，国际物流具有以下四个方面的特征。

（1）物流环境存在差异。国际物流的一个非常重要的特点是，各国物流环境的差异，尤其是物流软环境的差异。不同国家的物流适用法律使国际物流的复杂性远高于一国的国内物流，甚至会阻断国际物流；不同国家不同经济和科技发展水平会造成国际物流处于不同科技条件的支撑下，甚至有些地区根本无法应用某些技术而迫使国际物流水平的下降；不同国家不同标准，也造成国际"接轨"的困难，因而使国际物流系统难以建立；不同国家的风俗人文也使国际物流受到很大局限。

由于物流环境的差异迫使一个国际物流系统需要在几个不同法律、人文、习俗、语言、科技、设施的环境下运行，这无疑会大大增加物流的难度和系统的复杂性。

（2）物流系统范围广。物流本身的功能要素、系统与外界的沟通就已经很复杂，国际物流再在这复杂系统上增加不同国家的要素，这不仅涉及的地域广阔和空间广阔，而且所涉及的内外因素更多，所需的时间更长，广阔范围带来的直接后果是难度和复杂性增加，风险增大。例如，开通某个"大陆桥"之后，国际物流速度会成倍提高，效益显著增加，就说明了这一点。

（3）国际物流必须有国际化信息系统的支持。国际化信息系统是国际物流，尤其是国际联运非常重要的支持手段。国际信息系统建立的难度主要有三个：一是管理困难；二是投资巨大；三是各国信息水平不均衡。

当前建立国际物流信息系统一个较好的办法就是和各国海关的公共信息系统联机，以及时掌握有关各个港口、机场和联运线路、站场的实际状况，为供应或销售物流决策提供支持。国际物流是最早发展"电子数据交换"（EDI）的领域，以 EDI 为基础的国际物流将会对物流国际化产生重大影响。

（4）国际物流标准化要求较高。要使国际物流畅通起来，统一标准是非常重要的，可以说，如果没有统一的标准，国际物流水平是无法提高的。美国、欧洲基本实现了物流工具、设施的统一标准，如托盘采用 1 000 毫米 × 1 200 毫米，集装箱规格统一及条码技术等，这样大大降低了物流费用及转运的难度。而不向这一标准靠拢的国家，必然在转运、换车底等许多方面要多耗费时间和费用，从而降低其国际竞争能力。

在物流信息传递技术方面，欧洲各国不仅实现了企业内部的标准化，而且实现了企业之间及欧洲统一市场的标准化，这就使欧洲各国之间比其与亚洲、非洲等国家交流更简单、更有效。

二、国际物流的发展历程

国际物流活动随着国际贸易和跨国经营的发展而发展，主要经历了以下三个阶段。

1. 从 20 世纪 50 年代至 80 年代的集装箱运输发展时代

20 世纪 50 年代的世界贸易发展是国际物流发展的准备阶段。随着国际贸易的增长，20 世纪 60 年代开始形成国家间的大规模物流。1968 年，日本、澳大利亚及欧洲的一些国家开展集装箱运输，这是国际物流发展的重要标志。20 世纪 70 年代中后期，国际物流的质量和速度要求得到进一步提高，同时物流设施和物流技术得到了极大的发展。随着国际物流业的发展大趋势加强，一些国家建立起了本国的物流标准化体系。

2. 从 20 世纪 80 年代至 90 年代初期的国际物流全面起步和发展阶段

1980 年前后是国际物流发展的一个黄金点，国际货物多式联运、自动化搬运、装卸技术集中突飞猛进。20 世纪 80 年代后期，中国在集装箱运输和港口建设方面逐步同世界先进水平接轨。在这一阶段，国际物流在物流量基本稳定的状况下产生了精细化物流，物流的机械化、自动化水平得到进一步发展。同时，众多以前未想到和忽视的新技术、新方法被应用于处理小批量、高频率、多品种的物流，从而拓展了物流服务空间。伴随着国际物流服务范围的不断拓展，计算机信息系统、电子数据交换（EDI）系统逐步应用于国际物流的组织和管理过程之中。利用信息技术，物流向更低成本、更高服务、更大量化、更精细化的方向发展，国际物流开始进入物流信息时代。

3. 从 20 世纪 90 年代初至今的国际物流标准化阶段

在这一阶段，国际物流迅速发展，并逐步走向标准化、信息化物流时代。在国际贸易、国际投资和跨国公司全球战略的实施推动下，原材料、能源和产品在全球范围内频繁流动。国际物流无论从内容上还是从数量上都以前所未有的速度向前发展。物流基础设施、物流技术、物流服务、货物运输和国际运输包装，大大加快了国际物流的进程。人们已经形成共识，即物流是无国界的，只有在国际物流方面展开广泛的合作，世界经济才能更加繁荣。相关的国际物流标准、物流保险、物流法规及技术协定等已具雏形，并在实践中得到不断的完善和发展。信息技术的发展为国际物流标准化和国际物流管理提供了强大的技术支撑，高科技的服务手段和高科技的信息技术成为物流企业获取市场的竞争优势。条形码技术、网络技术、全球卫星定位系统（GPS）、物联网、大数据等在物流领域得到了大范围的应用。

三、国际物流的业务

国际物流的业务主要包括国际货物运输、国际货物仓储、国际货物通关三大类。

(一) 国际货物运输

国际货物运输是指国家与国家、国家与地区之间的货物运输,包括内河运输、海洋运输、公路运输、铁路运输、航空运输、管道运输以及邮政运输(见图 11-1)。下面详细介绍几种重点的运输方式。

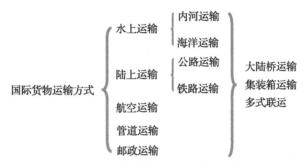

图 11-1 国际货物运输方式的分类

1. 国际海洋货物运输

国际海洋货物运输是国际物流中最主要的运输方式,它是指使用船舶通过海上航道在不同国家和地区的港口之间运送货物的一种方式。目前,国际贸易总运量中的 2/3 以上以及中国进出口货运总量中的约 90% 都是利用海洋运输的。海洋运输通常分为班轮运输和租船运输两种方式。

(1)班轮运输。班轮运输是指在预先固定的航线上,按照船期表在固定港口之间来往行驶的海洋运输。少量货物或杂货通常采用班轮运输。

(2)租船运输。一般而言,租船是指包租整船,大宗货物一般都采用租船运输。与班轮运输相比,租船运输属于不定期船,没有固定的航线、装卸港及航期,没有固定的动价,租船运输中的船舶港口使用费、装卸费及船期延误所造成的费用按租船合同规定划分及计算;班轮运输中船舶的一切正常营运支出均由船方负担,租船主要用来运输国际贸易中的大宗货。租船方式主要包括定程租船、定期租船和光船租船三种。

2. 国际铁路货物运输

国际铁路货物运输,也称国际铁路联运,是仅次于国际海洋货物运输的一种主要运输方式。与其他运输方式相比,国际铁路货物运输几乎不受气候影响,一年四季都可以不分昼夜地进行定期的、有规律的、准确的运输。

国际铁路货物运输是在两个或两个以上国家之间进行的铁路货物运输,只需要在始发站办妥托运手续,使用一份运输单据,由一国铁路向另一国移交货物时,不需要发货人或收货人参加,铁路当局对全程运输负责。

国际铁路货物运输的范围包括：一是适用于国际货协国家之间的货物运输，发货人只需要在发货站办理铁路运输托运，使用一张运单，即可办理货物的全程运输；二是适用于未参加国际货协铁路间的顺向或反向货物运输，在转换的最后一个或第一个参加国家的国境站改换适当的联运票据。

3. 国际航空货物运输

国际航空货物运输是一种现代化的运输方式，它与国际海洋货物运输、国际铁路货物运输相比，具有运输速度较快、货运质量高且不受地面条件限制等优点，但也存在着运量小、运价较高等缺点。因此，它最适宜运送急需物资、鲜活商品、精密仪器和贵重物品。

国际航空货物运输是国与国之间的跨国航空运输方式，承担着现代运输方式的主要运输责任。它的运作方式如下。

（1）班机运输。班机是指定期开航的定航线、定始发站、定目的港、定途经站的飞机。班机运输由于航线固定、停靠港固定和定期开航，便于发货人确切掌握货物起运和到达的时间，对于市场急需的商品、鲜活易腐货物以及贵重商品的运送非常有利。

（2）包机运输。包机运输是指包机人或公司，为了达到一定的目的，包用航空公司飞机的一种运输方式。使用包机运输，包机人或公司要确保所托运的货物内，不含有国家法律规定禁止运输、限制运输的物品。并且托运人应当提前将货物送至指定的机场，自行办理好海关、检疫等出口手续。

使用包机运输，包机人与承运人需要协调好包机运输的条件，并且签订包机合同。每次货运包机，都需要填写一份对应的航空货运清单，作为包机的运输证明。

（3）包舱运输。包舱运输是指托运人与航空公司达成协议，能在一定时间内拥有飞机固定的仓位。而承运商则需要在这段时间里，确保托运人的货仓仓位。包舱运输与包机运输一样，同样需要使用个人身份证明与承运商签订合同。

相比于包机运输，包舱运输费用更少，面临的风险更小。但与包机一样，如果货物量没有达到自己包舱空间，或者超过包舱空间，那么都会面临损失和尴尬的境地。

（4）其他航空运输方式。除了班机运输、包机运输、包舱运输外，还有集中托运、航空急件运输和集装箱运输三种方式。

集中托运是指托运人将零散、若干小批货物，组成一个整批、大批货物进行运输的一种方式。其好处是利用货量的优势，能降低运输成本。

航空急件运输一般是运输比较紧急的物品，如一些医疗器械、图纸文件等。这类运输方式的优点在于时效快，缺点是运价高。

集装箱运输是指将货物装进集装箱，然后通过空运的方式将货物运往各地。这种运输方式的优点在于运输效率高、装卸便捷、周转快。

4. 国际公路货物运输

国际公路货物运输是指国际货物借助一定的运载工具，沿着公路在两个或两个以上的国家或地区之间运送货物的一种运输方式。与其他运输方式相比，国际公路货物运输具有机动灵活、简捷方便、应急性强、适应点多、面广、运距短、汽车投资少、收效快的优点，是衔接航空、船舶、铁路等运输方式不可缺少的运输形式。

5. 国际多式联运

国际多式联运（Multi-modal Transport）是一种以实现货物整体运输的最优化效益为目标的联运组织形式。它通常是以集装箱为运输单元，将不同的运输方式有机地组合在一起，构成连续的、综合性的一体化货物运输。

国际多式联运也称为国际一贯化运输，是国际多种运输方式的联合运输。这种运输由一个承运人负责，使用一份国际多式联运合同，组织多种运输手段进行跨国联合运输。《联合国国际货物多式联运公约》将多式联运定义为按照多式联运合同，以至少两种不同的运输方式，由多式联运经营人将货物从一国境内接受货物地点运至另一国境内指定交付货物的地点。

国际多式联运适用于水路、公路、铁路和航空多种运输方式。在国际贸易中，由于85%～90%的货物是通过海运完成的，因此海运在国际多式联运中占据主导地位。

|阅读材料 11-1|

日本邮船公司的多式联运服务

日本邮船公司（NYK）作为世界上著名的班轮公司之一，是传统的海运服务公司，该公司自 1896 年起便开始经营欧洲和远东的"港至港"的服务。海运是 NYK 的主业，它拥有一支由 322 艘船舶组成的船队，每年承运 7 000 多万吨货物。

航运业的利润下降和动荡，使 NYK 开始重组和改变其经营战略，由单一的"至港"服务转向更加细致周到的"多式联运"服务。

NYK 集团提出了一个面向 21 世纪的公司战略，集团内部称之为"NYK21"。其目标是使公司发展成为一个超越海上运输的全方位综合物流公司，即成为一个可以提供更广泛的服务种类的超级承运人。NYK 的战略之一是计划首先通过其下属子公司在空运、货代、仓储和公路运输运作上的协调一致，来实现其战略联盟。

公司的目标是加强 NYK 的货运服务、物流活动、空运和陆上运输，使其占 NYK 年收入的 30%（目前占 10%）。NYK 努力建立一个围绕海、陆、空服务的多式联运体系，以实现其目标。该战略的核心部分在于 NYK 不断在世界主要地区发展其物流中心。1991 年，NYK 从联合承运集团（United Carriers Group）收购了三个欧洲运输和物流公司作为其在欧洲建立物流网络体系的一部分。

NYK 的物流中心遍布全球，并且不断有新的物流中心建立。这些中心经营的远远不止仓储服务，NYK 将它们看成是集中向客户提供一定程度的物流服务的中心，如存货管理和订单处理。NYK 物流中心的经营理念是积极向客户推销，提供客户集中存货控制的好处，以达到缓解存货紧缺和减少运输设备的目的。每个中心均有陆、海、空运输的专业人才和自己的货物集中与分送的网络。NYK 认为信息技术是现代物流的重要基础，并且使每个中心互相联网以提供全球货物跟踪。

资料来源：http://www.doc88.com/p-6061845579922.html，2021 年 4 月 12 日，有改编。

6. 大陆桥运输

"大陆桥"是连接两段海运的陆地运输，主要指国际铁路货物运输和国际海洋货物运输。大陆桥运输可以实现"门到门"的运输方式，由运输业者承担运输全程责任；运输速度快，运输里程短；节约运输、保管和装卸费用；保证物流作业质量，满足货主要求。

目前，经过中国陆地运输的大陆桥有两个：一个是新亚欧大陆桥，在中国境内长达4 131公里，于1990年贯通。该大陆桥东起连云港，西至荷兰鹿特丹港，横跨亚洲、欧洲，与太平洋、大西洋相连，全长10 800公里，途经中国中部的各个省份。另一个是西伯利亚大陆桥，也称为亚欧大陆桥。该大陆桥全长9 300公里，是从远东地区经过西伯利亚大铁路，一直到达欧洲的大陆桥。它的全程共分为三条运输线：第一条以西伯利亚铁路运输为主，伊朗和欧洲的铁路运输为辅；第二条是经西伯利亚铁路和苏联的西部港口，到达西北欧的铁路和海运；第三条是从西伯利亚铁路起，经欧洲公路，到达瑞士、德国、法国和意大利的铁路与卡车运输。该大陆桥在中国的满洲里和二连浩特均有接口。

（二）国际货物仓储

国际货物仓储是国际物流活动中的重要环节，其管理水平的高低与管理流程的环节直接影响国际物流业务的运作效率。国际货物仓储业务的基本运作流程主要有入库、储存保管和出库三个环节。国际货物仓储的主要形式是保税仓库。

保税仓库是指由海关批准设立的供进口货物储存而不受关税法和进口管制条例管理的仓库。储存于保税仓库内的进口货物经批准可在仓库内进行改装、分级、抽样、混合和再加工等，这些货物如再出口则免缴关税，如进入国内市场则须缴关税。各国对保税仓库货物的堆存期限均有明确规定。设立保税仓库除为贸易商提供便利外，还可促进转口贸易。

保税仓库按照使用对象不同分为三类。

（1）公用型保税仓库。公用型保税仓库由主营仓储业务的国境内独立企业法人经营，专门向社会提供保税仓储服务。

（2）自用型保税仓库。自用型保税仓库由特定的国境内独立企业法人经营，仅存储供本企业自用的保税货物。

（3）专用型保税仓库。专用型保税仓库是指保税仓库中专门用来存储具有特定用途或特殊种类商品的仓库，一般而言，它包括液体危险品保税仓库、备料保税仓库、寄售维修保税仓库和其他专用型保税仓库。

（三）国际货物通关

通关制度是主权国家维护本国政治、经济、文化利益，对进出口货物和物品在进出境口岸进行监督管理的基本制度。所谓国际货物通关，是指进出境运输工具的负责人、货物的收发货人及其代理人、物品的所有人向海关申请办理进出口货物手续，海关对其呈交的单证和申请进出口的货物依法进行审核、查验、征缴税费，批准进口或者出口的全过程。

通关作业是海关通关管理的实体，分别在隶属海关通关现场和直属海关审单中心两个层次上进行，包括物流监控、报关单电子数据申报、集中审单、接单审核、征收税费、查验、放行等各项作业环节。

进出口货物通关的基本程序是申报—征税—查验—放行。加工贸易中进出口货物，经海关批准的减免税或缓期缴纳进出口税费的进出口货物，以及其他在放行后一定期限内仍须接受海关监管的货物的通关程序，可以划分为申报—征税—查验—放行—结关五个基本步骤。

不同的货物通关，在办理手续和管理办法上有不同的要求。

我国海关建立了三位一体的审单作业系统。审单作业系统包括计算机电子审单、直属海关审单中心专业化审单和隶属海关现场接单审核，它们是既分工协作又相互制约的报关单证和数据处理系统。

|阅读材料 11-2|

两类独特的货物通关模式

1. 转关运输货物通关

转关运输货物通关可分为进口转关和出口转关。

进口转关是指货物由进境地入境后，向海关申请运往另一个设关地点（指运地），办理进口海关手续。出口转关是指在境内一设关地点（启运地）办理出口海关手续后运往出境地，由出境地海关监管放行。

货物进口后要求按转关货物在入境地海关通关，应符合以下条件。

一是转关运输的指运地是企业的所在地，该企业进口货物由所在地海关办理征税。

二是经海关总署批准的定点汽车、摩托车生产企业进口汽车、摩托车零部件，在定点企业所在地海关办理征税。

三是特殊情况经由海关核准的。

2. 进出境邮运快件通关

进出境邮运快件是指通过邮运渠道进出境的快件。海关按照集中管理、分类报关的原则对进出境快件实施监管。A 类快件是指海关现行法规规定予以免税的无价值的文件、资料、单证、票据。此类快件一般不需要收寄件人直接办理有关海关手续。

四、国际物流的作用

1. 国际物流是国际贸易的重要组成部分

随着经济的全球化，国际贸易活动日趋频繁，越来越多的大型企业经营和交易活动的范围已不再局限于其所在国界内，它们要么将自己生产的产品销往国外，要么需要从国外进口质高价廉的原材料。当一个国家的企业将其产品出口到另外一个国家，或企业作为进口商，从其他国家进口各种生产所需的原材料、零部件时，就需要货物通过国际物流从卖方转移到买方，最终实现国际贸易。

2. 创造社会效益和附加价值

随着现代物流技术的发展，搬运作业机械化、自动化，不仅提高了劳动生产率，而且也能解放生产力。把工人从繁重的体力劳动中解脱出来，这本身就是在创造社会效益。随着国际物流的发展，全球居民的生活环境、生活质量得到有效的改善和提高。

3. 实现资源的有效配置，促进世界经济发展

国际物流实现了世界资源在全球范围的流通和使用，扩大了国际贸易，提高了跨国公司的竞争能力和成本优势，加强了与世界各国的联系，使企业能尽早、尽快地打入国际市场。对需求方或消费者而言，可以在本国内享受和消费来自国外的优质商品。所以说，国际物流实现了资源跨国界的有效配置，同时大大加快了商品流通的速度、降低了商品的零售价格、提高了消费者的购买欲望，从而促进了世界经济的发展。

第二节　国际物流系统

国际物流系统是为实现一定的目标而设计的由各种相互作用、相互依赖的要素所构成的一个整体。它通过其所联系的各个子系统发挥各自的功能，共同协力实现国际物流系统要求达到的较低的国际物流费用、更好的顾客服务水平，从而实现国际物流系统整体效益最大的目标。

一、国际物流系统的目标

国际物流系统的目标主要有服务目标，快速、及时目标，节约目标，规模化目标，库存调节目标。

1. 服务目标

物流系统具体地联结着生产与再生产、生产与消费，因此要求其有很强的服务性。物流系统采取送货、配送等形式，就是其服务性的体现。在技术方面，近年来出现的"准时送货方式""柔性供货方式"等，也是其服务性的体现。

2. 快速、及时目标

快速、及时是流通对物流提出的新要求，也是服务性的延伸。随着社会大生产的发展，这一要求也更加强烈了。在物流领域采取的诸如直达物流、联合一贯运输、高速公路、时间表系统等管理方法和技术，就是这一目标的体现。

3. 节约目标

节约是经济领域的重要规律，在物流领域中除流通时间的节约外，由于流通过程消耗大而又基本上不增加或提高商品使用价值，所以选择节约来降低投入，是提高相对产出的重要手段。

4. 规模化目标

把物流规模作为物流系统的目标，是为了以此来追求"规模效益"。由于物流系统比生产

系统的稳定性差，因而难以形成标准的规模化格式。在物流领域以分散或集中等不同方式建立物流系统，研究物流集约化的程度，就是规模化目标的体现。

5. 库存调节目标

库存调节目标是服务性目标的延伸，也是宏观调控的要求，它涉及物流系统本身的效益。在物流系统中正确确定库存方式、库存数量、库存结构、库存分布，就是这一目标的体现。

二、国际物流系统的要素

国际物流系统是一个复杂而巨大的系统工程，其基本要素包括一般要素、功能要素、支撑要素和物质基础要素。

1. 国际物流系统的一般要素

（1）劳动者要素。这是现代物流系统中的核心要素和第一要素。提高劳动者的素质，是建立一个合理化的国际物流系统并使它有效运作的根本。

（2）资金要素。实现交换的过程，实际上是资金的运动过程。国际物流服务本身也需要以货币为媒介，国际物流系统建设是资本投入的一大领域。

（3）物的要素。物的要素首先包括国际物流系统的劳动对象。

2. 国际物流系统的功能要素

国际物流系统的功能要素指的是国际物流系统所具有的基本功能。这些基本功能有效地组合、联结在一起，形成了国际物流系统的总功能。

国际物流系统的功能要素一般由商品的包装、储存、装卸、运输、报关、检验、外贸加工和其前后的整理、再包装以及国际配送、物流信息处理等功能组成。从国际物流活动的实际工作环节来看，国际物流也主要由上述几项具体工作组成。

3. 国际物流系统的支撑要素

国际物流系统的运行需要有许多支撑手段，尤其是处于复杂的社会经济系统中，要确定国际物流系统的地位，要协调与其他系统的关系，支撑要素就是必不可少的。

（1）体制、制度。物流系统的体制、制度决定了物流系统的结构、组织、领导和管理等方式。国家对其控制、指挥和管理的方式，是国际物流系统的重要保障。

（2）法律、规章。在国际物流活动中不可避免地会涉及企业或人的权益问题，法律、规章一方面限制和规范物流系统的活动，使之与更大的系统相协调；另一方面则是给予保障。目前，国际物流中应遵循的主要法律法规、国际惯例、国际公约已经基本形成体系，熟悉、了解它们，将有助于企业从事国际物流活动。

（3）行政、命令。国际物流系统关系到国家的军事、经济命脉，所以行政、命令等手段常常是国际物流系统正常运转的重要支撑要素。

（4）标准化系统。它是保证国际物流各环节协调运行、保证国际物流系统与其他系统在技术上实现联结的重要支撑要素。

（5）国际信用手段。它为国际物流活动的支付和结算提供信用保障。

4. 国际物流系统的物质基础要素

国际物流系统的建立和运行，需要大量的技术装备手段，这些手段的有机联系对国际物流系统的运行具有决定性的意义，这些因素对实施国际物流是必不可少的。

（1）物流设施。它是组织国际物流系统运行的基础物质条件，包括物流站、场，物流中心、仓库，国际物流线路，建筑物，公路，铁路，口岸（如机场、港口、车站、通道），等等。

（2）物流设备。它是保证国际物流系统运行的条件，包括仓库货架、进出库设备、加工设备、运输设备及装卸机械等。

（3）物流工具。它是国际物流系统运行的物质条件，包括包装工具、维修保养工具及办公设备等。

（4）信息技术及网络。它是掌握和传递国际物流信息的手段，根据所需信息水平的不同，包括通信设备及线路、传真设备、计算机及网络设备等。

（5）组织及管理。它是物流网络的"软件"，起着联结、调运、运筹、协调、指挥其他各要素以保障物流系统目的的实现之作用。

三、国际物流系统的构成

根据其中起主要作用的要素不同，一般认为国际物流系统是由运输、仓储、包装、检验、通关、装卸、国际物流信息等子系统构成的（见图 11-2）。

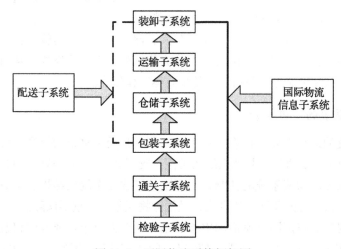

图 11-2 国际物流系统框架图

1. 运输子系统

国际货物运输是国际物流系统的核心。国际物流货物运输具有路线长、环节多、涉及面广、手续繁杂、风险性大、时间性强、内外运输两段性和联合运输等特点。所谓外贸运输的两段性是指外贸运输包含国际运输段和国内运输段。

（1）出口货物的国内运输段。出口货物的国内运输段是指出口商品由生产地或供货地运送到出运港（站、机场）的国内运输，是国际物流中不可缺少的重要环节。国内运输工作涉及面广、环节多，包括摸清货源、产品包装、加工、短途集运、船期安排和铁路运输配车等多个环节，需要做好车、船、货、港的有机衔接，减少压港、压站等物流不畅的局面。国内运输的主要工作有发运前的准备工作、清车发运、装车和装车后的善后工作。

（2）国际货物运输段。国际货物运输段是国内运输的延伸和扩展，同时又是衔接出口国运输和进口国货物运输的桥梁和纽带，是国际物流畅通的重要环节。出口货物被集运到装运出口港（站、机场），办完出口手续后直接装船发运，便开始国际段运输。有的货物则需暂进港口仓库储存一段时间，等待有效泊位，或有船后再出仓装船外运。

2. 仓储子系统

商品在其流通过程中，由于商品储存和保管，会处于一种或长或短的相对停滞状态，这是完全必要的一种停滞，国际贸易和国际经营也不例外，商品从生产厂或供应部门被集中运输到装运港口，有时也需要临时存放一段时间，再装运出口，这是一个集和散的过程。从物流角度理解，应尽量减少储存时间和储存数量，加速物品的周转，实现国际物流的高效率运转。图11-3 显示了其仓储业务运作基本程序。

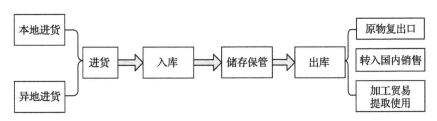

图 11-3　仓储业务运作基本程序

外贸商品流通是一个由分散到集中，再由集中到分散的源源不断的流通过程。外贸商品的储存、保管使商品在其流通过程中处于一种相对的停滞状态。一般而言，在以下情形中，需要外贸商品仓储子系统提供支持。

（1）外贸商品从生产商或供应部门被集中运送到装运出口港（站、机场），以备出口，有时需临时存放一段时间，再从装运港被转运出口。

（2）一些出口商品需要在流通领域内进行出口商品贸易前的整理、组装、再加工、再包装或换装等，形成一定的贸易前期的准备储存。

（3）一些出口商品在产销时间上背离，须留有一定数量的季节储备。

（4）一些临时到货，且货主一时又运不走；或者进口商品到了港口或边境车站，通知不到货主或无人认领等特殊情况的临时存放保管，即所谓的压港、压站现象。

3. 包装子系统

根据美国杜邦公司的调查，63%的消费者是根据包装来购买商品。也有实证分析说明，国际市场和消费者是通过商品来认识企业的。商品的商标和包装是一个企业的"面孔"，反映了一个企业的科技文化综合水平。因此，在考虑出口商品包装设计和具体作业过程中，应把包装、储存、装搬和运输有机联系起来统筹考虑，全面规划，实现现代国际物流系统要求的"包、储、运一体化"。

包装标志主要包括运输标志和指标性、警告性标志两种。运输标志习惯上被称为唛头，通常由收货人及发货人名称的代用简字或代号和简单图形、目的港的名称、件号三部分构成。合同号码、信用证号码或进口许可证号码等也有可能被列入其中。保障货物和操作人员的安全是指示性、警告性标志的主要目的。

4. 检验子系统

由于国际贸易和跨国经营具有投资大、风险高、周期长等特点，商品检验成为国际物流系统中重要的子系统。通过商品检验，确定交货品质、数量和包装条件是否符合合同工规定，如发现问题，可分清责任，向有关方面索赔。在买卖合同中，一般都订有商品检验条款，其主要内容有检验时间与地点、检验机构与检验证明、检验标准与检验方法等。

根据国际贸易惯例，商品检验时间与地点的规定分为三种：①出口国检验。②进口国检验。③在出口国检验、进口国复检（见表11-1）。

表 11-1 商品检验

检验类型	检验时间与地点	承担的责任
出口国检验	在工厂检验	卖方只承担货物离场前的责任，对运输中品质、数量变化的风险概不负责
	装船前或装船时检验	货物品质和数量以当时的检验结果为准，买方对到货的品质与数量原则上一般不得提出异议
进口国检验	卸货后在约定时间内检验	其检验结果可作为货物品质和数量的最后依据。在此条件下，卖方应承担运输过程中品质、数量变化的风险
	在买方营业处或最后用户所在地检验	
出口国检验、进口国复检	装船前进行检验	以装运港双方约定的商检机构出具的证明作为议付货款的凭证，但货到目的港后，买方有复检权
	进口国复检	如果复检结果与合同规定不符，买方有权向卖方提出索赔，但必须出具公证机构出具的检验证明

商品检验方法概括起来可分为感官鉴定法和理化鉴定法两种。商品检验证明是指进出口商品检验、鉴定后，应由检验机构出具具有法律效力的证明文件。商品检验证明也是议付货款的单据之一。

5. 通关子系统

国际物流的一个重要特点就是跨越关境。由于各国海关的规定并不完全相同，所以，对于国际货物的流通而言，各国的海关可能会成为国际物流中的"瓶颈"。由于跨越关境涉及口岸查验单位，口岸管理部门，外经贸生产、经营与服务企业，以及税务、银行、外汇管理等多个部门。因此，建立安全有效的通关子系统是非常必要的，它能保证货畅其流。

6. 装卸子系统

对于商品运输来讲，进出口商品的装卸搬运作业是短距离的商品移动，是仓库作业和运输作业的桥梁和纽带，实现了物流的空间效益。进出口商品的装卸搬运作业对于国际物流加速发展来说十分重要，而且节省装卸搬运费用也是物流成本控制的重要环节之一。

7. 国际物流信息子系统

国际物流信息子系统的主要功能是采集、处理及传递国际物流和商流的信息情报。国际物流信息系统主要包括进出口单证的作业过程信息、支付方式信息、客户资料信息、市场行情信息和供求信息等。

国际物流信息系统的特点是信息量大、交换频繁、传递量大、时间性强,环节多、点多、线长。由于国际物流信息的庞杂性,因此必须建立技术先进的国际物流信息系统。

小知识 11-1

跨境电商的快递渠道

对于跨境电商来说,货物发往不同国家时,选择什么样的物流是最需要,也是必须考虑的问题。每种快递渠道的侧重点各有不同,有的重稳妥,掉包率低;有的重速度,唯求快;有的拼价格。选择何种跨境快递渠道,既要看企业的货物是什么类型的,又取决于企业是注重客户体验还是更在乎成本。

(1) 邮政小包。限重 2 千克,全球可到,时效 15～30 天。

(2) 香港小包。限重 2 千克,全球可到,时效 15～30 天。渠道稳定、时效好。

(3) 新加坡小包。限重 2 千克,全球可到,时效 15～30 天,可发手机、内置电池货、纺织品。

(4) 顺丰国际小包。限重 2 千克,欧洲、美国、加拿大都可到,时效 7～10 天。欧洲可走内置电池货,时效更快,价格较低。

(5) 美国小包/澳大利亚小包。限重 3 千克,主要到达美国、澳大利亚,时效 10 个工作日左右。可走电子产品,速通库折扣最低。

(6) 全球经济小包。限重 2 千克,全球可达,时效 10～28 个工作日。可走内置电池、带电产品,速通库折扣最低。

(7) 欧洲小包。限重 2 千克,10 个工作日。可发电子产品。

资料来源:https://www.sohu.com/a/101479683_204775,2021 年 4 月 6 日,有改编。

四、国际物流系统的运作流程

图 11-4 所显示的是国际物流系统组成的一般模式,从中可以看到国际物流系统运作流程的主体由三大部分构成。

1. 国际物流系统的输入部分

国际物流系统输入部分的主要内容有五个:一是备货,落实货源;二是到证,接到买方开来的信用证;三是到船,买方派来船舶;四是编制出口货物运输计划;五是其他物流信息。

2. 国际物流系统的转换处理部分

国际物流系统转换处理部分的主要内容有七个:一是商品出口前加工整理;二是包装、标签;三是储存;四是运输(国内、国际段);五是商品进港、装船;六是制单、交单;七是报关、报检、管理办法、设施介入等。在国际物流系统转换过程中将涉及许多现代管理方法、手段和现代物流设施等。

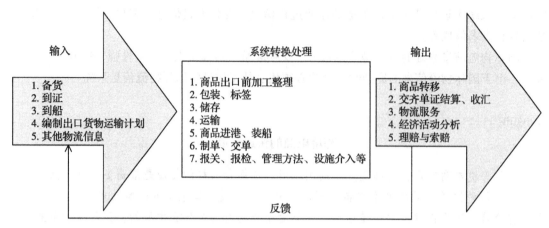

图 11-4　国际物流系统组成的一般模式

3.国际物流系统的输出部分

国际物流系统输出部分的主要内容有五个：一是商品转移，商品实体从卖方经由运输过程被送达买方手中；二是交齐单证结算、收汇；三是物流服务；四是经济活动分析；五是理赔与索赔。

图 11-5 所显示的是国际物流系统的运作流程图。

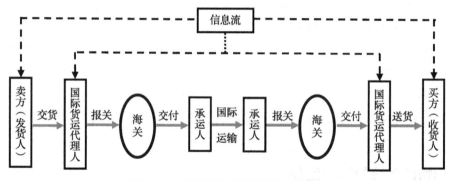

图 11-5　国际物流系统的运作流程图

第三节　国际物流节点和网络

整个国际物流过程是由多次的运动—停顿—运动—停顿所组成。与这种运动相对应的国际物流网络就是由执行运动使命的线路和执行停顿使命的节点所组成的。线路与节点相互关联组成了不同的国际物流网络。国际物流网络水平的高低、功能的强弱取决于网络中这两个基本元素的配置。

一、国际物流节点

物流节点是物流网络中连接物流线路的结节之处，所以又被称为物流结点。在物流过程中，如包装、装卸、保管、分拣、配装、流通及加工等，都是在物流节点上完成的。实际上，物流线路上的活动也是靠节点组织和联系的。

国际物流节点是指那些从事与国际物流相关活动的物流节点，如制造厂仓库、中间商仓库、口岸仓库、国内外中转点仓库、配送中心、物流中心、保税区仓库等。

（一）国际物流节点的功能

国际物流节点的功能是综合性的，可以说包含了所有物流的基本功能。国际物流节点的功能可以概括为以下四项。

1. 作业功能

一般来讲，国际物流节点可承担各项物流作业功能，如储存、包装、流通加工、装卸、搬运、配送、信息处理等。但由于定位和目标的不同，其基本作业功能可多可少或有所侧重。

2. 衔接功能

国际物流节点将各个物流线路连接成一个系统，使各个线路通过节点变得更为贯通而不是互不相干，这种作用我们称之为衔接功能。国际物流节点一般采取以下手段来衔接物流。

（1）通过转换运输方式，衔接不同的运输手段。
（2）通过加工，衔接干线物流及配送物流。
（3）通过存储，衔接不同时间的供应物流与需求物流。
（4）通过集装箱、托盘等集装处理，衔接整个"门到门"的运输，使之成为一体。

3. 信息功能

国际物流节点是整个物流系统或与节点相接的物流信息的传递、收集、处理和发送的集中地。每一个节点都是物流信息的一个点，若干个这种信息点和国际物流系统中的信息中心连接起来，便形成了指挥、调度、管理整个系统的信息网络，这是一个国际物流系统建立的前提条件。

4. 管理功能

国际物流节点大多是集管理、指挥、调度、信息、衔接及货物处理等功能于一体的物流综合设施，整个国际物流系统的运转有序化、正常化和效率高低取决于各物流节点的管理水平。

（二）国际物流节点的类型

根据功能的不同，我们可将国际物流节点做以下分类。

（1）转运型节点。它是以连接不同运输方式为主要职能的节点，货物在这类节点上停滞的时间较短。例如，铁道运输线上的货站、编组站、车站等，公路运输线上的车站、货场等，航运线上的机场、海运线上的港口、码头等，不同运输方式之间的转运站、终点站、口岸等。

（2）储存型节点。它是以存放货物为主要职能的节点，国际货物在这类节点上停滞的时间较长，例如，储备仓库、营业仓库、中转仓库、口岸仓库、港口仓库及货栈等。

（3）流通型节点。它是以国际货物在系统中运动为主要职能的节点，如流通仓库、流通中心、配送中心等。

（4）综合性节点。它是指在国际物流系统中集中于一个节点实现两种以上主要功能，并且在节点上并非独立完成各项功能，而是将各项功能有机地结合成一体的集约型节点。

（三）常见的国际物流节点

1. 口岸

口岸是国家指定的对外往来的门户，是国际货物运输的枢纽。从某种程度上说，它是一种特殊的国际物流节点。

按批准开放的权限，可将口岸划分为两类：一类口岸，它是由国务院批准开放的口岸（包括中央管理的口岸和由省、自治区、直辖市管理的部分口岸）；二类口岸，它是指由省级人民政府批准开放并管理的口岸。

按出入国境的交通运输方式，可将口岸划分为三类：①港口口岸。它是指国家在江河湖海沿岸开设的供人员和货物出入境及船舶往来停靠的通道。②陆地口岸。它是指国家在陆地上开设的供人员和货物出入境及路上交通运输工具停靠的通道。③航空口岸，又称空港口岸。它是指国家在开辟有国际航线的机场上开设的供人员和货物出入境及航空器起降的通道。

口岸是一个国家主权的象征，是一国对外开放的门户，是国际货运枢纽。

2. 港口

港口是水陆空交通的集节点和枢纽，工农业产品和外贸进口物资的集散地，船舶停泊（飞机起降）、装卸货物、上下旅客以及补充给养的场所。正是由于港口是联系内陆腹地和海洋运输（航空运输）的一个天然界面，因此人们也把港口作为国际物流的一个特殊节点。

（1）港口的特点。港口的特点主要有三个：①港口在整个物流供应链上是最大量货物的集节点。②港口往往是生产要素的最佳结合点。③港口往往是最重要的信息中心。

（2）港口的功能。港口主要有运输功能、工业功能、商业功能、物流功能、经济辐射功能以及现代物流中心功能。

（3）港口的分类。港口按用途可分为商港、渔港、工业港、军港、避风港；按地理位置可分为海港、河口港、河港、湖港。

3. 出口加工区

出口加工区是指专为发展加工贸易而开辟的经济特区。国际加工区的产生和发展是国际分工的必然结果，是全球经济一体化的重要表现。出口加工区实行封闭式的区域管理模式，海关在实行24小时监管的同时，简化放行手续，为守法出口加工企业提供更宽松的经营环境，提供更快捷的通关便利，实现出口加工货物在主管海关"一次申报、一次审单、一次查验"的通关要求。

在我国，出口加工区是经国务院批准，由海关监管的特殊封闭区域，其功能比较单一，仅限于产品外销的加工贸易，区内设置出口加工企业及与其相关的仓储、运输企业。

4. 自由贸易区

自由贸易区也称为对外贸易自由区、工商业自由贸易区等。自由贸易区是划在关境以外，对进出口商品全部或大部分免征关税，且准许在港内或区内开展商品自由储存、展览、拆散、改装、重新包装、整理、加工和制造等业务活动，以便于本地区的经济和对外贸易的发展，增加财政收入和外汇收入。它是国际物流中多功能的综合物流节点。

（1）自由贸易区的分类。自由贸易区可分为两种类型：一种是把设区的所在城市划为自由贸易区；另一种是把设区所在城市的一部分划为自由贸易区。

（2）自由贸易区的分布。目前主要有欧洲的自由贸易区、美洲的自由贸易区、亚洲的自由贸易区、非洲的自由贸易区、大洋洲的自由贸易区。

（3）自由贸易区的一般规定。它主要包括三个方面：①关税方面的规定。对于允许自由进出自由贸易区的外国商品，不必办理报关手续，免征关税。少数已经征收进口税的商品如烟、酒等再出口，可退还进口税。②业务活动的规定。对于允许进入自由贸易区的外国商品，可以储存、展览、拆散、分类、分级、修理、改装、重新包装、重新贴标签、清洗、整理、加工和制造、销毁、与外国的原材料或所在国的原材料进行混合，再出口或向所在国国内市场出售。由于情况不同，有些规定也有所不同。③禁止和特别限制的规定。有些国家对少数消费品的进口要征收高关税，有些国家规定企业对某些生产资料在港内使用也应缴纳关税。

5. 保税区

保税区亦称保税仓库区，是一国海关设置的或经海关批准注册、受海关监督和管理的可较长时间存储商品的区域。保税区能便利转口贸易，增加有关费用的收入。运入保税区的货物可进行储存、改装、分类、混合、展览以及加工制造，但必须处于海关监管范围内。外国商品存入保税区，不必缴纳进口关税，只需交纳存储费和少量费用，尚可自由出口，但如果要进入关境则需交纳关税。各国的保税区都有不同的时间规定，逾期货物未办理有关手续，海关有权对其拍卖，拍卖后扣除有关费用后，将余款退回货主。

（1）保税区的功能。保税区的功能定位为"保税仓储、出口加工、转口贸易"三大功能。保税区具有进出口加工、国际贸易、保税仓储商品展示等功能，享有"免证、免税、保税"政策，实行"境内关外"运作方式，是中国对外开放程度最高、运作机制最便捷、政策最优惠的经济区域之一。

（2）相关政策。相关政策主要包括两个方面：①管理与税收。根据现行有关政策，海关对保税区实行封闭管理，境外货物进入保税区，实行保税管理；境内其他地区货物进入保税区，视同出境；外经贸、外汇管理等部门对保税区也实行较区外相对优惠的政策，同时保税区具有进出口加工、国际贸易、保税仓储商品展示等功能。②法规。企业经营范围登记由工商行政管理部门主管。但是对于需要进行前置许可性审批的经营范围的确定，需要申请人先就经营内容进行审批申报，而后进行工商登记。保税区内企业的经营范围如果涉及前置审批项目，同样需要先行报请相关部门许可后才能执行。可以明确的是，保税区内企业到海关办理注册、备案本身并不属于行政许可，而且该备案是在营业执照办理完毕后进行的。

二、国际物流网络

国际物流网络是由多个收发货的"节点"和它们之间的"连线"所构成的物流抽象网络，以及与之相伴随的信息流动网络的集合。

收发货节点是指进出口过程中涉及的国内外的各类仓库、中间商仓库、货运代理人仓库、口岸仓库、国内外中转站仓库、配送中心以及保税区仓库。

国际物流连线是指连接国内外众多收发货节点间的运输线，这些网络连线是库存货物的移动（运输）轨迹的物化形式。每一对节点间有许多连线，以表示不同的运输路线、不同产品的各种运输服务。各节点表示存货流动的暂时停滞，其目的是进行更有效的移动。国际物流连线实际上也是国际物流流动的路径。从广义上讲，国际物流连线包括国内连线和国际连线。

物流网络与信息网络并非独立，它们之间的关系是密切相连的。物流的每一项活动几乎都由信息支撑，物流质量取决于信息，物流服务也要依靠信息。如果没有信息流，物流将成为一个单向的难以调控的半封闭式的国际物流系统。二者最主要的区别是商品/物资的流向与商品的分配、进出口路线不同，物流网即朝着最终国外消费者方向移动；信息流网的方向大多与商品进出口分配通路方向相反，朝商品货源地方向移动，即实施其反馈功能。

（一）国际物流信息网络

国际物流信息网络也可理解成由"节点"和它们之间的"连线"所构成。信息流的双向反馈作用，可以使国际物流系统易于控制、协调，使其能合理、高效地运转，充分地调动人力、物力、财力、设备及资源，以达到最大程度地降低国际物流总成本、提高经济效益的目的。

信息流在国际物流中的作用主要表现在以下三个方面。

1. 反馈与控制作用

面对一个不断发展变化的复杂的国际物流大系统，信息流灵敏、正确、及时的反馈是非常重要的，它如同人体的中枢神经一样。有了高效、灵敏的信息反馈，必然能指挥、协调国际物流系统。信息反馈就是控制系统把信息输出去又把其作用的结果返送回来，并把调整后的决策指令信息再输出，从而起到控制作用，以达到预期目的。

2. 支持保障作用

决策是企业最基本的管理职能，它对于复杂的、动态多变的国际物流系统尤为重要。国际物流企业经营的范围和目标是在将各种信息分析、研究、论证之后确定的。经营目标确定之后，国际物流企业在其决策执行运转过程中还要根据信息不断调整和平衡。国际物流是一个复杂的超越国界的大系统。信息流为大系统的正常运作提供经营决策上的支持和保障作用。

3. 资源性作用

信息在国际物流系统中可以被视为一种重要的资源，从某种意义上讲，国际物流活动可以被认为是物品资源在国际市场上的分配和竞争。进行这种活动的基本条件是要掌握相关的各种信息，以利用现有的物品资源获得最大的利益。信息的作用使物流向更低成本、更好服务、更大量和更精细化的方向发展。

（二）国际物流网络的建设

国际物流网络建设的中心问题是根据进出口货源点（或货源基地）和消费者的位置，以及各层级仓库及中间商批发点（零售点）的位置、规模和数量，决定国际物流网络的合理布局和合理化问题。

1. 建立和完善国际物流网络的原则

建立和完善国际物流系统网络时，应注意以下三个原则。

一是在规划网络内建库数目、地点及规模时，要紧密围绕着商品交易计划，乃至一个国家宏观国际贸易总体规划。

二是要明确各级仓库的供应范围、分层关系及供应或收购数量，衔接好各类仓库，诸如生产厂家仓库与各中间商仓库、港（站、机场）区仓库及出口装运能力的配合和协调，保证国内外物流畅通，避免出现某一类仓库储存过多、过长的不均衡状态。

三是国际物流网点的规划应留有余地，以备将来的扩建。

2. 国际物流网络建设的合理化建议

（1）国内外物流网点要合理选择和布局，以扩大国际贸易的范围、规模，实现费用低、服务好、信誉高、效益高的物流总体目标。

（2）采用先进的运输方式、运输工具和运输设施，加速进出口货物的流转。充分利用海运、多式联运方式，扩大集装箱运输和大陆桥运输的规模，增加物流量，扩大进出口贸易量和贸易额。

（3）缩短进出口商品的在途积压，包括进货在途、销售在途、结算在途，以便节省时间，加速商品和资金的周转。

（4）改进运输路线，减少相向、迂回运输。

（5）改进包装，增大技术装载量，多装载货物，减少损耗。

（6）改进港口装卸作业，有条件要扩建港口设施，合理利用泊位与船舶的停靠时间，尽力减少港口杂费，吸引更多的买卖双方入港。

（7）改进海运配载，避免空仓或船货不相适应的状况。

（8）综合考虑国内物流运输。在出口时，有条件要尽量采用就地就近收购、就地加工、就地包装、就地检验、直接出口的物流政策。

|阅读材料 11-3|

地区联盟创造了横贯大陆的运输

哥伦比亚东南货运公司（Southeastern Freight）、南卡罗来纳公司（South Caronlina）是地区承运人联盟的开拓者，它们的盟友有得克萨斯州的中央货运公司（Central Freight Lines）、加利福尼亚州的海盗货运系统（Viking Freight System）等。哥伦比亚东南货运公司在其所在地区接收货运，然后将其运输到位于亚特兰大的整合中心。根据客户地点位置，由海盗公司接过货运，递送到洛杉矶，或由中心雇用的承运人递送到达拉斯。抵运达拉斯，中央货运公司就负责搬运，将货物递送到最终的客户。该联盟允许地区承运人按一体化方式进行运作，以加快递送速度。与此同时,还要实现出色的服务。在最后交付之前,哥伦比亚东南货运公司承担责任和风险。此外,哥伦比亚东南货运公司通过其信息系统来跟踪所有的装运。这样做的好处是客户仅收到一份提货单,而不管实际有多少承运人接手过这票货。哥伦比亚东南货运公司负责向每一个承运人付费。

资料来源:魏修建. 电子商务物流[M].3 版. 北京:人民邮电出版社,2017:221.

第四节 国际物流的发展趋势

随着经济全球化和科学技术的发展,特别是现代信息技术和通信技术的进步,跨国公司呈现本地化和全球销售的趋势,导致国际物流的发展也呈现出以下发展趋势。

1. 第三方物流快速发展并逐渐占据国际物流的主导地位

第三方物流服务商为客户企业管理、控制和提供物流服务。这些服务不会涉及客户企业的经营服务,但作为供应链的合作伙伴、战略联盟的第三方物流服务商,随着物流服务的不断加强,提高了整个供应链的竞争优势。

国际第三方物流企业大多从传统的"订单"开始,如航空货运、远洋货运、货运代理和企业内部的物流部门等。随着传统物流企业在国际环境中的发展,企业会根据客户的不同需求,在传统业务服务的基础上增加服务内容,提高服务质量,为客户提供各具特色的物流服务,拓展物流服务的业务链,进而向第三方物流服务商转化。当前全世界的第三方物流市场具有潜力大、渐进性和高增长率的特征,这种状况将使第三方物流企业拥有大量的服务客户,从而主导国际第三方物流服务。

2. 绿色物流成为国际物流追求的目标

物流虽然促进了经济的发展,但也给环境带来许多不利的影响,如运输工具的噪声、污染排放、对交通的阻塞等,以及生产、生活中废弃物的不当处理所造成的对环境的影响。绿色物流是 21 世纪对物流行业所提出的新要求。

绿色物流要求在物流过程中抑制物流对环境造成危害的同时,实现对物流环境的净化,使物流资源得到最充分的利用。它包括两个方面的内容:一是对物流系统污染进行控制,即在物流系统和物流活动的规划与决策中尽量采用对环境污染小的方案,如使用新能源汽车,采用排行量小的货车车型,短距离配送,夜间运货,以减少交通拥堵、节省燃油和减少尾气排放等;二是重新建立一个完善的、循环的物流系统,专门用于各种废弃材料的处理。发达国家政府倡导绿色物流的对策是在污染发生源、交通量、交通流三个方面制定相关政策来进行约束。

3. 物流产业由单一的业态向业态多元化发展

随着互联网技术、物联网技术、电子商务和物流全球化的快速发展,广义的区域物流与企业物流通过上、下游的延伸与拓展,呈现出了相互融合的趋势。这一系列的变化促进物流产业经营类型与业态向多样化和细分化方向发展。通过对全球排名前 20 位的专业物流公司的数据分析,可以将物流业的经营类型和业态分为以下三类。

（1）由交通运输、邮电业发展起来的物流企业，如 UPS、FedEx 等。
（2）由零售业、批发商发展起来的物流企业，如沃尔玛。
（3）由大型制造企业物流部门发展起来的物流企业。

现代物流是现代生产、流通、消费新理念的产物，涉及的领域空前广阔，物流的各个环节都可能出现竞争者和替代者，这就决定了国际物流产业由单一的业态向业态多样化发展的客观必然性。

4. 增值服务不断增加

对现代物流企业来说，传统的货物运送、仓储或者寄存等业务形式已经无法满足客户的需求和适应企业竞争的需求。所以，一方面要增加新的业务内容，扩大业务范围；另一方面要不断创新，为客户提供优质的增值性服务，提高自身的竞争能力。

物流增值服务起源于竞争激烈的信函和包裹快递业务，现在拓展到了整个物流行业，几乎所有的物流公司都处于一个整体的系统中，为客户提供增值服务。它们提供的服务包括从采购到生产、储存、包装、配送、返修和回收的全过程。例如，传统的船运物流公司，现在不仅负责货物运输，还为整个运输提供商业发票、保险和管理的全程服务，即提供完整的供应链物流管理服务，客户可以在第一时间追踪货物方位和花费的实际成本。

物流企业不仅范围得到了延伸，而且和最初只为货物运输和仓储等基本服务相比，挖掘了更多的利润来源。在国际物流业竞争日趋激烈的情况下，给客户提供更多、更灵活的高效增值服务无疑是提高企业竞争力的一个重要手段。

小故事 11-1

郑和七下西洋

"郑和七下西洋"是指从明永乐三年（即公元前 1405 年 7 月 11 日）开始，郑和率领庞大的由 240 艘海船、27 400 名船员组成的船队，先后 7 次，历时 28 年，前往"西洋"诸国的远航。

郑和率领的庞大船队，就其活动的性质来说，既不是一般的商船队，也不是一般的外交使团，而是由封建统治者组织的兼有外交和贸易双重任务的船队。他出使的任务之一，就是招徕各国称臣纳贡，与这些国家建立起上邦大国与藩属之国的关系，并与之进行贸易活动。

郑和曾到达过爪哇、苏门答腊、苏禄、彭亨、真腊、古里、暹罗、阿丹、天方、左法尔、忽鲁谟斯、木骨都束等 30 多个国家，最远曾达非洲东岸、红海、麦加，并可能到过澳大利亚。这些记载都代表了中国的航海探险的高峰，比西方探险家达·伽马、哥伦布等人早 80 多年。当时明朝在航海技术、船队规模、航程之远、持续时间、涉及领域等方面均领先于同期的西方。

庞大的舰队所包含的造船技术、航海技术是一座活动的科技展览馆，船上载的使用物品和交流物品更是一座博物馆，中国文化第一次在海上进行了大展示。郑和在把这些中华文化介绍到海外的同时，也把地理、海洋和丰富的异域政治、经济、民俗资料，以及货物、物种带回了中国。

从物流的角度来看，"郑和七下西洋"除了肩负的政治使命外，实际上也是中国一次规模比较大的国际物流过程。

郑和七次下西洋为中国打开了未知而广阔的天地。郑和完成第七次航海后，明王朝很快就强制推行闭关政策，使有组织的、大规模的航海事业终止了。但是，这次历时近30年的海上行动给当时的沿海居民带来的影响却是巨大而深远的。在民间，偷偷的海上活动越来越频繁，来自中国社会最基层的交流活动开始萌发。

中国古代的国际物流主要是由当权政府牵头组织，为达到一定的政治目的而产生的，其最初的目的并不在于进行贸易，而是在其发展过程中，逐渐承担了贸易的功能。中国古代的国际物流都是以大宗的货物运输为主。

资料来源：https://baike.so.com/doc/5600902-5813505.html，2021年4月26日，有改编。

◆ 本章小结

国际物流是跨越不同国家（地区）之间的物流。它具有物流环境存在差异、物流系统范围广、国际物流必须有国际化信息系统的支持、国际物流标准化要求较高的特征。国际物流活动随着国际贸易和跨国经营的发展而发展，主要经历了三个阶段：从20世纪50年代至80年代的集装箱运输发展时代、从20世纪80年代至90年代初期的国际物流全面起步和发展阶段、从20世纪90年代初至今的国际物流标准化阶段。国际物流的业务主要包括国际货物运输、国际货物仓储、国际货物通关三大类。国际物流的作用主要体现在三个方面：一是国际物流是国际贸易的重要组成部分；二是创造社会效益和附加价值；三是实现资源的有效配置，促进世界经济发展。

国际物流系统是为实现一定的目标而设计的由各种相互作用、相互依赖的要素所构成的一个整体。其目标主要有服务目标，快速、及时目标，节约目标，规模化目标，库存调节目标。国际物流系统是一个复杂而巨大的系统工程，其基本要素包括一般要素、功能要素、支撑要素和物质基础要素。国际物流系统一般认为是由运输、仓储、包装、检验、通关、装卸、国际物流信息等子系统构成的。国际物流系统运作流程的主体由输入、转换处理、输出三大部分构成。

国际物流节点是指那些从事与国际物流相关活动的物流节点，常见的国际物流节点有口岸、港口、出口加工区、自由贸易区、保税区等。国际物流节点的功能是综合性的，可综合归纳为作业功能、衔接功能、信息功能、管理功能四项功能。根据功能的不同，可将国际物流节点分为转运型节点、储存型节点、流通型节点和综合性节点。

国际物流网络是由多个收发货的"节点"和它们之间的"连线"构成的物流抽象网络，以及与之相伴随的信息流动网络的集合。信息流在国际物流中的作用主要表现在反馈与控制、支持保障和资源性三个方面。国际物流网络建设的中心问题是根据进出口货源点（或货源基地）和消费者的位置，以及各层级仓库与中间商批发点（零售点）的位置、规模和数量，决定国际物流网络的合理布局和合理化问题。

当前，国际物流的发展呈现出第三方物流快速发展并逐渐占据国际物流的主导地位、绿色物流成为国际物流追求的目标，物流产业由单一的业态向业态多元化发展，增值服务不断增加的新态势。

◆ 复习与思考

一、名词解释

国际物流　国际物流系统　国际物流节点　国际物流网络　国际货物运输　海洋运输　国际公路货物运输　国际多式联运

保税仓库　保税区

二、单选题

1. 狭义的国际物流是指（　　）。
   A. 国际物流投资　　B. 国际物流交流
   C. 国际贸易物流　　D. 非国际贸易物流
2. 不同国家的不同物流适用法律使国际物流的复杂性远高于一国的国内物流，这是由于国际物流的什么特点造成的？（　　）
   A. 物流环境差异大
   B. 物流系统范围广
   C. 国际物流运输主要方式具有复杂性
   D. 国际物流必须有信息系统的支持
3. 在国际物流系统中，口岸属于（　　）。
   A. 物流设施　　　B. 物流装备
   C. 物流支撑要素　D. 物流功能要素
4. "货物在国际物流节点停留、通过储存和储备来调节整个物流系统的运行"体现的是国际物流节点的（　　）。
   A. 衔接转换功能　B. 储存储备功能
   C. 物流信息功能　D. 物流管理功能
5. 国际物流大部分货物是采用（　　）的形式完成的。
   A. 陆路运输　　　B. 海洋运输
   C. 航空运输　　　D. 多式联运
6. 下列关于国际物流的概念描述不正确的是（　　）。
   A. 国际物流是指货物经停的地点不在同一个独立关税区内的物流
   B. 国际物流是指发生在三个或三个以上国家网络间的货物流通活动
   C. 国际物流是指组织货物在国际合理流动
   D. 国际物流是发生在不同国家和地区之间的物流
7. 国际物流的特点不包括（　　）。
   A. 跨越国家或地区界限
   B. 涉及多种不同的运输工具
   C. 面临的语言和法律环境等完全不同
   D. 国际物流的风险仅仅指的是自然风险
8. 国际物流除包括国内物流的活动外，还包括（　　）。
   A. 运输　　　　B. 仓储
   C. 包装　　　　D. 报关
9. 国际物流就是国家与国家、地区与地区之间的货物运输、保管、装卸搬运、包装、流通加工、配送以及伴随发生的信息传递。其主体活动是国际货物运输，主要采取的方式有国际多式联运、（　　）。
   A. 集并运输　　B. 班轮运输
   C. 大陆桥运输　D. 海陆联运
10. 国际物流节点是指那些从事与国际物流相关活动的物流节点，它们具有衔接功能、管理功能、（　　）。
    A. 运输功能　　B. 信息功能
    C. 工业功能　　D. 商业功能

三、多选题

1. 下列关于国际物流的表述不正确的是（　　）。
   A. 广义的国际物流是指贸易型国际物流
   B. 国际物流是指发生在三个或三个以上国家网络间的货物流通活动
   C. 国际物流是指组织货物在国际的合理流动
   D. 国际物流是发生在不同国家和地区之间的物流
2. 港口物流具有的基本功能包括（　　）。
   A. 配送功能
   B. 运输中转功能
   C. 仓储功能
   D. 加工、包装、分拣功能
3. 国际物流系统的基本要素包括（　　）。
   A. 一般要素　　B. 功能要素
   C. 支撑要素　　D. 物质基础要素
4. 国际物流系统的节点有（　　）。
   A. 转运型节点　B. 储存型节点
   C. 流通型节点　D. 综合型节点
5. 商品进入哪些区域可以免征关税？（　　）
   A. 自由贸易区　B. 出口加工区
   C. 自由港　　　D. 保税区

6. 21世纪，国际物流的特征有（　　）。
   A. 国际物流需要国际化信息系统支持
   B. 国际物流环境的差异性
   C. 国际物流的标准化程度要求更高
   D. 国际物流以远洋运输为主
7. 国际物流发展的动力主要有（　　）。
   A. 信息技术　　　B. 经济全球化
   C. 区域经济一体化　D. 供应链一体化
8. 国际海洋运输的特点有（　　）。
   A. 运量大、运费低
   B. 通过能力大
   C. 对货物适应性强
   D. 航速较低、风险较大
9. 不属于国际多式联运特征的是（　　）。
   A. 联运经营人对货主承担海运的运输责任
   B. 不一定要使用全程提单
   C. 联运经营人以单一费率向货主收取运费
   D. 必须是国际的货物运输
10. 国际物流节点的功能包括作业功能、（　　）。
    A. 衔接功能　　B. 信息功能
    C. 管理功能　　D. 流通功能

四、判断题

1. 国际物流是跨越不同国家（地区）之间的物流活动。（　　）
2. 由于物流环境的差异，迫使一个国际物流系统需要在几个不同法律、人文、习俗、语言、科技、设施的环境下运行，会大大增加物流的难度和系统的复杂性。（　　）
3. 狭义的国际物流也称为全球物流。（　　）
4. 大陆桥运输可以实现"门到门"的运输方式，由运输业者承担运输全程责任。（　　）
5. 国际物流商品检验子系统是国际物流系统的核心。（　　）
6. 国际多式联运是由一个承运人负责，使用多份合同单证，组织多种运输手段进行跨国联合运输。（　　）
7. 一般常用的国际运输方式是航空运输。（　　）
8. 国际物流节点是指那些从事与国际物流相关活动的物流节点，如口岸仓库、国内外中转点仓库、保税区仓库，而制造厂仓库、中间商仓库则不能作为国际物流节点。（　　）

五、简答题

1. 简述国际物流系统的概念和构成。
2. 简述国际物流的特点。
3. 简述常见的物流节点。
4. 简述国际物流节点的功能。
5. 简述信息流在国际物流中的作用。
6. 国际物流系统的构成要素主要包括哪些？
7. 简述国际物流节点的类型。

六、论述题

1. 试述国际货物运输方式有哪些？
2. 试述国际物流的发展过程。
3. 试述国际物流的发展趋势。
4. 试述国际物流与国际贸易的关系。

案例分析

索尼集团的国际物流运营

索尼集团公司（以下简称"索尼"）是日本一家跨国经营和生产电子产品的厂商，在全球拥有75家工厂和200多个销售网点。为了充分发挥跨国经营的杠杆作用，扩大其在国际市场上的竞争能力，索尼每年都会与承运人及其代理展开全球性商谈，以便进一步改善物流供应链，提高公司的经济效益。

1. 每年一度的全球物流洽谈

索尼每年都会举行一次与承运人的全球物流洽谈会，通过认真谈判把计划中的集装箱货运量配送给选中的承运服务提供人。在一年中，如果索尼提供的箱量低于许诺，索尼向承运人赔款；如果箱量超过许诺，索尼不要求承运人提供回扣。在合同中，索尼只要求承运人提供半年至一年的运价成本。物流采购公司总经理负责与承运人展开全球性物流谈判，其内容可用两句话概括：落实成交条件，扩大物流成本节约范围。

在全球性谈判中究竟选用哪一家承运人，这不仅要看承运人开出的运价，更要看承运人实质性的东西，即全面评估有关承运人过去三年中的经营业绩、信誉程度、交货速度、船舶规范和性能，还有一些对公司命运至关重要的因素，如客户服务、售后服务、经营管理作风、经营风险意识、公司高级职员自身素质等。

2. 独特务实的远洋运输业务处理方式

索尼在处理自己产品的远洋运输业务中，往往是与集装箱运输公司直接洽谈运输合同，而不是与货运代理谈，但是在具体业务中索尼也乐意与货运代理打交道。索尼与其他日本实业公司不同的是，索尼与日本的商船三井、日本邮船、川崎船务等实力雄厚的航运集团结成了联盟。因此，索尼在业务上始终保持独立自主。索尼非常重视电子信息管理技术（EICT），使用比较先进的通用电子信息服务（GEIS）软件，与日本和世界各地的国际集装箱运输公司建立密切的电子数据交换联系（EDIL）。

索尼常常会根据实际需要，办理集装箱货物的多国拼箱，主要有异国拼箱、满箱货物的"工厂直接装箱"，以及针对一国的多家子公司拼箱等，这样的做法既可降低成本，又可大幅度减少等候时间。例如，索尼把半箱货物的集装箱从某产地发往新加坡，在那里把另外一种产品补充装入箱子，变成满箱货物的集装箱，然后继续运输，直至北美或者欧洲某目的港。为此，索尼在某些关键海运航线节点上设立了为索尼产品多国拼箱的集装箱枢纽港，如新加坡、中国台湾的高雄、欧洲荷兰、美国洛杉矶等。

3. 全球各地物流分支机构联合服务

分布在世界各地，特别是一些主要国家的物流分支机构，已经成为索尼物流管理网络中的重要环节，它们的重要作用已经越来越显著。过去，索尼分布于各个国家的物流分支机构的主要功能是为在同一个国家的索尼公司提供服务。经过改革调整，索尼把这些物流分支机构的服务联合起来，发挥全球性索尼物流网络功能。虽然机构还是原有的物流机构，但是功能更大，服务范围更广泛，从而使索尼的物流成本降低，经济效益得到极大提高。

4. 组织"牛奶传送式"服务

索尼在世界各地组织"牛奶传送式"服务，进一步改善索尼在全球特别是在亚洲地区的产品运输质量。"牛奶传送式"服务是一种日本人特有的快递服务，高效、快捷、库存量合理，又深得人心，特别受到要求数量不多、产品规格特别的客户的欢迎。由于这种服务非常灵活，客户可以通过电话、传真和电子邮件申请服务，甚至可以租用"牛奶传送式"服务车辆进行自我服务，因而具有很好的口碑效应。索尼新加坡物流公司正在进一步缩短海运和空运物流全程时间，由于采用出口优先规划，海运已经缩短至 4 天，空运缩短至 1 天。

资料来源：改编自亚太博宇.务实的索尼全球物流运营[J].中国物流与采购，2004（13）：34-35.

讨论题

1. 索尼公司是如何开展国际物流业务的？
2. 通过此案例，你对国际物流业务有什么样的认识？

第四篇

发展篇

第十二章 当代物流前沿

第十二章
CHAPTER 12

当代物流前沿

学习目标

- 了解电子商务物流、智慧物流的发展趋势
- 了解应急物流系统、智慧物流的体系结构、物流数字化的关键技术
- 理解发展绿色物流的意义、应急物流系统的保障机制
- 理解物流数字化的解决方案、物流数字化转型的关键
- 熟悉绿色物流的实施措施、电子商务物流的主要模式
- 熟悉智慧物流的概念和基本功能
- 掌握绿色物流、应急物流、电子商务物流、智慧物流和物流数字化的内涵、特点

关键概念

绿色物流　应急物流　电子商务物流　智慧物流　物流数字化

引　例

"大数据"构建智慧物流"新供应链"

中储南京智慧物流科技有限公司（以下简称"中储智运"）作为一家具有央企背景的网络货运平台企业，在疫情防控期间想方设法助力恢复生产，加快构建以数字驱动发展的新供应链体系。

1. 智能配对技术确保社会运力精准匹配、高效供给

在抗击疫情的关键时期，中储智运自创立以来便自主研发的车货智能配对技术发挥了重大作用，通过对全国范围内在途货车及在线司机的实时、精准大数据分析，将返程车辆与返程线路最契合的运力资源进行精准智能配对，突破了时间和空间的壁垒，让原本空跑、找货、等货的司机能够不间断地获取运输订单，有效解决因交通管制、疫情管控等带来的运力短缺问题，实现全局合理运输。通过智能配对技术，平台平均不到 7 秒即能完成匹配，用技术手段保障了驰援疫区的生命保障线高效畅行。

除了支援疫区抗疫应急物资运输外，在重点企业的复工生产以及农业春耕过程中，智能配对技术也都大显身手，不仅保障了全国尤其是湖北地区春耕农资运输正常进行，对于制造企业复工而言，也在最大范围内确保平台货主的物资运输需求得到及时满足。

2. 聚焦数字供应链，用"大数据"驱动"新基建"

当下，物流产业已成为经济发展重要的"新引擎"之一，而"物流数据"作为记录物资"物理转移"状态的数据要素，有别于金融、财务、销售等市场数据，能够更真实地反映经济发展的运行状况。

中储智运目前的网络货运业务已逐渐由公路货运向多式联运延伸，智能配对技术的应用正在"无限接近"全场景数字化物流。因此，当物流数据源足够庞大时，结合区块链技术，将给当前的供应链管理体系带来"颠覆式"的思路创新。在不远的未来，企业的管理决策将变为"数据决策"，供应链服务将变为"供应链数据服务"，商业创新将变为"数字商业创新"。而中储智运这样的平台将完成由"赋能"到"赋智"的升级，从当下为全行业的物流效能提供数字化"赋能"，逐渐提升至为全行业的供应链运营管理进行"赋智"，重点规划构建数字化第三方供应链公共服务平台、数字化多式联运基础设施和反映社会物流运行水平的运价指数、健康指数，让新一代的信息技术能够与各行各业深度融合，促进经济的高质量发展。

资料来源：http://xhv5.xhby.net/mp3/pc/c/202005/27/c780312.html，2021年5月11日，有改编。

讨论题

1. 中储智运是如何在疫情期间进行物流的高效供给的？它的关键技术是什么？
2. 中储智运的做法对物流企业实现物流智慧化和应急供给带来哪些启示？

随着经济全球一体化的发展，国际竞争将更加激烈和残酷，人们对物流的需要与期望越来越高，为满足市场不断发展的要求，新型的物流模式不断涌现。绿色物流、应急物流、电子商务物流、智慧物流、物流数字化等的出现，给当代物流的发展带来新的生机。

第一节　绿色物流

绿色物流是一个系统工程。从国民经济的整体发展来看，绿色物流系统包括绿色交通运输、绿色仓储与保管、绿色装卸搬运、绿色包装以及绿色流通加工等内容。从企业流程角度来看，绿色物流系统主要由绿色供应物流、绿色生产物流、绿色分销物流、废弃物物流和逆向物流构成。

一、绿色物流的内涵与特点

绿色物流是指以降低对环境的污染、减少资源消耗为目标，以经济学一般原理为基础，建立在可持续发展理论、生态经济学理论、生态伦理学理论、外部成本内部化理论和物流绩效评估基础上的物流科学发展观。同时，绿色物流也是一种能抑制物流活动对环境的污染，减少资源消耗，利用先进的物流技术规划和实施运输、仓储、装卸搬运、流通加工、包装、配送等作业流程的物流活动。

1. 绿色物流的内涵

在《物流术语》(GB/T 18354—2021)中，将绿色物流（Green Logistics）定义为通过充分利用物流资源、采用先进的物流技术，合理规划和实施运输、储存、装卸、搬运、包装、流通加工、配送、信息处理等物流活动，降低物流活动对环境影响的过程。

绿色物流的内涵包括以下五个方面。

（1）集约资源。这是绿色物流的本质内容，也是物流业发展的主要指导思想之一。通过整合现有资源，优化资源配置，企业可以提高资源利用率，减少资源浪费。

（2）绿色运输。运输过程中的燃油消耗和尾气排放，是物流活动造成环境污染的主要原因之一。因此，要想打造绿色物流，首先要对运输线路进行合理布局与规划，通过缩短运输路线，提高车辆装载率等措施，实现节能减排的目标。另外，还要注重对运输车辆的养护，使用清洁燃料，减少能耗及尾气排放。

（3）绿色仓储。绿色仓储一方面要求仓库选址要合理，有利于节约运输成本；另一方面，仓储布局要科学，使仓库得以充分利用，实现仓储面积利用的最大化，减少仓储成本。

（4）绿色包装。包装是物流活动的一个重要环节，绿色包装可以提高包装材料的回收利用率，有效控制资源消耗，避免环境污染。

（5）废弃物物流。废弃物物流是指在经济活动中失去原有价值的物品，根据实际需要对其进行搜集、分类、加工、包装、搬运、储存等，然后分送到专门处理场所后形成的物品流动活动。

绿色物流的目标是将环境管理导入物流业的各个系统，加强物流业中保管、运输、包装、装卸搬运、流通加工等各个作业环节的环境管理和监督，有效遏止物流发展造成的污染和能源浪费。具体来说，绿色物流的目标不同于一般的物流活动；科学地讲，绿色物流是指在物流过程中抑制物流对环境造成危害的同时，实现对物流环境的净化，使物流资源得到最充分的利用。当代资源的开发和利用必须有利于下一代环境的维护以及资源的持续利用。

绿色物流作为一种全新的物流管理方式，是循环经济在物流领域的重要体现，符合绿色发展的时代主题和人类社会发展的根本利益。大力发展绿色物流和循环经济，是加快建设资源节约型、环境友好型社会的重要路径和必然选择。

2. 绿色物流的特点

（1）可持续发展是绿色物流的最终目标。绿色物流除了追求企业的盈利、满足客户需求目标外，还追求节约能源、保护环境的经济属性和社会属性相一致的目标。

（2）绿色物流活动范围涵盖产品的整个生命周期。从生命周期的不同阶段看，绿色物流活动分别表现为物资供应物流的绿色化、生产物流的绿色化、销售物流的绿色化、产品回收及废弃物处理的绿色化。因此，绿色物流的活动范围涵盖产品的整个生命过程。

（3）绿色物流行为主体多样化。绿色物流的行为主体包括政府、广大的公众（消费者）和具有物流活动的各行各业。这些行为主体的环境意识和战略对他们所在的供应链物流的绿色化将产生重要的推动作用或抑制作用。因此,与物流系统相关的政策法规、消费者督导、企业自律等都是实施绿色物流战略的宏观管理策略。

绿色物流是对物流过程的优化,可以实现资源的更高效利用,实现环保和节能。绿色物流的应用是国家经济利益、社会利益和环境利益的必然需要。

二、发展绿色物流的意义

循环经济是针对高消耗、高污染的粗放式经济而言的,是一种全新的经济方式,符合可持续发展的需要。循环经济是以促进人与自然系统的良性循环为目标,其核心就是高效利用、循环使用。绿色物流符合循环经济的需要,对物流行业以及我国社会经济的可持续发展有着重大现实意义。物流行业存在较大的浪费问题,物品的包装需要使用大量的材料,有的包装材料对环境有着较大的危害,材料的大量消耗加剧了我国能源危机,有害的包装材料污染了环境,进而不利于物流业的可持续发展。有研究表明,我国各类快递包装材料消耗量从 2000 年的 2.06 万吨增长到 2018 年的 941.23 万吨。若不施行有效的措施予以控制,按照当前快递行业的发展趋势,2025 年我国快递包装材料消耗量将达到 4 127.05 万吨,带来庞大的资源负担和环境压力,由此可见,发展循环经济、绿色物流的意义重大。发展绿色物流是物流业走向循环经济发展道路的重要举措。在物流各个环节贯彻落实绿色理念,可以减少资源浪费,减轻对环境的危害,加快资源、绿色产品、绿色消费的有机结合,进而推动物流行业的高质量发展。

由于当前的社会环境,发展绿色物流的意义主要体现在以下四方面。

1. 绿色物流符合世界社会发展的大潮流

随着全球经济一体化的发展,一些传统的关税和非关税壁垒逐渐淡化,环境壁垒逐渐兴起,为此,ISO 14000 环境管理系列标准(以下简称"ISO 14000")成为众多企业进入国际市场的通行证。ISO 14000 的两个基本思想就是预防污染和持续改进,它要求企业建立环境管理体系,使其经营活动、产品和服务的每一个环节对环境的不良影响最小。而国外物流企业起步早,物流经营管理水平相当完善,势必给国内物流企业带来巨大冲击。进入世界贸易组织(WTO)后,我国物流企业要想在国际市场上占一席之地,发展绿色物流将是其理性选择。

2. 绿色物流是可持续发展的一个重要环节

绿色物流与绿色制造、绿色消费共同构成了一个节约资源、保护环境的绿色经济循环系统。绿色制造是制造领域的研究热点,是指以节约资源和减少污染的方式制造绿色产品的一种生产行为;绿色消费是以消费者为主体的消费行为。三者之间是相互渗透、相互作用的。

3. 绿色物流是最大程度降低经营成本的必由之路

有专家分析认为,产品从投产到销出,制造加工时间仅占 10%,而几乎 90% 的时间为储运、装卸、分装、二次加工、信息处理等物流过程。因此,物流专业化无疑为降低成本奠定了基础。绿色物流强调的是低投入到大物流的方式,它不仅是一般物流成本的降低,更重视的是绿色化和由此带来的节能、高效、少污染。

4. 绿色物流有利于企业取得新的竞争优势

日益严峻的环境问题和日趋严格的环保法规，使企业为了持续发展，必须积极解决经济活动中的环境问题，改变危及企业生存和发展的生产方式，建立并完善绿色物流体系，通过绿色物流来追求高于竞争对手的相对竞争优势。

发展绿色物流是目前甚至是未来物流发展的不可或缺的主旋律，从企业自身来说，应该正确认识绿色物流对企业发展的重要性，发挥其积极性提升企业的竞争实力。从政府方面来说，绿色物流不仅仅是市场自主调控发展，还应该从政策方面予以支持，加速推动绿色物流健康发展，与市场巧妙结合，保障物流行业的高质量发展，以此推动经济实力的快速增长。

三、绿色物流的实施措施

大力加强对物流绿色化的政策和理论体系的建立和完善，对物流系统目标、物流设施设备和物流活动组织等进行改进与调整，实现物流系统的整体最优化和对环境的最低损害，将有利于物流管理水平的提高，保护环境和实现可持续发展。

1. 政府管理

政府对推动绿色物流的管理作用主要可体现在以下三个方面。

（1）对发生源的管理。它主要是针对物流过程中产生环境问题的来源进行管理。由于物流活动的日益增加以及配送服务的发展，引起在途运输的车辆增加，必然导致大气污染加重。为此，政府可采取以下措施对发生源进行控制：一是制定相应的环境法规，对废气排放量及车种进行限制；二是采取措施促进使用符合限制条件的车辆，普及使用低公害车辆；三是对车辆产生的噪声进行限制。我国自20世纪90年代末开始不断强化对污染源的控制。例如，北京市为治理大气污染发布两阶段治理目标，不仅对新生产的车辆制定了严格的排污标准，而且对在用车辆进行治理改造，鼓励提高更新车辆的同时，采取限制行驶路线、增加车辆检测频次、按排污量收取排污费等措施，经过治理的车辆，其污染物排放量大为降低。

（2）对交通量的管理。它包括：充分发挥政府的指导作用，推动企业从自用车运输向营业用货车运输转化；促进企业选择合理的运输方式，发展共同配送；政府统筹物流中心的建设；建设现代化的物流管理信息网络，等等。从而最终实现物流效益化，特别是要提高中小企业的物流效率。

（3）对交通流的管理。它包括：政府投入相应的资金，建立都市中心部环状道路，制定有关道路停车管理规定；采取措施实现交通管制系统的现代化；开展道路与铁路的立体交叉发展，以减少交通堵塞，提高配送的效率，达到环保的目的。

推进绿色物流，除了加强政府管理外，还应重视民间绿色物流的倡导，加强企业的绿色经营意识，发挥企业在环境保护方面的作用，从而形成一种自律型的物流管理体系。

2. 企业管理

物流企业要从保护环境的角度制定其绿色经营管理策略，以推动绿色物流进一步发展。

（1）选择绿色运输。绿色运输要通过有效利用车辆，降低车辆运行，提高配送效率来实现。例如，合理规划网点及配送中心，优化配送路线，实行共同配送，提高往返载货率；改变运输方式，由公路运输转向铁路运输或海上运输；使用绿色工具，降低废气排放量，等等。

（2）提倡绿色包装。包装不仅是商品卫士，而且也是商品进入市场的通行证。绿色包装要醒目、环保，还应符合4R要求，即少耗材（Reduction）、可再用（Reuse）、可回收（Reclaim）和可再循环（Recycle）。

（3）开展绿色流通加工。企业应由分散加工转向专业集中加工，以规模作业方式提高资源利用率，减少环境污染；集中处理流通加工中产生的边角废料，减少废弃物污染，等等。

（4）搜集和管理绿色信息。物流不仅是商品空间的转移，也包括相关信息的搜集、整理、储存和利用。绿色物流要求搜集、整理、储存的都是各种绿色信息，这些信息被及时运用于物流中，将促进物流的进一步绿色化。

小案例12-1

阿里系与京东快递包装绿色化举措

1. 阿里系（天猫、淘宝、菜鸟）

（1）2017年3月，联合32家物流合作伙伴成立菜鸟绿色联盟，发起菜鸟绿色行动计划，成立菜鸟绿色联盟公益基金。

（2）通过智能打包算法推荐包装解决方案，提升整个纸箱空间利用率，减少塑料填充物的使用，实现减量包装。现阶段平均可以减少5%的包装。

（3）与厦门市人民政府合作，采用"循环盒＋生物基塑料袋"的包装方式，对于不能当面签收的快递，将快递内件留给消费者，循环盒由快递员带回。

（4）推行菜鸟电子面单，每一年节约纸张费用达12亿元。

（5）推出"全生物降解袋"、无胶带纸箱，联合天猫企业购共同开设绿色包裹的采购专区。

（6）与蚂蚁森林开展绿色包裹的"敦煌森林计划"。

（7）菜鸟"回箱计划"在200个城市设立约5 000个回收台，2018年天猫"双11"期间线下回收纸箱1 300万个。

2. 京东

（1）根据京东2019年6月发布的数据，在两年多的时间内，京东物流投放可循环快递箱"青流箱"1 000万次以上，节省约20亿个快递纸箱。完善物流体系，规范操作，推行三层瓦楞，减少包装缓冲物使用。

（2）2017年在自营物流100%推广电子面单；推行电子发票和电子签收。

（3）降低胶带宽度，研发推广可降解胶带，部分业务上使用免胶带纸箱。2016年开展"瘦身胶带行动"，减少了至少1亿米的胶带使用。

（4）举办电商物流包装大赛，启动绿色供应链的行动，推行"青流计划"，携手上下游企业推动整个供应链的B2B2C绿色环保。

（5）启动纸箱回收行动，京东于2017年3月开始在北京等地试点上线纸箱回收系统，提高纸箱回收率。

资料来源：节选自http://www.hqpack.com/sitc/news/8573，2021年5月16日。

第二节 应急物流

应急物流是指为应对严重自然灾害、突发性公共卫生事件、公共安全事件及军事冲突等突发事件而对物资、人员、资金的需求进行紧急保障的一种特殊物流活动。应急物流与普通物流一样,由流体、载体、流向、流程、流量等要素构成,具有空间效用、时间效用和形态效用。

一、应急物流的概念和特点

在《物流术语》(GB/T 18354—2021)中,将应急物流(Emergency Logistics)定义为:为应对突发事件提供应急生产物资、生活物资供应保障的物流活动。其内容包括应急物流组织机制的构建、应急技术的研发、应急物流专业人员的管理、应急所需资金与物资的筹措、应急物资的储存与管理、应急物流中心的构建、应急物资的运输与配送等内容。

应急物流的"应急"二字本身带有一定的军事色彩,但应急物流并不等同于军事物流。军事物流的指令性较强,尤其在战争爆发时,始终把军事利益放在首位。而应急物流则应该以社会利益为牵引,服务的对象是受灾地区的人民。应急物流可以分为军事应急物流和非军事应急物流两种。

应急物流一般具有突发性、弱经济性、不确定性和非常规性等特点,多数情况下通过物流效率实现其物流效益,而普通物流既强调效率又强调效益。目前中国的应急物流有自己的特点,表现为:政府高度重视,企业积极参与;军民携手合作,军队突击力强;平时预有准备,预案演练到位等。

应急物流是一般物流活动的一个特例,它具有区别于一般物流活动的特点,具体如下。

(1)突发性和不可预知性。这是应急物流区别于一般物流的一个最明显的特征。

(2)应急物流需求的随机性。应急物流是针对突发事件的物流需求,应急物流需求的随机性主要源于突发事件的不确定性。

(3)时间约束的紧迫性。

(4)峰值性。

(5)弱经济性。普通物流既强调物流的效率,又强调物流的效益,而应急物流在许多情况下是通过物流效率的实现来完成其物流效益的实现。

(6)非常规性。

(7)政府与市场的共同参与性。

二、应急物流系统

物流系统是在一定的时间和空间里,由所需位移的物资、运输工具、仓储设施、人员和通信联系等若干相互制约的动态要素所构成的具有特定功能的有机整体。其直接目的是实现物资的空间效益和时间效益,实现物流活动中各环节的合理衔接,并取得最佳的经济效益。

1. 应急物流系统的概念与特点

应急物流系统是指为了完成突发性的物流需求,由各个物流元素、物流环节、物流实体组成的相互联系、相互协调、相互作用的有机整体。

应急物流的特点决定了应急物流系统与一般的企业内部物流系统或供应链物流系统不同。应急物流系统的特点如下。

（1）应急物流系统的"时间"要素特点。应急物流系统除了应具有一般物流系统的六个基本要素外，还应具有特有的要素"时间"。由于应急物流的突发性特点，即应急物流需求发生的时间具有极大的不确定性和应急物流需求时间约束的紧迫性，决定了在应急物流系统中"时间"是一个重要的系统因素。换句话说，应急物流系统有七个要素：流体、载体、流向、流量、流程、流速和时间。

（2）应急物流系统的快速反应能力。应急物流的突发性和随机性，决定了应急物流系统应具有快速反应能力，具有一次性和临时性的特点。这一特点决定了应急物流系统区别于一般的企业内部物流或供应链物流系统的经常性、稳定性和循环性。

（3）应急物流系统的开放性和可扩展性。应急物流需求的随机性和不确定性决定了在应急物流系统的设计上，应具有开放性和可扩展性。应急物流需求和供给在突发事件发生前是不确定的，而必须在突发事件发生之后将其纳入应急物流系统中。

普通物流系统已知商品的供给者与需求者，从获取消费者信息起，通过数量、地点已知的物流中心来进行装卸、流通加工、包装、储存与仓储以及稳定的输配送作业，将物资从供应商配送到消费者手中，一切物流活动以追求成本最小化、利润最大化为目标运作。

而应急物流最大的一个特点就是"急"字，一般是以时间效益最大化和灾害损失最小化为根本目标，物流的经济效益原则将不再作为一个物流活动的中心目标加以考虑。同时，由于不存在订货与交货的缓冲时间，必须争分夺秒，以满足应急需求，也就是说，应急物流系统以灾区满意度及快速配送为主要目标，实现对突发事件的快速响应，期望能在正确的时间、正确的地点提供正确的物资给事件发生区，在此前提下尽量降低应急物流成本。

与普通物流系统相比，应急物流系统在系统目标、系统单元、设施特性以及配送模式等方面都有较大差别，二者的比较如表 12-1 所示。

表 12-1 应急物流系统与普通物流系统比较

比较项目	普通物流系统	应急物流系统
系统目标	成本最小、利润最大	速度、效率
系统单元	供应商、制造商、批发商、零售商、客户	物资收集点 物资转运点 物资需求点
设施特性	常设性	临时性、机动性
配送模式	往返式、巡回式	往返式

2. 应急物流系统的组成环节

我们对应急物流系统的运作流程必须进行认真的思考，做必要的设计，才能在灾难到来时既保证人民生命财产的安全，又能把物流成本控制在最低的范围之内。根据上述对应急物流系统特性的分析，可以将应急物流系统设定为以下几个环节：应急物流协调指挥中心、物资供给端、物流中心以及物资需求端。各个部门间实现信息的双向传递，实时回馈信息，将物资供给者所提供的物资加工分类后配送到受灾区。

（1）应急物流协调指挥中心。应急物流系统首先必须立即成立应急协调指挥中心，统筹指挥做好救援物资的筹集、运输、调度、配送等工作。中心本身并不进行物资采购、储存、运输等具体的业务，它主要负责根据收集来的信息，对各加盟物流中心的物资采购、储备、运输等方面进行指导工作，使整个应急体系高效有序地运作。

（2）物资供应端。企业物流的供应部门一般有固定的合作厂商、固定的上游原料供货商，应急物流则不同，除了备用的应急物资储备，物资的供应端是多元且杂乱的。如果物资未加以整合分类就直接往灾区运送，将造成物资的浪费、配送低效率与物资重复运送等问题，因此如何对供应端进行统筹集结或直接指派是应急物资供应端管理中的一个重要课题。

（3）物流中心。它类似普通物流的配送中心，主要功能为将供给端送来的物资在进行分拣、加工、包装等处理后分别送到各个需求点，减少物资再度转运、装卸的人力与时间成本，提高应急物资从物流中心到灾区灾民手中的输送效率。

应急物流中心应该是一个功能强大、适应性强、反应灵敏的信息网络中心。它由众多的普通商业物流中心、企业加盟而成，可以根据灾情，灵活抽调各加盟物流中心组成一个保障体系。保障体系可大可小，如果遇上"非典"、新冠疫情这种全国性的灾害，还可以将多个地区性的应急物流中心联网，组成一个区域性、全国性的应急物流体系，实施应急保障，使整个应急物流系统有序、高效、实时、精确。

（4）物资需求端。灾害发生时造成的混乱让信息流通不畅，在第一时间内也许无法得到需求详细信息，因而必须通过事前的资料收集，针对灾害发生区的地理特性、人口分布、人口结构等相关特性进行分析，预测物资需求量。同时，随着救援活动的进行，物资需求端会逐渐恢复本身应有的机能，对应急物资需求的急迫性以及需求量会不断地变化，应当及时进行信息反馈，关注需求的变化。

3.应急物流系统的运行机制

应急物流系统的运行条件是指为了保证在突发事件发生后，应急物流系统能够高效运转，完成系统的各项功能，实现系统的目标，整个社会的行政制度、公共政策、法律制度和技术支持设施所应具备的条件。

（1）监测预警机制。监测与预警是一切应急事件救援、处置、处理的基础。各级职能部门应根据国家有关法律法规认真收集、归纳、整理、分析相关信息，实现上情下达，形成联动。对早期发现的、影响可能较大的潜在隐患，以及可能发生的灾害性突发事件，应通过主管领导或管理部门会同卫生、防疫、地质、气象、消防、防洪、环保等有关专家进行风险预测评估，提供预警意见，及早采取应对措施。

（2）全民动员机制。应急物流中的全民动员机制可通过传媒和通信告知民众受灾时间、地点，受灾种类、范围，赈灾困难情况，工作进展，民众参与赈灾的方式、途径等。

（3）政府协调机制。紧急状态下处理突发性事件的关键在于政府职能的有效发挥。政府协调机制主要包括：对各种国际国内资源的有效协调、组织和调用，及时地提出解决应急事件的处理意见、措施或预案，组织筹措、调拨应急物资、应急救灾款项；根据需要紧急动员相关单位生产应急抢险救灾物资，采取一切措施和办法协调、疏导或消除不利于应急物资保障的人为因素和非人为障碍。

（4）法律保障机制。法律保障对应对、处理重大自然灾害、突发性公共卫生事件及安全事件有着至关重要的作用，它可以规范个人、社团和政府部门在非常时期法律赋予的权利、职责和应尽的义务。

（5）"绿色通道"机制。为了保证应急物资的顺利送达，可在重大灾害发生及救灾赈灾时期，建立地区间的、国家间的"绿色通道"机制，即建立并开通一条或者多条应急保障专用通道或程序，在必要时可以给予应急物资优先通过权。这样可有效简化作业周期和提高速度，从而提高应急物流效率，缩短应急物流作业时间，最大限度地减少生命财产损失。

（6）应急报告与信息公布机制。突发事件的应急报告是决策机关掌握突发事件发生、发展信息的重要渠道，而以实事求是、科学的态度公布突发事件的信息，是政府对社会、公众负责任的体现，有利于缓解社会的紧张氛围。信息的及时收集和传递是应急物流保障，也是有效救灾的重要手段。

（7）应急基金储备机制。应急物流活动中的资金流是不可忽视的管理环节。对于我国经济建设发展需求来说，突发事件的侵袭会对地区甚至全国造成各方面不利影响。针对应急基金的筹措和管理方式，法治化、规划化和经常化是十分重要的。

4. 应急物流系统的保障机制

应急物流是在特定条件下实施的，有时需要调动大量的物资，因为量大，所以要保证物资充足、物流通道畅通、能够准确发往目的地，但该过程又不能太复杂。因此，建立应急物流保障机制就必须具备以下几个条件。

（1）基础设施保障。保障物流通畅、准确就必须有基础设施做保障，包括通信、交通、物资仓储设施及物流信息网络等。同时，物流基础设施扮演着相当重要的角色，它的发展进度直接影响着应急物流的顺利实施。在通信系统发达的前提下，我们才可以对灾难进行及时预警，使大家在事故发生时或之前做好充分准备。物资仓储设施及良好的交通状况可以保障物流网络稳定运行，使灾后救援物资能够准确、及时被运送到指定地点；方便的交通网络可以将物资运送到任何有需求的地方。物资信息网络对应急物流的实施很有帮助，我们可以依托政府信息平台建立应急物流信息平台，及时发布灾后信息、运输情况及仓储信息，向各大媒体报告最新信息。

（2）建立基于政府协调机制的应急物流系统。面对突发性的灾害或公共卫生事件，政府必须建立应对的指挥中心，起到协调和调用各种资源的作用；要及时提出应对灾害的解决方案；组织筹集相应的救灾物资和救灾款项并加以管理；根据灾情需要，联系商品生产单位抓紧时间进行生产；采取一切可实施方案，消除对救灾不利的人为因素和非人为因素。

（3）设置应急物流预案。因为突发事件没有预见性，所以没有必要为应急物流建立庞大的机构，储备足够的物资。这样一来，设置应急物流预案成为可选方案。它可根据以前发生过的突发事件的处理方式，或借鉴国际上的应急预案，针对某种紧急情况可能出现的各种情景制定应急物流预案。例如，我们可以对海啸可能发生的情景：什么气候，什么时候，什么样的地区，相对发生率较高的是什么灾害等进行分析，并制定相应的应急预案。

（4）完善应急物流通道的建设。处置突然发生的公共事件时，往往时间紧张，任务繁重。例如，地震发生之后72小时之内是抢救灾区人员及财产损失的黄金时间范围，这期间对应急物流的时限性有非常高的要求。

第三节 电子商务物流

近些年来，随着电子商务环境的改善以及电子商务具备的巨大优势，电子商务受到了政府企业界的高度重视。同时，电子商务物流作为支持有形商品网上商务活动的物流，不仅已成为有形商品网上商务的一个障碍，而且也成为有形商品网上商务活动能否顺利进行的一个关键因素。如果没有一个有效、合理、畅通的物流系统，电子商务所具有的优势就难以发挥；没有一个与电子商务相适应的物流体系，电子商务也难以得到有效的发展。

一、电子商务物流的内涵与特点

电子商务作为一种新的数字化商务方式，代表未来的贸易、消费和服务方式。因此，要完善整体商务环境，就需要打破原有工业的传统体系，建立以商品代理和配送为主要特征，物流、商流、信息流有机结合的社会化物流配送体系。

1. 电子商务物流的内涵

电子商务物流的概念是随着电子商务实践的快速发展而提出并成为研究热点的。根据中华人民共和国电子商务物流行业标准《电子商务物流服务规范》（SB/T 11132—2015）的定义，电子商务物流（Electronic Commerce Logistics）是指为电子商务提供运输、存储、装卸、搬运、包装、流通加工、配送、代收货款、信息处理、退换货等服务的活动。

电子商务物流实现的物流服务与现代物流实现的功能和要达到的目的没有区别，只是它针对电子商务物流服务的专业需求，更加强调信息技术、物流功能要素的集成和协调，更加强调供应链和系统。在运输、仓储、包装、装卸搬运、流通加工、信息处理六大物流基本功能方面，电子商务物流与现代物流存在两个方面的差异。

一是电子商务物流中的仓储与流通领域中的仓储相比，最大的不同是仓配一体，即电子商务仓储作业的场地、商品、货架、货位的规划设计，拣货策略及拣货工具、方式的选择，都与配送中心有所不同。

二是电子商务物流中的包装是物流包装和销售包装的集合，既要起到物流包装的防护功能，也要起到销售包装的方便和促销的功能。

电子商务物流系统是指通过应用条形码、GPS、GIS等信息采集技术和WMS、TMS等信息管理系统，整合仓储网络、运输网络、配送网络资源，以数据驱动物流功能要素的集约，共同协作，低成本、高效率地为电子商务活动提供物流服务。一般而言，电子商务物流系统包含以下四个方面的内容。

（1）电子商务物流网络体系。它包括仓储网络、运输配送网络、物流综合服务网络和物流信息网络。

（2）电子商务物流标准化体系。它包括信息标准化、数据传输标准化、物流设施标准化、商品包装标准化等。

（3）电子商务物流信息化体系。它包括物流信息技术和物流信息系统，信息技术有EDI、条形码、RFID、GIS、GPS、网络视频、IC卡、电子订货（EOS）等；物流信息系统有供应商管理库存（VMI）、仓储管理（WMS）、连续补充库存计划（CRP）、配送资源计划（DRP）、ERP等。

（4）电子商务物流集约管理。它是指通过信息管理、资源整合，以供应链的理念，集约管理运输、物料搬运、存储、包装、配送、采购等物流功能要素。

2. 电子商务物流的特点

从物流功能要素的角度分析，电子商务物流与现代物流没有本质的区别。但由于电子商务与传统商务活动相比较，有交易虚拟性、突破时空限制、方便的特点，从而使得与其相适应的电子商务物流具备了一系列新的特点。

（1）信息化。在电子商务时代，物流信息化是电子商务的必然要求。物流信息化表现为物流信息的商品化、物流信息收集的数据库化和代码化、物流信息处理的电子化和计算机化、物流信息传递的标准化和实时化、物流信息存储的数字化等。

（2）自动化。自动化的基础是信息化，自动化的核心是机电一体化，自动化的外在表现是无人化，自动化的效果是省力化。另外，自动化还可以扩大物流作业能力、提高劳动生产率、减少物流作业的差错等。

（3）网络化。物流领域网络化的基础也是信息化，这里的网络化有两层含义：一是物流配送系统的计算机通信网络，包括物流配送中心与供应商或制造商的联系要通过计算机网络，另外与下游顾客之间的联系也要通过计算机网络。例如，物流配送中心向供应商提出订单这个过程，就可以使用计算机通信方式，借助于增殖网（Value Added Network，VAN）上的电子订货系统（EOS）和电子数据交换技术（EDI）来自动实现，物流配送中心通过计算机网络收集下游客户的订货的过程也可以自动完成。二是组织的网络化，即所谓的企业内部网（Intranet）。

物流的网络化是物流信息化的必然，是电子商务下物流活动的主要特征之一。当今世界互联网等全球网络资源的可用性及网络技术的普及为物流的网络化提供了良好的外部环境，物流网络化不可阻挡。

（4）智能化。这是物流自动化、信息化的一种高层次应用，物流作业过程大量的运筹和决策，如库存水平的确定、运输（搬运）路径的选择、自动导向车的运行轨迹和作业控制、自动分拣机的运行、物流配送中心经营管理的决策支持等问题都需要借助于大量的知识才能解决。

（5）柔性化。柔性化本来是为实现"以顾客为中心"的理念而在生产领域提出的，但要真正做到柔性化，即真正地能根据消费者需求的变化来灵活调节生产工艺，没有配套的柔性化的物流系统是不可能达到目的的。20世纪90年代，国际生产领域纷纷推出弹性制造系统（Flexible Manufacturing System，FMS）、计算机集成制造系统（CIMS）、制造资源系统（MRP）、企业资源计划（ERP）以及供应链管理的概念和技术。这些概念和技术的实质是要将生产、流通进行集成，根据需求端的需求组织生产，安排物流活动。因此，柔性化的物流正是适应生产、流通与消费的需求而发展起来的一种新型物流模式。这就要求物流运作能根据消费需求"多品种、小批量、多批次、短周期"的特色，灵活组织和实施物流作业。

另外，物流设施、商品包装的标准化，物流的社会化、共同化也都是电子商务下物流模式的新特点。

★ 小案例12-2

亚马逊跨境电商的物流模式

亚马逊作为美国最大的电子商务平台有着自己完整的物流体系：Amazon FBA 和 Amazon FBM。

1. Amazon FBA：由亚马逊仓储派送，即国内常说的囤货模式

在这种物流模式下，卖家需要提前备货至亚马逊仓库，买家下单后亚马逊负责把卖家预先存在仓库的货物派送至买家。以中国卖家为例，具体的流程是卖家需要提前把自己的商品送往始发地仓库（亚马逊在全世界有 80 个仓储基地）集货，接到订单后，将客户所需商品出口报关清关，通过后根据货物量选择运输方式至目的国作为该国进口货物清关，到这里为物流头程，之后将货物送入该国的亚马逊仓储基地，由亚马逊物流负责将商品运输至终端买家。

2. Amazon FBM：由卖家自行发货，即国内常说的无货源模式

亚马逊仅作为销售平台，卖家需借助如国际邮政、国际快递、国际专线等第三方快递服务派送至买家。以中国卖家为例，具体的流程是先在亚马逊注册开店，当接到客户订单后，由卖家去购买或以其他方式获得商品，发货到国际中转仓拆封检查无误后，进行二次打包，后出口报关清关，交由国际物流或第三方物流公司进行国际运输至目的国家后，接着运输至终端买家。

资料来源：https://www.sohu.com/a/319585999_120169360，2021 年 5 月 15 日，有改编。

二、电子商务物流的主要模式

按照电子商务物流服务的系统资源来看，电子商务物流的服务模式主要有以下四类。

1. 平台整合物流资源模式

平台整合物流资源模式是指以轻资产模式为宗旨，以整合资源为手段，以数据驱动赋能为纽带，以智能仓储为网络节点，打造的社会化电子商务物流服务大系统。它利用智慧物流平台，搭建智慧物流骨干网，全面整合社会资源，建设服务于电子商务网购平台的智慧物流体系。其最典型的案例是菜鸟物流。

菜鸟物流基于阿里巴巴的淘宝、天猫、新零售等电商平台的物流需求，联合多家快递企业、物流企业、物流技术服务企业，通过大数据驱动，以建设中国和世界智慧物流骨干网为目标，建立了基于数据驱动的社会化协同平台，力争实现全国任何地区电子商务物流配送 24 小时达的目标。在此模式中，菜鸟物流重点把控的是数据、技术和关键网络节点。在物流骨干网关键节点或物流枢纽上，菜鸟物流也投资自建仓储物流中心，或租赁社会的仓储设施，在物流末端建设菜鸟驿站和社区自提柜，并投资一些物流技术设备公司，推动物流自动化技术发展。

2. 平台自建物流体系模式

平台自建物流体系模式是典型的重资产物流服务模式，虽然也有一些地区的物流仓储设施采用了租赁模式，但物流服务网络基本上是以投资自建为主。它以在全国各地投资自建为主，搭建智慧物流服务体系，如京东物流。

京东物流在全国大量建设仓储设施作为智慧物流服务网络的节点，末端配送以自营为主体，干线运输以社会资源为主体，也有部分自有车辆。在此模式中，京东物流重点把控的是设施、技术，配送，以自建的物流基础设施为平台，结合自有的物流技术和装备，对接电子商务平台，提供高效快捷的物流配送服务。目前这一系统也向社会开放共享，但运营主体不变，是典型的平台自建和运营的服务模式。

3. 电商物流服务外包模式

电商物流服务外包模式是指电子商务商家把物流配送服务外包给物流配送企业（主要是快递物流企业）的服务模式。中小商家一般均采用这种服务外包的模式，淘宝最早采用的也是物流配送服务外包模式，与众多快递企业合作，接入淘宝平台，通过平台向商家推荐快递企业，中小商家进行选择并将物流外包给快递企业。

目前，很多专业的电商网购平台、中小规模的各类电商网购平台一般都采用这一服务外包模式；品牌商或生产制造企业的电子商务，在干线运输和仓库网点货物分拨的前端一般外包给第三方物流公司或自营，在末端的配送基本上都外包给快递企业。

4. 即时配送服务模式

即时配送服务模式是近几年外卖配送、新零售、电子商务物流等在配送末端推出的一种新型物流资源组织服务的模式。即时配送服务模式主要指不经过仓储网点周转，直接点对点配送的物流服务模式，其智能化的配送调度与管理平台是关键。目前，同城邻近区域的本地生活服务类电商一般都在采用这一服务模式。

即时配送最早由本地餐饮电商服务而兴起，随着新零售的快速发展，门店因区域配送需求高速增长而快速发展，推动了物流末端配送服务的大变革。例如，即时配送与平台物流服务网络对接，推动了传统配送模式的变革；即时配送与门店之间的货物调拨对接，推动了末端供应链整合，等等。

目前，本地生活电子商务服务，如餐饮配送、个人和单位的区域小件配送、新零售的从门店向社区配送、区域内门店货物调拨，均采用即时配送服务。部分快递企业和电子商务平台也发展即时配送，使之与自身平台的智慧物流大系统对接，提高配送时效。

总体而言，当前主要的电子商务服务模式都可以归入上述四种模式之中或是这四种模式的组合。如果从电子商务模式角度看，B2B 电子商务物流一般都是第三方物流外包模式，虽然也有部分自营，但基本上可以归类于第三种模式。在 B2C 电子商务物流中，京东采用的是平台自建运营模式，天猫采用的是平台整合资源的物流服务模式，生产企业 B2C 电子商务一般是"自建自营＋服务外包"模式的组合，中小平台和中小电子商务企业一般都是物流服务外包模式。

三、我国电子商务物流的发展趋势

随着国民经济高质量发展和互联网、物联网的发展，以及大数据、云计算、人工智能、5G 等先进科学技术的广泛应用与普及，基础设施的进一步完善，电子商务物流需求将保持快速增长，服务质量和创新能力有望进一步提升，渠道下沉和"走出去"趋势凸显，电子商务物流将进入全面服务社会生产和人民生活的新阶段。

1. 电子商务物流的服务内容和内涵将更加丰富

在"互联网＋"的背景下，网络零售交易产生的电子商务物流业务近 70% 由快递企业承担,快递业成为服务电子商务的主渠道,由此电子商务物流衍生出多种业态,新模式不断涌现。针对终端消费者对多元化服务需求的进一步细化,电子商务物流企业适时推出终端智能柜、物流保险、特殊物品物流、逆向物流等主动服务和个性服务。随着改革的深入推进,电子商务、制造业、跨境贸易等关键产业不断升级,电子商务物流上下游的产业环境也随之优化和升级,这必将对电子商务物流服务内容提出更高要求,仓配一体化、供应链管理等业务种类将加快拓展;跨境贸易的发展为电子商务物流企业注入新的发展活力。

2. 市场主体将更加多元化

从宏观层面看,随着外部产业的融合、资本市场的加速进入以及同业、同区域整合,优质资源要素和人力要素进一步向龙头企业聚集,市场集中度将进一步提高。从微观层面看,传统的快运、物流企业开始纷纷跨界进入快递及电子商务物流领域,向专业化、区域化、平台化方向发展,与此同时快递公共服务站、连锁商业合作、第三方服务平台等创新模式不断涌现。此外,随着"互联网+"的驱动和平台经济的发展,碎片化的物流资源通过互联网和平台整合进入市场,"平台+个人"的商业模式正在出现,正逐步探索、演化,成为新的电子商务物流服务提供者和市场参与者。

3. 电子商务物流将更加智慧、智能

随着生产消费需求的不断升级和技术应用环境的不断成熟,电子商务物流数据化、自动化、智能化的发展趋势将势不可挡。数据处理技术(Data Technology,DT)时代的到来,使得大数据应用深入到企业的经营管理、销售预测、运营决策、营销推广、渠道管理、客户体验、物流管理、IT构架等方方面面。尤其是大数据对供应链的应用将改变电子商务物流的路径和运作,从而颠覆传统的运营模式,对物流服务提出更高的要求,大数据服务、云服务、智仓储、电子签名、电子身份认证等技术将得到推广应用。在物流装备方面,自动化分拣、机器人、智能快件箱等开发应用力度将持续加大,迫使企业告别过往依靠廉价劳动力的发展怪圈,对电子商务物流的提质增效形成"倒逼"效应。从现状来看,仓储分拣等智能机器人已进入实际应用阶段,而当人工成本超过机器成本时,自动化大规模迭代的时代将指日可待。

| 阅读材料 12-1 |

《"十四五"电子商务发展规划》中的物流要求

2021年10月9日,在由商务部、中央网信办、发展改革委联合印发的《"十四五"电子商务发展规划》中,提出了电子商务发展的七大主要任务、23个专项行动和六条保障措施。其中,在七大发展任务中有六项涉及物流的内容。

(1) 深化创新驱动,塑造高质量电子商务产业。加快仓储物流设施转型升级;协同推进塑料包装治理和快递包装绿色供应链管理,加快推广应用标准化物流周转箱,促进包装减量化、标准化、循环化。建立覆盖设计、生产、销售、使用、回收和循环利用各环节的绿色包装标准体系,加快实施快递包装绿色产品认证制度。提升物流仓储、订单处理等各环节的智

能化运营水平，提高供需匹配程度，优化服务体验。

（2）引领消费升级，培育高品质数字生活。支持智能取餐柜、智能信包箱（快件箱）等自助服务终端的社区布局；鼓励电商平台企业拓展"旅游+地理标志产品+互联网+现代物流"功能。

（3）推进商产融合，助力产业数字化转型。支持B2B电子商务平台加速金融、物流、仓储、加工及设计等供应链资源的数字化整合。

（4）服务乡村振兴，带动下沉市场提质扩容。加快贯通县乡村物流配送体系；提升农产品物流配送、分拣加工等电子商务基础设施数字化、网络化、智能化水平，发展智慧供应链，打通农产品上行"最初一公里"和工业品下行"最后一公里"；推进"互联网+高效物流"，健全农村寄递物流体系，深入发展县乡村三级物流共同配送，打造农村电商快递协同发展示范区。创新物流支持农村特色产业品质化、品牌化发展模式；强化农产品产地生产加工和仓储物流基础设施。

（5）倡导开放共赢，开拓国际合作新局面。加强国际邮件互换局和国际快件处理中心建设，满足跨境电商物流发展需要；加快在重点市场海外仓布局，完善全球服务网络。补足货运航空等跨境物流短板，强化快速反应能力和应急保障能力。

（6）推动效率变革，优化要素资源配置。深化电子商务与快递物流协同发展，加强对物流仓储等具有社会功能的服务业用地保障，降低用地成本。

第四节 智慧物流

随着大数据、云计算、人工智能、区块链等新技术加快推广应用，建设高效化的物流体系已成为当今物流行业发展的基本要求。智慧物流体系是我国物流产业发展和转型的必由之路，以现代信息技术为标志的智慧物流正步入快速发展阶段。

一、智慧物流的概念、特点和基本功能

智慧物流（Intelligent Logistics System，ILS）由IBM首次提出。2009年12月，中国物流技术协会信息中心、华夏物联网、《物流技术与应用》编辑部联合率先在行业提出"智慧物流"概念。

1. 智慧物流的概念

智慧物流是一种以信息技术为支撑，在物流的运输、仓储、包装、装卸搬运、流通加工、配送、信息服务等各个环节实现系统感知、全面分析、及时处理及自我调整功能，实现物流规整智慧、发现智慧、创新智慧和系统智慧的现代综合性物流系统。根据《物流术语》（GB/T 18354—2021）的定义，智慧物流（Smart Logistics）是以物联网技术为基础，综合运用大数据、云计算、区块链及相关信息技术，通过全面感知、识别、跟踪物流作业状态，实现实时应对、智能优化决策的物流服务系统。

从本质上看，智慧物流包括三个方面的含义：一是货物从供应者到需求者的智能移动过

程；二是通过物流赋能实现人与物、物与物之间物流信息的交互；三是高层次、高端化的新型物流形态。所以，智慧物流是通过智能软硬件、物联网、大数据等智慧化技术手段，实现物流各环节精细化、动态化、可视化管理，提高物流系统智能化分析决策和自动化操作执行能力，提升物流运作效率的现代化物流模式。智慧物流集多种服务功能于一体，体现了现代经济运作特点的需求，即强调信息流与物质流快速、高效、通畅地运转，从而实现降低社会成本、提高生产效率、整合社会资源的目的。

智慧物流的关键因素是信息技术与信息技术标准化，呈现智能化、柔性化、一体化、社会化等特征。智慧物流可以降低物流成本，提高企业利润；加速物流产业的发展，成为物流业的信息技术支撑；为企业生产、采购和销售系统的智能融合打基础；使消费者节约成本，轻松、放心购物；提高政府部门工作效率，有助于政治体制改革；促进当地经济进一步发展，提升综合竞争力。

小知识 12-1

"智慧物流"的发展起源

为适应移动互联网、物联网、云计算、大数据的发展要求，以及为满足物流自身发展的内在要求，智慧物流应运而生。它是物流智慧化的结果，其发展历程大致经历了五个阶段。

1. 粗放型物流

1950～1970 年，世界经济处于迅速复苏阶段，生产企业的重心在生产，企业普遍认为产量最大化能导致利润最大化，对物流关注度不高。此时物流行业的特点就是大部分物流企业自成体系，没有行业协作和大物流的意识，由于盲目的扩张导致运营成本增高而不能维持下去，迫使企业寻找更适合的物流经营模式。

2. 系统化物流

1970～1980 年，随着世界经济国际化趋势的出现，企业对物流的理解从分散的运输、保管、库存等具体功能，上升到从原料采购到产品销售全过程的统一管理，开始在物流成本和效益方面做文章。这标志着物流行业从分散、粗放式的管理阶段进入系统化物流管理阶段。

3. 电子化物流

1990～2000 年，计算机的普及应用成为推动物流行业电子化的最大动力。随着条形码、电子数据交换两项信息化技术在在线订货、库存管理、发送货管理、报关、支付等方面的全面应用，企业开始注重供应链的物流效果，致力于提高供应链物流的效率和效益，降低物流运作的总体成本和时间。

4. 智能物流

21 世纪是智能化的时代，2000～2009 年，智能仓储物流管理、智能冷链物流管理、智能集装箱和运输管理、智能危险品物流管理、智能电子商务物流等相继涌现，智能物流的雏形开始出现。2008 年，德国不来梅大学实验室将智能物流的基本特征归纳为精准化、智能化和协同化。

5. 智慧物流

2009 年 12 月，中国物流技术协会信息中心、华夏物联网、《物流技术与应用》编辑部率先在行业提出"智慧物流"概念。

智慧物流具有智能化、一体化、柔性化、社会化的特点，它一定要向"智慧供应链"延伸，通过信息技术，实施商流、物流、信息流、资金流的一体化运作，使市场、行业、企业、个人联结在一起，实现智能化管理与智能化生活。

资料来源：https://baijiahao.baidu.com/s?id=1647000786333946732&wfr=spider&for=pc，2021年8月16日，有改编。

2. 智慧物流的特点

智慧物流是指基于物联网技术应用，实现互联网向物理世界延伸，互联网与物流实体网络融合创新，实现物流系统的状态感知、实时分析、精准执行，进一步达到自主决策和学习提升，拥有一定智慧能力的现代物流体系。它具有以下三大特点。

（1）互联互通，数据驱动。所有物流要素实现互联互通，一切业务数字化，实现物流系统全过程透明、可追溯；一切数据业务化，以"数据"驱动决策与执行，为物流生态系统赋能。

（2）深度协同，高效执行。跨集团、跨企业、跨组织之间深度协同，基于物流系统全局优化的智能算法，调度整个物流系统中各参与方高效分工协作。

（3）自主决策，学习提升。软件定义物流实现自主决策，推动物流系统程控化和自动化发展；通过大数据、云计算与人工智能构建物流大脑，在感知中决策，在执行中学习，在学习中优化，在物流实际运作中不断升级，学习提升。

3. 智慧物流的基本功能

（1）感知功能。运用各种先进技术能够获取运输、仓储、包装、装卸搬运、流通加工、配送、信息服务等各个环节的大量信息，实现实时数据收集，使各方能准确掌握货物、车辆和仓库等信息，初步实现感知智慧。

（2）规整功能。继感知之后把采集的信息通过网络传输到数据中心，用于数据归档。建立强大的数据库，分门别类后加入新数据，使各类数据按要求规整，实现数据的联系性、开放性及动态性，并通过对数据和流程的标准化，推进跨网络的系统整合，实现规整智慧。

（3）智能分析功能。运用智能的模拟器模型等手段分析物流问题，根据问题提出假设，并在实践过程中不断验证问题，发现新问题，做到理论实践相结合。在运行中，系统会自行调用原有经验数据，随时发现物流作业活动中的漏洞或者薄弱环节，从而实现发现智慧。

（4）优化决策功能。结合特定需要，根据不同的情况评估成本、时间、质量、服务、碳排放和其他标准，评估基于概率的风险，进行预测分析，协同制定决策，提出最合理、有效的解决方案，使做出的决策更加的准确、科学，从而实现创新智慧。

（5）系统支持功能。系统智慧集中表现于智慧物流并不是各个环节各自独立、毫不相关的物流系统，而是每个环节都能相互联系、互通有无、共享数据、优化资源配置的系统，从而为物流各个环节提供最强大的系统支持，使得各环节协作、协调、协同。

（6）自动修正功能。在前面各个功能的基础上，按照最有效的解决方案，系统自动遵循最快捷、有效的路线运行，并在发现问题后自动修正，备用在案，方便日后查询。

（7）及时反馈功能。物流系统是一个实时更新的系统。反馈是实现系统修正、系统完善必不可少的环节。反馈贯穿于智慧物流系统的每一个环节，为物流相关作业者了解物流运行情况，及时解决系统问题提供强大的保障。

二、智慧物流的体系结构

自 2003 年开始，物联网技术首先开始在物流追踪追溯领域获得应用，2005 年前后物联网技术取得了巨大发展，从而推动物流实体网络通过感知技术与虚拟网络世界融合，让物流借助信息技术有了生命力，产生智慧物流系统。

（一）智慧物流的三层技术架构

智慧物流基于物联网技术在物流业的应用而提出，根据物联网技术架构，智慧物流有三层技术架构。

1. 感知层

感知层是智慧物流系统实现对货物感知的基础，是智慧物流的起点。智慧物流系统的感知层通过多种感知技术实现对物品的感知。常用的感知技术有条码自动识别技术、RFID 感知技术、GPS 移动感知技术、传感器感知技术、红外感知技术、语音感知技术、机器视觉感知技术、无线传感网技术等。所有能够用于物品感知的各类技术都可以在智慧物流系统中得到应用，在具体应用中需要平衡系统需求与技术成本等因素。

2. 网络层

网络层是智慧物流的神经网络与虚拟空间。智慧物流系统借助感知技术获得的数据进入网络层，利用大数据、云计算、人工智能等技术分析处理，产生决策指令，再通过感知通信技术向执行系统下达指令。

3. 应用层

应用层是智慧物流的应用系统，借助物联网感知技术，感知到网络层的决策指令，在应用层实时执行操作。

（二）智慧物流的三大核心系统

根据智慧物流的定义与技术架构，结合人类智慧的特点，我们认为智慧物流主要由智慧思维系统、信息传输系统和智慧执行系统组成。

1. 智慧思维系统

智慧思维系统是智慧物流的大脑，是智慧物流最核心的系统。大数据是智慧思考的资源，云计算是智慧思考的引擎，人工智能是智慧思考与自主决策的能力。

2. 信息传输系统

信息传输系统是智慧物流的神经网络，是智慧物流最重要的系统。物联网是信息感知的起点,也是信息从物理世界向信息世界传输的末端神经网络;"互联网+"是信息传输基础网络,是物流信息传输与处理的虚拟网络空间;CPS(信息物理系统)技术反映的是虚实一体的智慧物流信息传输、计算与控制的综合网络系统,是"互联网+物联网"的技术集成与融合发展。

3. 智慧执行系统

智慧执行系统是物理世界智慧物流具体运作的体现,呈现的是自动化、无人化的自主作业,核心是智能操作执行中智能硬件设备的使用,体现的是智慧物流在仓储与配送领域的全面应用。

(三)智慧物流的三大服务层次

按照服务对象和服务范围划分,智慧物流可分为企业智慧物流、行业智慧物流、国家智慧物流三个层次。

1. 企业智慧物流层面

企业智慧物流建设是指通过推广信息技术在物流企业的应用,集中表现在应用新的传感技术,实现智慧仓储、智慧运输、智慧装卸搬运、智慧包装、智慧配送、智慧供应链等各个环节的智能化,从而培育一批信息化水平高、示范带动作用强的智慧物流示范企业。

2. 行业智慧物流层面

行业智慧物流建设主要包括智慧区域物流中心、区域智慧物流行业以及预警和协调机制三个方面。

(1)智慧区域物流中心。智慧区域物流中心的建立,关键是要搭建区域物流信息平台,它是区域物流活动的神经中枢,连接着物流系统的各个层次、各个方面,将原本分离的商流、物流、信息流和采购、运输、仓储、代理、配送等环节紧密联系起来,形成一条完整的供应链。而智慧技术的运用可使运输合理化、仓储自动化、包装标准化、装卸机械化、加工配送一体化、信息管理网络化。

(2)区域智慧物流行业。重视新技术的开发与利用,加强先进技术的应用,加大信息主干网建设、PC机和手提电脑、无线通信和移动数据交换系统的建设,以实现自动报单、自动分拣、自动跟踪等智慧功能。

(3)预警和协调机制。通过对基础数据的开拓和挖掘,做好统计数据和相关信息的收集,建立起相应的预警和协调机制,以加强监测,及时发现相关问题。

3. 国家智慧物流层面

国家智慧物流建设旨在打造一体化的交通同制、规划同网、铁路同轨、乘车同卡的现代物流支持平台,以制度协调、资源互补和需求放大效应为目标,以物流一体化推动整个经济的快速增长。与此同时,着眼于实现功能互补、错位发展;着力打造全面立体的运输服务网络体系,建成以国际物流网、区域物流网和城市配送网为主体的快速公路货运网络,"水陆配套、多式联运"的港口集疏运网络,"客货并举、以货为主"的航空运输网,"干支直达、通江达海"的内河货运网络。此外，大力打造关键物流节点中的智慧物流网络，以使它们不仅执行一般的物流职能，而且还能更好地执行指挥调度、信息处理等神经中枢的职能。

三、智慧物流的发展趋势

中国经济进入了高质量发展的新时代，一方面劳动力成本上升让物流业机器取代人工成为趋势；另一方面人们对美好生活的向往，带来了对物流的柔性化与个性化需求，推动物流系统向资源整合、全面优化、协同共享、敏捷响应方向发展，这对智慧物流提出了更高要求。随着物联网、云计算、大数据、人工智能等技术的不断发展，为智慧物流创新发展创造了条件。

1. 物流平台化

智慧物流是由原来的资源、技术为主导转换为平台主导，传统物流主要是靠掌握运力和线路等来实现调控，源头企业是整个供应链上的核心。随着科技进步和物流新理念发展，供应链源头转向技术更先进、效率更高的企业，平台化发展达到了一个前所未有的新高度。通过平台，智慧物流体系可实现供需双方精确匹配，进而提高效率。

2. 物流短链化

物流供应链越长，影响其效率的因素也就越多，不可控风险也就越大。从本质上说，从生产者到最终消费者或者使用者才是物流的两个最终点，其他过程都属于中间环节。随着需求侧呈现出即时化、碎片化，产业端需要适应这种变化，建立起相对灵活和环节较少的供应链体系。传统的多层分销渠道模式需要改变并向短链化方向发展，一方面可以精确把握消费者需求，另一方面物流体系可以灵活调整、快速反应。

3. 物流无界化

未来的智慧物流除本身体系外，其要素会渗透到生产、流通、消费等各个环节。例如，在运行过程中，有些消费者或者使用者可能会亲自参与到产品设计和生产过程，在多元、即时、分散等情况下进行购买活动。其中，小批量、定制化等物流体系将成为一个重要组成部分。超级机器人仓储、智慧物流小镇、万物互联将会越来越多地呈现在人们的面前，物流已经融入经济社会发展的各个方面。

4. 物流升级化

新技术的应用，如大数据、云技术、物联网，数据会呈现指数级增长，并且会实现全面收集、记录、分析、传输、应用，信息孤岛和不对称现象将会逐渐减少，形成全面覆盖并广泛连接的物联网络。在精确实现物流效率的同时，个性化需求也能在最大化条件下得以满足，进而物流体验感受指数大幅提高，智慧物流价值将逐步显现。

5. 物流智能化

智慧物流将会利用其独特优势，推动物流产业链上下游大发展，深化产业链各个环节与各类需求融合，同时可充分利用物流资源，提高使用效益，实现改善能效、智能包装、存储、配送等绿色、可持续发展目标。

小知识 12-2

智慧物流的行业应用

智慧物流主要包括以下 4 项技术。

（1）仓内技术。仓内技术主要有机器人与自动化分拣、可穿戴设备、无人驾驶叉车、货物识别四类技术。当前机器人与自动化分拣技术已相对成熟，得到广泛应用；可穿戴设备技术目前大部分处于研发阶段，其中智能眼镜技术发展较快。

（2）干线技术。干线运输主要是无人驾驶卡车技术。无人驾驶卡车将改变干线物流现有格局，目前尚处于研发阶段，但已取得阶段性成果，正在进行商用化前的测试。

（3）"最后一公里"相关技术。"最后一公里"相关技术主要包括无人机技术与 3D 打印技术两大类。无人机技术相对成熟，目前包括京东、顺丰、DHL 等国内外多家物流企业已开始进行商业测试，其凭借灵活等特性，预计未来将成为特定区域末端配送的重要方式。3D 技术尚处于研发阶段，目前仅有亚马逊、UPS 等针对其进行技术储备。

（4）末端技术。末端新技术主要是智能快递柜。目前已实现商用（主要覆盖一二线城市），是各方布局重点，但受限于成本与消费者使用习惯等问题，未来发展仍存在不确定性。

资料来源：https://www.sohu.com/a/413470995_120810733，2021 年 5 月 18 日，有改编。

第五节　物流数字化

随着互联网、电商的发展，物流的效率和质量在不断提高，但当前物流行业的弊端也层出不穷，如成本居高不下、效率低等。为解决这一系列痛点，物流数字化成为行业降本提效的有效解决方法。

一、物流数字化的内涵

"物流数字化"是指在仿真和虚拟现实、计算智能、计算机网络、数据库、多媒体和信息等支撑技术的支持下，应用数字技术对物流所涉及的对象和活动进行表达、处理和控制，具有信息化、网络化、智能化、集成化和可视化等特征的技术系统。

物流数字化实际上就是对物流的整个过程进行数字化的描述，从而使物流系统更高效、可靠地处理复杂问题，为人们提供方便、快捷的物流服务，借此表现物流体系的精确、及时和高效特征，进而实现"物流操作数字化，物流商务电子化，物流经营网络化"。

数字技术是指以计算机硬件、软件、信息存储、通信协议、周边设备和互联网络等为技术手段，以信息科学为理论基础，包括信息离散化表述、扫描、处理、存储、传递、传感、执行、物化、支持、集成和联网等领域的科学技术集合。

二、物流数字化的关键技术

当今,由于最终客户需求越来越多样化和个性化,供应商的数量每年都在增长,因此客户对物流的需求也在增加。为满足这种日益增长的物流市场需求,物流数字化成为行业较为推崇的一种方式。从成功的数字化因素和建立数字化战略的关键点分析,以下七项是成功实现物流数字化的关键技术。

1. 电子航空运单

电子航空运单(e-AWB)是行业数字化的倡议,它是当前航空货运单的标准数字版本,从托运人到发货都遵循这一倡议。电子航空运单提高了跟踪和处理货物数据的效率、透明度和安全性,减少了成本和延误。到目前为止,它已经得到了广泛的接受,国际航空运输协会(IATA)也宣布了电子航空运单的默认运输合同。许多国际航空公司已经实施或即将实施电子航空运单计划,例如,汉莎航空、阿联酋航空等大型航空公司已经实施了该计划。预计电子航空运单在不远的未来将成为国际航空运输的标配。

2. 人工智能和机器学习

人工智能和机器学习在物流中的潜力是巨大的。供应链可能是结构化和非结构化数据的真正"金矿",通过利用和分析数据,识别模式并深入了解可用供应链的每个环节,物流公司可有效实施操作转型。

机器学习可帮助企业发现算法中的供应链数据模式,通过这些算法可以找出影响其供应网络的最主要因素,同时持续不断地进行学习。这些模式可与库存水平、供应商质量、预测需求、生产计划、运输管理等相关,为企业提供知识和见解,以降低物流成本,改善供应商绩效并最大程度地降低供应商风险。

3. 云物流

云物流(Cloud Logistics)是指基于云计算应用模式的物流平台服务。物流云计算服务平台是面向各类物流企业、物流枢纽中心及各类综合型企业的物流部门等的完整解决方案,依靠大规模的云计算处理能力、标准的作业流程、灵活的业务覆盖、精确的环节控制、智能的决策支持及深入的信息共享来完成物流行业的各环节所需要的信息化要求。

物流云计算服务平台分为物流公共信息平台、物流管理平台及物流园区管理平台三个部分。这三个平台有各自适合的作用层面,物流公共信息平台针对的是客户服务层,它拥有强大的信息获取能力;物流管理平台针对的是用户作业层,它可以大幅度地提高物流及其相关企业的工作效率,甚至可以拓展出更大范围的业务领域;物流园区管理平台针对的是决策管理层,它可以帮助物流枢纽中心、物流园区等管理辖区内的入驻企业,帮助它们进行规划和布局。

随着云物流的推广运用,物流IT服务已按需按使用频次付费,这表明较小的企业不必在整体IT结构上"伤筋动骨",只在需要时为自己使用的服务付费。目前,一些国际性运输服务商已经提供了基于云的实时运输管理系统,该系统涵盖了从采购到开票的所有物流流程,从而使整个流程对中小型企业而言更加轻松和便宜。

4. 物联网

物联网（IoT）是指通过信息传感设备，按照约定的协议，把任何物品与互联网连接起来，进行信息交换和通信，以实现智能化识别、定位、跟踪、监控和管理的一种网络。通俗地讲，物联网就是"物物相连的互联网"，它包含两层含义：第一，物联网是互联网的延伸和扩展，其核心和基础仍然是互联网；第二，物联网的用户端不仅包括人，还包括物品，物联网实现了人与物品，以及物品之间信息的交换和通信。

物联网将成为后来的游戏规则改变者。结合最先进的可用性技术和传感器，它可以在所有目的下将任何物品与网络相关联，无论它在任何地方，这都意味着从托运人到运送者的完全可见性和可追踪性。

5. 区块链

区块链（Block Chain）是分布式数据存储、点对点传输、共识机制、加密算法等计算机技术的新型应用模式。它本质上是一个去中心化的数据库，同时作为比特币的底层技术，它是一串使用密码学方法相关联产生的数据块，每一个数据块中包含了一批次比特币网络交易的信息，用于验证其信息的有效性（防伪）和生成下一个区块。安全的数据分布和验证技术提高了货物的可视性，并为国际货物的销售和运输赋予信任。

区块链技术通过为链中的每个成员物品提供对等的、及时的数据指令，扩展了其直接性、及时性和可获得性。通过区块链所有相关方都可以获得一个透明可靠的统一信息平台，可以实时查看、跟踪产品的进度和状态，追溯物品生产和运送的整个过程，从而提高供应链管理的效率。当发生纠纷时，举证和追查也变得更加清晰和容易。例如，Skuchain 创建基于区块链的新型供应链解决方案，实现商品流与资金流的同步，同时缓解假货问题。

6. 自动驾驶

自动驾驶（Self-driving）是指依靠人工智能、视觉计算、雷达、监控装置和全球定位系统协同合作，让电脑系统可以在没有任何人类主动的操作下，自动安全地操作机动车辆。自动驾驶无须依赖人工操作就能自动地将货物从 A 点运输到 B 点的方式将颠覆整个物流行业。通过传感器、RFID、条形码以及整个价值链上远程设备收集的数据将成为这项技术成败的关键。而车对车的通信将使自动驾驶卡车排成一行，有点像天上的大雁那样成行行进，以降低成本。改善减速和加速所产生的阻力，意味着使用更少的燃料（燃料费用占卡车总运营成本的 30%）。

到目前为止，自动叉车在当今的厂房、仓储、航站楼、港口和其他环境优雅的区域中非常普通。而且我们很快就会看到自动驾驶卡车在道路上行驶，运送由自动铲车卸下的货物，并通过自动传送带和机械臂将其放入仓库。

7. 机器人流程自动化

机器人流程自动化（Robotic Process Automation，RPA）是使用具有人工智能和机器学习功能的软件来处理以前需要人类执行的大批量、可重复的任务。这些任务可能包括记录和交易、计算和查询的维护。RPA 可以节省成本，提高效率和准确性，从而提高公司价值。现有实践表明，机器人流程自动化技术能够在无人为干涉的前提下，使运输计划和客户发票流程的自动化水平提高近100%。

目前，在物流业需要依靠大量的文书工作和大量手动输入的数据来操作与进行日常物流交易。而这些生成和处理正确的文档是耗时且单调的工作，借助于RPA的运用，既可减少人工手动处理的需要和时间，还能实现强大的过程控制和完全准确的输出，这些都能为最终客户提供更大的可视性。

| 阅读材料12-2 |

未来物流产业数字化将呈现的三个趋势

（1）物流场景的数据将实现全链贯通。过去物流数字化的重点在于物流场景的数字化上，而现在则侧重于客户经营全链条的打通，以点带面。通过全链贯通，将物流企业经营链条上的各种信息，如司机、油、轮胎、货这样一个个节点的数据都贯穿起来，从而实现"从一个人管十几台车升级为管数百台车，每一趟活儿的利润，人人都知道"。

（2）腰部崛起。中国物流运力市场是一个典型的纺锤形结构，中小物流企业占到80%以上，其中10～100台车规模的小车队占到30%以上。过去十年，数字化的升级主要由产业中的大型平台和企业主导与推动；未来，随着产业数字化进入深水区，物联网与AI技术越发成熟，性价比凸显，处于纺锤形腰部的中小企业将迎来整体性数字化升级机遇，它们将继续维持运力市场丰富多元的格局，同时它们会因为物联网技术和数字化经营不断进化并发挥更加重要的作用。

（3）物流市场的势头将从"白"转向"黑"。从公路运输的体量来看，消费物流和生产物流的市场差不多，都是两万多亿运费的规模，但大宗货运提升的空间更大。从需求端看，近两年来，煤炭、钢铁等领域对供应链升级的意愿也越发强烈，随着物联网和大数据技术的成熟，物流要素逐步的物联网化，"黑货"物流将迎来自己的黄金十年。

资料来源：闻植.数字化物流消除"黑货"运输痛点[N].中国水运报，2021-08-09（3）.

三、物流数字化的解决方案

面对数字化带来的挑战，物流行业只有与数字化深度融合，才能为物流企业实现提质增效、实现动态平衡创造诱人的想象空间，也将带来可观的经济效益，进而带动物流业实现高质量发展。物流业数字化转型的宏伟蓝图依赖于三个关键的数字行动：开发新的业务模式，数字化核心运营和建立稳健的内部数字组织。

1. 开发新的业务模式

（1）新的数字平台。构建强大的新平台将有助于消除供应链效率低下，解决与资产利用不足相关的问题，改善物流需求与物流供应的匹配度以及提高整个物流供应链系统的可见性和连通性。

（2）高级分析。运用功能强大的数据驱动解决方案可以创建新的分析工具，并将其出售给客户，帮助他们优化运营和提高效率。

（3）控制塔。提供可提高操作可视性和孤立系统之间的连接性的解决方案，可使利益相关者在整个物流供应链中实现有效的、无缝的相互连接。

2. 数字化核心运营

（1）高级分析。物流企业可使用高级分析来优化定价、库存、路线和部分装载货物合并中的操作。

（2）客户体验。数字前端不仅可以为客户提供便利的一站式购物体验，还可以改善内部操作的可视性并自动执行以前的手动流程。

（3）流程自动化。增加核心内部业务流程的自动化可以帮助减轻劳动密集型的物流操作，通过构建物流物联网开放平台，所有物流场景及设备都可以接入。接入物流物联网开放平台的仓库将变成一个可以被智能调度的数字孪生体，操作人员的作业任务将可由算法根据订单以及库存自动规划。

（4）设备数据。对设备健康状况进行数字监控，可促进更有效的预测性维护。

（5）下一代解决方案。通过机器人技术、人工智能甚至增强现实技术来展望未来的物流运营改进，可帮助进一步提高物流企业在分销、运输、仓储、流通加工、拣选和包装方面的运营效率。

3. 建立稳健的内部数字组织

（1）人才。物流企业必须积极瞄准并吸引聪明的数字人才，以提升竞争力，保持效率，发展新领域并兑现对客户的价值承诺。

（2）系统。在整个物流企业中提供数字化的好处是有助于整个价值链中更灵活的技术系统的投资合理化。

（3）敏捷。在解决方案开发中，物流方面的问题需要敏捷，以保持数字化的步伐，最大程度地发挥其优势。

四、物流数字化转型的关键

数字化转型就是利用数字化技术来推动企业组织转变业务模式、组织架构、企业文化等的变革措施。

埃森哲认为，交互、业务和数据三个价值层次未来会在物流企业中有越来越明确的架构体现和逻辑划分，这种架构趋势是受交互、业务和数据价值层次的内部驱动力推动的。随着物流交互层面的价值越来越重要，如何在交互层面进行业务和技术的能力布局，是物流企业数字化转型的关键。

（1）交互层面的价值认识是传统企业的一个关键意识转变。数字化转型旨在利用各种新型技术，如移动、Web、社交、大数据、机器学习、人工智能、物联网、云计算、区块链等一系列技术为企业组织构想和交付新的、差异化的价值。然而，传统管理思维是采取提高效率、改善客户体验等举措，这种传统管理思维和互联网经济有很多冲突的地方，互联网的规模效益、充分竞争、个性创造很难用传统精益管理思想来解答和指引，精益管理在敏捷性和扩展性要求极高的交互层面往往"南辕北辙"。因此，通过传统管理思维来指导以互联网经济为内涵的数字化转型往往似是而非。只有对交互价值充分理解并基于交互价值进行架构重构，才是数字化转型信念的飞跃。

（2）互联网经济所需要的技术驱动、敏捷导向和高绩效组织文化都是交互价值层面的组织和技术的基本能力要求。通过交互层面的组织和架构重构，可以让传统企业学习和掌握这些基本能力，并在文化方面构建企业未来核心价值。

（3）在架构层面，交互层面的架构重构可实现面向外部客户、协作企业的平台化和生态化。交互价值层面的平台化和生态化，会反向推进传统业务层面的核心业务的服务化和标准化；核心业务的标准化和服务化，以及标准化带来的社会资源的整合能力，可以解决内部资源和组织的整合问题。

采取数字化转型的企业，一般都会去追寻新的收入来源、新的产品和服务、新的商业模式。因此只有物流企业对其业务进行系统性、彻底的（或重大和完全的）重新定义的时候，不仅仅是信息技术，而是对组织活动、流程、业务模式和员工能力的方方面面进行重新定义，物流数字化转型的成功才会得以实现。

本章小结

现代物流发展迅速，涉及国民经济的诸多方向，本章着重从绿色物流、应急物流、电子商务物流、智慧物流和物流数字化五个方面对现代物流发展的前沿进行了介绍。

绿色物流作为一种全新的物流管理方式，符合世界社会发展的大潮流，是可持续发展的一个重要环节，是最大限度降低经营成本的必由之路，有利于企业取得新的竞争优势。绿色物流的实施措施可从两个层面展开，即政府管理和企业管理。

应急物流是指为应对严重自然灾害、突发性公共卫生事件、公共安全事件及军事冲突等突发事件而对物资、人员、资金的需求进行紧急保障的一种特殊物流活动。它具有突发性和不可预知性、需求的随机性、时间约束的紧迫性、峰值性、弱经济性、非常规性、政府与市场的共同参与性等特点。应急物流系统包含应急物流协调指挥中心、物资供给端、物流中心以及物资需求端四个环节。应急物流系统的运行机制包括监测预警机制、全民动员机制、政府协调机制、法律保障机制、"绿色通道"机制、应急报告与信息公布机制以及应急基金储备机制。基础设施保障、建立基于政府协调机制的应急物流系统、设置应急物流预案以及完善应急物流通道的建设是建立应急物流保障机制必须具备的条件。

电子商务物流是指为电子商务提供运输、存储、装卸、搬运、包装、流通加工、配送、代收货款、信息处理、退换货等服务的活动。它具有信息化、自动化、网络化、智能化、柔性化等一系列新的特点。平台整合物流资源模式、平台自建物流体系模式、电商物流服务外包模式和即时配送服务模式是电子商务物流的主要模式。我国电子商务物流呈现出三个发展趋势：电子商务物流的服务内容和内涵将更加丰富，市场主体将更加多元化，电子商务物流将更加智慧、智能。

智慧物流作为一种现代化物流模式，具有互联互通、数据驱动、深度协同、高效执行，自主决策、学习提升的特点。智慧物流的体系结构由三层技术架构、三大核心系统和三大服务层次构成。物流平台化、短链化、无界化、升级化和智能化是智慧物流的发展趋势。

物流数字化实际上就是对物流的整个过程进行数字化的描述。成功实现物流数字化的关键技术有电子航空运单、人工智能和机器学习、云物流、物联网、区块链、自动驾驶、机器人流程自动化。物流业数字化转型的宏伟蓝图依赖于三个关键的数字行动：开发新的业务模式、数字化核心运营和建立稳健的内部数字组织。物流数字化转型的关键是如何在交互层面进行业务和技术的能力布局。

复习与思考

一、名词解释

绿色物流　应急物流　电子商务物流　智慧物流　物流数字化

二、单选题

1. 以下关于绿色物流的内涵叙述中，不正确的是（　　）。
   A. 集约资源　　　B. 绿色运输
   C. 绿色仓储　　　D. 生态价值

2. 电子商务的物流管理理念是以（　　）为中心，通过需求预测和管理来有效响应市场变化。
   A. 信息　　　　　B. 物流
   C. 顾客　　　　　D. 利润

3. 以下关于电子商务物流一系列新特点的叙述中，不正确的是（　　）。
   A. 柔性化　　　　B. 一体化
   C. 网络化　　　　D. 信息化

4. 快速响应的基本思想是为了在以（　　）为基础的竞争中占据优势。
   A. 信息　　　　　B. 时间
   C. 顾客　　　　　D. 利润

5. "智慧物流"概念是于（　　）由中国物流技术协会信息中心、华夏物联网、《物流技术应用》编辑部联合提出的。
   A. 2010年10月　B. 2013年10月
   C. 2009年12月　D. 2012年2月

6. 应急物流的特点不包括下列的（　　）。
   A. 突发性　　　　B. 不确定性
   C. 经济性　　　　D. 非常规性

7. 物流数字化实际上就是对物流的整个过程进行（　　）的描述。
   A. 数字化　　　　B. 信息化
   C. 网络化　　　　D. 电子化

8. 按照服务对象和服务范围划分，智慧物流不包括下面哪个？（　　）
   A. 企业智慧物流　B. 团体智慧物流
   C. 行业智慧物流　D. 国家智慧物流

三、多选题

1. 绿色物流的内涵包括（　　）。
   A. 集约资源　　　B. 绿色运输
   C. 绿色仓储　　　D. 绿色包装
   E. 废弃物物流

2. 下列关于应急物流的说法正确的是（　　）。
   A. 需求具有随机性　B. 弱经济性
   C. 可扩展性　　　D. 峰值性
   E. 时间紧迫性

3. 应急物流系统的特点包括（　　）。
   A. 时间要素　　　B. 开放性
   C. 可扩展性　　　D. 快速反应能力
   E. 封闭性

4. 智慧物流的基本功能有（　　）。
   A. 感知功能　　　B. 规整功能
   C. 智能分析功能　D. 优化决策功能
   E. 系统支持功能

5. 电子商务物流的特点有（　　）。
   A. 信息化　　　　B. 自动化
   C. 网络化　　　　D. 智能化
   E. 电子化

6. 根据物联网技术架构，智慧物流的技术架构有（　　）。
   A. 感知层　　　　B. 网络层
   C. 数据层　　　　D. 应用层

E. 战略层
7. 智慧物流的发展呈现（　　）的趋势。
   A. 平台化　　　　B. 短链化
   C. 无界化　　　　D. 升级化
   E. 智能化
8. 物流业数字化转型的宏伟蓝图依赖于（　　）的数字行动。
   A. 开发新的业务模式
   B. 新的数字平台
   C. 数字化核心运营
   D. 流程自动化
   E. 建立稳健的内部数字组织

四、判断题

1. 智慧物流具有互联互通，数据驱动；深度协同，高效执行；自主决策，学习提升的特点。（　　）
2. 没有一个有效的物流系统，电子商务所具有的优势就难以发挥。（　　）
3. 绿色物流是由绿色运输、绿色包装、绿色设计和绿色流通加工四个子范畴组成的。（　　）
4. 我国智慧物流提出的时间是2009年。（　　）
5. 应急物流的不确定性决定了应急物流系统必须能够将大量的应急物资在极短的时间内进行快速的运送。（　　）
6. 电子商务物流中的包装与现代物流的包装没有什么区别。（　　）

五、简答题

1. 简述绿色物流的内涵和特点。
2. 简述应急物流与普通物流的区别。
3. 简述电子商务物流的特点有哪些。
4. 简述智慧物流的体系结构。
5. 简述成功实现物流数字化的关键技术。
6. 简述智慧物流的发展趋势。

六、论述题

1. 试述现代物流的发展方向有哪些。
2. 试述如何保障应急物流体系的构建及实施。
3. 试结合我国实际情况，分析我国电商物流的未来如何发展。
4. 试述智慧城市建设对智慧物流发展的影响。
5. 试述物流数字化的发展趋势。

案例分析

中移物流的物流数字化解决方案

2019年12月3日，中国移动终端公司在北京发布"中国移动数字化供应链公共服务平台"（M-IoT），推出"出入库、运配、签收、冷链"四款数字化解决方案。这些解决方案覆盖物流供应链仓运配签的各个环节，在业界引起不小的反响，同时也让其背后的中移物流出现在公众眼前。最初为满足公司内部业务需求而产生的中移物流，在边发展边解决自身管理痛点和难点的同时，不断迭代升级，成熟后被推向市场和行业，目前已经服务大量的社会企业。

1. 物流仓储：效率迅速提升

伴随网购的普及，快递、物流的运输速度越来越快，靠的就是全自动的"智慧物流"，作业无人化。2019年5月，作为中国移动终端公司核心组成部分的中移物流在重庆外部业务仓库修建自动化无人仓库，引入自动搬运机器人，打造智能化标杆仓。在1 600平方米的仓库内，工作人员只需在操作台远程调配，"机器人军团"就能自动规划最优路径，完成货物搬运、扫码、复核、包装、卸货等系统操作。据统计，引入自动搬运机器人，人力成本降低30%左右，操作准确率提升至99.9%以上，库容利用率提升了10%～15%。

2. 数字化冷链物流解决方案："千万里，我追寻着你"

咪咕咖啡是中移物流的客户。中移物流

为其提供咖啡豆、牛奶、蛋糕等门店营运物资的城市配送服务。中移物流的 M-IoT 数字化冷链物流解决方案，在咪咕冷链仓储和运输过程中进行温湿度集中监管的试点运营。该方案在硬件端接入温湿度采集设备，在平台端收集实时数据，进行分析预判，实现对布控库区、车厢温湿度的实时监控和预警，并发送至项目经理、物流运营人员、货主，强化了过程监管。未来，在 5G 的赋能下，将会有更加智能的感知设备组成云监控网络，帮助管理人员实现智能化的物流管理。

3. "最后一公里"："中国移动特色"的安全电子签收

"中移签收宝"就是中移物流打造的基于技术驱动业务场景优化的"中国移动特色"解决方案之一。通过中国移动 SIM 签技术，以第三方认证的方式为"最后一公里"物流签收解决了签收单信息不全或不清晰、签收单作假，后续线下批量补签、签单回执回收不及时、纸质签单回收极易丢失等行业公认的管理痛点和难点。此外，其还提供云签单服务，充分响应国家、行业倡导的绿色物流管理理念。2019 年 12 月 2 日，雀巢的首张电子回单已经测试成功，标志着中移物流"去回单化"解决方案的成功落地。

不光签收环节发力，中移物流还是菜鸟物流唯一一家提供终端类产品仓配及系统一体化服务的物流合作伙伴。据天猫相关工作人员反馈，中移物流终端产品物流服务解决方案在全流程串码管理、标准化 SOP 及风险管理等方面具有明显优势，能够满足其线上线下、2B2C"一盘货"管理的诉求。

如今，中移物流专属团队已遍布多个省、自治区、直辖市，业务覆盖分销、零售、新零售等全业务，场景覆盖高端快递、经济快递、仓储零担、工程物流、国际物流、冷链物流等众多场景，配送准时率超过 97%，实现 240 个区县当日达、1 977 个区县次日达等。中移物流不止为行业提供数字化物流基础设施和服务，还与大家一起协作共赢，结合中国移动专业能力、CMLP（中移物流合作伙伴计划）物流和技术合作伙伴能力，创新孵化新的应用场景，打造"5G+ 物流 +AICDE"产品，持续赋能物流供应链管理。

资料来源：http://www.cslip.org.cn/news_view.aspx?TypeId=5&Id=876&Fid=t2:5:2，2021 年 5 月 18 日，有改编。

讨论题

1. 中移物流的物流数字化解决方案具有什么特色？
2. 中移物流的数字化解决方案对企业进行物流智慧化、绿色化建设有何启示？

参 考 文 献

[1] 崔介何. 物流学概论 [M]. 5版. 北京：北京大学出版社，2015.
[2] 何明珂. 物流系统论 [M]. 北京：高等教育出版社，2004.
[3] 黄中鼎. 现代物流管理学 [M]. 3版. 上海：上海财经大学出版社，2016.
[4] 顾东晓，章蕾. 物流学概论 [M]. 2版. 北京：清华大学出版社，2021.
[5] 张余华. 现代物流管理 [M]. 3版. 北京：清华大学出版社，2017.
[6] 张亮，李彩凤. 物流学 [M]. 2版. 北京：电子工业出版社，2018.
[7] 张旭辉，杨勇攀. 第三方物流 [M]. 2版. 北京：北京大学出版社，2017.
[8] 李严锋，张丽娟. 现代物流管理 [M]. 5版. 大连：东北财经大学出版社，2020.
[9] 李向文，冯茹梅. 物流与供应链金融 [M]. 北京：北京大学出版社，2012.
[10] 马士华，林勇. 供应链管理 [M]. 6版. 北京：机械工业出版社，2020.
[11] 汝宜红，田源. 物流学 [M]. 3版. 北京：高等教育出版社，2019.
[12] 舒辉. 物流与供应链管理 [M]. 上海：复旦大学出版社，2014.
[13] 叶怀珍. 现代物流学 [M]. 4版. 北京：高等教育出版社，2019.
[14] 李松庆. 现代物流学 [M]. 北京：清华大学出版社，2018.
[15] 舒辉. 物流经济学 [M]. 3版. 北京：机械工业出版社，2019.
[16] 沈小平，卢少平，聂伟. 物流学导论 [M]. 2版. 武汉：华中科技大学出版社，2021.
[17] 王之泰. 新编现代物流学 [M]. 4版. 北京：首都经济贸易大学出版社，2018.
[18] 王长琼，李顺才. 绿色物流 [M]. 3版. 北京：中国财富出版社，2021.
[19] 科伊尔，巴蒂，兰利. 企业物流管理：供应链视角 [M]. 文武，陈志杰，张彦，等译. 北京：电子工业出版社，2003.
[20] 钟海岩，田丽，吴锦源. 国际物流学 [M]. 上海：上海交通大学出版社，2021.
[21] 黄辉，周继祥. 物流学导论 [M]. 2版. 重庆：重庆大学出版社，2020.
[22] 张莉莉，姚海波，熊爽. 现代物流学 [M]. 北京：北京理工大学出版社，2020.
[23] 梁金萍. 现代物流学 [M]. 6版. 大连：东北财经大学出版社，2019.
[24] 易兵，熊文杰. 现代物流学 [M]. 北京：中国财富出版社，2019.
[25] 墨菲，克内梅耶. 物流学（第12版）[M]. 杨依依，译. 北京：中国人民大学出版社，2019.
[26] 金婕. 物流学概论 [M]. 2版. 大连：东北财经大学出版社，2019.
[27] 柯伊尔，诺瓦克，吉布森. 运输管理（第8版）[M]. 北京：清华大学出版社，2019.
[28] 刘磊. 物流学概论 [M]. 2版. 北京：中国人民大学出版社，2019.
[29] 杨蓉，燕珍，沈凯，等. 物流学基础 [M]. 北京：清华大学出版社，2017.
[30] 魏修建. 电子商务物流 [M]. 3版. 北京：人民邮电出版社，2017.